USA • Die Südstaaten

Axel Pinck

DUMONT RICHTIG REISEN

Inhalt

Dixie
Die Südstaaten
der USA

Reisen in den Südstaaten

Der alte Süden

Der tiefe Süden

Der Süden der Hügel und Berge

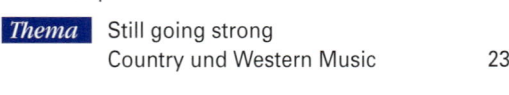

Serviceteil

Verzeichnis der Karten und Pläne

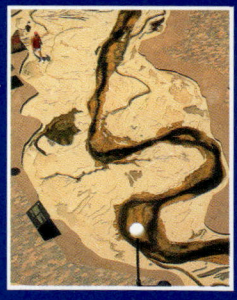

Dixie
Die
Südstaaten
der USA

»When I was in Dixie ...«
Der Mythos der Südstaaten

Erzähle vom Süden. Wie es dort ist.
Was die Leute dort machen.
Warum sie dort leben.
Warum sie überhaupt leben.

William Faulkner, Absalom, Absalom!

Elf Uhr abends an einem der mehr als vollen Tische des Café du Monde in New Orleans. Der Café au lait wird in dickbauchigen Tassen serviert. Aah, jetzt kommen die Beignets, ein Schmalzgebäck, über und über mit Puderzucker bestäubt, wie Sekunden später auch Hosen und Röcke. Herrlich, hier zu sitzen mit vielleicht 200 ebenso Gutgelaunten, zu reden und zuzusehen, was an der Straße so vorüberzieht.

Die angenehme Brise vom nahen Mississippi nimmt sofort den kleinen Unmut darüber mit, daß mal wieder keine Serviette aus der festgestopften Box auf dem Tisch herauszubekommen ist. Eine milde Nacht, lachende Gesichter – *laissez les bons temps rouler* – ist das der Süden, Dixie?

Es ist zumindest im Süden, in New Orleans, der Stadt mit der magischen Atmosphäre angenehmen Lebens und Treibens. Doch der Süden ist mehr als Lachen und laue Abende. Die *bag lady* hinter dem Kiosk für Ausflugsfahrten macht deutlich, daß auch im Süden entwurzelte, obdachlose Menschen leben, wenngleich sie nicht so allgegenwärtig im Straßenbild sind wie in New York oder Chicago.

Später am Abend im Pat O'Brien's in der St. Peter Street spielen zwei Ladies auf Zuruf, begleitet von einem Waschbrettspieler, der als ›Rhythmusgruppe‹ fungiert. Nach drei Takten wird das Lied erkannt und mitgesungen. Ein Zettel erreicht die Bühne. Einige Anschläge auf dem Klavier, dann bricht die Hölle los:

Then I wish I was in Dixie,
Hooray! Hooray!
In Dixie's land, I'll take my stand
To live and die in Dixie ...

Sofort wird die Melodie abgebrochen und zu einem harmlosen Schlager übergeleitet, bevor die Stimmung außer Kontrolle gerät. Die jahrzehntelang verbotene, kämpferische Hymne der konföderierten Staaten weckt im Süden noch mehr als 130 Jahre nach Ende des Bürgerkriegs Emotionen, welche die getragene amerikanische Nationalhymne nicht hervorrufen kann. Die *rebel flag*, die inoffizielle rote Kriegsflagge der Konföderierten mit diagonalem blauen Kreuz, weißer Einrahmung und dreizehn Sternen, flattert nach wie vor von vielen Fahnenmasten und prangt als Südstaatensymbol an Trucks und Jeansjacken. Doch der ›neue Süden‹ läßt sich so nicht mehr repräsentieren. Die Sklaven von einst sind Bürger mit formal gleichen Rechten geworden, die zunehmend selbstbewußter eingefordert werden.

Vor dem Bürgerkrieg zwischen den Nord- und den Südstaaten (1861–65) war der Süden der USA von einer auf Sklavenarbeit begründeten Plantagenwirtschaft geprägt. Aus den ersten 20 versklavten Afrikanern, die im Jahre 1619 an Bord eines holländischen Seglers Jamestown in Virginia erreicht hatten, waren mittlerweile mehr als 3 Mio. geworden. Dieser ›Krieg zwischen den

Die Plantagen am Mississippi erinnern an die Glanzzeit des Südens

Staaten‹, wie er im Süden gern genannt wird, ist hier mehr als nur Geschichte. *Antebellum,* vor dem Krieg, heißt hier: vor dem Bürgerkrieg. Mehr als 700 000 Amerikaner haben in den Kämpfen ihr Leben gelassen oder wurden verwundet, mehr als im Ersten und Zweiten Weltkrieg zusammen, 29 mit Ehrentafeln, Obelisken und Denkmälern versehene ›Nationale Schlachtfelder‹ werden im Süden gehegt und gepflegt.

Angefangen hatte alles ganz harmlos. Die Landvermesser Charles Mason und Jeremy Dixon erfüllten von 1763 bis 1767 ihren Auftrag, bei der Markierung 39 Grad, 43 Minuten, 26,3 Sekunden die Ländereien von Lord Baltimore im Süden von denen des William Penn im Norden abzugrenzen. Der heute noch existierende Grenzverlauf zwischen den Bundesstaaten Maryland und Pennsylvania, die Mason-Dixon-Line, entwik-

Highlights einer Reise durch die Südstaaten

Besichtigung der Museumsmeile entlang der Mall in Washington D. C., mit den exzellenten Sammlungen der Smithsonian Institution und dem Holocaust Memorial (vgl. S. 74)

– Besuch von Williamsburg, der mit Millionenaufwand rekonstruierten, einstigen kolonialen Hauptstadt von Virginia (vgl. S. 90)

– Wanderungen durch Bergwälder und zu Wasserfällen im Shenandoah National Park in Virginia (vgl. S.104)

– Die Strandlandschaft der Outer Banks von North Carolina mit netten Urlaubsorten, alten Seenotrettungsstationen, Naturschutzgebieten und dem Siedlungsplatz der ersten, gescheiterten englischen Kolonie (vgl. S. 112)

– Besuch der größten Indianerreservation im Osten, der Qualla Boundary der Cherokee in den Bergen von North Carolina (vgl. S. 250)

– Bummel durch Charleston, der historischen Südstaatenmetropole von South Carolina, und Besichtigung der Plantagenvillen am Ashley River (vgl. S. 137)

– Der Kontrast zwischen der Dynamik der Wolkenkratzer von Downtown Atlanta und der beschaulichen Ruhe im Martin Luther King jr. Center (vgl. S. 125ff.)

– Südstaatenatmosphäre im historischen Zentrum von Savannah, Georgia, mit baumbestandenen Plätzen und historischen Stadtvillen (vgl. S. 146ff.)

– Besichtigung der geheimnisvollen indianischen Tempelhügel auf dem Macon Plateau in Georgia (vgl. S. 149)

– Spanische Kolonialatmosphäre in St. Augustine von Nord-Florida, der ältesten von Europäern gegründeten Stadt in Nordamerika (vgl. S. 150ff.)

– Bootstour im subtropischen Urwald um die artesische Quelle von Wakulla Springs südlich der floridianischen Hauptstadt Tallahassee (vgl. S. 155)

- Baden am Strand des Miracle Strip im Nordosten von Florida, mit feinem, weißen Quarzsand (vgl. S. 155)

- Besuch des Civil Rights Institute in Birmingham, Alabama, das den Kampf der Schwarzen um ihre Bürgerrechte dokumentiert (vgl. S. 163)

- Entspannung in einem Badehaus des historischen Hot Springs National Park am Rande der Ouachita Mountains von Arkansas (vgl. S. 224)

- Bootstour in die verschlungenen Bayous im Mündungsdelta des Mississippi (vgl. S. 206)

- Besichtigung des U.S. Space and Rocket Center in Huntsville, Alabama, wo die Geschichte der Weltraumtechnik dokumentiert wird und Schüler in Übungsprogrammen die Gesetze der Schwerkraft erfahren (vgl. S. 236)

- Erkundung des Tals von Cades Cove im Smoky Mountains National Park (vgl. S. 254) und des Museum(sdorfs) of Appalachia (S. 260), das die Lebensbedingungen der frühen weißen Siedler in den Bergen zeigt

- Besuch in einem Blues-Lokal an der restaurierten Beale Street in Memphis, Tennessee, die in altem Glanz erstrahlt (vgl. S. 230ff.)

Blick auf St. Augustine, die älteste von Europäern gegründete Stadt der USA

- Besichtigung der prächtigsten Plantagenvillen im Süden am Mississippi zwischen New Orleans und St. Francisville (vgl. S. 183ff.)

- Erkundung des French Quarter von New Orleans (vgl. S. 173ff.)

- Spurensuche auf dem Natchez Trace zwischen Nashville und Natchez, eines teilweise rekonstruierten Pfades von Indianern, Trappern und Händlern (vgl. S. 191f.)

kelte sich zur Scheidelinie zwischen den Yankees im Nordosten und Dixie im Süden. Seither nahm der Süden eine eigene Entwicklung, in der Musik, der Literatur, in der Lebensweise, auch wenn sie nicht den Mythen entsprach, wie sie in Harriet Beecher-Stowes »Onkel Toms Hütte« oder Margaret Mitchells »Vom Winde verweht« beschworen werden. Eine eigene Nation ist der Süden dennoch nicht geworden, und es wäre nur ein Gedankenspiel, auszumachen, was gewesen wäre, wenn die konföderierten Staaten ihre Unabhängigkeit erstritten hätten.

Die nivellierende Kraft der großen Fernsehsender, der Fast-Food- und Hotelketten hat den Süden glücklicherweise nicht gesichtslos werden lassen. Dieser Landstrich hat eigenwillige Menschen hervorgebracht wie den Aufklärer und geistigen Vater der Nation Thomas Jefferson, Politiker wie den Volkstribun und Demagogen Huey Long aus Louisiana, den konservativen George Wallace aus Alabama, den schwarzen Sunbelt-Politiker Andrew Young aus Georgia oder den Babyboomer Bill Clinton aus Arkansas, Gewerkschaftsfrauen wie ›Aunt‹ Molly Jackson, auch Pistol Packin' Mama genannt, Unternehmer wie Harlan Sanders (Kentucky Fried Chicken) oder Bob Woodruff (Coca-Cola), Bürgerrechtler wie Frederick Douglass, Martin Luther King jr. oder Rosa Parks, Literaten wie Edgar Allan Poe, William Faulkner oder Eudora Welty; eine unendliche Zahl von Musikern wie Louis Armstrong, Elvis Presley, Mahalia Jackson, Ray Charles, die Dixie Hummingbirds oder die Marsalis-Brüder, Sportler wie Herschel Walker, den ersten schwarzen Football-Superstar, oder den Football-Trainer Paul ›Bear‹ Bryant, zu dessen Begräbnis 500 000 trauernde Fans kamen.

Heute präsentieren sich die Südstaaten als Mischung aus Tradition und Zukunftsvisionen, aus Dixie und *sunbelt power,* die – neben der wunderschönen Natur – diesen Teil der USA so attraktiv macht. Selbstbewußte und gutsituierte Erben der Bürgerrechtsbewegung gehören ebenso zum Bild der Südstaaten wie die Armut, die auch heute noch in vielen Landstrichen zu finden ist, der *southern redneck,* der konservative weiße Farmer, ebenso wie die Nachrichtenmoderatorin beim Kabel-Fernsehen oder der Spezialist für Weltraumtechnik.

Der Süden der USA hat seine eigene Geschichte, ist durch typische Landschaften, durch seine Flüsse und Meeresküsten geprägt Er ist fruchtbarer Nährboden der Phantasie und Heimat für viele Amerikaner unterschiedlicher Hautfarbe, die sich heute stolz Südstaatler nennen.

Die Landschaften und Städte der Bundesstaaten Virginia, North und South Carolina, Georgia, der Norden von Florida, dazu Alabama, Mississippi und Louisiana, Arkansas und Tennessee sowie die Bundeshauptstadt Washington D.C. werden auf elf Routen durchstreift und beschrieben. Die Touren führen zu den langen weißen Sandstränden des Atlantik, zu den Plantagenvillen im Süden und zu geschichtsträchtigen Orten, an denen Reste indianischer Siedlungen oder Schlachtfelder des Bürgerkriegs zu finden sind. Es geht durch die Bergwälder der Appalachen und die weiten Ebenen des Mississippi-Deltas, auf denen auch heute noch Baumwolle angebaut wird. Die Reise führt zu den Ursprüngen von Blues, Jazz und Country-Musik, zu exzellenten Südstaaten-Restaurants, zu Theatern und Festivals und zu den Menschen, deren Gastfreundschaft nach wie vor sprichwörtlich ist.

Landeskunde im Schnelldurchgang
Die Südstaaten der USA

Viele Südstaaten haben inzwischen das Konföderiertensymbol aus ihrer Flagge entfernt

Fläche: 1,36 Mio. km², so groß wie Deutschland, die Benelux-Staaten, Frankreich, Österreich und Italien zusammen, USA gesamt 9,37 Mio. km²
Bevölkerung: 57 Mio., USA gesamt ca. 245 Mio.
Bundesstaaten: Virginia, North Carolina, South Carolina, Tennessee, Arkansas, Mississippi, Louisiana, Alabama, Georgia, Florida sowie der District of Columbia mit der Bundeshauptstadt Washington
Zeit: Eastern Time (Mitteleuropäische Zeit –6 Std.) und Central Time (Mitteleuropäische Zeit–7 Std.)

Geographie: Das in diesem Reiseführer beschriebene Gebiet im Süden der USA dehnt sich bis zur Nordgrenze von Virginia, Washington D.C. und Tennessee und nach Westen bis an die Grenzen von Arkansas und Louisiana, nach Süden erstreckt es sich bis an den Golf von Mexiko und entlang einer imaginären Linie quer durch Nord-Florida auf der Höhe von Gainesville. Es grenzt im Osten an den Atlantischen Ozean. Die maximale Nord-Süd-Ausdehnung beträgt knapp 1200 km, die von Osten nach Westen nicht ganz 1800 km. Die großen Landschaftstypen des Südens beginnen mit der Atlantikküste und den vorgelagerten Barriere-Inseln. Ausgedehnte Marschen werden von den fruchtbaren *rolling hills* des Piedmont abgelöst, denen der südliche Teil des Appalachen-Mittelgebirges mit endlosen Wäldern folgt. Das vom gewundenen Tennessee River durchzogene Cumberland Plateau endet am Mississippi-Delta. Weiter im Westen beginnen mit den Ozark und den Ouachita Mountains zwei Mittelgebirge.

Geschichte: Bereits um 11 000 v. Chr. besiedelten erste Gruppen von sogenannten Paleo-Indianern den Süden der heutigen USA. Als der spanische Konquistador Hernando de Soto zwischen 1539 und 1542 die Region durchstreifte, traf er auf Siedlungen mit mehreren Tausend Menschen. Die englische Kolonialisierung nahm 1607 in Jamestown, Virginia, ihren Ausgangspunkt und bewegte sich nach Süden, an der Atlantikküste entlang. Die Franzosen eroberten von Norden das Tal des Mississippi und gründeten 1718 New Orleans nahe der Mündung. Im Jahre 1776 lösten sich englische Kolonien mit der Unabhängigkeitserklärung von der britischen Kolonialmacht. Den blutigen Bürgerkrieg von 1861 bis 1865 zwischen der Union und den sklavenhaltenden Südstaaten, die nach Selbständigkeit strebten, gewann der industrialisierte Norden. Die Sklaverei wurde abgeschafft. In den 30er Jahren des 20. Jh. begann der Süden, sich wirtschaftlich stärker zu entwickeln. Die Bürgerrechtsbewegung machte in den 60er und 70er Jahren wichtige Fortschritte auf dem Weg zur Gleichberechtigung der schwarzen Bürger. Eine Wirtschaftsflaute in den 80er Jahren wurde von nachhaltigem Wirtschaftswachstum in den 90er Jahren abgelöst. In Atlanta fanden 1996 die ersten Olympischen Spiele in den Südstaaten statt.

Staat und Politik: Die amerikanische Verfassung schreibt eine präsidiale Demokratie mit Gewaltenteilung zwischen Legislative, Exekutive und Judikative vor. Das Parlament (Kongreß) teilt sich in zwei Kammern – Repräsentantenhaus und Senat. Die einzelnen Bundesstaaten sind nach demselben Prinzip organisiert, statt des Präsidenten mit einem Gouverneur an der Spitze.

Wirtschaft: Die Landwirtschaft spielt mit dem traditionellen Anbau von Baumwolle (Mississippi, Alabama, Tennessee), Tabak (Virginia, North Carolina) und Erdnüssen (Georgia), seit geraumer Zeit auch von Sojabohnen sowie mit der Viehzucht (Rinder, Schweine, Geflügel) eine wichtige Rolle. Zunehmend bedeutender werden Industrie- und Dienstleistungsunternehmen, bei denen neben Holzverarbeitung, Textilindustrie und Petrochemie in den letzten Jahren Elektronik, Kommunikation, Gesundheitswesen, Bildungsinstitutionen und der Tourismus an Bedeutung gewinnen.

Klima und Reisezeit: Im Süden der USA herrscht überwiegend gemäßigt warmes bis subtropisches Klima. Kühler ist es in den Appalachen, wo man im Winter Skilaufen kann. Vom Frühjahr bis in den Herbst dauert die lange Reisezeit, an der Golfküste wird es im Sommer nicht selten feuchtwarm, ebenso an der südlichen Atlantikküste. Die Hochsaison in den Appalachen dauert vom Frühsommer bis zum Herbst, wenn sich die Blätter farbenprächtig verfärben. Die Städte, insbesondere Washington D.C. und New Orleans, haben ganzjährig Saison. Aus den deutschsprachigen Ländern besuchen alljährlich mehr als 1 Mio. Urlauber und Geschäftsleute die Südstaaten. Da etwa 70 % von ihnen Florida als Ziel wählen, verteilt sich der Rest von 30 % auf die übrigen Staaten. Nach Florida sind Washington D.C., Georgia und Louisiana die beliebtesten Urlaubsregionen, gefolgt von Tennessee, South und North Carolina, in letzter Zeit beginnt Mississippi zu dieser Gruppe aufzuschließen.

Zwischen Mississippi und Atlantik
Geographie

Von Fort Smith an der Grenze von Arkansas und Oklahoma bis zu den Outer Banks von North Carolina sind es nicht ganz 1800 km, die Entfernung von Leesburg im Norden von Virginia bis nach Gainesville in Florida beträgt etwa 1200 km. In dem beschriebenen Gebiet der Bundesstaaten Virginia, North und South Carolina, Georgia, Nord-Florida, Tennessee, Alabama, Mississippi, Louisiana und Arkansas sowie der Bundeshauptstadt Washington D.C. hätten Deutschland, Österreich und die Schweiz zusammen mit Italien und Frankreich gut Platz.

Die großen Landschaftstypen der Südstaaten reihen sich in mehreren breiten Abschnitten von Ost nach West aneinander. Die Atlantikküste begrenzt die Region nach Osten. Schmale Barriere-Inseln, die der Küste vorgelagert sind, schützen diese gegen den im Winter rauhen Ozean, sind aber selbst Stürmen und schwerer See ausgeliefert. Sandstrände und -dünen zur Meerseite erfreuen im Sommer Bade-Urlauber,

Rolling Hills in North Carolina

Ol' Man River
Die Geschichte des Mississippi

Um den Mississippi ranken sich seit jeher die Mythen und Legenden des Südens. Der mächtigste Strom Nordamerikas durchquert den Kontinent vom Itasca-See in Minnesota bis zum Mündungsdelta am Golf von Mexiko, in dem die Grenzen von Wasser und Land zu verschwimmen scheinen. Bei den Chippewa-Indianern hieß er *mesepi* – großes Wasser oder Vater der Ströme.

Hernando de Soto, der spanische Konquistador, der auf der vergeblichen Suche nach Reichtum und einer Nordwestpassage nach Asien den Süden der heutigen USA durchstreifte, soll 1541 als erster Europäer am Ufer des breiten Flusses gestanden haben, in dem er bereits im darauffolgenden Jahr sein nasses Grab fand. Der französische Entdecker Robert Cavelier, Sieur de la Salle, erkundete etwas mehr als ein Jahrhundert später von Quebec aus den Mississippi bis zum Mündungs-

delta und nahm 1682 die Landstriche beiderseits des Stromes formell für Frankreich in Besitz.

Doch erst nachdem Nicolas Roosevelt 1811 die Strecke von Pittsburgh am Ohio-Fluß nach New Orleans zurückgelegt und Henry Miller Shreve wenige Jahre später Schiffe speziell mit flachem Kiel, hohen Decks, mit starker Maschinenkraft und kräftigem Schaufelradantrieb für die Fahrt auf dem Mississippi konstruiert hatte, entwickelte sich der mächtige Strom zur wichtigsten Verkehrsader des Kontinents.

Legten 1814 noch 20 Flußdampfer im Hafen von New Orleans an, so drängten sich dort 20 Jahre später bereits 1200. Sie transportierten Holz, Reis, Zuckerrohr und ungeheure Mengen Baumwolle von den Feldern beiderseits des Mississippi. Passagiere wurden auf Deck oder in Kabinen befördert, Hotelschiffe mit Musikkapellen und Spieltischen, auch ›schwimmende Geburtstagstorten‹ genannt, waren besser betuchten Reisenden vorbehalten.

Scharfe Konkurrenz zwischen den Reedereien, nicht ausreichende Technik und die Tücken des unberechenbaren Flusses führten in der großen Zeit der Dampfschiffahrt immer wieder zu Katastrophen und Tragödien. Schiffe liefen auf versteckte Sandbänke oder im Wasser treibende Baumstämme, überlastete Kessel explodierten, wie bei dem Gefangenentransporter »Sultana«, der 1865 nördlich von Memphis mehr als 1500 Menschen in den Tod riß.

Keiner hat das Leben am Strom in dieser Zeit besser beschrieben als Samuel Langhorne Clemens, der noch als Lotse auf dem launischen Fluß gearbeitet hatte und später unter dem, einem Lotsenruf entlehnten Künstlernamen Mark Twain (zwei Faden Wasser unter dem Kiel) mit den Geschichten vom »Leben auf dem Mississippi«, mit dem Abenteuern von Tom Sawyer und Huckleberry Finn Kindern und Erwachsenen spannende Stunden bescherte.

Auf dem fruchtbaren Schwemmland des Mississippi-Delta, noch einige Hundert Meilen von der Mündung des Flusses in den Golf von Mexiko, hatten schon die indianischen Ureinwohner Mais, Bohnen und Kürbisse angebaut. Später erstreckten sich hier die endlosen Baumwollfelder, auf denen Sklaven für den Reichtum der Plantagenbesitzer schufteten. Seit jeher haben regelmäßige Überschwemmungen den Unterlauf des Stromes heimgesucht, hat er seinen kurvigen Lauf geändert, Flußbiegungen zu Seen werden lassen, Menschen von ihren Siedlungen vertrieben.

Beim bislang schlimmsten dokumentierten Hochwasser im Jahre 1927 brachen zunächst bei Mound Landing in Mississippi und bei Pendleton in Arkansas die Deiche und schwemmten die

Ortschaften davon, kurz darauf trat der Fluß an 42 weiteren Stellen über die Ufer und setzte 170 *counties* unter Wasser. Mehr als 200 000 Menschen verloren ihre Bleibe, an manchen Abschnitten waren die Ufer 150 km voneinander entfernt.

Inzwischen schien der Strom gezähmt, säumen hohe Dämme den Lauf des Mississippi und seiner vielen Nebenflüsse. Doch mit der Flutkatastrophe von 1993, die allein Versicherungen mit Schadensersatzzahlungen in zweistelliger Milliardenhöhe belastete, zeigte der Ol' Man River wieder einmal seine Muskeln, demonstrierte, wie schon Mark Twain es beschrieben hatte, daß man ihn nicht zähmen, beugen oder ihm befehlen könne, in welche Richtung er zu fließen hätte.

Alljährlich werden etwa 500 Mio. t im Wasser gelöste Stoffe, Steine und Schlamm über den Lauf des Flusses transportiert, im Durchschnitt passiert jede Sekunde eine Wassermenge von 17 500 m^3, die sich bei Hochwasser verfünffachen kann, New Orleans. Das Einzugsgebiet des Mississippi ist mit mehr als 3 Mio. km^2 Größe vergleichbar mit der Fläche der 15 EU-Staaten.

Wer will, kann den Fluß auch heute mit einem *paddlewheeler* erkunden. Die zwischen drei und vierzehn Tage dauernden Kreuzfahrten an Bord der nostalgischen Luxusschiffe sind allerdings nicht billig. Günstiger ist die Fahrt mit dem Auto entlang der Great River Road, die den Mississippi von der Quelle bis zur Mündung begleitet, und mal eng an den Fluß gedrängt, mal sich in den Feldern verlierend, Landschaften, Menschen und ihre Kulturen miteinander verbindet sowie der Route der Zugvögel folgt, die sich schon immer am gewundenen, blauen Band des Stromes orientiert haben.

vereinzelte Wäldchen und die ausgedehnten Feuchtgebiete Richtung Festland dienen Wasservögeln als Rast- und Brutplätze. Die Marschlandschaft, durch die zahlreiche Wasserläufe dem Meer zustreben, setzt sich im Uferbereich auf dem Festland fort. Sie geht in eine fruchtbare Niederung über, die sich mehr als 100 km ins Landesinnere erstrecken kann.

Das ausgedehnte Tiefland am Atlantik wird durch eine wellenförmige, hügelige, sanft bis auf 400 m ansteigende Ebene, die *rolling hills* des Piedmont Plateau, abgelöst. Flüsse, die in den Appalachen entspringen, streben nach kurzem Lauf dem nahen Meer zu. Im Norden, in Virginia, gehen einige der Wasserwege in verzweigte Meeresbuchten über und sind, wie der James River, über weite Strecken schiffbar.

Das Piedmont Plateau ist der Vorläufer des Appalachen-Gebirges, das sich etwa 2400 km von Kanada und dem US-Bundesstaat Maine in einem Abstand von einigen Hundert Kilometern fast parallel zur Küste bis nach Alabama und Georgia hinzieht. Das in verschiedene Bergrücken und Täler gegliederte Mittelgebirge ist aus Sedimentgesteinen des Erdaltertums aufgefaltet und von Graniten und Gneisen durchsetzt. Im Süden erreichen die dicht bewaldeten Berge und Bergketten Höhen zwischen 1500 und 2000 m. Mit 2037 m ist der Mount Mitchell in North Carolina nicht nur der steilste Gipfel der Appalachen, sondern die höchste Erhebung der USA östlich des Mississippi.

Westlich der Appalachen senkt sich der Höhenzug zum Cumberland Plateau, das in Schichtstufen zum Tal des Mississippi abfällt. Der Cumberland River, der mit dem Tennessee River das Plateau durchkurvt, um schließlich bei Paducah in den Ohio River zu münden, war bis in die 30er Jahre ungezähmt und für zahllose Überschwemmungen an seinen Ufern verantwortlich. Die staatliche Tennessee Valley Authority sorgt inzwischen mit mehreren Dutzend Staudämmen für eine Regulierung der beiden Ströme und dafür, daß ihre Kraft in viele Megawattstunden elektrischer Energie umgesetzt wird.

Mississippi-Delta heißt das zwischen 40 und 100 km breite untere Tal des mächtigen Flusses, nicht etwa nur dessen Mündungstrichter im Süden von Louisiana. Der Strom, der ein riesiges Gebiet von mehr als 4 Mio. km^2 entwässert, hat immer wieder seinen Lauf geändert, die Ufer nach starken Regenfällen oder bei der Schneeschmelze in den fernen Bergen unter Wasser gesetzt. Auf dem fruchtbaren Schwemmland der ausgedehnten Talmulde bauten schon indianische Siedler vor vielen Tausend Jahren Bohnen, Kürbis und Mais an. Auf den *bluffs* genannten natürlichen Uferdämmen wie bei Vicksburg und Natchez hatten Indianer lange vor Ankunft der Europäer bedeutende Siedlungen angelegt. Riesige Schlammassen und im Wasser gelöste Stoffe, die der Mississippi mit sich führt, schieben dessen Mündungsdelta mit unzähligen verschlungenen Seitenarmen, den Bayous, immer weiter in den Golf von Mexiko hinaus. Jenseits des wasserreichen Mississippi setzt sich das Flachland zunächst fort, bis es in der Westhälfte von Arkansas von den bis zu 800 m hohen Mittelgebirgen des Ozark Plateau sowie der Ouachita und der Boston Mountains abgelöst wird.

Hinter den Inseln und Nehrungen der Atlantik- und der Golfküste zieht sich der Intracoastal Waterway entlang, eine geschützte, ausgebaute Wasserstraße, die von kleineren Handelsschiffen, vor allem aber von Freizeitkapitänen genutzt wird.

Zwei bis vier Jahreszeiten
Das Klima

Der Süden der USA hat ein gemäßigt warmes bis subtropisches Klima. Die Sommertemperaturen betragen durchschnittlich und im Tagesmittel etwas über 20° Celsius, die Höchstwerte können in dieser Zeit mehr als 30° Celsius, zuweilen auch 40° Celsius betragen. Die Wassertemperaturen an den Stränden bei Charleston oder Biloxi klettern im Sommer auf deutlich über 25° Celsius, im Frühjahr liegen sie knapp unter 20° Celsius, im Herbst etwas darüber.

Im Sommer läßt es sich an den Stränden oder in den Appalachen am besten aushalten, in Orten, die in den Niederungen der Küsten und Flüsse liegen, macht dann jedoch vielen die hohe Luftfeuchtigkeit zu schaffen. Plantagenbesitzer aus der Zeit vor dem Bürgerkrieg zogen sich daher in den Sommermonaten, der

sickly season, aus ihren Villen nahe der Küste auf Sommerwohnsitze am Fuße der Appalachen zurück.

Das Frühjahr, wenn zwischen März und Mai im angenehm warmen Klima Kirschbäume, Azaleen, Dogwood, Apfelbäume, Kamelien und Rhododendron blühen, ist eine besonders schöne Zeit, den Süden zu bereisen. Im Herbst, zur Zeit der *fall foliage,* herrscht in den Appalachen Saison. Dann nutzen viele die noch warmen Temperaturen des *Indian Summer* zu Ausflügen in die farbenprächtigen Mischwälder, deren Blätter sich in allen Gelb-, Braun- und Rottönen verfärben.

Auch im tiefen Winter sinkt das Thermometer selten unter den Gefrierpunkt. In den Höhenlagen der Appalachen kann man in den Wintermonaten jedoch

Herbstliche Laubverfärbung im Great Smoky Mountains National Park

Ski fahren. Selbst in den Bergen von Nord-Georgia gibt es einige Wintersportorte und Skilifte. Anders als in Europa mit den Alpen fehlen in Nordamerika Gebirge, deren Kamm sich in Ost-West-Richtung erstreckt. So können dort polare Stürme, *northers,* zuweilen ungehindert bis weit nach Süden vorstoßen und sogar noch in Zentral-Florida die Orangenernte an den Bäumen gefrieren lassen.

Die Wahrscheinlichkeit, einen Tornado, die zerstörerische Kraft einer Windhose zu erleben, ist äußerst gering, jedoch während des Übergangs von der kalten zur warmen Jahreszeit, also im Frühjahr zwischen März und Mai, im Gebiet zwischen Georgia und Arkansas am höchsten. Hurrikane, mächtige tropische Wirbelstürme, deren Durchmesser mehrere Hundert Kilometer betragen können, entstehen im Spätsommer vor der westafrikanischen Küste und driften quer über den Atlantischen Ozean. Sie können auf die Inseln der karibischen See treffen, die Küsten von Florida, der Golfstaaten oder der Bundesstaaten an der südlichen Atlantikküste erreichen und mit meterhohen Flutwellen sowie orkanartigen Windgeschwindigkeiten große Verwüstungen hervorrufen. Über Land verlieren sie schnell ihre zerstörerische Energie. Durch ein gut ausgebautes Vorwarnsystem wird die Bevölkerung meist frühzeitig über etwaige Gefahren und Fluchtwege informiert.

Von Wäldern und Tieren
Flora und Fauna

Als Hernando de Soto und sein Expeditionsheer vor 450 Jahren als erste Europäer durch den Süden der heutigen USA zogen, war der größte Teil des Landes von dichten Wäldern bedeckt. Die intensive Kolonialisierung und Besiedlung der Region, der enorme Bedarf an Bau- und Feuerholz sowie der großflächige Anbau von Nutzpflanzen wie Tabak, Baumwolle, Erdnüssen, Mais oder Sojabohnen haben das Erscheinungsbild der Landschaft inzwischen gründlich verändert.

Nachdem weite Teile der ursprünglichen Wälder selbst in den bergigen Appalachen abgeholzt waren, verliert sich nach einer sorgfältigen Aufforstungspolitik der Blick von deren Gipfeln heute wieder über endlos scheinende, dicht bewaldete Bergketten. Riesige Staats- und Nationalforste ergänzen die Nationalparks als Naturschutzgebiete. In den Appalachen von Virginia, North Carolina und Tennessee herrschen Wälder mit einer großen Artenvielfalt vor. Verschiedene Eichenarten, Ahorn, Pappeln, Birken und Buchen mischen sich mit Kiefern, Tannen und Zypressen. Dazwischen blühen Rhododendron, Magnolien und bunte Wildblumen.

Die benachbarten Bundesstaaten Mississippi und Louisiana haben die Magnolie zur Staatsblume erkoren, die mit importierten Zierpflanzen wie Azaleen, Kamelien und Jasmin in vielen Gartenanlagen des Südens eine verschwenderische Pracht entfalten. Im Okeefenokee Swamp und anderen Sumpfgebieten des Südens findet man Gräser, Schachtelhalme, wilde Orchideen, Palmettos

Klub der Lebenseichen
Die Live Oak Society

Mitglied kann nur werden, wer mindestens 100 Jahre alt ist. Die Rede ist von sogenannten Lebenseichen, *live oaks*, von deren verzweigten Ästen häufig das silbergraue *Spanish moss* dekorativ herunterhängt. Für Menschen ist diese exklusive Vereinigung nicht zugänglich, mit einer Ausnahme, einem Sekretär ehrenhalber, dessen Aufgabe darin besteht, die Bäume zu registrieren und die Mitgliedskartei zu führen.

Die Präsidentschaft des Vereins fällt automatisch der größten lebenden Eiche zu. Bis zu ihrem Verscheiden vor wenigen Jahren stand die Locke Breaux-Eiche lange dem Verband vor, nun präsidiert die Seven Sisters-Eiche aus der Nähe von Louisburg im St. Tammamy Parish. Auf Anregung von Edwin L. Stephens, dem Präsidenten der Universität von Südwest-Louisiana, wurde der Klub 1934 gegründet, um die Bedeutung der Lebenseichen für das Landschaftsbild der Region zu unterstreichen.

Sehr strenge Vereinsregeln sehen Verweise und sogar den Ausschluß aus dem Verband für jene Eichen vor, die sich ›unwürdig verhalten‹ und es zulassen, daß ihre Rinde an Straßen weiß getüncht wird oder daß sie als Pinboard für Reklamezettel herhalten müssen. Gegenwärtig werden 119 Bäume in der Kartei als Vollmitglieder geführt, zudem befinden sich einige Hundert gut gewachsene Bäume auf der Liste der Junior League, der ›Jugendorganisation‹ von noch nicht ganz 100jährigen Lebenseichen.

Kanada-Gänse ziehen im Herbst in den Süden der USA

und Sumpfzypressen. In den Süßwassermarschen des Mississippi-Deltas gedeihen Wasserhyazinthen, Sumpfzypressen sowie Tupelo-Bäume. Subtropisches Gestrüpp bedeckt die Ufer, auf den feuchten Böden wachsen Schlingpflanzen, Moose und Farne.

Die immergrüne Lebenseichen (vgl. S. 23) sind vor allem in der Golfregion weit verbreitet. Von den ausladenden Zweigen der *live oaks* hängen meist dekorativ die silbergrauen Zotteln des *Spanish moss.* Die Pflanze ist kein Schmarotzer, sondern ein Epiphyt, sie entnimmt ihre Nahrung der Feuchtigkeit der Luft und dem Regenwasser, das an den Stämmen und Ästen der Gastbäume herunterrinnt. Die entfernte Verwandte der Ananas gehört weder zu den Moosen, noch kommt sie aus Spanien, die Spitzbärte iberischer Konquistadores mögen bei ihrer Namengebung Pate gestanden haben.

Wer durch den Süden der USA fährt, wird ein unkrautartig wucherndes, boh-

nenähnliches Gewächs nicht übersehen können, das zwar erst vor wenig mehr als 100 Jahren nach Nordamerika eingeführt wurde, aber aus manchen Landstrichen nicht mehr wegzudenken, geschweige zu vertreiben ist; Kudzu. Kudzu über alles, es wuchert über Büsche, Bäume, Telefonmasten, über verrostende Autos und verlassene Häuser, bedeckt ganze Talsenken mit einem Pflanzenteppich.

Auf der Weltausstellung zum 100jährigen Bestehen der USA 1876 in Philadelphia brachten die Japaner den Kriecher in die Neue Welt. Er wurde zunächst zum Begrünen von Veranden genutzt und diente dazu, drohende Bodenerosion zu stoppen. Das stärkehaltige Pulver, das sich aus der Pflanze gewinnen läßt, wird noch immer zum Binden von Saucen verwandt, gehäckselt gibt das proteinreiche Kudzu ein passables Viehfutter ab. Doch da sich das schnell wachsende Kraut, das im Klima des Südens offenbar ideale Lebensbedingungen gefunden hat, jedem kontrollierten Anbau entzieht und weder mit Feuer noch mit Chemikalien ausgerottet werden konnte, wurde aus dem Segen schnell ein Fluch. So wird Kudzu sicherlich noch auf absehbare Zeit zum typischen Landschaftsbild in den Südstaaten gehören.

Wer aus den Kulturlandschaften Europas stammt und die Küsten im Süden oder die Appalachen bereist, staunt über die vielfältige Tierwelt. In den Feuchtgebieten der Küstenmarschen und der Chesapeake Bay, im Mündungsdelta des Mississippi und den Sümpfen des Südens leben blaugefiederte Seiden- und Silberreiher, Ibisse, Kraniche, Waldstörche und viele andere Wasservögel, die sich von Fischen, Fröschen und Schlangen ernähren.

Wenn der schwarzgefiederte Schlangenhalsvogel Anhinga, der in Feuchtgebieten des tiefen Südens lebt, erfolgreich nach einem Fisch getaucht ist und diesen auf seinen spitzen Schnabel aufgespießt hat, schleudert er ihn in die Luft, um ihn mit geöffnetem Schnabel wieder aufzufangen und zu verspeisen. Da sein Gefieder nicht gefettet ist, hockt er sich hernach mit ausgebreiteten Schwingen auf einen Ast, um seine Federn von der Sonne und der Luft trocknen zu lassen.

Vor den Küsten des Atlantik und des Golfes von Mexiko gehen braune Pelikane auf Nahrungssuche. Meist fliegen und schweben sie in einer Reihe von mehreren Tieren dicht hintereinander knapp über der Wasseroberfläche, bis einer plötzlich ins Wasser klatscht und mit einem Fisch im bauchigen Schnabel wieder auftaucht. Louisiana führt den geschickten Fischfänger, der häufig dekorativ in den Häfen auf Pollern sitzt, in seinem Staatswappen.

In den Wäldern des Südens hört man das Hämmern von Spechten und das Rufen von Käuzchen und Eulen. Bei der Skyland Lodge im Shenandoah National Park pflegen Park Ranger Adler, Habichte und andere verletzte Raubvögel gesund, um sie wieder in die Freiheit entlassen zu können. Vor den Küsten und in der Chesapeake Bay kann man den Seeadler (Osprey) beobachten, der mit scharfem Blick aus der Luft nach Beute Ausschau hält.

Die Atlantikküste und das blaue Band des Mississippi dienen Zugvögeln, die vor dem kalten Winter im Norden nach Florida oder in die Karibik ausweichen, seit jeher als Orientierung. Im Frühjahr ziehen Zehntausende von Kanada–Gänsen, Störchen, Enten und Schwänen nach Süden und im Herbst dann zurück nach Norden. Sie legen in der Chesapeake Bay, im Pamlico Sound und auf den vielen Seen neben dem Mississippi Rast ein.

In den Feuchtgebieten und Sümpfen südlich von Myrtle Beach oder nahe der Golfküste wie im Quellgebiet von Wa-

Im Delta des Mississippi haben Alligatoren ihren Lebensraum

kulla Springs südlich von Tallahassee und auch im Mündungsdelta des Mississippi fühlen sich Alligatoren zu Hause. Die bis zu 5 m großen Reptilien haben sich wieder drastisch vermehrt, nachdem sie nicht mehr frei gejagt werden dürfen. Inzwischen schätzt man die Zahl der in den Südstaaten (einschließlich Florida) lebenden Echsen, deren Bauchhaut früher manche Handtasche und Schuhe zierte, auf mehr als 2 Mio. Tiere. Bei Bootstouren durch den Okeefenokee-Sumpf oder die Mississippi-Bayous sollte man seine Hände lieber nicht durch das Wasser gleiten lassen.

An der Atlantikküste von Nord-Florida und Georgia werden bestimmte Strandabschnitte auch in der Nähe von Hotelanlagen abends nicht mehr beleuchtet, um die bis zu 1 m großen Wasserschildkröten zwischen Mai und August bei der Ei-Ablage im Sand nicht zu irritieren. In dieser Zeit und nachdem die Sonne die Eier ausgebrütet hat, veranstalten Vogelschutzorganisationen häufig Strandwanderungen, um die Ei-Ablage oder das Schlüpfen der Schildkrötenbabies aus angemessenem Abstand zu beobachten.

Schwarzbären wird man selten zu Gesicht bekommen, am ehesten noch in den Smoky Mountains, in denen einige Hundert der scheuen Pelztiere leben. Wer in den Wäldern zeltet und Essensreste nicht fachgerecht verstaut, sollte mit dem Besuch eines hungrigen Bären rechnen. Häufig stöbern auch Waschbären, die über den ganzen Süden verbreitet sind, in den Abfällen herum, um etwas Eßbares zu finden.

Auch Gürteltiere, deren Anblick und Bewegungen wenig Possierliches an sich haben, findet man zwischen South Carolina und Arkansas. Da die von einem Hornpanzer geschützten Säugetiere weder allzu wendig noch sehr weitsichtig sind, werden viele Opfer von Zu-

sammenstößen mit Autos (roadkill). In den ausgedehnten Bergwäldern der Appalachen zwischen dem Shenandoah National Park und dem Great Smoky Mountains National Park können Wanderer Rehe und Hirsche beobachten. Da in den National Parks nicht gejagt wird, haben die Tiere dort weniger Scheu vor Menschen und äsen häufig in der Nähe von Durchgangsstraßen, Wanderwegen oder Unterkünften. Weißwedelhirschen, die über den gesamten nordamerikanischen Kontinent verteilt sind und im Süden ›Virginia-Hirsche‹ genannt werden, kann man sich mit etwas Glück bis auf 10 oder 20 m Entfernung nähern.

Bisons lebten früher in großen Herden in den Prärien des amerikanischen Westens. Auch in einigen Regionen östlich des Mississippi wie im heutigen Kentucky und Tennessee trabten die mächtigen, zotteligen Ur-Rinder über die ausgedehnten Ebenen. Auf dem Areal des Land between the Lakes im Grenzgebiet von Kentucky und Tennessee unterhält die Tennessee Valley Authority eine Herde Bisons, die auf mehrere Hundert Tiere angewachsen ist.

Der Reichtum der Küsten- und Binnengewässer an Fischen, Krebsen und Muscheln spiegelt sich auf den Speisekarten der vielen Restaurants zwischen Washington und Amelia Island, zwischen Tallahassee und New Orleans wider. Von den Marinas an der Atlantikküste wie beim Oregon Inlet in North Carolina, Hilton Head Island in South Carolina, den Golden Isles von Georgia oder Fernandina Beach auf Amelia Island im Norden von Florida laufen PS-starke Motorboote mit Hochsee-Anglern an Bord aus, die Marlin, Hai oder Schnapper jagen. Forellen und Welse (catfish) gehören neben Hechten und Barschen zu den beliebtesten Speisefischen, die Anglern an Flüssen und Seen an den Haken gehen können. Der überwiegende Teil der in Nordamerika verspeisten Austern stammt aus den reichhaltigen Muschelbänken der Chesapeake- und der Apalachicola Bay.

Andere Tiere spürt man eher auf der Haut, als daß man sie mit dem Auge erspäht. Moskitos, *gnats*, Zecken und Schaben haben den Spieß umgedreht und betrachten die Menschen als willkommene Nahrungsquelle. Wer sich im Sommer ungeschützt in den Okeefenokee-Sumpf an der Grenze von Georgia und Florida oder in andere Feuchtgebiete begibt, sollte weniger die zahlreichen Alligatoren als die Myriaden von Stechmücken fürchten. Den angriffsfreudigen Weibchen dient jeder Tropfen Blut als notwendige Stärkung für die Ei-Ablage in den stehenden Gewässern.

Wer durch die Wälder des Shenandoah National Park wandert, wird neben vielen farbenprächtigen Schmetterlingen auch eine Mottenart bemerken, die in größeren Pulks die Baumkronen der mächtigen Eichen umgaukelt. *Gipsy moths,* Zigeunermotten, heißen die Insekten, deren Geflatter den ehrwürdigen Bäumen einen derartigen Streß verursacht, daß einige daran schon zugrunde gegangen sind. Die Park Ranger greifen jedoch nicht zur chemischen Keule, um die Motten auszurotten. Sie sehen es als ihre Aufgabe, die National Parks möglichst vor Einflüssen der Zivilisation zu schützen.

Jäger, Bauern, Krieger
Indianer im Süden der USA

Es gilt heute als sicher, daß die indianischen Ureinwohner erst vor einigen Tausend Jahren aus Ostasien eingewandert sind. Da von Amerika keine Landverbindung zu anderen Kontinenten besteht und eine Wanderung über den vereisten Nordpol unmöglich erscheint, müssen die ersten Amerikaner ihren Weg von Asien zu einer Zeit gefunden haben, als der Wasserspiegel der Ozeane deutlich unter dem heutigen gelegen haben muß.

Zweimal wurde die Beringstraße, die Alaska von Sibirien trennt, freigelegt und auf dem Landwege passierbar; das erste Mal vor 50 000 bis 40 000 Jahren, das zweite Mal vor 28 000 bis 10 000 Jahren, als die mächtigen Gletscher der Eiszeiten wieder abschmolzen. Funde belegen, daß im späteren Verlauf der zweiten Landbrücke asiatische Nomaden den nordamerikanischen Kontinent erreichten. Es gibt darüber hinaus Hinweise, daß Jäger bereits im frühen Stadium dieser Landbrücke dem Wild über die Beringstraße nach Alaska folgten.

Fundstätten von Werkzeugen und Waffen legen den Schluß nahe, daß Nordamerika vor 11 000 bis 10 000 Jahren von Menschengruppen besiedelt war. Sie jagten eine heute ungewöhnliche Beute: Mammut, Kamel, Pferd und Mastodon. Ihre Jagdmethode bestand darin, den Tieren an Wasserstellen aufzulauern und sie mit Holzspeeren zu erlegen oder die Beute über Klippen zu hetzen und dann die verletzten Tiere aus der Nähe zu erlegen.

Das Ende der Eiszeit vor etwa 10 000 Jahren bedeutete einen tiefen Einschnitt im Leben der Menschen. Die Gletscher schmolzen ab und wichen nach Norden zurück, der Meeresspiegel stieg und überflutete tiefgelegene Küstenbereiche. Binnenmeere und Seen trockneten aus, Sümpfe wurden zu Steppen oder zu Wäldern, das heutige System der Flüsse ordnete sich. Viele Tierarten wie die Riesenantilope oder das Riesenfaultier starben aus. Die Menschen verfeinerten ihre Jagdmethoden. Sie legten feste Stützpunkte an, die zwischen den Streifzügen immer wieder aufgesucht wurden.

Rotwild, das die Wälder des Südens überreich bevölkerte, wurde zur meistgejagten Beute. Die Indianer entwickelten eine Speerschleuder, deren Schaft gleichzeitig als Keule benutzt werden konnte. Funde von Resten pflanzlicher Nahrung zeigen, daß Beeren, Nüsse und Wurzeln gesammelt und mit Steinwerkzeugen bearbeitet wurden. Fischspeere, Angelhaken und ungeheure Mengen von Muschelschalen, die auch als Baumaterial vielfältige Verwendung fanden,

belegen das Wissen um den hohen Nährwert und wohl auch die Wertschätzung des Wohlgeschmacks von Fischen und Muscheln. Polierte Gebrauchsgegenstände, Ketten aus Steinen und bearbeiteten Muscheln sowie feuergehärtete und verzierte Töpferwaren datieren etwa aus der Zeit von 2000 v. Chr. Grabbeigaben zeigen, daß man in dieser Urgesellschaft eine Weiterexistenz der Menschen nach ihrem Tode annahm.

Im letzten Jahrtausend vor der Zeitenwende hatten sich die Veränderungen im Leben der Ur-Indianer so weit beschleunigt, daß man von einer Epoche der Waldland-Indianer spricht. Diese führten das Leben von Halbnomaden. Sie folgten dem Wild nicht mehr das ganze Jahr, sondern bauten feste Unterkünfte, die sie zu bestimmten Zeiten bewohnten. Die Waldland-Indianer legten unterirdische Vorratskammern an, säten Sonnenblumenkerne und bauten Gräser an, die sie zur Herstellung von Kleidungsstücken und Matten nutzten. Kür-

Das Grand Village of the Natchez Indians

bis und Flaschenkürbis schmeckten nicht nur gut, sondern gaben zudem passable Vorratsbehälter ab. Kupferschmuck von den Großen Seen, Ketten aus Haifischzähnen vom Atlantik oder Obsidian aus den Rocky Mountains lassen auf überregionalen Handel schließen.

Gleichzeitig wurde mit einer Art Panflöte ein erstes Musikinstrument erfunden, nahm die Töpferei an Formenvielfalt zu, begann man, auf Tafeln, Krügen oder Tonpfeifen Bildgeschichten und Tiersymbole darzustellen. Tote wurden, sorgfältig eingekleidet, in Begrabnishügeln beigesetzt. Andere Erdanlagen, die wie riesige Schlangen und Vögel geformt waren, dienten offensichtlich zeremoniellen Zwecken. Siedlungen wie Poverty Point im Nordosten von Louisiana waren zeitweilig von mehreren Tausend Menschen bewohnt.

Am Unterlauf des Mississippi reifte etwa ab 700 n. Chr. eine weitere Entwicklungsstufe indianischer Kultur heran. Die Mississippi-Indianer gründeten Siedlungen, die nicht selten viele Tausend Menschen beherbergten, um komplexe Tempelanlagen. Die Bauweise der Holzgebäude, die auf massiven Erdpyramiden errichtet waren, sowie Ausdrucksformen in der Kunst und Ähnlichkeiten in der Organisation der Stammesverbände deuten auf Verbindungen zu den bedeutenden indianischen Kulturen in Mittelamerika hin.

Cahioka nahe dem heutigen St. Louis war in seiner Blütezeit um 1100 n. Chr. von knapp 40 000 Menschen bewohnt, und damit die größte indianische Siedlung in Nordamerika. Die Verfeinerung der Jagdtechniken mit Pfeil und Bogen, vor allem aber die Entwicklung der Landwirtschaft auf fruchtbaren Schwemmländern der Flüsse mit dem Anbau von Bohnen, Kürbis und Mais ermöglichten es den Menschen, seßhaft zu werden.

Ein hierarchischer Aufbau der Stammesorganisation mit Priesterhäuptlingen an der Spitze, die Ausbildung von Kriegern, der Bau geschützter Siedlungen, die Herstellung von Schmuck aus Perlen, Muscheln, Perlmutt, klar herausgearbeitete figürliche Darstellungen von Menschen und mythologischen Symbolen, eine kulturelle Entwicklung mit erstaunlich differenzierter Heilkunst, mit Gesängen und Tänzen, mit Sportwettkämpfen und einer Vorstellung über die Entstehungsgeschichte der Menschen und Götter zeigen eine indianische Gesellschaft, die nichts mit späteren Auffassungen europäischer Eroberer von gottlosen Wilden zu tun hat.

Das Expeditionsheer des Spaniers Hernando de Soto, das von 1539 bis 1543 weite Teile der späteren Südstaaten durchstreifte, traf auf unterschiedliche indianische Kulturen. Die Mississippi-Indianer hatten ihren Zenit bereits überschritten und sich aus entfernteren Siedlungsgebieten in Georgia, North Carolina und Florida auf ihr Kerngebiet westlich der Appalachen zurückgezogen. Entlang der Atlantikküste und in deren hügeligem Hinterland dominierten indianische Gruppen der Waldland-Tradition.

Die Zeit bis zur Konfrontation mit den europäischen Kolonisten war zu kurz gewesen, um etwa mit der Domestizierung von Nutztieren oder der Fortentwicklung von Elementen der Schriftsprache anzusetzen. De Sotos Chroniken verdanken die Europäer erste Schilderungen über das Leben der amerikanischen Ureinwohner.

Die Indianer machten Erfahrungen mit der Mentalität auch späterer europäischer Kolonisten, die aus einer vermeintlichen moralischen Überlegenheit das Recht ableiteten, die einheimische Bevölkerung auszurauben und zu ver-

Souvenirladen in Lynchburg – das indianische Erbe wird touristisch vermarktet

sklaven. Schon bald erlagen viele Ureinwohner eingeschleppten Krankheiten, gegen deren Erreger sie keine Immunstoffe besaßen. Gelbfieber, Masern, Blattern, Malaria, Scharlach und andere Infektionskrankheiten rafften zwischen 50 und 90 % der Bevölkerung dahin. Durch das Massensterben gerieten die Stammesbeziehungen in eine tiefe Krise, die Indianer ordneten sich auf Basis ethnischer Gruppen und Sprachfamilien neu.

Die Algonkin, aus denen unter anderem die Stämme der Powhatan, der Roanoke und der Pamlico hervorgingen, waren entlang der Atlantikküste zwischen Kanada und North Carolina zu finden. Das Siedlungsgebiet der Muskogee mit den Stämmen der Creek-Konföderation, den Seminolen und Timuca, den Choctaw und Chickasaw erstreckte sich von Georgia nach Westen bis zum Mississippi. Jenseits des großen Flusses, in Louisiana, Arkansas und Ost-Texas, lebten die Caddoan mit den Stämmen der

Natchitoches oder der Adai. Die Irokesen, aus denen sich auch die Cherokee entwickelten, bewohnten die südlichen Appalachen, Teile von Tennessee, Georgia, North und South Carolina. Die Siouan besiedelten Randgebiete im Süden wie die Ofu im Norden des heutigen Mississippi, die Biloxi an der Golfküste und dem Unterlauf des Mississippi oder die Catawba in South Carolina.

Indianer des Hinterlands wie die Creek, Cherokee oder Choctaw wurden dazu gebracht, jährlich Zehntausende von Fellen gegen Eisenwerkzeuge, Gewehre, Alkohol oder Tücher einzutauschen. Dieser Handel brachte ihnen zwar kurzfristig relativen Wohlstand, aber auch die Abhängigkeit von den zu erwerbenden Gütern. Da Engländer und später Amerikaner an dem Land interessiert waren, das profitabel beackert werden sollte, arbeiteten auf den Feldern bald indianische Sklaven, die jedoch später von afrikanischen Sklaven ersetzt wurden.

Die Indianer wurden immer weiter nach Westen vertrieben. Verschiedene Rebellionen und auch der Versuch von Teilen der Chickasaw, Choctaw, Creek und Cherokee durch Anpassung an die europäische Kultur und die Aufgabe indianischer Traditionen eine Duldung ihrer Existenz zu erreichen, scheiterten endgültig, nachdem Andrew Jackson, ein in ›Indianerkriegen‹ bewährter General, zum Präsidenten der USA gewählt worden war. Alle Indianer östlich des Mississippi wurden in ein Territorium vertrieben, das später zum Bundesstaat Oklahoma werden sollte. Die Cherokee hatten 1838 beim Deportationszug, der später ›Pfad der Tränen‹ genannt wurde, etwa 4000 Tote zu beklagen. Indianische Gruppen, die der Deportation durch Flucht in die Berge oder in das unwirtliche Florida entkommen konnten, bildeten später die Keimzellen neuer Siedlungen und Reservationen.

Indianer spielen im Leben der Südstaaten heute keine wichtige Rolle mehr. Die Cherokee in den Bergen von North Carolina mit 8000 und die Choctaw in Mississippi mit 4000 Mitgliedern stellen die größten geschlossenen Bevölkerungsgruppen, darüber hinaus gibt es einige kleinere Siedlungen und Reservationen von Virginia bis Louisiana. Den Lumbee, eine indianische Gruppe, die sich nie als Stamm registrieren ließ und denen nachgesagt wird, die Überlebenden von Englands erster gescheiterter Kolonie in North Carolina integriert zu haben, blieb die Deportation erspart. Fast 40 000 Menschen in North Carolina zählen Lumbee zu ihren Vorfahren. Hohe Arbeitslosigkeit und damit verbundene soziale Probleme sowie der Druck des *American way of life* auf Stammestraditionen haben im Laufe der Zeit zu weiteren Identitätsverlusten geführt. Die touristische Vermarktung des kulturellen Erbes sowie die Lizenz für Bingo- oder Glücksspiel-Kasinos haben zur Verbesserung der wirtschaftlichen Lage geführt. Ob sich damit auch die Chancen für ein kulturelles Überleben verbessert haben, wird erst die Zukunft zeigen.

Die Europäer kommen
Spanier, Engländer und Franzosen

Nachdem Spanien und Portugal feststellen mußten, daß Christoph Kolumbus 1492 nicht einen Vorposten der legendären ostasiatischen Königreiche Japan und China erreicht, sondern einen bislang unbekannten Kontinent entdeckt hatte, ging die Eroberung zunächst der karibischen Inseln und von Mittelamerika dann der nördlichen Regionen von Südamerika rasch voran.

Juan Ponce de Leon, der schon in die Jahre gekommene spanische Grande und Gouverneur von Kuba, suchte Gold und den legendären Jungbrunnen von Bimini. Nach einer Irrfahrt durch das Insellabyrinth der Bahamas stieß er im Frühjahr 1513 beim heutigen St. Augustine in Florida auf das Festland und nannte das Terrain nach dem bevorstehenden ›blühenden Osterfest‹ Pasqua

Ponce de Leon-Denkmal in St. Augustine

Florida. Als er 1521 nach Florida zurückkam, um es endgültig zu erobern, traf ihn bei einem Scharmützel mit den Calusa-Indianern ein tödlicher Pfeil. Weitere Versuche der Spanier, sich in Florida, an der östlichen Golfküste und der südlichen Atlantikküste festzusetzen, scheiterten gleichfalls.

Der Zug des Hernando de Soto, dessen Expeditionsheer 1539 den Süden vier Jahre auf der Suche nach Gold und einer Nordostpassage nach Asien durchstreift hatte, endete als Fiasko und ließ das spanische Interesse am Süden der heutigen USA erlöschen. Erst die Kolonie französischer Hugenotten von Fort Caroline nahe dem heutigen Jacksonville, die für die mit Schätzen aus den mittelamerikanischen Kolonien beladenen Brigantinen eine Gefahr waren, holten die Spanier auf den Plan zurück. Admiral Menendez ließ 1565 alle männlichen Hugenotten töten. St. Augustine wurde zur ersten Hauptstadt von Spanisch-Florida, einer Kolonie, die weniger zur Besiedlung als zur Absicherung des Seewegs zwischen der Heimat und südamerikanischen Besitzungen unterhalten wurde.

Die Franzosen kehrten erst mehr als 100 Jahre nach dem Debakel an der floridianischen Atlantikküste in den Süden zurück. Robert Cavelier, Sieur de la Salle, erkundete von Quebec aus den Mississippi und nahm 1682 die Landstriche beiderseits des Stromes für seinen König Louis XIV. in Besitz. Im Winter 1698 unternahm die französische Regierung einen Versuch, das riesige Terrain zu besiedeln. Pierre le Moyne, Sieur d'Iberville, und nach dessen Tod sein Bruder Jean-Baptiste le Moyne, Sieur de Bienville, wurden zu Gouverneuren von Louisiana ernannt. Letzterer gründete im Jahre 1718 Nouvelle Orléans, nicht weit von der Mündung des Mississippi. Die französische Kolonialpolitik war auf den Handel mit Pelzen ausgerichtet, die Besiedlung des riesigen Territoriums zwischen dem St. Lorenz und dem Mississippi ging mehr als schleppend voran. Unterstützung vom Mutterland, das ständig mit seinen europäischen Nachbarn in Fehde lag, kam nur spärlich.

Der Siebenjährige Krieg in Europa (1756–1763) zwischen Preußen und England auf der einen sowie Frankreich, Rußland, Österreich und zeitweise Spanien auf der anderen Seite hatte seit 1754 in den amerikanischen Kolonien mit Kämpfen zwischen Frankreich und England bereits ein Vorspiel. England konnte die Seehoheit und den Sieg erringen. Die französischen Kolonien gingen an England und teilweise im Tausch an Spanien über. Nachdem Frankreich 37 Jahre später Louisiana in einem Abkommen von Spanien zurückerhalten hatte, sah es kurzfristig so aus, als ob auf dem nordamerikanischen Kontinent wieder die französische Karte gespielt wurde. Doch Napoleons Traum von einem neuen Kolonialreich in der Karibik scheiterte schon im Ansatz. So verkaufte er Louisiana 1803 an die junge amerikanische Republik, nicht ohne den Hintergedanken, damit dem Erzrivalen Großbritannien zu schaden. Frankreich hatte sich endgültig aus dem Gebiet der späteren Südstaaten verabschiedet.

Es war kein Zufall, daß die ersten Versuche Englands, Kolonien in der Neuen Welt zu gründen, in die Amtszeit von Königin Elizabeth I. fielen. In den knapp 45 Jahren ihrer Regentschaft begann England, sich schrittweise aus der Einflußsphäre von Spanien und der katholischen Kirche zu lösen und eine eigenständige europäische Rolle zu spielen. Kapitäne wie John Hawkins und Francis Drake gingen als *sea dogs* mit Freibriefen ihrer Majestät auf Kaperfahrt. Auch Spaniens Versuch, England wieder unter seine Botmäßigkeit zu zwingen, konnte nach der vernichtenden Niederlage der spanischen Armada 1588 nicht mehr gelingen.

Nach gescheiterten Versuchen, im späteren North Carolina eine Kolonie zu gründen, gelang es 1607, mit der Siedlung

Jamestown in Virginia eine erste englische Kolonie zu halten. Die englische Kolonialpolitik stützte sich nicht allein auf den Hochadel, sondern beteiligte das Bürgertum über Finanzierungsgesellschaften an den Erträgen und am Risiko. Die Kolonien gründeten sich nicht allein auf die Ausbeutung der Indianer, sondern waren darauf angelegt, auch mit Hilfe der Landwirtschaft zum eigenen Überleben beizutragen und Exporte zu erarbeiten. Im Jahre 1660 siedelten bereits 30 000 Menschen an den Flüssen York, James und Rappahannock.

Die Gründung weiterer englischer Kolonien im Süden von Virginia ging schnell voran. Carolina wurde bald in einen Nord- und Südteil getrennt, noch weiter im Süden kam Georgia dazu. Im Jahre 1750 lebten in den 13 britischen Kolonien an der amerikanischen Ostküste bereits 1,5 Mio. Menschen.

Die Amerikaner
Unabhängigkeit und Bürgerkrieg

Mit der Zeit hatte sich unter den englischstämmigen Kolonisten ein neues Bewußtsein herausgebildet, das sie in wachsenden Gegensatz zu den Autoritäten des Mutterlands setzte. Anders als im heimischen Großbritannien waren Einkommen und Reichtum in den Kolonien weniger von Geburt und Stand abhängig, sondern nur mit harter Arbeit zu gewinnen. In den südlichen der 13 amerikanischen Kolonien war der Grundbesitz trotz großer Plantagen breit gestreut, und es war selbst für einen mittellosen Neuankömmling möglich, sich einen bescheidenen Wohlstand zu erarbeiten.

In den Siedlungen an den westlichen Rändern der englischen Zivilisation herrschte eine Art Basisdemokratie, die es absurd erscheinen ließ, daß ein fer-

Im Bürgerkrieg von 1861 bis 1865 kämpften die industrialisierten Nordstaaten gegen die sklavenhaltenden Südstaaten

Free at last
Sklaverei im 18. und 19. Jahrhundert

Die Vorfahren der Afro-Amerikaner kamen nicht freiwillig nach Nordamerika. Sie wurden in West- und Zentralafrika von Menschenjägern gefangen, zu den Häfen an der Atlantikküste verschleppt, in Schiffe gepfercht und Richtung Amerika verfrachtet. Sklavenhandel gab es schon vor der ›Entdeckung‹ von Amerika durch Christoph Kolumbus. Sklaven und Menschenhandel gibt es in einigen Regionen der Erde noch heute.

Die Zerstörung der gewachsenen Gesellschaften in Westafrika hing jedoch ursächlich mit der Entvölkerung ganzer Landstriche seit Beginn der großangelegten Sklavenjagden zusammen. Im Jahre 1511 begannen die Spanier, die durch Krankheiten und Zwangsarbeit dezimierte Bevölkerung in ihren amerikanischen Kolonien mit afrikanischen Sklaven ›aufzufüllen‹. 1619 erreichte das erste holländische Schiff mit 20 afrikanischen Zwangsarbeitern den Hafen von Jamestown in der englischen Kolonie Virginia.

Bis zum Ende des atlantischen Sklavenhandels in der zweiten Hälfte des 19. Jh. kamen mehr als 11. Mio. afrikanische Sklaven lebend in Amerika an. Da bei den Sklavenjagden nur junge, kräftige Menschen gefangen, die anderen aber oft getötet wurden, da bei den meist langen und strapaziösen Transporten zu den Häfen viele Gefangene starben und die Todesfälle auf den Schiffen über den Atlantik bis zu 50 %

betrug, kann man die Gesamtzahl der nach Amerika deportierten und getöteten Bevölkerung von West- und Zentralafrika auf 20–30 Mio. Menschen schätzen.

Am Geschäft des Sklavenhandels waren viele beteiligt: rivalisierende afrikanische Stämme wie die des Königreichs Dahomey im heutigen Benin, dessen wirtschaftlicher und politischer Aufstieg mit Gewinnen aus der Sklavenjagd verbunden war, europäische Reedereien und Handelshäuser, auch aus Ländern wie Deutschland und Dänemark. Händler und Plantagenbesitzer der europäischen Kolonialmächte in Nord- und Südamerika aus Frankreich, Spanien, Portugal, Großbritannien und den Niederlanden. Das Gros der Afrikaner wurde in den tropischen und subtropischen Gebieten von Mittel- und Südamerika, in den Bergwerken und auf den Plantagen der Portugiesen und Spanier eingesetzt. Ihre Lebenserwartung betrug vom Augenblick der Landung etwa weitere sechs Jahre, die der in den Kolonien geborenen Sklaven etwa 26 Jahre.

In den französischen und englischen Kolonien von Nordamerika, später in den USA, konzentrierte sich die Sklavenbevölkerung zu 90 % in den Südstaaten. Die Tabakpflanzungen in Virginia und North Carolina, die Reisfelder in den Küstenmarschen von South Carolina und Georgia, die Zuckerrohrgebiete in Louisiana sowie Ende des 18. Jh. vor allem die Baumwollplantagen im *cotton belt* von South Carolina bis an den Mississippi wurden von Sklaven bearbeitet.

Von den knapp 4 Mio. Sklaven, die Mitte des 19. Jh. in den USA lebten, waren nur 200 000 im Handwerk oder der Industrie eingesetzt, der überwiegende Teil mußte Zwangsarbeit auf den Feldern leisten. Die Sklavenbevölkerung in Nordamerika hatte sich über die Jahre sprunghaft vergrößert: Im Jahre 1700 wurden 28 000 Sklaven gezählt, 1730 waren bereits 91 000, 1750 schon 200 000 daraus geworden, im Jahre 1800 betrug ihre Zahl 1,2 Mio. Vor allem die große Nachfrage der Baumwollplantagen ließ die Sklavenbevölkerung trotz des 1808 verkündeten offiziellen Stopps der Menschenimporte aus Afrika in den nächsten 50 Jahren auf 4 Mio. anschwellen.

Im Gegensatz zu den menschenverschleißenden Arbeits- und Lebensbedingungen in den spanischen, portugiesischen und britischen Kolonien von Mittel- und Südamerika sorgte eine hohe Geburtenrate unter den nordamerikanischen Sklaven dafür, daß deren Anteil an der Gesamtbevölkerung in den Südstaaten vor dem Bürgerkrieg auf ein Drittel geklettert war. In einigen Regionen wie in South Carolina lebten bereits mehr dunkelhäutige als hellhäutige Bewohner.

Mit der Zahl rechtloser Zwangsarbeiter wuchs bei deren Besitzern allerdings auch die Furcht vor Aufständen und Aufruhr. Alle betroffenen Bundesstaaten verabschiedeten daher ein besonderes Gesetzeswerk, sogenannte *slave codes,* die vor allem eine Liste von Verboten enthielten. Es war Sklaven nicht erlaubt, sich außerhalb der Arbeit zu versammeln, die Plantage ohne Erlaubnis zu verlassen, Waffen zu tragen, zu heiraten, lesen und schreiben zu lernen.

Verstöße waren mit Strafen vom Auspeitschen, bis hin zur Verstümmelung und zur Hinrichtung belegt. Die Afrikaner galten bei ihren Besitzern rechtlich nicht als Person, sondern als ›Sache‹, die unabhängig von etwaigen familiären Bindungen gekauft, verpfändet oder mißhandelt werden konnte. Die Kirche legitimierte den Status der unterdrückten Menschen und definierte sie als minderwertiges, den Weißen nicht ebenbürtiges Volk.

In der Wirtschaft der Südstaaten, die ihren Reichtum der Ausbeutung von Sklaven verdankte, galt der Besitz vieler Sklaven als Gradmesser des Wohlstands und des öffentlichen Ansehens. Von den etwa 8 Mio. Weißen, die 1850 in den 15 die Sklaverei erlaubenden US-Bundesstaaten lebten, konnten oder wollten sich allein 380 000 diesen Besitz tatsächlich leisten, nur 46 000 besaßen mindestens 20, nicht mehr als 3000 geboten über 100 Sklaven. Einige wenige nannten 2000 bis 3000 Sklaven ihr eigen.

Die kleine herrschende Schicht der reichen Plantagenbesitzer gab in den Südstaaten den Ton an, wirtschaftlich und in der öffentlichen Meinung. Das Eigentum an Menschen verschaffte zudem politischen Einfluß, da je fünf Sklaven derem Besitzer drei zusätzliche Wahlstimmen zugesprochen wurden.

Die nach Amerika verschleppten Afrikaner konnten nur schwer ein Selbstverständnis, eine Kultur und einen organisierten Widerstand gegen ihr Los entwickeln. Ihre Verwurzelung im eigenen Stamm, Sippe und Volk war zerschlagen, es bestand keine Möglichkeit, durch Flucht aus der fremden und feindlichen Umgebung in die Heimat zurückzugelangen. Alte familiäre Bindungen existierten nicht mehr, neue wurden häufig durch Verkauf an andere Besitzer wieder zerstört. Auch die Ver-

Ehemalige Sklaven jubeln nach ihrer Befreiung 1865

ständigung untereinander gestaltete sich durch die Herkunft aus unterschiedlichen afrikanischen Sprachkreisen sowie die Einschränkung der Bewegungsmöglichkeiten als kompliziert.

Allmählich entwickelte sich ein Geflecht familiärer Beziehungen, das möglicher Trennung Rechnung trug. Die gemeinsame Arbeit auf den Feldern und das Leben in den Sklavenquartieren förderten die Verständigung untereinander, die Lieder, die zunächst das eigene Schicksal beklagten, und die Geschichten aus Afrika, die mündlich überliefert wurden, bildeten den Keim für eine eigene Kultur. Da die Besitzer die Bestattung verstorbener Sklaven meist deren Schicksalsgenossen überließen, entwickelten sich Beerdigungen zu wichtigen, ansonsten ja verbotenen Zusammenkünften, auf denen man die Toten beklagte, aber auch deren endgültige Flucht aus der Sklaverei gefeiert wurde.

Drei lokale Aufstände in der ersten Hälfte des 19. Jh. sowie eine immer größere Zahl von Sklaven, die Richtung Westen oder zu den Seminolen in die Sümpfe nach Florida floh, belegen den wachsenden Widerstand, der über bewußt langsames oder unachtsames Arbeiten hinausging. Gleichzeitig entwikkelte sich bei vielen Weißen eine häufig religiös begründete Ablehnung der Sklaverei, deren Abschaffung, *abolition*, gefordert wurde. Der Bürgerkrieg als Ausdruck rivalisierender wirtschaftlicher und politischer Interessen wurde zunächst vom Norden nicht zur Abschaffung der Sklaverei geführt, später aber um dieses Ziel erweitert. So brachte der Sieg der Nordstaaten den Schwarzen die Befreiung aus ihren rechtlichen Fesseln, die Auseinandersetzung um die gleichen wirtschaftlichen Chancen ist jedoch auch heute noch nicht abgeschlossen.

ner König von Gottes Gnaden die eigenen Geschicke bestimmen sollte. Um die Entwicklungen besser kontrollieren zu können, legte die Londoner Regierung die Appalachen als Westgrenze der Besiedlung fest, verfügte eine Aufstokkung der Armee auf 10 000 Mann, an deren Unterhalt sich die Siedler mit einem Drittel zu beteiligen hätten, und führte zur Finanzierung eine Reihe von Abgaben, darunter eine Stempelsteuer, den *stamp act,* ein.

Die Kolonisten liefen gegen diese Reglementierungen Sturm, sahen nicht ein, daß sie Steuern bezahlen sollten ohne im Parlament vertreten zu sein *(no taxation without representation)*. Auch die führenden Köpfe von Virginia, der mächtigsten und bevölkerungsreichsten amerikanischen Kolonie, stellten ihr Engagement in den Dienst der gemeinsamen Sache, die seit 1776 Unabhängigkeit hieß. Thomas Jefferson formulierte im Auftrag des neugegründeten Nationalkongresses der Kolonien die Unabhängigkeitserklärung, ein Manifest der Aufklärung und des Selbstbestimmungsrechts der Menschen.

Die Strafaktion der britischen Armee zur Wiederherstellung der kolonialen Ordnung wuchs sich zu einer ernsthaften militärischen Auseinandersetzung aus, in deren Verlauf die zusammengewürfelte Truppe der amerikanischen Miliz unter General George Washington mehrmals am Rande des Abgrunds stand. Freigeister und Militärs aus anderen europäischen Nationen wie Friedrich Wilhelm von Steuben aus Preußen, Thaddeus Koskiusko aus Polen oder der Marquis de Lafayette aus Frankreich schlossen sich den Aufständischen an. Schließlich erreichten amerikanische Gesandte wie Benjamin Franklin, daß sich Frankreich an die Seite der amerikanischen Revolutionäre stellte und mit

Im Living Museum von Yorktown

Truppen und seiner Flotte in die Kämpfe eingriff.

Bei Yorktown, nicht weit von der virginischen Hauptstadt Williamsburg, gelang es 1781, der Hauptgruppe der britischen Armee unter General Cornwallis die entscheidende Niederlage beizufügen, die zum Friedensschluß und zur Anerkennung der 13 aufständischen Kolonien durch den ehemaligen Kolonialherren Großbritannien führten. Der Kampf um die Unabhängigkeit war gewonnen. Mit der 1787 verabschiedeten und noch heute gültigen Verfassung und den später erklärten Grundrechten (Bill of Rights) gab es mit den USA bereits zwei Jahre vor der französischen Revolution den ersten bürgerlich-demokratischen Staat der Welt mit einer strengen Trennung von Legislative, Exekutive und Judikative.

Doch es reifte ein Konflikt heran, der die junge Republik bereits wenige Jahrzehnte nach der Gründung an den Rand der Spaltung trieb. Aus den 20 afrikanischen Negersklaven, die 1619 an Bord eines holländischen Seglers in Jamestown, der damaligen Hauptstadt von Virginia, an Land gebracht worden waren, waren bis zum Jahre 1860 4 Mio. geworden. Sie arbeiteten überwiegend auf den Baumwoll-, Reis-, Zuckerrohr- und Indigoplantagen im Süden. Der Konflikt mit den eher gewerblich orientierten Bundesstaaten im Nordosten und im Mittleren Westen, in denen Sklaverei verpönt war, eskalierte zum offenen Bruch, nachdem der Republikaner und Sklavereigegner Abraham Lincoln aus Illinois 1860 zum Präsidenten der USA gewählt worden war.

Bereits im Dezember des gleichen Jahres erklärte South Carolina seinen Austritt aus der Union, bis zum Juni 1861 folgten Mississippi, Alabama, Louisiana, Georgia, Florida, North Carolina, Arkansas, Virginia, Tennessee und Texas. Die elf Bundesstaaten schlossen sich als konföderierte Staaten von Amerika zusammen, wählten Richmond in Virginia zu ihrer Hauptstadt und Jefferson Davis zu ihrem Präsidenten. Nachdem die Unionstruppen Fort Sumter vor Charleston nicht räumten und es von Artilleristen aus South Carolina unter Beschuß genommen wurde, war dies der Funken, der den militärischen Konflikt zwischen der Union und den abgefallenen Südstaaten auslöste.

Aus ersten Scharmützeln entwickelte sich ein Krieg mit 700 000 Toten und Verwundeten auf beiden Seiten, der vom Norden dank seiner übermächtigen Wirtschaftskraft und Waffentechnik sowie der weitaus höheren Einwohner- und Soldatenzahl gewonnen wurde. Die besiegten Südstaaten wurden jahrelang unter Militärverwaltung gestellt. Die Sklaverei wurde abgeschafft. Die auf großflächigen Plantagen basierende Wirtschaftsstruktur des Südens war zerstört. Der Norden hatte sein vorrangiges Kriegsziel, die Einheit der Union zu wahren, mit einem hohen Preis erkauft. Nie wieder wurde die Vereinigung der Bundesstaaten von Nordamerika zu einem gemeinsamen Staat ernsthaft in Frage gestellt.

Bürgerkriegsschauplatz in Manassas

Nicht nur Southern belles und good ol'Boys
Die Bevölkerung heute

In den hier beschriebenen zehn Südstaaten, Washington D.C. und Florida eingeschlossen, leben etwa 57 Mio. Menschen. In den Jahrzehnten nach dem Bürgerkrieg, nach dem Zusammenbruch der Plantagenwirtschaft des Südens, waren Hunderttausende einstiger Sklaven in den Norden gezogen, auf dem ›Blues Highway‹ nach Chicago, Detroit, Cleveland und New York, auf der Suche nach Arbeitsplätzen in der Industrie, auf der Flucht vor der Armut auf dem Lande.

Bis in die 70er Jahre des 20. Jh. galten die Südstaaten als wenig attraktive Wohnregion, ließen Auswanderungswellen vor allem schwarzer Bürger deren Bevölkerungsanteil sinken. Rassenkonflikte und wirtschaftlicher Niedergang hatten dem Süden in den USA einen schlechten Ruf verschafft, die Region galt als rückständig, und deren Bewohner hielt man für engstirnig. Heute hat sich der Trend umgekehrt, steht die Zukunftsperspektive im Vordergrund.

Mittlerweile sind viele Familien auf der Suche nach Arbeitsplätzen wieder in den Süden zurückgezogen. Pensionäre kehren dem Winter im Norden den Rücken und siedeln sich für den Ruhestand in den Südstaaten an. North Carolina, Georgia, Florida und neuerdings der Süden von Mississippi gehören zu den bevorzugten Wohnorten der Ruheständler. Sogar Schwarze kommen an die Stätte der Ausbeutung ihrer Vorfahren zurück, da sich das politische Klima im tiefen Süden gewandelt hat.

Gewalttätige Ausschreitungen wie in den 60er Jahren scheinen im Alabama oder Mississippi von heute nicht mehr möglich. Ein Paradies ist der Süden dennoch nicht geworden, der nach wie vor aktive Ku-Klux-Klan zeigt die Spitze eines Eisbergs dumpfer weißer Borniertheit. Brandstiftungen, denen in den letzten Jahren Dutzende Kirchen ländlicher schwarzer Gemeinden zum Opfer fielen, offenbaren die Gewaltbereitschaft einer radikalen Minderheit gegenüber einer von ihnen als minderwertig betrachteten Bevölkerungsgruppe.

Bürger europäischer Abstammung, die in amerikanischen Statistiken *caucasians* heißen, machen den überwiegenden Teil der Bevölkerung aus. Nahezu die Hälfte von ihnen zählt Engländer, Schotten und Iren zu ihren Vorfahren, etwa ein Siebtel sind Nachfahren deutscher Auswanderer. Im Süden von Louisiana nennen etwa 1 Mio. Einwohner Französisch als ihre Muttersprache. Zu den Kreolen, Nachkommen französischer Kolonisten, gesellten sich Mitte des 18. Jh. Tausende von Akadiern, die, von den Briten aus Kanada vertrieben, heute als Cajuns an den Flußarmen im Mündungsdelta des Mississippi leben.

Die Bezeichnung für Menschen mit afrikanischen Vorfahren hat sich im Laufe der Jahre immer wieder gewandelt, sie werden Neger, Farbige, Afro-Amerikaner oder Schwarze genannt und machen die zweitgrößte Bevölkerungsgruppe in den Südstaaten aus. Mississippi weist mit 35 % den höchsten, Tennessee mit 15 % den niedrigsten Anteil Schwarzer an der Gesamtbevölkerung auf. Auch Einwanderer aus Italien, Griechenland, aus arabischen Ländern, Lateinamerika oder Asien, wie etwa vietnamesische Fischer in Biloxi, haben in den Südstaaten eine neue Heimat ge-

Ruheständler aus dem Norden zieht es häufig in die warmen Südstaaten

funden, ihre Zahl ist jedoch zu gering, um in Statistiken eine herausgehobene Rolle zu spielen.

Die sprichwörtliche Gastfreundlichkeit der Menschen in den Südstaaten, die *southern hospitality,* hat Tradition. Der Empfang von Gästen galt in dem früher dünnbesiedelten Land als gesellschaftliches Ereignis. Sie brachten Neuigkeiten über politische Entwicklungen oder auch über die aktuelle Mode auf die abgelegenen Plantagen der Pflanzerfamilien. Offenheit, Freundlichkeit und Interesse gegenüber fremden Besuchern sind auch heute noch die Regel. Ein entspanntes Gespräch auf dem Campingplatz, der Plausch von Schaukelstuhl zu Schaukelstuhl auf der Veranda einer Bed and Breakfast-Herberge ist unkompliziert und ergibt sich von selbst.

Klischeegewöhnte Blicke werden auch heute noch kokette *southern belles* und edle Kavaliere finden, doch eher als Darsteller in den zu Museen umgestalteten Plantagenvillen. Auch die gutmütige ›Ne-ger-Mammy‹, welche die Kinder ›ihrer‹ weißen Familie großzog, gehört zu den Mythen, die in Filmen und Romanen weiterleben. Doch der Süden ist zu vielfältig, als daß man ihn auf derlei Stereotypen reduzieren könnte.

Dennoch gibt es noch viele (Weiße), die mit *the lost cause,* der Niederlage der ehrenvollen Sache der Konföderierten, auch den Verlust einer Lebensweise und von Idealen beklagen, die sich so sehr von der kalten materiellen Welt des Nordens unterschieden. Doch auch mit wirtschaftlicher Dynamik und *sunbelt power* hat sich im modernen Süden bei vielen Menschen unterschiedlicher Hautfarbe ein legerer Lebensstil erhalten, der in Chicago oder Boston seltener zu finden ist. Der Slogan »Southern hospitality with damn' Yankee efficiency«, die Gastfreundlichkeit des Südens mit der (verfluchten) Perfektion der Nordstaatler, könnte nicht nur als Werbung für ein Restaurant in Atlanta, sondern als Motto für den Süden der USA gelten.

Daten zur Geschichte

30 000–10 000 v. Chr. Asiatische Nomaden wandern während der letzten Eiszeit über die Landbrücke der Bering-Straße auf den amerikanischen Kontinent ein und besiedeln ihn im Verlauf von einigen Tausend Jahren.

1000 v. Chr. Die Kultur der Waldland-Indianer breitet sich von Siedlungen entlang des Ohio-Tals in den Süden von Nordamerika aus. Landwirtschaft und Kunsthandwerk entwickeln sich, Tote werden in Grabhügeln bestattet. Auf Hügeln *(mounds)* errichten die Bewohner zeremonielle Gebäude.

700–1600 n. Chr. In der Region zwischen den Einmündungen von Missouri und Ohio in den Mississippi entsteht die Kultur der Mississippi-Indianer, die sich bald bis zu den Appalachen und darüber hinaus verbreitet. Die Menschen leben in befestigten Siedlungen mit mehreren Tausend Einwohnern. Auf mächtigen Erdpyramiden stehen Wohnhäuser und zeremonielle Gebäude. Handelsbeziehungen reichen bis zu den Rocky Mountains und den Großen Seen. Die Indianer bauen Mais, Bohnen, Kürbis und andere Feldfrüchte an, fertigen Kunsthandwerk und Schmuck, kennen Musik, Tanz und Sport.

Schon kurz vor Beginn der europäischen Eroberung setzt der Niedergang ein, die Ausbreitung von ansteckenden Krankheiten, die aus Europa eingeschleppt werden, läßt die indianischen Kulturen untergehen. Es entwickeln sich neue, nach Sprachfamilien gegliederte indianische Stämme der Algonkin, der Muskogee und der Irokesen.

1513 Juan Ponce de Leon erreicht als erster Europäer den Süden von Nordamerika, geht beim heutigen St. Augustine an Land und tauft es nach dem bevorstehenden Osterfest (der Blumen) Florida.

1539–1542 Hernando de Soto durchstreift mit einem 1200 Mann starken Expeditionsheer den Süden auf der vergeblichen Suche nach Gold sowie einer Passage nach Asien und überquert als erster Europäer den Mississippi, in dem er nach seinem Tode von seinen Leuten bestattet wird.

1565 Der spanische Admiral Menendez erobert Fort Caroline, eine Siedlung französischer Hugenotten beim heutigen Jacksonville in Nord-Florida, gründet südlich davon St. Augustine, die Hauptstadt von Spanisch-Florida, und wird erster Gouverneur der Kolonie.

1585 Walter Raleigh gründet auf Roanoke Island im heutigen North Carolina eine kurzlebige Kolonie, die er nach der unverheirateten Königin Elizabeth I. Virginia nennt.

Historische Darstellung des Zuges von Hernando de Soto durch die heutigen Südstaaten im Jahre 1539

1607 Die Engländer unternehmen mit der Siedlung Jamestown einen zweiten, diesmal erfolgreichen Versuch, eine Kolonie in der Neuen Welt zu gründen.

1682 Der Franzose Robert Cavelier, Sieur de la Salle, erreicht von Quebec aus den Unterlauf des Mississippi und erklärt das Gebiet zu französischem Eigentum.

1718 Williamsburg wird Hauptstadt der britischen Kolonie Virginia. Französische Kolonisten gründen Nouvelle Orléans nahe der Mündung des Mississippi.

1732 Die Engländer gründen mit Georgia nach North und South Carolina eine weitere Kolonie südlich von Virginia.

1763 Die Franzosen müssen nach dem verlorenen Krieg gegen die Engländer alle Gebiete östlich des Mississippi abtreten.

1776 Am 4. 7. verabschiedet der amerikanische Nationalkongreß die von Thomas Jefferson verfaßte Unabhängigkeitserklärung. England setzt Truppen zur Wiederherstellung der kolonialen Ordnung ein.

1781 General Cornwallis, Oberbefehlshaber der britischen Truppen, muß sich bei Yorktown dem amerikanischen General Washington ergeben.

1793 Eli Whitney erfindet die *cotton gin,* eine Maschine zur Trennung der Baumwollfasern von ihrem Kern, die den großflächigen Anbau kurzfaseriger Baumwolle im Süden ermöglicht und die Entwicklung ausgedehnter Plantagen fördert.

1803 Die USA kaufen von Frankreich das Gebiet von Louisiana, das von der Golfküste bis an die Grenze zu Kanada reicht.

1819 Spanien tritt Florida an die USA ab.

1830 Der Removal Act regelt die Vertreibung aller im Süden lebender Indianer in ein Territorium westlich des Mississippi, den heutigen Bundesstaat Oklahoma.

1861–1865	Nach dem Austritt von elf südlichen Bundesstaaten aus der Union beginnt der Krieg um die nationale Einheit und später auch um die Abschaffung der Sklaverei. Nach dem Sieg des Nordens ist die Wirtschaftskraft des Südens zerstört, sind etwa 400 000 Tote und 300 000 Verwundete zu beklagen.
1881	Booker T. Washington gründet in Alabama das Tuskegee Institute, das schwarzen Schülern Bildung vermitteln soll.
1933	Im Rahmen des New Deal des Präsidenten Franklin Delano Roosevelt zur Überwindung der großen Wirtschaftskrise wird die Tennessee Valley Authority geschaffen, die das Flußsystem von Tennessee- und Cumberland River reguliert und weite Teile des Südens mit elektrischer Energie versorgt.
1936	Margaret Mitchell veröffentlicht ihren Roman »Vom Winde verweht«, der zum Weltbestseller wird.
1950	William Faulkner aus Mississippi erhält den Nobelpreis für Literatur.
1955	Busboykott der schwarzen Einwohner von Montgomery, Alabama, gegen Diskriminierung.
1957	Einsatz von Fallschirmjägern, um schwarzen Schülern der High School in Little Rock, Arkansas, den Schulbesuch zu ermöglichen.
1963	Demonstration von 250 000 meist schwarzen Bürgerrechtlern in Washington D.C., Martin Luther King jr. hält seine berühmte »I have a dream«-Rede (vgl. S. 168).
1964/65	Der Civil Rights Act und der Voting Rights Act schaffen wichtige Voraussetzungen für schwarze Amerikaner, ihre Bürgerrechte auch wahrzunehmen.
1968	Martin Luther King jr. fällt unter nicht geklärten Umständen in Memphis, Tennessee, einem Attentat zum Opfer.
1976	James Earl Carter, ehemaliger Gouverneur von Georgia, wird zum Präsidenten der USA gewählt. Alex Haley aus Tennessee veröffentlicht den Roman »Roots«, der die Spur seiner Ahnen bis nach Afrika zurückverfolgt.
1992	Bill Clinton, Gouverneur von Arkansas, wird Präsident der USA, Albert Gore, Senator aus Tennessee, wird Vizepräsident.
1996	Olympische Spiele in Atlanta.
1998	Das Presidential Center für Jefferson Davis, den einzigen Präsidenten der Konföderierten Staaten von Amerika, wird 110 Jahre nach dessen Tod in Biloxi, Mississippi, eingeweiht.
2001	Vizepräsident Al Gore verliert in einem knappen Rennen und nach einer Stimmenauszählungsfarce in Florida den Präsidentschaftswahlkampf gegen den Texaner George W. Bush.

Politik – Wirtschaft – Kultur
Die Südstaaten heute

Heute, da sich der Süden wirtschaftlich und politisch entwickelt hat, werden die Mythen des alten Dixie von neuen ergänzt. Gern zeichnet man das Bild des dynamischen *sunbelt*, in dem sich Spitzenleistungen der Zukunfts- und Kommunikationstechnologien sowie der Tourismusindustrie vereinen und der somit dem industriell verödeten *rustbelt* im Norden doch noch den Rang abläuft. Allerdings sind ehemalige Stahlstädte im Nordosten wie Pittsburgh, Detroit oder Cleveland nicht im Elend stillgelegter Industrie-Anlagen versunken. Sie haben mittlerweile ihren Himmel blank geputzt, locken Firmen mit Steuervorteilen und ansiedlungswillige Bürger mit restaurierten Innenstädten und breitgefächertem Kulturangebot.

Doch auch wenn sich der Vorsprung in der letzten Zeit wieder etwas verringert hat, gehört der sonnige Süden noch immer zu den wirtschaftlich produktivsten Regionen in den USA. Hier haben sich Branchen mit hohen Wachstumsraten etabliert – Kommunikations- und Luftfahrttechnik, Petrochemie und Mikro-Eletronik. Mehr als ein Viertel der industriellen Produktion der USA wird mittlerweile im Süden erzeugt.

In den Metropolen des Südens, vor allem in Atlanta, aber auch in New Orleans oder Memphis sind viele Firmensitze oder deren regionale Zentralen zu finden. Das Kapital, mit dem die futuristischen Skylines der Innenstädte und andere Investitionen finanziert wurden, stammt nur zu einem kleineren Teil aus den Südstaaten selbst. Neben Investoren aus den übrigen USA sind japanische Finanzgruppen stark in der Elektronik- und Automobilindustrie präsent, in den letzten Jahren haben BMW in South Carolina und Mercedes-Benz in Alabama mit dem Aufbau eigener Produktionsstätten Schlagzeilen gemacht, arabisches Kapital ist vorrangig in die Freizeit- und Tourismuswirtschaft geflossen.

Atlanta, auch durch die Olympischen Spiele von 1996 weltweit bekannt, ist die Großstadt der USA mit der niedrigsten Arbeitslosenzahl. Der Siegeszug von Coca-Cola vom Hinterzimmer eines Apothekerladens bis zum weltumspannenden Getränkekonzern wurde überwiegend von Atlanta gesteuert, ebenso wie die Erfolgsstory des Kabelnachrichtensenders CNN.

Die Colleges und Universitäten der Stadt haben in den letzten Jahren Tausende schwarzer Studenten ausgebildet, die nun überwiegend zur breiten farbigen Mittelschicht gehören. Eine schwarze Bevölkerung, die in überdurchschnittlich hohem Maße beschäftigt ist und ein respektables Einkommen erwirtschaftet, verfügt gleichzeitig über ein bedeutenderes wirtschaftliches und politisches Gewicht. Das heißt nicht, daß die Armut im Süden beseitigt ist. Wer übers Land fährt, sieht, wie viele Menschen, darunter auch Weiße, noch in *shacks,* in Baracken oder schäbigen *trailer parks,* leben.

Trotz einer dynamischen industriellen Entwicklung spielt die Landwirtschaft im Süden nach wie vor eine bedeutende Rolle. Die großen Tabakplantagen und -verarbeitungsbetriebe in Virginia und North und South Carolina, aber auch in Georgia und Tennessee sind mit den Anti-Raucher-Kampagnen und milliar-

Roosevelt sprach Elektrokraft
Die Tennessee Valley Authority

Der Wheeler Dam in Alabama, einer der vielen Staudämme der Tennessee Valley Authority

S echsmal war Senator Norris mit seiner Gesetzesvorlage im Kongreß gescheitert, der siebte Versuch war endlich von Erfolg gekrönt. Präsident Franklin Delano Roosevelt, erst wenige Wochen im Amt, unterstützte seinen Plan, den unberechenbaren Tennessee River zu zähmen und damit die unterentwickelte Region westlich der Appalachen wirtschaftlich zu fördern.

Am 18. 5. 1933 unterzeichnete Roosevelt das Gesetz, das die Gründung der Tennessee Valley Authority (TVA) vorsah. Die Situation im Einzugsbereich des Tennessee und seiner Nebenflüsse war zu Beginn der 30er Jahre in der Tat beklagenswert: weite Gebiete von Malaria verseucht, der Fluß mit wandernden Sandbänken über lange Strecken

nicht schiffbar, ausgelaugte Böden, von Erosion bedroht, immer wieder Überflutungen, die Gebäude und Brücken zerstörten und Äcker in den Mississippi schwemmten, ein durchschnittliches Pro-Kopf-Einkommen von nur 168 Dollar im Jahr, Mangelerscheinungen bei Kindern durch schlechte Ernährung, ein unzureichendes Schulsystem und zahlreiche Analphabeten, der Raubbau an den einst endlosen Wäldern, die zudem von unkontrollierten Flächenbränden im Sommer bedroht wurden, sowie die Versorgung von nur etwa 3 % der Haushalte mit elektrischem Strom.

Die TVA sollte die Schiffbarkeit, den Flutschutz, die Produktion preisgünstiger Elektrizität sowie die Förderung der Landwirtschaft im Gebiet des Tennessee sicherstellen. Innerhalb weniger Jahre erstreckte sich ein System von Staudämmen, Kraftwerken und Servicestationen über ein Areal von der Größe Österreichs und der Schweiz. Mehrere Tausend Arbeiter wurden von der TVA für den Bau der Staudämme ausgebildet, die eigens dafür errichteten Wohnsiedlungen später an die Kommunen übergeben. Prämien überzeugten viele Farmer, der Bodenerosion mit Aufforstungsprogrammen zu begegnen.

Eine knapp 3 m tiefe Fahrrinne von Knoxville bis zur Mündung des Flusses in den Ohio River bei Paducah erlaubte den Frachtverkehr von New Orleans bis in die Ausläufer der Appalachen und erhöhte die Attraktivität der Region für Handel und Gewerbe. Ein Zentrum für Düngemittel stellte den Farmern preiswert Phosphatdünger zur Verfügung, so daß die Erträge deutlich stiegen.

Während des Zweiten Weltkriegs von der TVA gebaute Wasserkraftwerke versorgten die mit hohem Energie-Aufwand arbeitende Aluminiumindustrie mit Elektrizität zum Bau von Flugzeugteilen. Die Fabriken für Phosphatdünger bei Muscle Shoals im Norden von Alabama wurden um Produktionsstätten von Phosphaten und Nitraten für die Munitionsherstellung erweitert. Das streng geheime Manhattan Project von Oak Ridge in der Nähe von Knoxville (vgl. S. 261), das 1945 zum Bau der ersten Atombomben führte, profitierte ebenfalls von den gewaltigen Energiemengen, welche die TVA inzwischen lieferte. Von 1940 bis 1946 erhöhte sich die Kapazität der Kraftwerke von knapp 1 Mio. auf gut 2,5 Mio. Kilowatt.

Heute versorgt die TVA mehr als 3 Mio. private, gewerbliche und öffentliche Abnehmer, die in mehr als 60 Wasser-, Atom- und Kohlekraftwerken erzeugt werden, betreibt ein Zentrum zur Entwicklung von Düngemitteln, unterhält Freizeiteinrichtungen an vielen Stauseen und hat in den letzten Jahren ein Programm zu alternativen Energiequellen sowie der Reduzierung von Umweltbelastungen betrieben.

Die TVA sah sich vom ersten Tag ihres Bestehens der Kritik ausgesetzt. Konservative Politiker fürchteten die ›Einführung des Kommunismus‹ durch die staatliche Hintertür. Farmer, deren Land durch die Stauseen überflutet wurde, konnten sich häufig nicht mit einer Umsiedlung und Entschädigung abfinden. Schlimmer noch traf es die Pächter, die keine Ausgleichszahlungen für Grundeigentum bekamen. Lokale Behörden fühlten sich durch die TVA, die allein der Regierung im fernen Washington unterstellt ist, übergangen. Bürgerrechtler wiesen auf den zu geringen Anteil schwarzer Arbeiter hin.

Umweltschützer prangerten in den 60er Jahren den radikalen Tagebau der Gesellschaft an, der die Landschaft verschandelte, und beklagten die Verpestung der Luft mit schlecht gefilterten Abgasen. Nach dem Atomunfall im Kraftwerk von Three Mile Island bei Philadelphia und der Katastrophe von Tschernobyl wurde der Plan, eine Kette von 17 Atomkraftwerken im Tal des Tennessee zu bauen, auf Eis gelegt. Inzwischen hat der staatliche Energiekonzern den Umweltschutz auf seine Fahnen geschrieben und nimmt sogar überschüssige Energie privater Solaranlagen in sein Netz auf.

In den mehr als 60 Jahren ihres Bestehens hat die TVA mit einer flexiblen Unternehmenspolitik dazu beigetragen, einen armen und geschädigten Landstrich zu einer wirtschaftlich entwickelten Region zu wandeln, in der auch schlimme Blessuren an der Natur langsam wieder heilen.

Der Coca-Cola-Konzern steuert sein Weltreich von Atlanta, Georgia, aus

denschweren Schadensersatzklagen von Rauchern in eine Krise geraten, die bereits einige Tausend der kleineren Tabakfarmer zum Straucheln gebracht hat. Tabak war einst das erste gewinnbringende Exportprodukt der englischen Kolonie Virginia.

Auch nach dem Zusammenbruch des Sklavenhaltersystems konnten die großen Plantagenbesitzer viele der bisherigen Anbauflächen für Baumwolle mit schlecht bezahlten Tagelöhnern bewirtschaften. Zunehmende Mechanisierung und künstliche Bewässerungssysteme ermöglichten jedoch auch in weiter westlichen, heißen Regionen wie Texas oder sogar Kalifornien den rentablen Anbau von Baumwolle. Heute wird bereits mehr als die Hälfte der in den USA erzeugten Baumwolle von Feldern westlich des Mississippi geerntet. Im Norden von Florida, in Georgia, in Mittel-Alabama, auf den Ebenen beiderseits des Mississippi in Tennessee, Arkansas, Mississippi und Louisiana kann man noch heute an endlos scheinenden Baumwollfeldern entlangfahren.

Sojabohnen, die hauptsächlich als Viehfutter verarbeitet werden, haben die Baumwolle inzwischen als wichtigstes landwirtschaftliches Produkt im Süden abgelöst. Wälder in Nord-Florida und in den Appalachen bilden die Basis der Forst- und Holzwirtschaft. Das Grenzgebiet von Florida und Georgia versorgt die USA mit Erd- und Pekannüssen. In der Landwirtschaft der Südstaaten finden sich keine Monokulturen mehr, sondern ein vielfältiger Mix aus Gemüse- und Maisanbau, Milch- und Rinderwirtschaft sowie der Zucht von Schweinen und von Federvieh für das beliebte *southern fried chicken*.

Der Tourismus spielt in der Wirtschaft der Südstaaten eine wachsende Rolle. Travel South heißt die Dachorganisation, die den Reiseverkehr im Süden und die eigenständigen Bemühungen der Bundesstaaten koordiniert. Die langen Strände am Atlantik und die attraktive

Baumwolle
Das weiße Gold

Cotton is king, Baumwolle ist der König, lautete in den 40er und 50er Jahren des 19. Jh. die Standardantwort auf die Frage nach dem bedeutendsten Produkt der Landwirtschaft im Süden der USA. Wer im Spätsommer die staubigen Landstraßen entlangfuhr, konnte den Reichtum mit Händen greifen: endlose Felder mit Baumwolle, reif für die Ernte. Auf den Plantagen wurden die von den Samen getrennten Baumwollfasern zu Ballen gepreßt, hier lagerte das ›weiße Gold‹, um zu den Häfen geschafft und zur Verarbeitung nach Neu-England oder Großbritannien verschifft zu werden. Zu Beginn der 60er Jahre hatte die Baumwolle alle anderen Produkte an Bedeutung überrundet und stellte etwa 60 % des gesamten Exports der USA.

Im Frühling werden die Böden aufgelockert, die Furchen gezogen und die Samen eingesetzt. Ende Juli sind die Felder vom tiefen Grün der Pflanzen bedeckt, die cremegelbe Blüten austreiben. Diese verfärben sich zu einem dunklen Rosa, bevor die Blütenblätter abfallen und eine festumhüllte, grüne Furcht zurücklassen. So geschützt, wachsen die Baumwollfasern heran, bis sie im Herbst die zu eng gewordene Umhüllung sprengen. Nun beginnt die Ernte der weißen Bällchen, deren vom Samen befreite Fasern zu Garnen und Stoffen verarbeitet werden können. Aus den Samen lassen sich Öl und Viehfutter herstellen, ein Teil dient für die Aussaat des folgenden Jahres.

Bis Ende des 18. Jh. galt Tabak als das wichtigste Exportgut der USA. Nur die langfaserige See-Baumwolle, die in den Marschen der südlichen Atlantikküste gedieh und deren Wollflocken sich leichter mit der Hand vom Samen zupfen ließ, wurde mit Erfolg in South Carolina, Georgia und dem Nordosten von Florida angebaut. Doch 1793 ermöglichte eine Erfindung von Eli Whitney die maschinelle Verarbeitung auch der kürzeren Fasern einer Baumwollart, die im Landesinneren besser gedieh. Hatte ein Arbeiter für das manuelle

Zupfen eines Pfundes Upland-Baumwolle bislang einen Tag benötigt, so schaffte die *cotton gin,* von einer Dampfmaschine angetrieben, 450 kg, also zwei Ballen Baumwolle täglich.

Für die mechanisierten Spinnereien und Webereien in Europa und den Neu-England-Staaten, deren immenser Bedarf an Wolle und Baumwolle zur Herstellung von Kleidungsstücken kaum befriedigt werden konnte, war ein entscheidender Engpaß in der Produktion beseitigt. Auf den sich schnell ausbreitenden Feldern der Südstaaten wurde immer mehr Baumwolle angebaut, die mit Hilfe der neuen Transportmittel Eisenbahn und Dampfschiff auch zügig von den Plantagen zur Verarbeitung befördert werden konnte. Die Produktion stieg von 1791 mit 4000 Ballen auf 732 000 im Jahre 1839 und 4 Mio. Ballen 1860. Im gleichen Zeitraum hatte sich die Zahl der Arbeitssklaven von etwa 800 000 auf mehr als 4 Mio. erhöht. Die Plantagenbesitzer im Süden, deren märchenhafte Gewinne aus der Baumwollproduktion auf Sklavenarbeit beruhten, versuchten, weitere Gebiete, die sich zum Anbau von Baumwolle eigneten, für das System der Sklavenarbeit zu öffnen, um die wachsende Nachfrage zu befriedigen.

Der Rückschlag, den die Baumwollproduktion durch die Niederlage des Südens im Bürgerkrieg hinnehmen mußte, war nur zeitlich begrenzt. Nach der Aufhebung der Sklaverei fanden die Großgrundbesitzer neue Wege, die besitzlosen schwarzen Ernte-Arbeiter bei niedrigsten Löhnen in Abhängigkeit zu halten. Zu ihnen gesellten sich verarmte Weiße, *poor white trash,* die als Pächter oder Tagelöhner an der Grenze zum Existenzminimum lebten.

Unterstützt durch weitere Mechanisierungen der Arbeitsabläufe, stieg die Erzeugung von Baumwolle bis auf eine Rekordernte von 18 Mio. Ballen Mitte der 20er Jahre. Doch die Weltwirtschaftskrise sowie die nachhaltige Schädigung der Pflanzen durch den *boll weevil,* einen Käfer, der das Wachstum der weißen Faserknäuel verhinderte, bewirkten den drastischen Rückgang der Anbaufläche und damit auch der Baumwollproduktion. Da die Böden durch die einseitige Nutzung ausgelaugt und der Erosion ausgesetzt waren, gingen viele Farmer zunehmend dazu über, andere Nutzpflanzen wie Pecan- und Erdnüsse, Sojabohnen und Mais anzubauen.

Nach dem Zweiten Weltkrieg begann eine erneute Welle der Mechanisierung mit Maschinen, die Ernte-Arbeiter ersetzten und die Erntezeit von fünf Monaten auf sechs Wochen verkürzten, mit modernen *cotton gins* und automatisierten Baumwollpressen. Der für eine wirtschaftliche Nutzung notwendige hohe Kapitaleinsatz forderte unter den kleinen und mittleren Landwirten zahlreiche Opfer. Von den 2,1 Mio. Farmen des Jahres 1950 hatten bis 1975 etwa 1,4 Mio. aufgegeben.

Die *cotton fields* als Symbol für die Südstaaten sind heute trotz nach wie vor großer Anbauflächen ein eher historischer Begriff. Während 1860 noch zwei Drittel der Baumwolle auf Feldern östlich des Mississippi bestellt wurden, ist der Anteil inzwischen zu Gunsten von Gebieten westlich des großen Flusses auf deutlich weniger als die Hälfte gesunken. Die Kultivierung von Sojabohnen gilt heute als wichtigster Erwerbszweig in der Landwirtschaft des Südens. Die Baumwollproduktion hat sich bei etwa 10 Mio. Ballen stabilisiert, das Anbaugebiet verteilt sich in den USA von den Carolinas im Osten bis an die Pazifikküste nach Kalifornien.

Golfküste werden vom Frühjahr bis in den Herbst von Bade-Urlaubern und Wassersportlern aufgesucht. Romantische Städte wie Charleston, Savannah oder Natchez sind vor allem im Frühjahr und im Herbst Ziel zahlreicher nostalgischer *pilgrimages* zu den Plantagenvillen und Herrensitzen der Antebellum-Zeit. New Orleans, Atlanta und auch Washington werden im Rahmen von Städtetrips aufgesucht, gehören aber auch zu den Großveranstaltern von Messen und Tagungen. Vielen ist die Country Music, der Jazz oder der Blues eine Reise nach Nashville, Memphis oder New Orleans wert.

In den Appalachen herrscht ganzjährig Saison, mit dem größten Besucherstrom im Sommer und zum *Indian Summer* im Herbst. Seitdem Mississippi das Glücksspielverbot aufgehoben hat und sich eine Kette von Kasinos und Hotels am Ufer des breiten Stromes und entlang der Golfküste hinzieht, gehört das wirtschaftliche Schlußlicht im Süden zu den US-Bundesstaaten mit respektablen Zuwachsraten beim Bruttosozialprodukt und Pro-Kopf-Einkommen.

Der Süden hat sich inzwischen auch politisch emanzipiert. Kamen unmittelbar nach dem siegreichen Unabhängigkeitskrieg gegen die Briten mit einer Reihe virginischer Präsidenten von George Washington bis James Monroe viele der höchsten politischen Repräsentanten des Landes aus dem Süden, so waren Südstaaten-Politiker nach dem verlorenen Bürgerkrieg auf der nationalen politischen Bühne lange geächtet. Inzwischen hat sich die Situation gewandelt. Mit Jimmy Carter aus Georgia und Bill Clinton aus Arkansas stammen zwei der letzten fünf US-Präsidenten aus den Südstaaten.

Mit kräftiger, direkter Sprache und Mutterwitz, religiös und konservativ – so werden nicht wenige populistische Politiker aus dem Süden vergangener Jahre charakterisiert. Erfolgreiche Demagogen wie Huey P. Long, langjähriger Gouverneur ›der kleinen Leute‹ im Louisiana der 30er Jahre, oder George Wallace, der Gouverneur von Alabama in den 60er Jahren, der mit einem Programm »Rassentrennung auf ewig!« antrat, sind im Süden nicht selten gewesen. Die Politiker des alten Schlages sind nicht ausgestorben, heute überwiegen jedoch eher diejenigen, die den Ergebnissen der Bürgerrechtsbewegung Rechnung tragen, sowie Technokraten, für die Gewerbeansiedlungen und ›schlanke‹ öffentliche Verwaltungen die obersten Ziele der Politik darstellen.

Hinzugekommen sind Erben der Bürgerrechtsbewegung wie Andrew Young aus Georgia. Der Prediger und Mitstreiter von Martin Luther King jr. gewann 1972 als einer der ersten schwarzen Politiker des Südens einen Sitz im Kongreß in Washington, wurde unter Präsident Carter Botschafter der USA bei den Vereinten Nationen, später Bürgermeister von Atlanta und Organisator der Olympischen Spiele in Atlanta.

Sicher hat die Bürgerrechtsbewegung mit ihren Massenprotesten, Erfolgen und Rückschlägen dazu beigetragen, daß sich viele Schwarze heute politisch stärker engagieren als einst oder wenigstens zur Wahl gehen. Noch im Jahre 1960 zählte man etwa 100 gewählte schwarze Vertreter in den Parlamenten und Verwaltungen der USA. Gut 30 Jahre später war ihre Zahl auf mehr als 7000 angestiegen. Trotz dieser rasanten Entwicklung sind die Schwarzen auch in den Südstaaten mit nur 2 % der wählbaren Posten noch immer stark unterrepräsentiert.

Unzertrennlich: Jazz und New Orleans

Religion hat im täglichen Leben in den Südstaaten ihren festen Platz. Bis auf den Süden von Louisiana, in dem die katholische Kirche wegen der großen Zahl französischer Einwanderer die wichtigste Rolle spielt, dominieren protestantische Glaubensrichtungen unterschiedlichster Couleur. Unzählige Kirchen – allein in Nashville gibt es mehr als 700 Gotteshäuser aller Größen – werden nicht von der staatlich eingezogenen Kirchensteuer, sondern allein von den Spenden der Gläubigen unterhalten.

Der *bible belt* von North Carolina bis nach Arkansas bezeichnet ein Gebiet vom Atlantik bis an die Grenze zu Oklahoma, in dem vor allem Baptisten mit einem fundamentalistischen Glaubensverständnis den Ton angeben. Die Kirchengemeinde, nicht ein Priester oder Kirchenfunktionär, gilt als wichtigste Autorität. Die Heilige Schrift bildet den alleinigen Schlüssel zum Glauben, der Gottesdienst wird nicht mit einer starren Liturgie geregelt.

In den Kirchengemeinden des Südens gibt es heute einander widerstrebende Tendenzen. In den Städten nimmt die Religiosität ab, bekennt sich eine wachsende Zahl von Menschen zu einer eher weltlichen Sicht der Dinge. Auf der anderen Seite propagierten, besonders in den 80er Jahren, konservative Fernsehprediger einen neuen Fundamentalismus. Sie verbanden sich als Führer einer *moral majority* eng mit konservativen Politikern. Nach zahlreichen Skandalen hat sich der Spendenfluß bei den religiös-politischen Gruppen drastisch verringert. Sie haben nicht mehr die Finanzkraft wie noch zur Zeit der Wahl von Ronald Reagan zum US-Präsidenten, als mit Hilfe ihrer Datenbanken mit 7 Mio. Adressen politische Kampagnen finanziert wurden.

Die Kirchengemeinden gehören zu den wenigen Institutionen im Süden, in denen sich die Trennung von Menschen weißer und dunkler Hautfarbe aus historischen Gründen als besonders langle-

Wer hier nicht fündig wird, hat selber Schuld – Gitarrenladen in Nashville

big erweist. Gemeinden in den schwarzen Wohnbezirken, die sich 1957 unter dem Einfluß von Martin Luther King jr. zur Southern Christian Leadership Conference verbanden, entwickeln über ihr Netzwerk ein organisiertes Gegengewicht zum Medienapparat der weißen Mehrheit.

Vor allem aus den Kirchen schwarzer Gemeinden dringen während der Gottesdienste lebhafte Gesänge bis auf die Straße, klagende und fröhliche Gospel Songs erzählen vom Leid oder von freudigen Ereignissen. Die geistlichen Lieder, Spirituals, drücken die Gefühle der Gläubigen unmittelbar aus, entwickeln sich häufig zum Wechselgesang zwischen Chor, Prediger und Gemeinde.

Im Süden sind wie in keiner anderen Region der USA eigenständige Beiträge zur Musik von Nordamerika entstanden. Gospel, Blues, Jazz, Country und Bluegrass Music haben ihre Wurzeln südlich des Ohio und östlich vom Mississippi River. Hinzu kommt die Cajun und Zydeco Music aus Louisiana mit deutlichen Anklängen aus der französischen Musiktradition. Aus dem Rockabilly und dem Rhythm and Blues entstand Ende der 50er Jahre, zuerst auf den Bühnen und in den Studios von Memphis, ein neuer Sound, der sich, etwas anrüchig, Rock n' Roll nannte und mit Interpreten wie Elvis Presley, Buddy Holly oder Jerry Lee Lewis weltweit den Geschmack der Jugend traf. Auch der Soul, der mit dem Aufbegehren der Bürgerrechtsbewegung und einem neuen Selbstbewußtsein der Schwarzen verbunden ist, wurde zunächst in Memphis und in Alabama gehört.

Die verschiedenen, sich gegenseitig beeinflussenden, noch heute überaus vitalen, sich verändernden und erneuernden Musikrichtungen wurden in den Folgejahren von einer Southern Rock genannten Stilvariante bereichert, die mit Gruppen wie den Allman Brothers, der Marshall Tucker Band, Lynyrd Skynyrd, ZZ-Top aus Texas oder R.E.M. *(rapid eye movement)* aus Athens in Georgia seit Jahren in den internationalen Charts zu finden ist.

Der Süden der USA hat nicht nur bedeutende Musiker hervorgebracht. Aus der mündlichen Überlieferung von Geschichte und Geschichten, aus der Kunst der politischen Rhetorik und der kirchlichen Predigt hat sich eine eindrucksvolle literarische Tradition großer Erzähler entwickelt. Diese hatte ihre Vorläufer in den *storytellers,* die übers Land zogen, um die Menschen mit spannenden oder anrührenden Erzählungen zu unterhalten. Selbst heute, im Zeitalter des Fernsehens und gigantischer Hollywood-Produktionen, ist die Zunft der Geschichtenerzähler nicht ausgestorben, werden an mehreren Orten im Süden sogar *Storyteller*-Wettbewerbe veranstaltet. Im Sommer finden die Geschichten von »Onkel Remus« im Garten von Wrens Nest, dem ehemaligen Wohnhaus des Autors Joel Chandler Harris in Atlanta, eine erwartungsvolle Zuhörerschar von Kindern und Erwachsenen (vgl. S. 132).

Die literarische Tradition des Südens bietet Einblicke in die Erlebniswelt einer Region, die sich bewußt und deutlich vom Norden und dem Mittleren Westen der USA abgrenzt. Schon in den südlichen Kolonien gab es ein reiches literarisches Leben. In der »General History of Virginia« des Koloniegründers Captain John Smith findet sich auch die später vielfach literarisch aufgegriffene und in einem rührseligen Disney-Streifen verarbeitete Geschichte von Pocahontas, der Tochter des Häuptlings Powhatan, die mit ihrem Mitleid Smith vor dem sicheren Tode bewahrte. Aus den zahlreichen Schriften von William Byrd III. ragen die »Dividing Line Histories« über die Reise der Landvermesser heraus, welche die Grenze von Virginia und North Carolina zogen. Neben der offiziellen gibt es eine erst 1929 veröffentlichte »Secret History«, in der sich Byrd witzig und recht respektlos über Land und Leute ausläßt. Während der revolutionären Periode der Kolonialzeit konzentrierte sich das intellektuelle Leben um Thomas Jefferson, dessen kreative Energie alle politisch-gesellschaftlichen Bereiche erfaßte. Sowohl sein 1785 veröffentlichtes Buch »Betrachtungen über den Staat Virginia« als auch die von ihm konzipierte Unabhängigkeitserklärung können noch heute politisch und literarisch faszinieren.

Der herausragende Autor des Südens hieß Edgar Allan Poe. Wo andere Talent zeigten, war er genial. Auch wenn er 1809 in Boston geboren wurde, betrachtete er sich als Kind von Virginia, dem Bundesstaat, in dem er aufgewachsen war. Es erscheint als eigenwilliger Zufall, daß der Autor, der die von Jefferson im Geiste von Aufklärung und Rationalität gegründete Universität in Charlottesville besuchte, in seinen Werken den Verlust der rationalen Ordnung und die zerstörerische Kraft des Irrationalen zum beherrschenden Thema seines Werks machte.

Im Unterschied zu Poe, der zu Lebzeiten keinen großen Erfolg hatte und auch nicht Themen des Südens aufgriff, schrieben Vertreter der romantischen ›Plantagenliteratur‹ wie William Gilmore Simms oder William Alexander Caruther von eleganten Kavalieren, Südstaatenschönheiten, von *moonlight and magnolia*, und dokumentierten gleichzeitig den wachsenden Gegensatz zwischen dem landwirtschaften Süden und dem industriellen Norden. Die Sklavenfrage, auch die mögliche Trennung vom Norden wurden literarische Themen. Die afro-amerikanische Literatur begann mit Sklavenerzählungen, *slave narratives,* deren Bekannteste, »Das Leben des Frederick Douglass als Sklave in Amerika von ihm selbst erzählt« (1845) später sogar ins Deutsche übersetzt wurde. In Washington kann man das als Museum umgestaltete Wohnhaus von Douglass besichtigen.

Mark Twain, mit bürgerlichem Namen Samuel Langhorne Clemens, wuchs in Hannibal, einer kleinen Stadt am Mississippi, auf. Er erlernte das Druckerhandwerk und arbeitete später als Lotse auf dem großen Strom. Vier Jahre lang las er das ›Gesicht des Flusses‹, dann beendete der Bürgerkrieg das Leben auf dem ›braunen Gott‹. Twain reiste in den amerikanischen Westen, nach Hawaii, Europa, Palästina und ließ sich später in Connecticut nieder. Mit »Die Abenteuer des Tom Sawyer«, »Leben auf dem Mississippi«, vor allem aber mit »Die Abenteuer des Huckleberry Finn« kehrte er literarisch in den Süden zurück.

Die Reise von Huck Finn und dem entlaufenen Sklaven Jim auf einem selbstgebauten Floß den Mississippi hinunter gerät zu einer Konfrontation mit der unmoralischen, hierarchischen Welt an seinen Ufern – Pflanzern mit aristokratischem Gehabe, einfachen Landbesitzern, armen Weißen und, auf der untersten Stufe, Sklaven. Der Roman, oft durch ›kindgerecht‹ zugeschnittene Versionen oder Fernsehserien entstellt, gehört zu den großen Werken der Weltliteratur.

In der Zeit nach dem Bürgerkrieg entwickelte sich die Literatur des Südens mit teils präzisen, teils romantisierenden Beschreibungen regionaler Themen und Landschaften weiter, bis sie Ende der 20er Jahre geradezu explodierte und mit William Faulkner, Robert Penn Warren, Thomas Wolfe oder Eudora Welty Schriftsteller hervorbrachte, die noch heute zu den besten der USA zählen. Alle Autoren verarbeiteten in ihren Romanen, Geschichten und Gedichten die Vergangenheit des Südens, die in Faulkners »Requiem für eine Nonne« mit dem berühmten Satz beschrieben wird: »Die Vergangenheit ist niemals tot. Sie ist nicht einmal vergangen«. Tennessee Williams gilt zu Recht als der bedeutendste Dramatiker des Südens. Seine Stücke wie »Endstation Sehnsucht« oder »Die Katze auf dem heißen Blechdach« spiegeln eindrucksvoll die oft beklemmenden inneren Widersprüche zwischen einengenden Konventionen und den Einflüssen der neuen Zeit wider. Nach Autoren wie Walter Percy (»Der Idiot des Südens«), Flannery O'Connor (»Ein Herz aus Feuer«), Truman Capote (»Kaltblütig«) oder Harper Lee (»Wer die Nachtigall stört«) setzten Literaten wie Alex Haley, der mit »Wurzeln – Roots« die Geschichte seiner Familie bis zu den aus Afrika geraubten Vorfahren erzählte, oder Alice Walker, die das Leben schwarzer Südstaatenfrauen porträtierte, die Tradition der großen Erzähler fort.

John Grisham, der mit seinen spannenden Romanen aus dem Juristenmilieu weltweit Millionenauflagen erzielt, stammt, ebenso wie Faulkner, aus Oxford im Norden von Mississippi, einer Region, deren Klima der Entwicklung literarischer Talente besonders förderlich scheint.

Zwar wurden Landschaften, Menschen und Tiere des Südens häufig und gekonnt abgebildet, eine eigenständige Malerei des Südens entwickelte sich je-

Alex Haley, der Autor von »Roots«

doch kaum. Während des Bürgerkriegs begleiteten malende Chronisten die Truppen und fertigten Skizzen von Soldaten, von Kämpfen und Zerstörungen. Erst in den 20er und 30er Jahren, zum Teil gefördert durch öffentliche Aufträge im Rahmen des Rooseveltschen Public Works Program zur Überwindung der großen Wirtschaftskrise, wurden einige Künstler wie der exzentrische Maler Walter Inglis Anderson aus Ocean Springs in Mississippi oder Robert Gwathmey vom Black Mountain College in North Carolina stärker beachtet. Ein eigenständiger, aus dem Süden schöpfender Stil ist auch bei bekannteren Malern wie bei Josef Albers oder Kenneth Noland aus Asheville nur schwer auszumachen.

In der Architektur mit dem für die Antebellum-Zeit prägenden, repräsentativen *Greek Revival-Stil* ist dies einfacher zu erkennen, sind doch nahezu alle Kapi-

Houmas House Plantation am Mississippi

tole der Südstaaten nach ihrem noch von Thomas Jefferson entworfenen Vorbild in Richmond gestaltet. Die dekorativen, mit mächtigen Säulenportiken gestützten Plantagenhäuser im Süden wurden, nachdem die englische Kolonialmacht abgeschüttelt und deren Herrschaftsarchitektur ebenfalls ad acta gelegt worden war, überwiegend im *Greek Revival*-Stil erbaut (vgl. S. 184ff).Im Tal des Mississippi, vor allem in New Orleans, finden sich viele Beispiele für den späten kolonialen Baustil von Franzosen und Spaniern, mit schattigen Innenhöfen, mit schmiede-eisernen Balkonen und verzierten Veranden.

Die Architektur im Süden der folgenden Jahre bis in die heutige Zeit folgt, mit jeweiligen regionalen Besonderheiten, den allgemeinen Trends in den USA. So finden sich in Buckhead, dem noblen Vorort von Atlanta, Privathäuser im *Tudor Revival*-Stil, kann Asheville in North Carolina mit einem Ensemble von Art déco-Hochhäusern aufwarten, findet man in den Städten futuristische Bürogebäude. Auf der anderen Seite hat der Architekt John Portman aus Atlanta mit seinen turmhohen Atrien nicht nur dem Marriott Marquis Hotel in seiner Heimatstadt, sondern einer ganzen Generation von Hotel- und Bürobauten in den USA und Europa seinen Stempel aufgedrückt.

Mit dem Vorhaben, eine eigene Nation zu gründen, ist der Süden der USA im verlorenen Bürgerkrieg gescheitert. Doch auch heute, gut 130 Jahre nach der Kapitulation ist etwas Eigenes geblieben, eine *southern identity,* welche die Auseinandersetzung mit den Südstaaten, das Reisen durch die Landschaften und Städte und die Begegnung mit den Bewohnern so interessant macht.

We are really cooking
Die Südstaaten kulinarisch

Wer durch den Süden der USA reist, wird schnell feststellen, daß trotz der auch hier allgegenwärtigen Fast-Food Ketten die Zubereitung von Speisen und die Bewirtung von Gästen kunstvoll zelebriert werden. Die Küchenchefs der besten Restaurants in New Orleans können es pielend mit der Popularität von Operntenören aufnehmen.

Viele Kochtraditionen sind im Süden zusammengekommen, die überlieferten Rezepte der indianischen Frauen – die Natchez kannten allein 42 Arten, Mais zuzubereiten –, kräftige Eintöpfe der schwarzen Köchinnen des Südens, die schon während der Zeit der Sklaverei aus einfachen Zutaten mit Einfallsreichtum und Talent schmackhaftes und energiereiches *soul food* garten, eine ländliche, englischen Küche, die mit frischen Produkten besser schmeckte, als es ihr heutiges Renommee vermuten läßt.

Von den verschiedenen europäischen Einflüssen haben zwei französische Kochtraditionen, die der Cajun und die der Kreolen, den stärksten Eindruck hinterlassen. Die Gerichte der Cajun, französischen Siedlern, die sich einst in den Sümpfen westlich von New Orleans niedergelassen hatten, können ihre ländliche Herkunft nicht verleugnen. Bei einer Jambalaya, einem Eintopf mit Reis, mischen sich, was Markt und Meer an frischen Zutaten hergeben (vgl. S. 60). Geräucherte Wurst, Hühnchen oder Langusten passen zu Sellerie, grünen Zwiebeln oder zu Chilischoten, die bei vielen Cajun-Gerichten zu einem überdurchschnittlich hohen Getränkekonsum führen.

Die kreolische Küche ist von milderer Schärfe, oft mit karibischen Gewürzen und Zutaten angereichert. Austern à la Rockefeller werden auf einem Bett von Lauchzwiebeln, Sellerie, Anis und Spinat mit einem Spritzer Tabasco zubereitet, Crawfish Etoufée, ein Klassiker der kreolischen und der Cajun-Küche, kommt mit einer reichlichen Portion frisch gefangener Flußkrebse aus den Gewässern des Mississippi-Delta daher, die mit Stangensellerie, Schalotten und gewürzten Tomaten geradezu unwiderstehlich schmecken.

Das 1824 veröffentlichte Kochbuch »Virginia Housewife« von Mary Randolph galt im 19. Jh. als Standardwerk der Südstaatenküche, in dem Zubereitungs- und Kochtechniken, Einflüsse der italienischen, der indianischen und der afrikanischen Küche aufgezeigt wurden. Außerdem gab Randolph eine Fülle von Rezepten und ausführliche Anleitungen zum richtigen Bewirten der Gäste.

In der Zeit vor dem Bürgerkrieg galten die Besuche von Nachbarn oder Verwandten auf den häufig weit voneinander entfernten Plantagenhäusern des Südens als soziales Ereignis, das formvollendet gestaltet wurde. Die sprichwörtliche Gastfreundschaft des Südens, die *southern hospitality,* findet hier ihren Ursprung. In einigen traditionellen Boarding Houses, wie bei Miss Mary Bobo in Lynchburg, Tennessee, im La Prades Restaurant am Lake Burton in Nord-Georgia oder in Mrs. Selma Wides' Boarding House in Savannah wird das Essen noch in dampfenden Schüsseln aufgetragen und auf langen Tische serviert, an denen die Gäste in bunter Reihe sitzen.

Schinken aus Virginia und Tennessee, Wild aus den Appalachen, Hähnchen nach Südstaatenart, *southern fried chicken*, frische Bohnen und Okragemüse, Mais und Süßkartoffeln gehören zu den Klassikern der Restaurants in den Südstaaten. Auch viele Spitzenrestaurants greifen inzwischen auf überlieferte Rezepte zurück, verbinden sie mit dem Trend zu leichter, gesunder Kost und nutzen die frischen Zutaten der Region.

Bei einer Küstenlinie von mehr als 4000 km sowie zahllosen Binnengewässern wundert es nicht, das sich Fisch und Schalentiere in vielen delikaten Variationen auf den Tellern wiederfinden. Allein zur Zubereitung des vor allen in Alabama, Mississippi und Louisiana beliebten Wels, *catfish,* wurden diverse Kochbücher verfaßt. Wer einmal auf der Veranda eines Restaurants in Natchez-under-the-Hill *blackened catfish* ver-

Southern hospitality – festlich gedeckte Tafel in einem Südstaaten-Restaurant

Jambalaya
Potpourri mit Reis

Auch wer nicht über die Gewürzmischungen verfügt, die von berühmten Köchen aus New Orleans komponiert und nach Europa exportiert werden, dürfte eine Jambalaya mit Huhn und Wurst ohne große Probleme zubereiten können.

Zutaten: 1 frisches Hühnchen, 1$\frac{1}{2}$ TL Salz, 3 TL schwarzen Pfeffer, 2 TL weißer Pfeffer, 1 Pfund gut geräucherte, nicht zu fette Wurst, 2 große, wenn möglich, gelbe Zwiebeln, fein geschnitten, 3 Stangen Sellerie, fein geschnitten, 2 TL gehacktes, frisches (oder $\frac{1}{2}$ TL getrocknetes) Basilikum, 2 TL gehackter, frischer (oder $\frac{1}{2}$ TL getrockneter) Thymian, 4–5 TL dunkle Roux (Mehlschwitze), $\frac{1}{2}$ l Hühnerfond, 5–6 Spritzer Tabasco, 2 Tassen ungeschälter Reis, 1 Tasse gehackte Schalotten, 1 Bund gehackte Petersilie.

Zubereitung: Zunächst die Mehlschwitze zubereiten. Für eine klassische Roux, die Basis vieler Cajun-Gerichte, benötigt man 100 ml reines Pflanzenöl sowie 150 g Mehl. Das Öl wird in einer gußeisernen Pfanne bei mittlerer Hitze auf etwa 200 Grad erhitzt. Jetzt langsam und unter ständigem Rühren mit einem Holzlöffel das Mehl hinzugeben. Es darf nicht klumpig werden und nicht ansetzen. Eine Erdnußbutter-Roux benötigt etwa 20 Min., eine mittlere Roux mit vollem braunen Ton 40 Min., eine dunkle Roux hat erst nach einer Stunde

Erhitzen und Rühren die richtige Konsistenz.

Das Hühnchen nun in mundgerechte Teile zerlegen, mit Salz und Pfeffer würzen. In einem schweren Bratentopf etwas Pflanzenfett erhitzen, die geschnittene Wurst von allen Seiten anbraten, dann zur Seite legen. Nun im selben Fett die Hähnchenteile gründlich bräunen, zur Seite legen und das ausgelassene Fett reduzieren. Bei kleiner Hitze Zwiebeln, Pfefferschoten und Stangensellerie anschmoren und etwa 20 Min. unter regelmäßigem Rühren glasieren. Die Kräuter und den Rest von Pfeffer und Salz hinzufügen und einige Minuten schmoren lassen. Nun die Roux hinzufügen, weiterköcheln lassen, dann langsam den Hühnerfond hinzugeben bis die Mischung im Topf dickflüssig wird.

Nun kommt der Tabasco hinzu und darf weitere 20 Min. seine Wirkung entfalten, dabei regelmäßig umrühren. Hühnchen und Wurst kommen jetzt in den Topf und bleiben bei niedriger Hitze und häufigem Rühren knapp eine Stunde darin. Inzwischen kann der Reis gekocht werden. Wenn die Hühnchenteile gar sind, werden sie herausgenommen und warm gestellt. Den Reis in eine große Schüssel geben und Jambalaya hinzugeben, bis die Konsistenz dem eigenen Geschmack entspricht. Nun die Schalotten und die Petersilie hinzufügen, gut durchrühren und alles servieren. Das Gericht reicht für 6 bis 8 Personen.

speist und mit einem Dixie-Bier dem vorbeiziehenden Mississippi zugeprostet hat, wird dies leicht verstehen. Auch an der langen Atlantikküste von Virginia bis Florida findet man Gerichte mit frisch zubereitetem Fisch, Muscheln, Krebsen und Krabben auf den Speisekarten vieler Gaststätten. In dem winzigen 150 Seelen-Ort Calabash 35 Meilen südlich von Wilmington, North Carolina, servieren gut 20 Fischrestaurants einem nicht endenden Gästestrom mehr als 300 t Flundern sowie 170 t Krabben im Jahr, dazu Heilbutt oder Goldmakrelen, Krebse, Hummer, Muscheln und Austern.

Die Austern von den ergiebigen Bänken in Louisiana, von Nord-Florida und Virginia versorgen allein fast die gesamten USA und werden darüber hinaus auch in viele Länder exportiert. Gedämpft, überbacken, geräuchert, als Oysterburger oder in einer Suppe, vor allem aber roh *on the half shell* mit Zitrone oder einer scharfen Sauce, gelten sie nicht nur in den Südstaaten als Delikatesse.

Dem Mais ist ein besonderes Kapitel der Südstaatenküche gewidmet: gekochte und geröstete Maiskolben, Popcorn, gebackene Maisbällchen als Beilage und natürlich *grits,* ein Maisbrei, der wahlweise zum Frühstück mit Sirup, mit Speck, Würstchen oder *gravy,* brauner Sauce, gegessen wird und aus einer Zeit zu stammen scheint, als die Bäume noch mit der Axt gefällt und die Pflüge hinter dem Ackergaul in die Furche gedrückt werden mußten.

Populärer ist der Mais noch in flüssigem Aggregatzustand, als Whiskey. Der vermutlich erste Whiskey des Südens wurde Anfang des 17. Jh. in Virginia von einem gewissen Captain George Thorpe gebrannt, noch aus Roggen und mit dem Wasser des James River. Wenig später dominierte der amerikanische Mais, der als Whiskey in Tausenden von Heimdestillen für den Eigenbedarf und den Weiterverkauf produziert wurde, eine überaus beliebte Form, überschüssiges Getreide zwischenzulagern, ohne großen Platzbedarf oder die Gefahr, daß die Ernte verdarb.

»Der hausgemachte Whiskey hat sich ein Monopol geschaffen, die Amerikaner betrunken zu machen.«, schrieb Thomas Jefferson 1823. Auch heute noch, lange nach der Zeit des Alkoholverbots in den 30er Jahren, wird Whiskey gern heimlich zu Hause in den sogenannten *moonshine distilleries* gebrannt. Der ›weiße Blitz‹, ›Tigerschweiß‹ oder ›Pantheratem‹ ist ein klarer, hochprozentiger Stoff, der scharf schmeckt und sich schnell verkauft. Bekannter sind die Traditionsmarken aus Tennessee wie etwa Jack Daniel's oder Dickel's, die neben dem Bourbon-Whiskey aus dem benachbarten Kentucky weltweit exportiert und auch in den Südstaaten pur *on the rocks* oder als Long Drink gern geschlürft werden.

Es ist verständlich, daß im warmen Klima des Südens Durstlöscher eine besondere Popularität erlangen. Neben dem unvermeidlichen Eiswasser, das in nahezu jedem Restaurant unaufgefordert und kostenlos serviert wird, ist der Eistee, gesüßt oder mit Zitrone, der beliebteste alkoholfreie Long Drink, der auch in ›trockenen‹ *counties,* in denen Ausschank und Verkauf von Alkohol verboten sind, gern serviert wird. Darüber hinaus haben – vielleicht nicht zufällig – sowohl Coca-Cola als auch Pepsi Cola aus den Hinterzimmern von Apothekern der Südstaaten ihren Siegeszug um die Welt angetreten, wurde Gatorade, ein besonders bei Sportlern bekanntes Erfrischungsgetränk, in Gainesville, in Nord-Florida, erfunden.

Reisen in den Südstaaten

Der alte Süden

Das Tor zum Süden
Washington D.C. und seine Vororte

■ (S. 322) Stadtplan s. hintere Klappenkarte

Die Bundeshauptstadt der USA präsentiert sich Besuchern mit prachtvollen Alleen, gesäumt von repräsentativen Regierungsgebäuden, mit Bauwerken, die antiken Tempeln gleichen, mit ausgedehnten Parks, mit gemütlichen und quirligen Wohnvierteln, mit eleganten Geschäften, Restaurants und Nachtklubs.

Der Frühling, wenn Azaleen und Dogwood sowie Tausende japanische Kirschbäume rund um das Tidal Basin blühen, gilt als beste Jahreszeit, um Washington zu besuchen. Rechts und links der kilometerlangen Rasenfläche der Mall sind einige der weltweit eindrucksvollsten Museen zur Kunst, zur Natur, zu Wissenschaft und Technik aufgereiht.

Mehrere Brücken überspannen den Potomac River, der die Kapitale vom Bundesstaat Virginia im Südwesten abgrenzt. Neben allem hauptstädtischen Glanz gibt es in einigen Randgebieten der Innenstadt allerdings auch unübersehbar Armut und Drogenprobleme. Und auch die Zerrüttung der städtischen Finanzen gehört zu den weniger strahlenden Erscheinungsbildern der Stadt am Potomac River. Etwa 4,5 Mio. Menschen leben im weiteren Einzugsbereich der Metropole, Washington D. C. selbst zählt nur knapp 600 000 Einwohner. Etwa zwei Drittel davon sind Schwarze, nur in westlichen Stadtvierteln wie Foggy Bottom, Georgetown oder Embassy Row leben mehr Weiße als Schwarze.

Darsteller in historischen Kostümen zeigen
◁ *das Leben zu Kolonialzeiten in Jamestown*

Am Regierungssitz der Weltmacht USA wird um politischen Einfluß gerungen. Über 90 000 registrierte Lobbyisten und 60 000 Rechtsanwälte bemühen sich, Interessengruppen das gewünschte politische Gehör zu verschaffen. Der Einfluß der *power broker* auf die Abgeordneten gilt als beträchtlich, ist ihr Werben doch meist mit der Aussicht auf Spendengelder für die Wahlkampfkassen garniert. Einfluß und Macht der Bundesregierung gehen vielen Bürgern der USA zu weit. Das Mißtrauen gegen die anonyme ›Politikmaschine‹ mit knapp 300 000 Angestellten bei den verschiedenen Bundesbehörden und Ministerien sowie 20 000 festangestellten Mitarbeitern der 535 Abgeordneten in Arbeitsstäben, Ausschüssen und Komitees sitzt tief und hat eine lange Tradition.

Als *Federal District* gilt in Washington seit seiner Gründung ein Sonderrecht. Das Territorium gehört zu keinem anderen Bundesstaat, ist jedoch auch selbst keiner. Die im District of Columbia für den Kongreß gewählten Abgeordneten haben dort kein Stimmrecht. Die Stadt (erst seit 1973) hat einen gewählten Stadtrat mit Bürgermeister, steht aber in Finanzfragen unter der Kuratel des Bundeskongresses. Die US-Regierung ist der größte Arbeitgeber der Region, zusammen mit diversen Verbänden und Firmenvertretungen, die sich in der Nähe der politischen Entscheidungsträger angesiedelt haben. Restaurants, Hotels und andere Dienstleistungsunternehmen machen den zweitwichtigsten Wirtschaftssektor der Stadt aus, die fast 20 Mio. auswärtige Besucher im Jahr

Spielplatz der Nation – die Mall in Washington D.C. mit dem Smithsonian Castle

Kurzporträt Washington D.C.

Ursprung des Namens: Von George Washington, dem ersten Präsidenten der USA; Beiname District of Columbia, abgeleitet von Kolumbus

Größe und Einwohnerzahl: 176 km², Rang 51; 600 000, davon mehr als zwei Drittel Schwarze, im Einzugsbereich der Bundeshauptstadt leben 4,5 Mio. Menschen, Rang 48

Motto und Symbole: *Justitia omnibus* – Gerechtigkeit für alle; Baum: Eiche *(scarlet oak);* Blume: *American beauty rose*

Straßenverkehr: Anschnallpflicht, Helmpflicht auf Motorrädern, Höchstgeschwindigkeit 50 Meilen

Zeitzone: Mitteleuropäische Zeit minus 6 Std.

Wirtschaft: Regierungsbehörden, Dienstleistungsunternehmen, Tourismus

Highlights: Weißes Haus, Lincoln Memorial, Jefferson Memorial, Vietnam Veterans Memorial, Kapitol, US Holocaust Memorial Museum, Museen der Smithsonian Institution an der Mall (vor allem das Air and Space Museum), Soldatenfriedhof Arlington, National Gallery of Art, Chesapeake and Ohio Canal

Das Kapitol, Sitz des Parlaments

zählt. Große Industriebetriebe wird man in Washington vergeblich suchen, ebenso wie Wolkenkratzer. Nach einem ungeschriebenen Gesetz darf kein Gebäude höher sein als das Kapitol. Erst von Arlington in Virginia, gegenüber den Watergate-Gebäuden, ragen einige Bürotürme aus Stahl und Glas über dem Potomac River in den Himmel.

Gehört Washington zum Norden oder schon zum Süden? Sollte man Washington D. C., auch während des Bürgerkriegs Hauptstadt der ›Nordstaaten‹, in einen Reiseführer über die Südstaaten aufnehmen? Klimatisch und landschaftlich gibt es keinen Unterschied zu den umgebenden Bundesstaaten Maryland und Virginia. Der Anteil der farbigen Bevölkerung im Stadtgebiet liegt mit etwa 70 % noch deutlich über dem von Atlanta, New Orleans oder Memphis. Und schließlich wurde die Mason Dixon Line, die das Land der Yankees von Dixie abgrenzt, 1763 noch etwa 60 Meilen nördlich der heutigen Stadt gezogen.

In den beiden nördlich von Washington gelegenen Staaten Delaware und Maryland war die Sklaverei bis zum Ende des Bürgerkriegs nicht verboten. Letztlich ließ die Tatsache, daß die zeitweise mehr als 150 000 Mann starke Army of the Potomac bei Washington stationiert war, jeden ernsthaften Gedanken der Washingtonians auf Anschluß an den Süden utopisch erscheinen. Washington D. C. ist Hauptstadt der Union, kann jedoch nicht wie Boston oder New York eindeutig dem Norden zugeschlagen werden.

George Washington steckte als ehemaliger Landvermesser 1791 beim Potomac River auf der Grenze von Virginia zu Maryland selbst ein Karree mit einer Seitenlänge von je 10 Meilen ab, auf dem sich die Hauptstadt der jungen USA entwickeln sollte. Ein Mitkämpfer im Krieg gegen die Engländer, der Franzose Pierre Charles L'Enfant, wurde beauftragt, den Plan für einen ›District of Columbia‹ zu entwerfen.

Der Franzose, der als Sohn eines Hofmalers von Louis XVI. in Versailles groß geworden und mit repräsentativer Architektur vertraut war, sah eine Hauptstadt von knapp 1 Mio. Bewohner voraus, das imposante Zentrum eines ausgedehnten Staates. Plätze waren mit breiten, diagonalen Boulevards verbunden, vom Parlamentsgebäude führte die

großzügig proportionierte, begrünte Mall, von der eine weitere Achse nach Norden auf den Präsidentensitz zulief, nach Westen an den Potomac River. Zahlreiche Änderungen stutzten den Entwurf von L'Enfant zurecht – in den 13 Bundesstaaten der USA lebten derzeit zusammen nicht einmal 3 Mio. Menschen. Schließlich wurde der häufig unbequeme und unkooperative Baumeister entlassen. Er starb 1825 verarmt, vereinsamt und vergessen.

Erst um die Jahrhundertwende erinnerte man sich seiner; L'Enfant hat seit 1909 ein Grab auf dem Ehrenfriedhof von Arlington, nicht weit von den letzten Ruhestätten der Brüder John F. und Robert Kennedy. Fußgänger können heute auf der Freedom Plaza an der Pennsylvania Avenue über den reproduzierten Entwurf des Baumeisters spazieren, der mit seinen weitblickenden Plänen seiner Zeit um einiges voraus war.

Lange blieb der Regierungssitz des Bundesstaates wenig mehr als ein zu groß geratenes Dorf mit wenigen Tausend Einwohnern. Auf der sumpfigen Mall wurden Schweine, Kühe und Gänse gehalten. Im Jahre 1846 verlangte Virginia die Gebiete südlich des

Potomac River zurück, da die Bundeshauptstadt nur wenig wuchs. Der englische Schriftsteller Charles Dickens beklagte bei einem Besuch die fehlenden Häuser an den breiten Prachtstraßen, wunderte sich über die fehlende Öffentlichkeit bei den öffentlichen Gebäuden und taufte Washington die ›Stadt der wundervollen Absichten‹.

Während des Bürgerkriegs glich Washington einem Heerlager, allein im Kapitol nächtigten 3000 Soldaten. Nach der Kapitulation der Südstaaten strömten mehr als 40 000 befreite Sklaven in die Hauptstadt. In den folgenden 40 Jahren wurden die wichtigsten Straßen gepflastert, ein Abwässersystem gebaut, Plätze begrünt. Zu Beginn des 20. Jh. kamen die Arlington Memorial Bridge, das Lincoln Memorial, das Tidal Basin mit mehreren Hundert von Japan geschenkten Kirschbäumen und die von den Wasserspielen in Versailles inspirierten Reflection Pools entlang der Mall hinzu. Der Bau von Denkmälern und repräsentativen Regierungsgebäuden verlangte nicht viel weniger Marmor als einst das antike Rom.

Wer sich in Washington zurechtfinden will, muß sich den Standort des weithin sichtbaren Kongreßgebäudes merken. Es dient nicht nur als Sitz des Parlaments, sondern auch als markanter Mittelpunkt eines gedachten Koordinatenkreuzes, das die Stadt in vier Quadranten – Nordost (NE), Südost (SE), Nordwest (NW), Südwest (SW) – einteilt, deren Kürzel häufig Straßennamen beigestellt sind. Die Untergrundbahn Metrorail (M) mit fünf Linien und einem ausgeklügelten Preissystem verbindet das Zentrum mit den Vororten. Besucher können Tagespässe erwerben. Das dichte Metrobus-System ist für Auswärtige schwer zu durchschauen. Ein sogenanntes Tourmobile verkehrt auf einer Rundstrecke zwischen Kapitol und Arlington-Friedhof, der Old Town Trolley passiert die wichtigsten Sehenswürdigkeiten im Zentrum und in Georgetown, und der Museum Bus bedient die 22 Museen der Stadt. Wer ein Ticket erwirbt, kann den Tag über auf seiner Linie beliebig zu- und aussteigen.

Das auf einem Hügel erbaute **Kapitol** 1, dessen Kuppel an den Petersdom in Rom erinnert, gehört zu den wichtigsten Sehenwürdigkeiten der Stadt. Einer ganzen Generation von Kapitolen in verschiedenen Bundesstaaten diente das Wahrzeichen von Washington D. C. als Vorbild. George Washington, Präsident der jungen USA, legte 1793 den Grundstein für das Parlamentsgebäude auf dem Jenkins Hill. Im Jahre 1814 versuchten englische Truppen im Krieg gegen die jungen USA, das Gebäude als Symbol der Rebellion gegen die ehemalige Kolonialmacht niederzubrennen, ein Wolkenbruch konnte das Schlimmste verhindern. Nach diversen Um- und Ergänzungsbauten beherbergt es heute Sitzungssäle und Büros beider Kammern des Parlaments, des Repräsentantenhauses und des Senats. Seit der Vereidigung von Präsident Andrew Jackson 1829 werden alle US-Präsidenten in einer feierlichen Zeremonie vor dem Ostportal des Kapitols in ihr Amt eingeführt.

Eine mächtige Kuppel krönt die Rotunde, acht monumentale Ölgemälde an den Wänden illustrieren Ereignisse der amerikanischen Geschichte. Die allegorische Darstellung in der Kuppel, die George Washington umgeben von römischen Gottheiten zeigt, stammt von Constantino Brumidi, Bilder und Statuen in Nebenräumen wie der Statuary Hall ehren Frauen und Männer, die Bedeutendes für die USA geleistet haben.

Die **Library of Congress** 2 wurde bereits 1800 als Bibliothek für die Abgeordneten eingerichtet. Nach einer aufwendigen Restaurierung beherbergt die Nationalbibliothek heute 110 Mio. Bücher, Manuskripte, Briefe und Filme, die der Öffentlichkeit zugänglich sind. Während einer Führung durch das Gebäude ist auch ein Blick in den achteckigen Lesesaal möglich, den eine von marmornen Säulen getragene, fast 40 m hohe Kuppel überwölbt. Im angeschlossenen Mary Pickford Theatre werden seltene Filme und Videos aus dem Fundus von mehr als 700 000 archivierten Streifen gezeigt.

Der Oberste Gerichtshof der USA, der alljährlich etwa 100 Grundsatzurteile in letzter Instanz fällt, schließt sich nördlich an die Library of Congress an. Östlich der Nationalbibliothek beherbergt die Folger Shakespeare Library eine umfangreiche Sammlung von Werken über den bedeutendsten englischsprachigen Dramatiker sowie ein elisabethanisches Theater.

Über die First Street fällt der Blick auf die 1907 eröffnete **Union Station** 3, der die Diokletian-Thermen im antiken Rom als Vorbild dienten. Wer das Gebäude durch einen 15 m hohen ›Konstantinbogen‹ betritt, hat die Wahl zwischen knapp 100 verschiedenen Restaurants und originellen Geschäften, kann restaurierte Fresken im Stil des französischen Neoklassizismus und Kassettendecken, Kunst und geschmackvollen Kitsch bewundern und natürlich eine Fahrkarte nach New York oder Miami lösen. Im nahen **Capital Children's Museum** 4 haben nicht nur Kinder bei vielen naturwissenschaftlichen Experimenten und der spielerischen Begegnung mit anderen Kulturen ihre helle Freude.

Vom Capitol Hill erstreckt sich die offene Grünfläche der Mall bis zum Lincoln Memorial Richtung Westen. Sie wird im Norden und Süden von einer Phalanx weltweit einmaliger Museen

Skulptur vor dem National Air & Space Museum

flankiert. Neun davon gehören zur Smithsonian Institution, die noch weitere fünf Museen und den sehenswerten Zoo in Washington sowie zwei Sammlungen in New York City unterhält. Das einzigartige Konglomerat von Museen und Forschungseinrichtungen verdankt seine Existenz dem großzügigen Erbe des 1829 verstorbenen englischen Wissenschaftlers James Smithson, der die USA zwar nie besuchte, aber mit einem Legat von 500 000 Dollar 1835 den Grundstein für die nach ihm benannte Stiftung legte.

Die **National Gallery of Art** 5 gehört zu den großen Kunstmuseen der Welt. Im neoklassizistischen West Building werden Gemälde und Zeichnungen vom Mittelalter bis heute präsentiert, darunter Bilder von Raphael, Velázquez, Dürer, Rembrandt und das Bildnis der »Ginevra de' Benci« von Leonardo da Vinci, das einzige Werk des Renaissancekünstlers, das in einer Galerie außer-

sauriern, Walen und Spinnenzoo sowie einer exzellenten Mineralien- und Edelsteinsammlung, die vom 45,5-karätigen Hope Diamanten gekrönt wird. Das **National Museum of American History** 7 präsentiert die neuere amerikanische Geschichte mit einer Fülle unterschiedlicher Exponate – einem Laden der Wende vom 19. zum 20 Jh. , einem Foucaultschen Pendel, Gewändern der First Ladies oder dem ersten, 9,12 x 12,77 m großen Sternenbanner aus dem Jahre 1814.

An der Südflanke der Mall zeigt das alljährlich von etwa 7 Mio. Menschen besuchte **National Air and Space Museum** 8 alles, was in der Luft- und Raumfahrt jemals von Interesse war, von den ersten zerbrechlichen Flugapparaten der Gebrüder Wright bis zum X-Wing-Raumjäger von Luke Skywalker. Das IMAX-Kino zeigt auf einer riesigen Leinwand atemberaubende Filme über die Kunst des Fliegens und die Eroberung des Weltalls. Das Museum of the American Indian gleich daneben wird 2003 eröffnet. Das Hirshhorn Museum präsentiert moderne Kunst und einen großartigen Skulpturengarten, die Freer- und die Arthur M. Sackler-Galerien besitzen erlesene Sammlungen asiatischer Kunst, das National Museum of African Art konzentriert sich auf die Kunstschätze südlich der Sahara.

Im **US Holocaust Memorial Museum** 9 am Raoul Wallenberg Place wird die Geschichte des Mordes an 6 Mio. Juden und anderen von den Nazis Verfolgten auf geklemmende Weise dokumentiert. Der 170 m hohe Obelisk des **Washington Monument** 10 liegt auf dem Kreuzungspunkt der Linien zwischen dem Kapitol im Westen und dem

halb von Europa zu sehen ist. Das von I. M. Pei wie zwei ineinander geschobene Dreiecke gestaltete East Building beherbergt Kunst des 20. Jh., unter anderem Werke von Henry Moore, Alexander Calder, Pablo Picasso und Joan Mirò. Die Cafeteria im Tunnel, der die beiden Gebäudetrakte verbindet, gehört zu den beliebtesten Lunch-Restaurants der Stadt.

An die Kunstgalerie schließt sich das **National Museum of Natural History** 6 an, mit Mammuts und Dino-

Holocaust Memorial Museum
Wider das Vergessen

Viele Museen der US-Bundes-hauptstadt erinnern an eine glor-reiche Vergangenheit, beschwö-ren den wissenschaftlich-technischen Fortschritt, künden vom Ruhm der Zivi-lisation und den Errungenschaften der Menschheit. Einige wenige zeigen, wo-hin die dunklen Seiten des Menschen führen können. Das 1993 eröffnete Holocaust Memorial Museum erinnert an die Vernichtung europäischer Juden durch die Nazis in Deutschland.

Die Dokumentation beginnt bei den Jahren 1933 bis 1939, zeigt Szenen der Bücherverbrennungen, der Reichspo-gromnacht und demonstriert die Fol-gen der Rassengesetze. Ein geschlos-sener Schlagbaum veranschaulicht die ausweglose Lage der Terrorisierten, die Weigerung vieler Staaten, bedrohte Juden aufzunehmen. Bedrängende Wände symbolisieren die Wege in die Vernichtungslager in den Jahren 1940 bis 1944, die in einer Gaskammer von Auschwitz enden.

Ein besonderer Abschnitt ist den zahlreichen Helfern gewidmet, die unter Einsatz ihres Lebens Juden vor ihren Häschern versteckten. Der sechseckige Raum der Erinnerung gibt Gelegenheit zum Nachdenken, zum Ordnen der hi-storischen Fakten und der tiefen Ein-drücke aus einer Zeit und Gesellschaft, die aus den Fugen der Zivilisation ge-raten war (US Holocaust Memorial Museum, 100 Raoul Wallenberg Pl., Washington D.C., Tel. 202-488-0400, tägl. 10–17.30 Uhr).

Lincoln Memorial im Osten sowie dem Jefferson Memorial im Süden und dem Weißen Haus im Norden. Ein Ring aus 50 Flaggen umgibt das höchste Bauwerk der Kapitale, das von der Aussichtsplatt-form auch den besten Rundblick auf die Stadt bietet. Es ist dem ersten Präsiden-ten der USA gewidmet, der mehrere Jahre Großmeister der Freimaurerloge von Alexandria war. So wurde beim Bau ganz in der Tradition der Freimaurer auf Stahlträger verzichtet.

In einem kleinen Park an der Constitu-tion Avenue sitzt ein überlebensgroßer bronzener Albert Einstein, in direkter Nachbarschaft zur National Academy of Science, leicht verschmitzt zurückge-lehnt, mit einem Buch in der Hand, auf dem die Formel $E = mc^2$ zu erkennen ist.

Nördlich des Reflecting Pool, der sich fast bis zur Ringstraße um das Lincoln Memorial hinzieht, liegt das schlichte **Vietnam Veterans Memorial** ⑪, in dessen polierte schwarze Granitplatten die Namen der 60 000 im Vietnam-Krieg gefallenen oder vermißten Amerikaner eingraviert sind. Die Gedenkstätte wurde von der damals 21jährigen Yale-Studentin Maya Ying Lin entworfen, die eine bundesweite Ausschreibung für sich entscheiden konnte. Hier steht nicht strahlender Patriotismus im Vordergrund, sondern das Gedenken an tote Freunde und Verwandte. Eine Skulptur mit drei jungen Soldaten in Kampfausrüstung sowie eine weitere von drei weiblichen Armee-Angehörigen wurden auf Drängen von Veteranenverbänden erst später hinzugefügt.

Im West Potomac Park südlich des Reflecting Pool haben die Veteranen des Korea-Kriegs 1995, genau 42 Jahre nach Ende des dreijährigen Konflikts, ein **Korean War Veterans Memorial** 12 erhalten. Auf einer polierten Granitwand wurden mit Lasertechnik Bilder der Kämpfe eingraviert. Eine stählerne Skulpturengruppe aus 19 Soldaten, alle mit dem gleichen starren Gesichtsausdruck, ist auf einem dreieckigen Feld angeordnet wie ein Trupp auf Patrouille. Nördlich davon entsteht ein Monument für die Soldaten des Zweiten Weltkrieges.

Im monumentalen **Lincoln Memorial** 13 blickt der 6,5 m große, marmorne Präsident nachdenklich nach Osten zum Kapitol. 36 dorische Säulen, eine für jeden Bundesstaat, der im Todesjahr von Lincoln der Union angehörte, schmücken das Monument. Im Innern, das einem griechischen Tempel nachempfunden wurde, sind Passagen der Antrittsrede zur zweiten Präsidentschaft und die Ansprache Lincolns nach dem Sieg der Unionstruppen in Gettysburg in den Stein gemeißelt. Von der Außentreppe des Denkmals hielt Martin Luther King jr. 1963 seine ›I have a dream‹-Rede vor Hunderttausenden von Bürgerrechtlern.

Es war nicht einfach, 1943 im Grundriß der Hauptstadt einen würdigen Standort für das **Jefferson Memorial** 14 zu finden, ohne den harmonischen Entwurf des Baumeisters L'Enfant zu zerstören. Das Denkmal, dem römische Tempel als Vorbild dienten, markiert am Ufer des Tidal Basin das Ende einer Achse, die vom Weißen Haus über das Washington Monument nach Süden verläuft. Im Innern steht der Verfasser der Unabhängigkeitserklärung, Außenminister von George Washington, Vizepräsident von John Adams und dritter Präsident der USA (1801–1809) als 6 m große Bronzestatue auf einem Podest aus schwarzem Granit. An den Wänden der Rotunde sind Sätze aus der Unabhängigkeitserklärung und andere Texte von Thomas Jefferson zu lesen. Im Frühling, wenn Abertausende Kirschbäume um das Tidal Basin blühen, zieht das Memorial Heerscharen von Besuchern an.

Wenige Hundert Meter weiter nördlich, zwischen Potomac River und Tidal Basin, wurde 1997 für Franklin Delano Roosevelt, den von 1933 bis 1945 regierenden Präsidenten, das vierte Presidential Memorial der Kapitale eingeweiht 15. Besucher wandern durch eine parkähnliche Anlage, die in vier Abschnitte untergliedert ist – jede davon symbolisiert eine der vier Amtszeiten des Präsidenten. Einige der bekanntesten Bildhauer der USA – Leonard Baskin, Neil Estern und George Segal – wirkten bei der Gestaltung des Memorial mit und schufen eindrucksvolle Figurengruppen wie etwa die Warteschlange vor einer Suppenküche in der Zeit der Weltwirtschaftskrise. Das Denkmal wurde für Rollstuhlfahrer zugänglich gemacht, auch Roosevelt war nach einer Kinderlähmung auf einen Rollstuhl angewiesen.

Der riesige Ehrenfriedhof von **Arlington** 16 (S. 269) liegt jenseits des Potomac River in Virginia, ist jedoch schnell über die Arlington Memorial Bridge erreichbar. Der Arlington National Cemetery ist zum Teil auf dem früheren Areal des Arlington House von Robert E. Lee errichtet, das dem Oberbefehlshaber der (Südstaaten-)Armee von Virginia

In die Granitplatten des Vietnam Veterans Memorial sind 60 000 Namen eingraviert

enteignet wurde, da er während des Bürgerkriegs die Abgaben nicht persönlich entrichtet hatte. Mehr als 250 000 Soldaten sind unter endlosen Reihen schlichter weißer Holzkreuze bestattet, darunter Robert Kennedy und sein Bruder John F. Zu dem besonders eingefaßten und mit einer Marmorplatte versehenen Grabmal des 1963 ermordeten Präsidenten neben, dem seine 1997 verstorbene Witwe Jacqueline Kennedy Onassis liegt, pilgern täglich mehrere Tausend Besucher.

Viele besuchen auch das Grab des Unbekannten Soldaten, besonders zum Wechsel der Ehrenwache, das Iwo Jima Memorial der Marine-Infanterie und die Ende 1997 eingerichtete Gedenkstätte des Women's Memorial für die mehr als 1,8 Mio. Frauen, die seit den Tagen der Revolutionsarmee in den Streitkräften der USA gedient haben.

In Arlington lohnt ein Besuch des **Newseum** 17, einer spannenden Ausstellung zur Geschichte der Nachrichtenübermittlung von Buschtrommeln bis zum Internet. Anhand von Bild-, Text- und Tondokumenten wird gezeigt, wie Nachrichten gesellschaftliche Entwicklungen widerspiegeln.

Wer über die Theodore Roosevelt Memorial Bridge nach Washington zurückkehrt, sieht linker Hand den mächtigen Bau des **John F. Kennedy Center for the Performing Arts** 18 am Ufer des Potomac River, zu dessen Dekoration Italien 3700 t besten Cararra-Marmors stiftete. Sechs hervorragende Theater präsentieren allabendlich Schauspiel, Ballett, Konzerte und Filme. Unmittelbar hinter dem Kulturtempel läßt sich am Potomac River der legendäre Watergate-Komplex ausmachen, der Büros, Apartments, Geschäfte und Restaurants sowie ein Luxushotel beherbergt. Über den Watergate-Skandal, den Einbruch ins Wahlkampfhauptquartier der Demokratischen Partei 1972, stürzte wenig später der damalige republikanische Präsident Nixon.

Das **Weiße Haus** `19`, Wohnort und Amtssitz aller amerikanischen Präsidenten nach George Washington, ist wie die anderen Regierungsbehörden in Washington für die Öffentlichkeit zugänglich. Wer an einer Führung durch die acht dafür freigegebenen Räume teilnehmen möchte, sollte früh aufstehen, um eine der etwa 4000 Tageskarten zu erhalten oder besonders gute Beziehungen zu einem Kongreßabgeordneten pflegen.

Auf dem Lafayette Square mit dem zentralen Reiterstandbild des Generals und Präsidenten Andrew Jackson treffen sich noch einmal als Skulpturen ausländische Mitstreiter der amerikanischen Revolution – die Franzosen Marquis de Lafayette und Comte de Rochambeau, der Pole Tadeusz Koskiusko und der preußische Baron von Steuben. Das kleine, im Stil des beginnenden 19. Jh. eingerichtete Decatur House gegenüber der Steuben-Statue erinnert an den Seehelden Stephen Decatur, der 1814 half, die Engländer aus der Stadt zu vertreiben.

Entdecker, Abenteurer oder einfach Menschen mit Fernweh und Interesse an der Natur und den unterschiedlichen Kulturen finden vier Blocks weiter im Norden, an der Ecke von 17th und M Street ihr Eldorado. In der **Explorers Hall** `20` der 1888 gegründete National Geographic Society kann man sich anhand interessanter Ausstellungsobjekte oder interaktiver Experimente ein Bild von der Welt machen. Die monatlich erscheinende Zeitschrift »National Geographic« hat inzwischen eine Auflage von mehr als 9 Mio. Exemplaren.

Der Weg vom Weißen Haus zum Kapitol über die mehr als 2 km lange Prachtstraße Pennsylvania Avenue führt zunächst zum Old Post Office, das als riesiger Einkaufs- und Eßtempel umgestaltet wurde. Kurz darauf passiert die Avenue die Gebäude des Justizministeriums und des bunkerartigen **J. Edgar Hoover Building** `21`, dem Hauptquartier des FBI (Federal Bureau of Investigation), das nicht erst seit der Fernsehserie »X-Files« ein beliebtes Besichtigungsziel von Wahington-Besuchern ist. Die nicht verstummenden Gerüchte über unsaubere Praktiken und Verbindungen des FBI zu den Attentätern von John F. Kennedy und Martin Luther King jr. in den 60er Jahren werden beim Rundgang durch die Asservatenkammern und Labors nicht aufgegriffen.

Das Ford's Theatre hinter der FBI-Zentrale zeigt erst seit 1968 wieder Stücke, mehr als 100 Jahre nachdem der Schauspieler John Wilkes Booth am 14. 4. 1865 den US-Präsidenten Abraham Lincoln während einer Vorstellung erschoß. Eine Ausstellung im Souterrain des Gebäudes erinnert an das Attentat.

Die in einem tempelähnlichen Gebäude untergebrachten Sammlungen des National Museum of American Art und der National Portrait Gallery bleiben für Renovierungsarbeiten bis 2003 geschlossen. Vis-à-vis haben die Profi-Basketballer« und -Eishockeyspieler der Hauptstadt mit der Ende 1997 eröffneten Arena des MCI-Center in der F Street eine neue Spielstätte erhalten, in der das ganze Jahr über Sport- und Kulturveranstaltungen stattfinden. Außerdem werden in einer Gallerie Fotos und Sportmemorabilien ausgestellt. Weiter im Norden schließt sich das Kleine Chinatown von Washington an; mit einem mächtigen, die H Street überspannenden ›Friendship Arch‹ ist es nicht zu verfehlen.

Auch wenn die meisten Sehenswürdigkeiten von Washington nicht weit von der Mall entfernt liegen, lohnt es sich, gelegentlich der steinernen Pracht von Downtown zu entfliehen, um einigen der *neighborhoods,* Wohnvierteln und Vororten der Stadt, einen Besuch abzustatten.

Georgetown, einst kolonialer Tabakhafen von Maryland am Potomac River, gilt heute als eine der begehrtesten Adressen von Washington. Rechts und links von Wisconsin Avenue und M Street mit Boutiquen, Buch- und Schallplattenläden, Restaurants, Cafés und Bars laden baumbestandene und mit Kopfstein gepflasterte Seitenstraßen zum Bummeln entlang aufwendig renovierter Häuser aus dem 18. und 19. Jh. ein. Im ältesten Gebäude von Georgetown, dem 1764 aus Feldstein errichteten und heute mit zeitgenössischem Mobiliar bestückten Old Stone House in der 3051 M Street, lebte einst ein Möbeltischler.

Von Washington Harbor, einem modernen Gebäude-Ensemble mit Apartments, Büros, Restaurants und Geschäften am Ufer des Potomac River, hat man einen herrlichen Blick über den Fluß, auf die Theodore Roosevelt-Insel bis zu den Watergate-Gebäuden und dem Kennedy Center.

In Georgetown nimmt auch der Chesapeake and Ohio Canal seinen Ausgangspunkt, der sich einst bis ins knapp 300 km ferne Cumberland erstreckte. Arbeitspferde und Mulis schleppten Mitte des 19. Jh. Lastkähne auf Treidelpfaden die Wasserstraße entlang, bis sich erwies, daß die Eisenbahn Güter schneller und billiger transportieren konnte. Inzwischen erfreuen sich Spaziergänger, Ausflügler auf dem Fahrrad und zu Pferde an den romantischen Wegen am Kanal. Einige nostalgische *canal clipper* legen im Sommerhalbjahr zu Ausflugsfahrten ab.

Im Wohngebiet zwischen dem Glover Archbold Park und dem Rock Creek Park mit ausgedehnten Grünflächen leben viele Studenten der Georgetown und der American University. Die mächtige neogotische Washington National Cathedral, ein interkonfessionelles Gotteshaus auf dem Saint Alban Hill nördlich der Kreuzung von Wisconsin und Massachusetts Avenue, überragt die Stadtviertel Glover Park und Embassy Row und ist sogar von Downtown gut auszumachen. Das grüne Tal des Rock Creek, der mit kurvigem Lauf der Mündung in den Potomac River zustrebt, begrenzt Adams Morgan nach Westen. In dem lebhaften Viertel gibt es arabische, hispanische und jamaikanische Gemeinden, haben sich in den letzten Jahren interessante Restaurants und Musikklubs etabliert.

Die Massachusetts, New Hampshire und Connecticut Avenues teilen DuPont Circle südlich von Adams Morgan wie eine Torte in handliche Portionen auf. Das Stadtviertel mit Galerien, Buchläden, netten Cafés und guten Restaurants wird auch von der *gay community* der Stadt favorisiert. Zwischen Buchhandlungen, vegetarischen Restaurants und Antiquitätengeschäften an der Connecticut Avenue wirken zahlreiche Institutionen der alternativen politischen Szene. Nicht weit vom Verbindungsbüro der europäischen Grünen koordinieren die Zentralen von Amnesty International oder des Peace Center der nationalen Friedensbewegung ihre Aktivitäten.

Le Droit Park grenzt östlich an DuPont Circle und zieht sich beiderseits der Rhode Island Avenue nach Nordosten. Die Metropolitan A. M. E. Church und das Bethune Council House in der Nähe des Logan Circle gehören zu den Versammlungsorten der schwarzen Bevölkerungsmehrheit von Washington, in

Bootstour auf dem Chesapeake and Ohio Canal im Stadtteil Georgetown

denen *black history* geschrieben wurde. Eine sehenswerte Ausstellung in der Frederick Douglass National Historic Site, dem ehemaligen Wohnhaus des früheren Sklaven und späteren Ratgebers von Präsident Lincoln im Süden der Hauptstadt, vermittelt Einblicke in die erstaunliche Karriere des schwarzen Politikers und Bürgerrechtsaktivisten.

Das Pentagon gilt mit 60 km Fluren, mehreren Tausend Arbeitsräumen (und allein 284 Toiletten) als weitläufigstes Bürogebäude der Welt. Eine Führung informiert über die Geschichte des Verteidigungsministeriums der USA und Aspekte der amerikanischen Militärpolitik. Der nicht weit vom Pentagon entfernte, stadtnahe National Airport von Washington, der auf Beschluß der Kongreßmehrheit in Ronald Reagan Airport umbenannt wurde, ist selten auf einer Liste von Sehenswürdigkeiten zu finden. Doch wer hier landet oder abfliegt, sollte auf die Mosaiken achten, die Künstler in den 30er Jahren im Rahmen von Arbeitsbeschaffungsmaßnahmen in den Fußboden des alten Abfertigungsgebäudes einarbeiteten.

Eigentlich ist Washington D. C. ein Vorort von Alexandria (S. 267). Schon Ende des 17. Jh., lange vor Gründung der Bundeshauptstadt, ließen sich Schotten und Engländer am Ufer des Potomac River nieder. Der Umschlagplatz für Tabak, nach dem Landbesitzer John Alexander bald Alexandria benannt, entwickelte sich nach Boston zum zweitwichtigsten britischen Kolonialhafen an der Ostküste. Als das Parlament der jungen USA sich jedoch entschieden hatte, seinen Regierungssitz am Zusammenfluß von Anacostia- und Potomac River zu errichten, sahen sich die Bewohner des Hafenstädtchens unvermittelt dem Hauptstadtbezirk zugeschlagen. Erst als

Virginia 1846 das dafür zur Verfügung gestellte Terrain südlich des Potomac River zurückforderte, da sich Washington D. C. nur recht schleppend entwickelte, erlebte Alexandria seine Wiedergeburt als selbständige Gemeinde.

Im Old Town District blieben zahlreiche Geschäftshäuser aus dem 18. und 19. Jh. erhalten. Die Lee-Familie besaß zwei große Stadtvillen in der Oronoco Street, die heute besichtigt werden können. In Gadsby's Tavern, dem beliebtesten Gasthof der Stadt, zählte einst der Besitzer von Mount Vernon, George Washington, zu den gern gesehenen Besuchern. Das Lokal bewirtet wie eh und je einkehrende Gäste, der Ballsaal im ersten Stock ist wie zur Zeit von Washington hergerichtet. Das George Washington Masonic National Memorial auf dem Shooters Hill erinnert mit einem 100 m hohen, dem historischen Leuchtfeuer im ägyptischen Alexandria nachempfundenen Turm und einer umfassenden Sammlung von Memorabilia an den ersten Präsidenten der USA, der mehrere Jahre als Großmeister der örtlichen Freimaurerloge vorstand.

Neben privaten Segel- und Motorbooten liegen verschiedene Ausflugsschiffe, wie die »Admiral Tilp« beim Waterfront Park am Fuße der Prince Street. Eine frühere Fabrik für Torpedoteile am Potomac River dient nun friedlichen Zwecken und beherbergt Werkstätten und Studios von Künstlern, denen man bei der Arbeit über die Schulter sehen kann, sowie ein hervorragendes Zentrum für städtische Archäologie.

Vom Hügel des Mount Vernon, dem Landsitz von George Washington etwa 8 Meilen südlich von Alexandria, bietet sich ein herrlicher Blick auf das bewaldete Tal des Potomac River. Schon Washingtons Vater Augustine und dessen Bruder Lawrence hatten begonnen,

Der Market Square in Alexandria

die Tabakplantage zu bewirtschaften, George Washington erweiterte sie dann auf eine Anbaufläche von 3200 ha. Mit klaren Linien und der erlesenen Inneneinrichtung zeugt die Villa Mount Vernon vom Wohlstand und Geschmack ihrer Besitzer. Mehr als die vielen kostbaren Möbel und Bilder beeindruckt ein an die Wand gehängter Schlüssel der Pariser Bastille, den der Marquis de Lafayette nach deren Erstürmung George Washington bei einem Besuch als Geschenk überreichte. Unweit der Grabstätte, in der Martha und George Washington bestattet sind, erinnert der Friedhof für Arbeitssklaven daran, auf welcher Grundlage das Vermögen nicht nur dieser Plantagenbesitzer entstand.

Zwischen Bergen und Küsten
Rundfahrt durch Virginia

Einsame Atlantikstrände und Badeorte voller Trubel, Marschlandschaften mit vielen Tausend Wasservögeln, die *rolling hills* des Piedmont mit fruchtbaren Feldern, auf denen Getreide und Tabak, ja sogar Trauben gedeihen, das dicht bewaldete Mittelgebirge der Appalachen mit Bären und Adlern, lebhafte Städte und beschauliches Landleben – Virginia hat alles, was zu einer idealen Urlaubsregion gehört. Hinzu kommt eine reiche Geschichte, nicht ›vom Winde verweht‹, sondern im Bewußtsein der Menschen fest verankert.

In Museumsdörfern lassen Darsteller die Vergangenheit lebendig werden, die einzigartige frühere Kolonialhauptstadt Williamsburg ist allein schon eine Reise wert. Die Schlachtfelder des Bürgerkriegs sowie des Unabhängigkeitskampfes gegen Großbritannien werden gepflegt und sind Ausflugsziele Zehntausender Besucher. Schließlich wurden beide Auseinandersetzungen zum großen Teil auf dem Boden von Virginia ausgetragen und auch dort entschieden.

Im Juli 1861 marschierte die gut ausgerüstete, aber schlecht ausgebildete Unionsarmee von 35 000 Mann unter General Irwin McDowell von Washington nach Süden. Richmond, die Hauptstadt von Virginia, sollte im Handstreich genommen, der Spuk der Sezession der Südstaaten beendet werden, bevor er richtig begonnen hatte.

Bei **Manassas** 1 (S. 296) an den Ufern des Flüßchens Bull Run trafen die Soldaten auf eine Armee von 22 000 Konföderierten unter General P. G. T. Beauregard. Aus Washington waren Schaulustige mit Kutschen angereist, die sich das Spektakel bei einem Picknick nicht entgehen lassen wollten.

Die Schlacht wurde jedoch kein Spaziergang, sondern geriet zum blutigen Auftakt eines vierjährigen, erbitterten Bürgerkriegs. Am Abend zählte man 3500 Tote. Ein Strom von Unionssoldaten und Zuschauern flüchtete panikartig Richtung Washington. Im National Military Park werden diese und eine spätere Schlacht des Bürgerkriegs auf Leuchtkarten erläutert.

Beschauliche Straßen mit Kopfsteinpflaster, restaurierte, historische Stadtvillen, Geschäfte, die wie zu kolonialen Zeiten selbstgemachte Seife oder altertümliche Töpfe, Pfannen und andere Haushaltsgeräte anbieten, – die Altstadt von **Fredericksburg** 2 (S. 283), eines 1728 bei einer Furt über den Rappahannock River gegründeten Marktorts, von dem die Tabak- und Getreide-Ernte der umliegenden Region verschifft wurde, umfaßt 40 Straßenzüge. Auf der Ferry Farm am gegenüberliegenden Flußufer wuchs der jugendliche George Washington auf. James Monroe, der fünfte Präsident der USA, praktizierte einige Jahre als Rechtsanwalt im Städtchen, bevor er mit der Kandidatur zum Senat seine politische Karriere begann.

In der von Charles Washington gegründeten Golden Eagle Tavern, die später Rising Sun Tavern hieß, debattierten schon dessen Bruder George mit Patrick Henry, Thomas Jefferson und den Lees aus Virginia bei einem guten Glas Madeira oder einigen Bechern Ale über Politik und Landwirtschaft. Im Apothekerladen von Dr. Hugh Mercer, einem ausgewanderten schottischen Revolu-

Stets gut besucht – einer der vielen patriotischen Militärparks in Virginia

Kurzporträt Virginia

Ursprung des Namens: Nach Elizabeth I., der ›jungfräulichen‹ Königin von England; Beiname Old Dominion, das alte Herrschaftsgebiet von England

Eintritt in die Union: Am 26. 6. 1788 als zehnter Bundesstaat

Größe und Einwohnerzahl: 110 600 km², Rang 35; 6,5 Mio., Rang 12

Hauptstadt: Richmond

Motto und Staatssymbole: *Sic semper tyrannis* – Stets gegen Tyrannei; Baum: Hartriegel; Blume: Hartriegel; Vogel: Kardinal

Wichtige Städte: Richmond, Norfolk, Newport News, Portsmouth, Hampton, Virginia Beach, Petersburg, Charlottesville, Roanoke, Arlington, Alexandria

Straßenverkehr: Anschnallpflicht, Helmpflicht auf Motorrädern, Höchstgeschwindigkeit 65 Meilen

Zeitzone: Mitteleuropäische Zeit minus 6 Std.

Wirtschaft: Gemüse-, Obst-, Tabakanbau, Milch- und Fleischprodukte, elektrische Geräte und chemische Produkte, Werften, Verwaltungsbehörden der Bundesregierung, Tourismus

Highlights: Appalachen mit dem Shenandoah National Park, Schlachtfelder des Bürgerkriegs, Williamsburg, Chesapeake Bay

tionär und späteren General in der Armee von George Washington, trafen sie sich zuweilen am nächsten Tag wieder. Regale, Flaschen und Tiegel zum Aufbewahren und Mischen der Medikamente stehen noch an derselben Stelle wie vor über 200 Jahren. Folterwerkzeugen gleich, erscheinen die Apparaturen, mit denen Dr. Mercer einst Zähne zog oder gebrochene Knochen richtete.

Die SR 218 und dann die SR 205 führen auf einer reizvollen Strecke Richtung Osten, zuweilen nahe dem Südufer des sich zu einer Meeresbucht verbreiternden Potomac River. Die Bezeichnung Tidewater für den Osten von Virginia deutet auf den Tidenhub des Atlantik hin, der sich bis in die Chesapeake Bay und die weiten Mündungen der Flüsse bemerkbar macht. Die Tabakplantagen früherer Jahre sind meist Weizen- und Maisfeldern gewichen.

Am 22. 2. 1732 gebar Mary Ball, Ehefrau des Tabakpflanzers Augustine Washington, auf der Pope Creek Plantation (S. 311) nahe dem Potomac River einen Sohn, den sie George nannten. Das wiederaufgebaute Geburtshaus des ersten US-Präsidenten wird im Sommer von kostümierten Darstellern bevölkert, die für heutige Besucher Landleben vor 250 Jahren demonstrieren. Nicht weit entfernt von der Familie Washington lebte die befreundete Familie Lee in dem herrschaftlichen Anwesen **Stratford Hall** 3 (S. 318).

Thomas Lee, Gründer der Familiendynastie, war zu Beginn des 18. Jh. als Beauftragter des englischen Großgrundbesitzers Lord Fairfax tätig; fünf seiner Söhne spielten prominente Rollen im amerikanischen Unabhängigkeitskampf und in der jungen amerikanischen Republik. Ein Cousin, General ›Light Horse‹

Henry Lee, wurde später zum Gouverneur von Virginia gewählt. Dessen Sohn Robert Edward Lee erblickte 1807 auf Stratford Hall das Licht der Welt und errang als Oberbefehlshaber der Armee von Nord-Virginia Ruhm in den Gefechten des Bürgerkriegs. Die gut restaurierte und von einer Stiftung bewirtschaftete Plantage steht zur Besichtigung offen.

Zwischen den Plantagen am Potomac und denen weiter südlich am James River erstrecken sich weite Soja- und

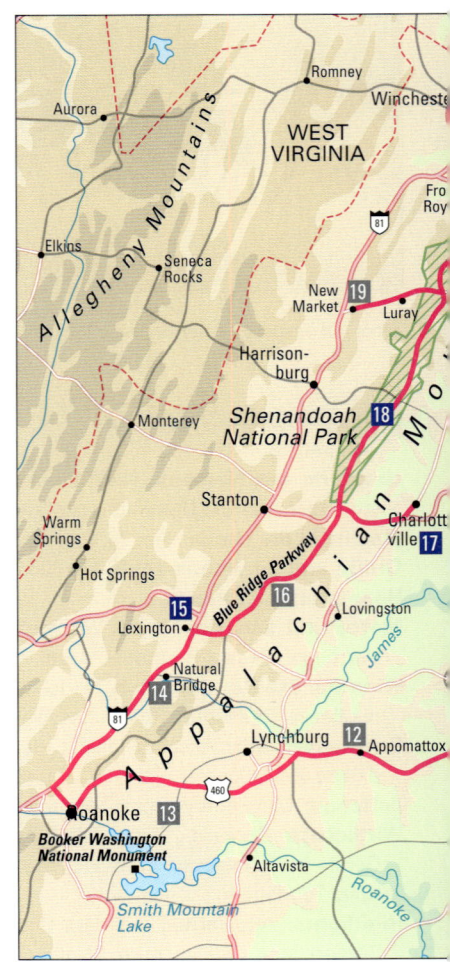

Berge und Küsten in Virginia

Getreidefelder, aufgelockert durch Waldgebiete. Etwa 130 Nachfahren der 1200 Indianer, die in Virginia die europäische Kolonisation überlebten, wohnen in den beiden 400 ha großen Reservaten Mattaponi und Pamunkey an den gleichnamigen Flüssen.

Wildwasserkajaks bahnen sich ihren Weg durch die Stromschnellen des schäumenden und sprudelnden James River, vorbei an der Flußinsel Belle Isle, an der restaurierten Metallfabrik der Tredegar Ironworks, die einst half, die Süd-staatenarmee mit Kanonen zu versorgen, an der modernen Skyline von **Richmond** 4 (S. 312) entlang. Die dynamische Metropole mit knapp 250 000 Einwohnern und bedeutender Elektronikindustrie hat alte Wohn- und Gewerbeviertel wie Church Hill, den Fan District, Shockhoe Slip, Shockhoe Bottom oder Jackson Ward restauriert und mit Leben erfüllt. Wo einst verfallene Fabriken an bessere Zeiten erinnerten, füllen sich inzwischen abends Restaurants und Musikklubs.

Richmond kennt keine Scheu vor Farben

Die Hauptstadt des Bundesstaates Virginia ist trotz umfangreicher Kolonial- und Bürgerkriegsbiographie nicht in ihrer Geschichte erstarrt. Bereits 1737 gründete William Byrd II. auf Beschluß des Parlaments der Kolonie, dem House of Burgesses, die Stadt am Nordufer des James River. Während des Krieges gegen die englische Kolonialmacht wurde der Regierungssitz von Virginia dann von Williamsburg nach Richmond verlegt.

Während des Bürgerkriegs rannten die Unionstruppen immer wieder gegen Richmond an. Die ehemalige Hauptstadt der Konföderation ist von mehreren Schlachtfeldern umgeben. Beim Chimborazo General Hospital, einst das größte Kriegslazarett von Virginia, sowie bei Cold Harbor, wo im Juni 1864 7000 Soldaten in einem 30minütigen Gefecht ihr Leben verloren, geben Visitor Centers Einblicke in die Kriegsstrategien von Nord- und Südstaaten, aber auch in persönliche Schicksale Verwundeter und Toter.

Ansichten ausgebrannter Ruinen kann man heute allenfalls noch im ausgezeichnet geführten Museum of the Confederacy mit einer reichen Sammlung von Bürgerkriegsmemorabilia betrachten. Das angrenzende White House of the Confederacy mit der Wohnung und deb Arbeitsräumen des Präsidenten Jefferson Davis wurde detailgetreu restauriert. Denkmäler von Südstaaten-›Kriegshelden‹ wie das Reiterstandbild von General Lee, Statuen des Präsidenten Jefferson Davis, der Generäle ›Stonewall‹ Jackson und J. E. B. Stuart sowie von Matthew Maury, der während des Bürgerkriegs das Torpedo entwickelte, schmücken den breiten Prachtboulevard der Monument Avenue, der von sehr schönen Stadtvillen gesäumt wird. Ein Denkmal des aus Richmond stammenden und an Aids verstorbenen schwarzen Tennis-Stars Arthur Ashe gibt der monumentalen Straße eine zivile Note.

Gemeinsam mit dem französischen Architekten Charles-Louis Clérisseau und angeregt von der römischen Maison Carrée im südfranzösischen Nîmes entwarf Thomas Jefferson das State Capitol, den Sitz des Parlaments von Virginia. Der klassizistische Kuppelbau mit korinthischen Säulen diente einer ganzen Generation repräsentativer Parlamentsgebäude in den USA als Vorbild. Der französische Bildhauer Houdon schuf die eindrucksvolle, lebensgroße Statue von George Washington in der Rotunde, die einzige, für die er je Modell gestanden hat. Aus Wandnischen blicken die Büsten der sieben anderen US-Präsidenten aus Virginia auf ihren Vorgänger. Südlich des Kapitols beginnt der markierte Spazierweg des Canal Walk, der an historischen Häusern und Orten vorbei bis zu den Schleusen des Kanawah Canal führt. Dieser half einst Lastkähnen, die sonst unüberwindlichen Stromschnellen des James River bei Richmond zu umgehen.

Edgar Allan Poe hielt sich die längste Zeit seines kurzen Lebens (1809–49) in Richmond auf. In der Redaktion des »Southern Literary Messenger« war er berühmt für seine glänzenden Literaturkritiken und berüchtigt für seinen exzessiven Alkoholkonsum. Das Poe Museum ist in einem der ältesten Gebäude der Stadt, dem Old Stone House, untergebracht. Der Raven Room wurde mit Illustrationen zu seinem bekanntesten Gedicht geschmückt. Nicht nur wegen der Sammlung von Fabergé-Objekten, darunter fünf der berühmten juwelenbesetzten ›Eier‹, ist das Virginia Museum of Fine Arts im Fan District einen Besuch wert. In den lichten Räumen finden eine bemerkenswerte Sammlung fernöstlicher Kunst, aber auch Werke europäischer Impressionisten sowie die provokanten Alltagsplastiken aus farbigem Wachs von Duane Hanson Platz, die wegen ihres lebensechten Aussehens von Museumsbesuchern des öfteren mit anderen Gästen verwechselt werden.

Am Oberlauf des James River, zwischen Richmond und Jamestown, liegen die ältesten Plantagen von Nordamerika. Tabak, erstes bedeutendes Ausfuhrprodukt der Kolonie und verantwortlich für den Reichtum und die Bedeutung von Virginia bis ins 19. Jh., wurde direkt von den Anlegestellen der Plantagen am Flußufer auf seegängige Schiffe umgeschlagen – ein Umstand, der das nur langsame Entstehen bedeutender Häfen in Virginia erklärt. Obwohl schon 1619 das erste holländische Handelsschiff mit westafrikanischen Sklaven Virginia erreichte, setzte sich die Sklavenwirtschaft auf den Tabakplantagen erst einige Jahrzehnte später durch. Zunächst waren die bewirtschafteten Flächen zu klein und die englischen Arbeitskräfte, die sich die Überfahrt in die Neue Welt mit mehrjähriger kostenloser Arbeit verdienen mußten, zu billig.

Schon 1613, sechs Jahre nachdem mit Jamestown die erste dauerhafte britische Siedlung in Nordamerika errichtet worden war, wurde auch die Shirley Plantation gegründet. Seit 1660 befindet sie sich im Besitz der Familien Hill und Carter. Der heutige zweistöckige Backsteinbau stammt aus dem frühen 18. Jh., ist hervorragend renoviert und vermittelt mit den Nebengebäuden den authentischen Eindruck einer reichen Tabakplantage. Eine aus Walnußholz kunstvoll geschnitzte Innentreppe führt ohne stützende vertikale Balken bis in die zweite Etage. Neben einigen weiteren Plantagensitzen am James River können auch die Berkeley Plantation der Harrison-Familie, der zwei US-Präsiden-

Schaukelstühle und Kamine
Bed and Breakfast in Virginia

Es fehlt nicht viel, und man fühlt sich beim *afternoon tea* wie ein entfernter Verwandter auf Besuch. Die Liebenswürdigkeit der Gastgeber steht in der legendären Tradition der *southern hospitality,* der Gastfreundschaft des alten Südens, in der Besucher stets willkommen waren. Einst kamen die Menschen zusammen, um der Einsamkeit des dünnbesiedelten Landes zu entrinnen.

Virginia ist bekannt für seine Country Inns, die mit viel Atmosphäre in meist historischen Gebäuden überraschen, mit Schaukelstühlen auf überdachten Veranden, mit knarrenden Dielen, Kaminfeuer in gemütlichen Zimmern, Himmelbetten in den Schlafgemächern und einem herzhaften Frühstück. Country Inns sind in allen Regionen von Virginia zu finden.

Wer mit dem Begriff Bed and Breakfast eine preiswerte Unterkunft verbindet, wird jedoch eine Überraschung erleben. Atmosphäre und Komfort haben schließlich ihren Preis, dafür wurden viele der traditionellen Herrenhäuser mit großem Aufwand restauriert und mit zeitgenössischem Mobiliar eingerichtet. Eine Rundreise durch Virginia von einem Country Inn zum nächsten ist eine interessante Art, Natur, Kultur und Geschichte dieses Bundesstaates zu erkunden und mit einem besonderen Übernachtungserlebnis zu verbinden.

Die Bed and Breakfast Association of Virginia (P.O. Box 791, Orange, VA 22960, Tel. 703-672-4893) verschickt auf Anfrage eine Broschüre mit ausgewählten Herbergen sowie eine Landkarte mit den schönsten Nebenstraßen, den Virginia Byways.

---

ten entstammen, und die Westover Plantation besichtigt werden.

Die drei Orte Jamestown, Williamsburg und Yorktown, durch die Panoramastraße des Colonial Parkway miteinander verbunden, verkörpern knapp 175 Jahre britischer Kolonialherrschaft, von ihren Anfängen 1607 bis zur bitteren Niederlage der Truppen von General Cornwallis 1781. Gut 20 Jahre nach dem Scheitern des ersten britischen Versuchs, auf den Outer Banks von North Carolina eine Kolonie zu gründen, riskierten die Eigner der Londoner Virginia

Company am Unterlauf des James River einen zweiten Vorstoß. Drei mit 104 Kolonisten überbelegte kleine Schiffe landeten 1607 am Ufer des Flusses. Die Siedler nannten ihre Niederlassung **Jamestown** 5 (S. 291) nach dem englischen König James l.

Ohne Unterstützung durch Indianer hätte die Niederlassung nicht einmal den ersten Winter überlebt, auch so waren von den insgesamt 500 Kolonisten der ersten vier Jahre 1611 gerade noch 60 am Leben. Von den 7300 Menschen, die bis 1624 die Neue Welt er-

reicht hatten, waren 6000 durch Krankheiten und Kämpfe mit den Indianern
umgekommen. Erst in der Mitte des
17. Jh. stabilisierte sich die Kolonie, von
den 200 indianischen Dörfern waren
hingegen noch zwölf übriggeblieben.

Auseinandersetzungen um Landzutei-
lungen und die Indianerpolitik führten
1676 zu einer Rebellion gegen den Gouverneur, in deren Verlauf Jamestown
niedergebrannt wurde. Nachdem 1699
Williamsburg zur neuen Kolonialhauptstadt gekürt wurde, verfiel die erste dauerhafte britische Siedlung in Nordame-

rika. Vom historischen Jamestown blieb
bis auf Grundmauern und Fundamente
sowie die Ruine der 1639 erbauten Kirche nicht viel erhalten. Ein anschaulich
gestaltetes Visitor Center sowie Wan-
der- und Fahrwege durch das ehemalige
Siedlungsgebiet vermitteln dennoch
einen guten Eindruck von den Lebens-
umständen vor mehr als 300 Jahren.

Angrenzend an den National Historical Park kann man das Jamestown
Settlement besichtigen mit der Rekonstruktion eines Powhatan-Dorfes, Gebäuden des alten Jamestown und der

Das ehemalige Kolonialstädtchen Williamsburg ist heute ein Living Museum

drei ersten Kolonistenschiffe, »Susan Constant«, »Godsped« und »Discovery«. Im Sommer ist das Freilichtmuseum von Darstellern in historischen Kostümen ›bewohnt‹, die das Leben der frühen Siedler demonstrieren.

Als der Gouverneur von Virginia, Francis Nicholson, 1699 durchgesetzt hatte, daß die Hauptstadt weiter ins Landesinnere verlegt wurde, existierte dort bereits seit sechs Jahren die nach Harvard bei Boston zweitälteste Hochschule der Kolonien, das College of William and Mary. Die Hauptstadt der Kronkolonie erhielt zu Ehren des englischen Königs William den Namen **Williamsburg** ▣ (S. 326).

Nachdem Thomas Jefferson 1779 als Gouverneur von Virginia den Regierungssitz nach Richmond verlegt hatte, fiel die koloniale Metropole in einen Dornröschenschlaf. Dieser fand erst 1926 ein Ende, als es einem Pfarrer gelang, seinen Enthusiasmus für die Restaurierung der halbverfallenen einsti-

gen Hauptstadt auf den Milliardär John D. Rockefeller zu übertragen. Dessen Spende von 100 Mio. Dollar für den Aufbau einer Stiftung fand bis heute zahlreiche Nachahmer.

Wer in der Nebensaison oder morgens vor den großen Touristenströmen die Duke of Gloucester Street zwischen dem roten Backsteinbau des Kapitols und dem College entlangspaziert, fühlt sich 250 Jahre zurückversetzt. Mehr als 90 Wohnhäuser, Stadtpalais, Werkstätten und Geschäfte wurden inzwischen restauriert. Auch in Raleigh Tavern, die als inoffizieller Versammlungsort des wegen Aufsässigkeit mehrfach aufgelösten Parlaments House of Burgesses eine besondere Rolle spielte, kann wieder der Becher gehoben werden. Darsteller in historischen Kostümen demonstrieren hauptstädtisches Leben des 18. Jh.

Leichte Vergnügungen modernerer Art bietet Busch Gardens ›Olde Country‹, 3 Meilen östlich von Williamsburg an der US 61, ein Themenpark der An-heuser Busch-Brauerei, die vor allem in Florida und Kalifornien massiv ins Ge-schäft mit dem Vergnügen investiert hat. Mehr als 100 Attraktionen und Shows, darunter ein bayerisches ›Fest-haus‹, wirken als Publikumsmagnet.

Yorktown 7 (S. 327) liegt am östli-chen Ende des Colonial Parkway. Eine günstige Truppenkonstellation ermög-lichte dort im Oktober 1781 einer ameri-kanisch-französischen Armee den Sieg über ein Hauptkontingent britischer Ein-heiten unter deren General Cornwallis. Die Gefangennahme von 8000 gut aus-gebildeten Soldaten und einem der be-kanntesten Generäle löste im fernen London einen Schock aus und ließ die-jenigen die Überhand gewinnen, die meinten, daß England nicht weltweit auf mehreren Schauplätzen gleichzeitig er-folgreich Kriege führen könne. Mit der Ratifizierung eines Friedensvertrags im September 1783 waren die USA auch eine von der ehemaligen Kolonialmacht anerkannte, unabhängige Republik.

Im Yorktown Victory Center sind die Stellungen der Armeen, die Schanzen und Geschützpositionen rekonstruiert. Beim alljährlichen Siegesfest spielt eine britische Militärkapelle in historischen Kostümen wie am 19. 10. 1781 »The world turned upside down«.

Die Region von **Hampton Roads** 8 umfaßt die Hafengebiete von vier grö-ßeren Städten – Hampton (S. 286) und Newport News (S. 305) nördlich sowie Norfolk (S. 305) und Portsmouth (S. 311) südlich der Mündung des James River in die Chesapeake Bay, weiter im Osten sogar noch Virginia Beach. Die Bedeutung als wichtigster Handelshafen der mittleren Atlantikkü-ste wird mit den mächtigen Werftanla-gen der privaten Norfolk Naval Shipyard in Portsmouth aufgewertet. Die Norfolk Naval Base ist Heimathafen von mehr als 125 Kriegsschiffen. Hampton und Norfolk haben ihre dem Wasser zuge-neigten Zentren als Fußgängerzonen mit Galerien, Restaurants und Geschäf-ten ausgebaut.

Einige interessante Kunstsammlun-gen wie das University Museum in Hampton oder das Chrysler Museum in Norfolk zeigen neben Werken amerika-nischer Künstler von Lichtenstein bis Motley und Tanner auch Bilder und Pla-stiken europäischer Künstler – Renoir, Matisse oder Picasso – sowie eine um-fassende Ausstellung von Glaskunst. Seit bald 30 Jahren gehört das dreitä-gige Hampton Jazz Festival Ende Juni zu den bekanntesten Musikereignissen in den USA.

Das Mariners' Museum in Newport dokumentiert die maritime Tradition der Region mit einer umfassenden Ausstel-lung zur Seefahrt. Von geschnitzten Schiffsminiaturen, deren Einzelheiten erst unter der Lupe deutlich werden, Modellen von ägyptischen und römi-schen Kriegs- und Handelsschiffen bis zu einem japanischen Unterseeboot wer-den 3000 Jahre Schiffahrtsgeschichte nachgezeichnet.

Nautikus heißt das multimediale In-formations- und Erlebniszentrum zum Thema Wasser und Schiffahrt an der Ha-fenpromenade von Norfolk, in dem vir-tuelle Reisen in die Tiefsee, Aufklärung über das empfindliche ökologische Gleichgewicht des Ozeans und Informa-tionen zum Schiffsbau bis zu Darstellun-gen moderner Seeschlachten angeboten werden.

Das zwischen 1819 und 1834 errich-tete Fort Monroe schützt in strategischer Lage an der Südspitze der Halbinsel bei Hampton die Einfahrt in den James River. Im Casemate Museum sind Befe-stigungen und Batterien, aber auch die

Natur- und Freizeitparadies
Die Chesapeake Bay

Für Geographen ist die Chesapeake Bay eine verzweigte Meeresbucht, die sich mit einer Breite zwischen 5 und 40 km mehr als 300 km ins Landesinnere erstreckt, die von drei Dutzend Flüssen und einigen Hundert Bächen gespeist wird und eine durchschnittliche Tiefe von nur 6 m aufweist.

Für Biologen ist das flache, vom Wechsel der Gezeiten geprägte Gemisch von Salz- und Süßwasser eine der wichtigsten, wenngleich gefährdeten Kinderstuben für viele Fisch- und Muschelarten an der amerikanischen Atlantikküste. Hunderttausende von Kanadagänsen, Tundraschwänen und anderen Zugvögeln, die sommers wie winters zwischen dem Nordosten der USA und Kanada sowie der warmen Karibik pendeln, nutzen die Bucht als bevorzugten Rastplatz.

Für die Städter, die im Einzugsbereich der Chesapeake Bay wohnen, sind das Gewässer und seine Küstenlinie mit ausgedehnten Marschen und Strandbuchten vor allem ein wunderschönes Erholungsgebiet unmittelbar vor der Haustür. Rund 15 Mio. Menschen in Pennsylvania, Maryland, Delaware, Virginia und in Washington D.C. leben an Wasserläufen, die der Bucht zustreben. Abwässer aus deren Haushalten und der Industrie gefährden jedoch die Lebensbedingungen für Tiere und Pflanzen, starke Überfischung hat den einst unerschöpflich scheinenden Bestand an Barschen, Heringen und Flundern drastisch reduziert. Private Initiativen und öffentliche Programme

Interaktive Experimente im Nauticus Museum von Norfolk

bemühen sich seit Jahren mit wechselndem Erfolg, die Umweltschäden zu reduzieren und das gefährdete ökologische Gleichgewicht der Bucht wieder zu stabilisieren.

Urlauber, die mit ihren Jachten das weite Gewässer vor allem im Sommer bevölkern, können den Kampf um die Lebensbedingungen in der Bucht nur erahnen. Die Flußmündungen und Buchten, die Inseln und idyllischen Häfen gelten zu Recht als herrliches Segelrevier, als eines der schönsten an der Ostküste. Auf den Speisekarten der zahlreichen Fischrestaurants sind leckere Streifenbarsche ebenso zu finden wie köstliche *crab cakes* mit Orangen-Tartar-Sauce oder die fleischigen Austern aus der Bay, die roh *on the half shell*, gedünstet oder gebacken serviert werden. In der Bucht wurden in den letzten 100 Jahren mehr Austern gezüchtet oder gefangen als an jedem anderen Ort der Welt. Lange war das Austernfischen nur mit Skipjack-Booten erlaubt, die man an ihren typischen Dreiecksegeln erkennt. Einige dieser historischen Fischkutter schwimmen noch auf den Gewässern der Bay.

Engländer gründeten 1607 mit Jamestown am südlichen Ende der Chesapeake Bay die erste europäische Niederlassung in der Region. Ein Jahr später erkundete der englische Kapitän John Smith, der später als Liebhaber der schönen Häuptlingstochter Pocahontas in die (Zeichentrickfilm-)Geschichte eingehen sollte, die riesige Bucht mit all ihren Zuflüssen und fertigte eine erstaunlich genaue Karte an. Kurz darauf ließen sich Siedler an den geschützten Wasserarmen nieder. Während des Unabhängigkeitskampfes und im Krieg von 1812 zwischen Großbritannien und den jungen USA war die

Zufahrt in die Bay umkämpft.

Die langgestreckte Delmarva-Halbinsel (Abkürzung aus **Del**aware, **Ma**ryland und **V**irginia) schirmt die Bucht zum Atlantischen Ozean ab. Von der südlichen Landzunge bei Cape Charles führt der Chesapeake Bay Bridge-Tunnel 28 km unter und über dem Wasser bis nach Norfolk. Weiter nördlich überspannt die William Preston Lane Memorial Bridge die dort nur 6,4 km breite Bucht bei Annapolis, der Hauptstadt des Bundesstaates Maryland. Der von der Marinehochschule geprägte Ort diente von 1783 bis 1784 sogar kurzzeitig als Hauptstadt der USA. Knapp 2,5 Mio. Menschen leben 60 km weiter nördlich im Einzugsbereich von Baltimore, dem wirtschaftlichen und kulturellen Zentrum von Maryland und der größten Hafenstadt an der Bay.

Das siebenstöckige National Aquarium am Inner Harbor von Baltimore gibt Auskunft über die faszinierende Wasserwelt der Bay und anderer Fluß- und Meereslandschaften. Gemütliche Fischer-, Segler- und Bade-Orte rund um die Bucht wie das malerische St. Michaels am Miles River, Chrisfield, der Fährhafen nach Tangier und nach Smith Island oder das in der Saison von kostümierten Darstellern bevölkerte Museumsdorf St. Mary's City aus dem Jahre 1634 gelten im Sommer als beliebte Ausflugs- und Urlaubsziele. Dort kann man schwimmen, mit dem Kanu fahren, Adler und Wasservögel beobachten, angeln oder segeln. In den Restaurants am Wasser oder bei einem der vielen Seafood-Festivals wird die dann notwendige Stärkung mit einer köstlich gedämpften *blue crab*, mit gebackenen Taschenkrebsen oder anderen Spezialitäten der Chesapeake Bay zum Genuß.

Zelle des früheren Präsidenten der Konföderation, Jefferson Davis, zu besichtigen, der hier nach dem verlorenen Bürgerkrieg zwei Jahre ohne Gerichtsverfahren eingekerkert war. Der spätere General Robert E. Lee diente im Fort während der Bauarbeiten 1831, der Schriftsteller Edgar Allan Poe war während seiner kurzen Militärkarriere von 1828 bis 1829 bei der Artillerie stationiert.

In der 30 m hohen Halle des Virginia Air and Space Center von Langley bei Hampton sind zivile und militärische Flugzeuge und Raketen sowie Weltraumtechnik ausgestellt. Auf dem heutigen NASA-Gelände trainierten in den 60er Jahren Mercury-Astronauten für ihren Einsatz in der Erdumlaufbahn.

Fast 30 km lang ist die Tunnel-Brücken-Verbindung von Norfolk auf die **Delmarva-Halbinsel** 9 im Norden, an der die drei Bundesstaaten **Del**aware, **Mar**yland und **V**irgini**a** ihren Anteil haben. In den Gewässern des Atlantik und der Chesapeake Bay, vor der buchtenreichen Südostküste der Halbinsel, die auch Eastern Shore genannt wird, tummeln sich trotz ernster Umweltprobleme viele Fische und gedeihen die fleischigen Virginia-Austern. Köstlich schmecken die frisch gepflückten Eastern Shore-Erdbeeren, die man im Sommer von Straßenständen kaufen kann.

Die berühmtesten Einwohner von Assateague, einer langgestreckten Insel vor der Küste von Delmarva, sind wilde Ponys. Zum Höhepunkt des Chincoteague Fireman's Carnival werden alljährlich am letzten Mittwoch im Juli die frei lebenden Ponys von Assateague durch den Assateague Channel auf die Nachbarinsel Chincoteague (S. 279) getrieben. Einer Überlieferung zufolge sollen die Tiere von zurückgelassenen Pferden spanischer Konquistadoren abstammen, wahrscheinlich sind es jedoch Nachkommen von Herden virginischer Steuerflüchtlinge aus dem 17. Jh., die ihre Reittiere auf Assateague weiden ließen, um den Abgaben in Virginia zu entgehen. Das erste Fohlen, das nach Durchschwimmen des Assateague Channel das Ufer von Chincoteague erreicht, wird verschenkt, die übrigen werden zugunsten der freiwilligen Feuerwehr versteigert. Freitags geht es für die nicht verkauften Pferde dann zurück auf ihre Heimatinsel. Der spektakuläre Zug der etwa 150 Wildpferde wird alljährlich von einigen Tausend Schaulustigen beobachtet.

Virginia Beach 10 (S. 321) südlich des Brückentunnels rühmt sich seines langen und breiten Sandstrands. Das große Angebot an Hotelzimmern mit dazugehöriger, allerdings eher tief gestaffelter touristischer Infrastruktur lockt in den Sommermonaten Zehntausende aus Washington, Richmond und anderen Städten zum Wochenendtrip an den Atlantik. Das Gebiet von Norfolk bis zur Grenze zu North Carolina gehört zu den sich rasant entwickelnden Wirtschaftsregionen der USA. Nur wenig weiter im Westen erstreckt sich das riesige Sumpfgebiet des Dismal Swamp von Virginia über die Grenze bis nach North Carolina. In dem riesigen Sumpfgebiet leben Bären, Vögel und Reptilien nahezu ungestört von der menschlichen Zivilisation.

Insgesamt zehn Monate kämpften die Generäle Lee und Grant mit ihren Armeen um den Straßen- und Eisenbahnknotenpunkt **Petersburg** 11 (S. 310), 23 Meilen südlich von Richmond. Die längste Belagerung des Bürgerkriegs kostete 42 000 Nordstaatlern und 28 000 konföderierten Soldaten das Leben. Am Rande des mit 30 000 Gräbern größten

Soldatenfriedhofs von Petersburg steht die kleine Blanford-Kirche, die noch in kolonialen Zeiten errichtet wurde. Die 15 farbigen Buntglasfenster, die aus der Werkstatt von Louis Comfort Tiffany stammen, wurden erst später eingesetzt. Die Appomattox Ironworks dokumentieren die Industrielle Revolution der Wende zum 20. Jh. In den fast zwei Dutzend Gebäuden wird Eisen geschmolzen, geformt und verarbeitet, Fachleute demonstrieren die alten Arbeitstechniken.

Als General Lees ausgehungerte Armee Petersburg nicht mehr halten konnte, floh sie Richtung Westen. Nach einem letzten vergeblichen Versuch, sich mit anderen Truppenteilen zu vereinigen, beschloß Lee, den Krieg für die Armee von Nord-Virginia zu beenden. Im Gerichtsgebäude von **Appomattox** 12 übergab er dem Oberbefehlshaber der Nordstaatenarmee, General Grant, am 9. 4. 1865 die unterzeichnete Kapitulationsurkunde.

Roanoke 13 (S. 314) gilt als kommerzielles Zentrum von Südwest-Virginia, mit renommierten Kliniken und medizinischen Forschungseinrichtungen. Das Center in the Square in einem renovierten Lagerhaus gegenüber vom traditionellen Marktplatz wurde zu einem Kulturzentrum mit Galerie, Geschäften und Theater umgestaltet. Knapp 13 Meilen südöstlich von Roanoke kann man auf der ehemaligen kleinen Tabakfarm Burroughs das Booker T. Washington National Memorial besichtigen. Der spätere Pädagoge, Bürgerrechtler und Präsidentenberater, der auf einer Inventarliste der Farm von 1861 noch mit einer Zeile: »1 Negerjunge (Booker) – 400 Dollar« aufgeführt ist, gründete 20 Jahre später in Tuskegee in Alabama eine Schule für ehemalige Sklaven (vgl. S. 164).

Eine natürliche Felsbrücke von 66 m Höhe und knapp 30 m Spannweite bahnte sich der Cedar Creek im Laufe von mehreren Tausend Jahren durch den Kalkstein. Das Naturwunder der **Natural Bridge** 14 (S. 302) auf halbem Wege zwischen Roanoke und Lexington, galt den Monokan-Indianern als Brücke des Heiligen Geistes, da sie ihnen einst einen Fluchtweg vor den Shawnee bot. Ein junger Landvermesser namens George Washington war von der Meisterleistung der Natur so beeindruckt, daß er seine noch heute lesbaren Initialen in den Fels meißelte. Später erstand der Rechtsanwalt Thomas Jefferson das Gelände für 20 Shilling und ließ eine Hütte darauf errichten. Über die Naturbrücke führt heute die US-11, ein Besucherzentrum am Rande der Schlucht mit Hotels, Restaurants, Wachsfigurenkabinett, Wanderwegen, einer Tropfsteinhöhle und dem abendlichen Licht- und Tonspektakel »Das Erlebnis der Schöpfung« im Sommer versorgt die Touristenströme.

Lexington 15 (S. 294), eine der schönsten Städte im Shenandoah-Tal, hat sich große Mühe gegeben, sein Erscheinungsbild mit Häusern aus dem 19. Jh. zu erhalten. Im Sommer erwartet die Besucher ein besonderes Vergnügen, wenn das ausgezeichnete Theater at Lime Kiln eine gelungene Mischung von modernen Inszenierungen, klassischen Stücken und Musiktheater in einem ehemaligen Steinbruch inszeniert. Das Virginia Horse Center präsentiert Pferdefreunden und -händlern Vollblüter und Araber aus den besten Gestüten von Virginia. Das weitläufige Gelände bietet Platz für 500 Boxen, Rennbahnen, ein Polofeld, Reitwege durch Wälder sowie ein Hotel mit Re-

Die 66 m hohe Natural Bridge ▷

staurant. Alljährlich im April gibt das Virginia Horse Festival einen Überblick über die Pferdezucht des Bundesstaates.

Die Geschichte der städtischen Universität geht bis auf George Washington zurück, der die Liberty Hall Academy mit einer großzügigen Spende aus einer Finanzkrise rettete. Sechs Monate nach dem Ende des Bürgerkriegs ritt Robert E. Lee die Hauptstraße von Lexington entlang, um sein neues Amt als Präsident der Hochschule anzutreten, die nach seinem Tod in Washington and Lee University umbenannt wurde. General Thomas ›Stonewall‹ Jackson, wie Lee eine Bürgerkriegslegende, war bis 1861 als Dozent für Artillerie an der zweiten Hochschule der Stadt, dem Virginia Military Institute, VMI, tätig. Auch George C. Marshall, 1939 Chef des US-Generalstabs, später Außen- und Verteidigungsminister, absolvierte eine Ausbildung am ›West Point des Südens‹. Die vier Generäle und ihre Beziehung zu Lexington werden in verschiedenen Museen und Gedenkstätten gewürdigt.

Eine knappe Autostunde westlich von Lexington liegt inmitten der dicht bewaldeten Warm Spring Mountains mit schwefelhaltigen, warmen Quellen, deren lindernde Wirkung schon die indianischen Ureinwohner schätzten, Hot Springs (S. 289) mit dem mächtigen, denkmalgeschützten Grand Hotel Homestead. Kurbetrieb mit Zuschüssen der Krankenkasse wird man hier allerdings vergeblich suchen, nach Jahrzehnten des Niedergangs und aufwendigen Renovierungen erlebt Hot Springs als Sport- und Fitneß-Urlaubsort eine Wiedergeburt.

Woodrow Wilson, der als achter und bislang letzter Präsident aus Virginia die USA von 1913 bis 1921 regierte, stammte aus Staunton (S. 318) im Shenandoah-Tal. Das herrschaftliche pres-byterianische Pfarrhaus, in dem Wilson 1856 geboren wurde, kann als Museum besichtigt werden. Am südöstlichen Stadtrand dokumentiert das Museum of American Frontier Culture die Traditionen amerikanischer Farmer, sind rekonstruierte Bauernhöfe aus verschiedenen Ländern, darunter aus dem deutschen Rheinland, ausgestellt. Einige Meilen weiter im Norden bei Harrisonburg (S. 286) muten die Kalksteinsäulen des Natural Chimney's Regional Park wie Fabrikschlote oder die Türme einer Burg an. Letztere Vorstellung mag auch die Veranstalter des Ritterturniers beflügelt haben, das seit 1821 am Fuße der ›Burgzinnen‹ ausgetragen wird.

Der **Blue Ridge Parkway** 16 (S. 274) windet sich 750 km auf dem Kamm des Appalachen-Gebirges vom Shenandoah National Park in Virginia bis zum Great Smoky Mountains National Park im Süden an der Grenze von North Carolina und Tennessee. Die zweispurige Straße, auf der eine Höchstgeschwindigkeit von 70 km/h erlaubt ist, verläuft durch endlos scheinende Wälder, die sich, insbesondere in der Dämmerung, in der blaugrünen Weite verschachtelter Berg- und Hügelketten zu verlieren scheinen. Der Parkway führt nicht durch Städte, sondern passiert sie in angemessenem Abstand, Werbung und gewerblicher Verkehr sind ausgesperrt. Zur Markierung und besseren Orientierung sind am Straßenrand *mile posts,* MP, angebracht. MP 0 steht am nördlichen Ende des Parkway bei Rockfish Gap, MP 469 im Süden, kurz vor der Grenze zur Cherokee Reservation.

Charlottesville 17 (S. 277) liegt im landschaftlich reizvollen hügeligen Vorland der bewaldeten Appalachen. Auf Weinbergen um den Ort herum, vor allem aber entlang der US-20 nach Norden werden gute Tropfen gezogen und

Thomas Jefferson
Philosoph, Pflanzer, Politiker

In seiner Tischrede bei einer Versammlung amerikanischer Nobelpreisträger, die zu Beginn der 60er Jahre zum Dinner ins Weiße Haus geladen waren, hob der damalige Präsident John F. Kennedy hervor, daß an diesem Ort keine so eindrucksvolle Versammlung menschlicher Begabungen mehr zusammengekommen sei, seitdem Thomas Jefferson dort allein sein Abendessen verspeist habe. In der Tat, der am 13. 4. 1743 auf dem Gut Shadwell bei Charlottesville geborene Sohn des Landvermessers und Pflanzers Peter Jefferson konnte auf so ungewöhnlich vielen Gebieten Talent und Meisterschaft entfalten, daß sein Lebenswerk ihn weit über das seiner Zeitgenossen und Nachfolger erhob.

Thomas Jefferson war Jurist, Philosoph, Architekt, Plantagenbesitzer, Erfinder, Schriftsteller und gleichzeitig als Politiker sowie Staatsmann überaus erfolgreich. Mit 26 Jahren in die koloniale Vertretung von Virginia, in das House of Burgesses, gewählt, gehörte er später zu den Mitgliedern des amerikanischen Kolonialkongresses, war nach der erkämpften Unabhängigkeit Gouverneur von Virginia, Botschafter am französischen Hof, Außenminister, Vizepräsident und, nach George Washington und John Adams, dritter Präsident der jungen USA.

Die glänzend formulierte, von Jefferson 1774 veröffentlichte Streitschrift »A Summary View of the Rights of British America« erregte wegen ihrer klugen Attacken auf die Autorität des britischen Parlaments in London und der klaren Begründung der Rechte der Kolonisten weithin Aufsehen. Der 33jährige Abgeordnete wurde 1776 vom Nationalkongreß, der eigenständigen Vertretung der Abgeordneten der nordamerikanischen Kolonien, beauftragt, einen Entwurf für eine Unabhängigkeitserklärung zu verfassen, welche die Trennung der amerikanischen Kolonien vom britischen Mutterland begründen sollte.

Bereits nach etwas mehr als zwei Wochen lag dem Kongreß mit der »Declaration of Independence« ein Dokument vor, das nach zweitägiger Debatte bis auf eine gestrichene Passage, die sich gegen den Sklavenhandel aussprach, und einige geringfügige Änderungen mit großer Mehrheit angenommen wurde.

Aufbauend auf den Ideen der europäischen Aufklärung, entwickelt Jefferson klar und zwingend die Prinzipien des neuen politischen Systems: »Folgende Wahrheiten halten wir als selbstverständlich: daß alle Menschen gleich geschaffen sind; daß sie von ihrem Schöpfer mit gewissen unveräußerlichen Rechten ausgestattet sind; daß dazu Leben, Freiheit und das Streben nach Glück gehören; daß zur Sicherung dieser Rechte Regierungen unter Menschen eingesetzt werden, die ihre rechtmäßige Macht aus der Zustimmung der Regierten herleiten; daß, wann immer eine Regierungsform sich als diesen Zielen abträglich erweist, es das Recht des Volkes ist, sie zu ändern oder abzuschaffen und eine neue Regierung einzusetzen.« Die Erklärung begründet in radikaler Abkehr von der feudalen Tradition die Idee der Gleichheit der Menschen und der Volkssouveränität. Nicht die kirchlich gepredigte Vorstellung von der Erduldung eines irdischen Jammertals, die im Jenseits belohnt werde, sondern das individuelle und gemeinschaftliche Streben nach irdischem Glück wird als unverzichtbares Recht der Menschen hervorgehoben.

Mit seinen Gesetzentwürfen für den Bundesstaat Virginia zeigte sich Jefferson als Verfechter der Aufklärung, das Reformgesetz über die Religionsfreiheit schloß die Trennung von Staat und Kirche ein, eine Landreform enteignete die britischen Großgrundbesitzer und brach deren wirtschaftlichen Einfluß auf die ehemalige Kolonie, der Entwurf eines dreistufigen Bildungssystems und die unter dem Titel »Verhältnis von Verbrechen und Strafe« zusammengefaßten Gedanken zur Neuordnung des Strafrechts waren ihrer Zeit weit voraus. Jeffersons »Betrachtungen über den Staat Virginia«, eigentlich eine Studie für den französischen Botschafter in den USA, geriet zu einer höchst unterhaltsamen literarischen und philosophischen Entdeckungsreise durch Virginia, dessen Natur, Sitten und Gebräuche.

Die Aufgabe, die außenpolitische Isolierung der USA zu überwinden, führte Jefferson 1784 in der Nachfolge von Benjamin Franklin fünf Jahre als Botschafter an den französischen Hof. Aus der Ferne und im Briefwechsel mit James Madison drängte er darauf, die amerikanische Verfassung durch eine Aufstellung der Grundrechte, die »Bill of Rights« zu ergänzen. Reste römischer Bauten wie die Maison Carrée in Nîmes und der antikisierende Baustil von Andrea Palladio in Norditalien inspirierten Jefferson zum Entwurf des Kapitols in Richmond und vieler anderer öffentlicher und privater Gebäude nicht nur in Virginia.

Im Jahr der Französischen Revolution von George Washington als Außenminister zurückgerufen, begab sich Jefferson wieder in die heimatliche politische Arena, in häufig recht heftige Auseinandersetzungen um den Kurs der jungen Republik. Nach Stationen als Vizepräsident und Vorsitzender des Senats kandidierte Thomas Jefferson 1801 erfolgreich als Präsident der USA. Seine Regierungszeit bis 1809 war von dem Bemühen geprägt, den Staat und seine Entwicklung zu stabilisieren, keine leichte Aufgabe, während sich die Ereignisse in Europa überstürzten. Der gekonnt inszenierte und gegen interne Widerstände durchgesetzte Schachzug, im Jahre 1803 das riesige Louisiana-Territorium westlich des Mississippi von Frankreich zu kaufen, verdoppelte das Staatsgebiet der USA nahezu und ließ gleichzeitig spätere Expansionsansprüche nach Westen sowie Großmacht-ambitionen erahnen.

Nach dem Ende seiner Amtszeit zog sich Jefferson aus der aktiven Politik zurück, beschränkte sich auf die Korrespondenz mit seinen präsidialen Nachfolgern und anderen Zeitgenossen, die insgesamt knapp 20 000 Briefe umfaßt, fungierte als Vorsitzender der Amerikanischen Philosophischen Gesellschaft, verfaßte ein Grundlagenwerk zur Grammatik, entwarf die Pläne für seine Villa Monticello und weitere Gebäude, wie die 1819 gegründete Universität in Charlottesville. Gleichzeitig bemühte er sich mit nur mäßigem Erfolg um die wirtschaftliche Leitung seiner mit Hilfe von 150 Sklaven bewirtschafteten Plantage. Mit seiner Haussklavin Sally Hemmings hatte er mehrere inoffizielle Kinder.

Im Frühjahr 1826 verschlechterte sich der Gesundheitszustand von Thomas Jefferson. Dem Bürgermeister von New York, der ihn zur 50jährigen Jubiläumsfeier der Unabhängigkeitserklärung eingeladen hatte, schrieb er in seinem Absagebrief:»Die allgemeine Verbreitung des Lichts des Wissens hat bereits jedem die unbestreitbare Wahrheit offenbart, daß die Menschen nicht mit Sätteln auf ihrem Rücken geboren werden, daß keine Auserwählten geboren werden, mit Stiefeln und Sporen angetan, bereit, erstere durch das Gesetz von Gottes Gnaden in ihre Gewalt zu bekommen.« Thomas Jefferson verstarb im Alter von 83 Jahren am 4. 7. 1826, dem 50. Jahrestag der von ihm verfaßten Unabhängigkeitserklärung der USA.

in Probierstuben ausgeschenkt. Das Universitätsstädtchen ist besonders eng mit dem Leben von Thomas Jefferson verbunden.

Die Universität von Virginia in Charlottesville, das ›Kind von Thomas Jefferson‹, sollte nach dessen Willen im Gegensatz zu den noch unter britischer Kolonialherrschaft gegründeten Hochschulen von Harvard in Massachusetts und von William and Mary in Williamsburg der Verbreitung des Allgemeinwissens dienen. Natur- und Geisteswissenschaften sollten in der Erkenntnis, daß sich ihre Inhalte durch die Ergebnisse der Forschung ständig änderten, den Studenten vermittelt werden, unabhängig von deren Herkunft und Stand. Gemeinsam mit einem Architekten entwarf Jefferson die Pläne für den Campus für Wohnhäuser und Lehrgebäude. Die Rotunde des Hauptgebäudes entspricht einem Modell des römischen Pantheon im Verhältnis 1:2. Zur ersten Generation

der Studenten gehörte auch Edgar Allan Poe, der 1826 für klassische und moderne Sprachen eingeschrieben war. Sein restauriertes Zimmer im Westflügel der Universität kann besichtigt werden.

Monticello, gut 2 Meilen südöstlich von Charlottesville auf einem Hügel errichtet, wurde mehr als 40 Jahre lang nach den Plänen und Ideen von Jefferson erbaut und wieder umgestaltet, bis die Plantagenvilla ihr heutiges, vollkommenes Erscheinungsbild erhielt. Die Gesamtkonzeption und die Anlage des Gartens, viele Innendetails und die Einrichtung gehen auf Pläne von Jefferson zurück, der als Architekt ein meisterhafter Autodidakt war. Die Besichtigung der Wohn- und Arbeitsräume eröffnet manch überraschenden Blick auf den Staatsmann und bürgerlichen Revolutionär, auf kleine, praktische Erfindungen und Einrichtungen. Auf einem Obelisken bei seinem Grab sind die drei Leistungen eingemeißelt, die er selbst als

Monticello, der ehemalige Landsitz von Thomas Jefferson

sein wichtigstes Erbe bezeichnet hatte: »Autor der amerikanischen Unabhängigkeitserklärung – des Rechts auf Religionsfreiheit in der Verfassung von Virginia – Vater der Universität von Virginia«.

Michie Tavern, 1748 von dem Schotten William Michie gegründet, liegt auf halbem Wege von Charlottesville nach Monticello am Wegesrand. Das Wein-Museum von Virginia befindet sich im Keller des liebevoll restaurierten historischen Gasthofs. Ash Lawn, nur 2 Meilen südlich von Monticello, hieß früher Highland und war 20 Jahre lang Wohnsitz der Familie Monroe. James Monroe, enger Freund und Bewunderer von Jefferson, war wie dieser zunächst Botschafter in Frankreich und dann Präsident der USA. Die von ihm 1823 verkündete Monroe-Doktrin postulierte den Anspruch der Staaten des amerikanischen Kontinents, ihre Angelegenheiten ohne Einflußnahme durch die europäischen Kolonialmächte zu regeln.

Der Anblick der Berge und Wälder des **Shenandoah National Park** 18 (S. 317) verführt dazu, sich ins Gras zu legen, die Gedanken der Geschwindigkeit eines plätschernden Baches anzupassen, für einen den Weg querenden Käfer stehenzubleiben und die verschiedenfarbigen Schmetterlinge zu bestaunen, die nachmittags auf den Lichtungen die Wildblumen umflattern.

Morgens ziehen Weißwedelhirsche äsend in Sichtweite der Skyland Lodge vorbei. Tagsüber kann man mit dem Fernglas riesige Truthahngeier, Falken, Habichte, Spechte oder Waldhühner beobachten. Scheue Luchse oder einen der etwa 600 Schwarzbären bekommt man selten zu Gesicht, eher schon einen vorwitzigen Waschbären, der auf der Suche nach Eßbarem Abfalleimer durchwühlt.

Wald so weit das Auge reicht
im Shenandoah National Park ▷

Zur Tochter der Sterne
Wandern im Shenandoah National Park

Shenandoah, Tochter der Sterne, tauften die Indianer einst die an Bächen, Wasserfällen und Schluchten reichen Bergwälder südwestlich der heutigen US-Bundeshauptstadt Washington. Nahe dem Skyline Drive, einer 160 km langen Panoramastraße, die den schmalen National Park von Norden nach Süden durchmißt, liegen die Startpunkte vieler Wanderwege. Wer will, könnte auf 850 km markierter Pfade durch die Wälder zu versteckten Wasserfällen und Seen, zu schönen Aussichtspunkten in das weite Shenandoah-Tal auf dem Kamm des Appalachen-Gebirges, auf Berggipfel wie den gut 1400 m hohen ›Stony Man‹ oder zu blumenübersähten Bergwiesen wandern.

Der Reichtum an Pflanzen und Tieren ist überwältigend. Rehe, Waschbären, Waldmurmeltiere, Falken, Goldfinken und Truthahngeier äsen auf Waldlichtungen, krabbeln die Stämme von Eichen, Kiefern oder Birken empor oder ziehen am Himmel ihre Kreise. Im Sommer sind die Schwärme von Zigeunermotten nicht zu übersehen, welche die Kronen der mächtigen Eichen umflattern und denen mehr Streß verursachen als die Autos, die gemächlich auf dem Skyline Drive vorbeiziehen.

Die Shenandoah Natural History Association, Rte 4, Luray, Tel. 540-999-3582, verkauft in ihrem Buchladen und in den Visitor Centers des National Park Broschüren und Handbücher, die alle markierten Wanderwege beschreiben.

Der National Park erscheint als unberührte Natur, ist aber überwiegend ein Meisterstück geschickter Wiederaufforstung. Indianische Ureinwohner, welche die Region Shenandoah, Tochter der Sterne, genannt haben, müssen, wie Funde belegen, die Wälder als Jagdgründe genutzt haben. Die Besiedlung durch weiße Pioniere, die den Indianern folgten und die Wälder, wenn nötig, abholzten, hatte den Baumbestand drastisch reduziert. Staatliche Landkäufe, private Spenden und der Einsatz von Forstarbeitern im Rahmen von Arbeitsbeschaffungsmaßnahmen der Regierung Roosevelt zur Überwindung der

Wirtschaftskrise in den 30er Jahren halfen, die Wälder wieder aufzuforsten, Straßen, Wanderwege und Schutzhütten anzulegen.

Der Skyline Drive, der den National Park von Nord nach Süd auf einer Länge von 170 km auf dem Kamm des Gebirges durchzieht, darf nur von Privatwagen und Campmobilen befahren werden. Wanderer dagegen können den Park auf mehr als 800 km markierten Wegen erkunden, vom 400 m langen Rundweg am Pass Mountain Overlook bis zur Rundwanderung Browns Gap – Rockytop – Big Run Portal mit einer Länge von 23 km und einer geschätzten

Dauer von zwölf Stunden. Die gut zwei Dutzend Wanderstrecken, die zu einem der vielen Wasserfälle führen, gehören zu den beliebtesten. Sie sind, wie auch die für Pferd und Reiter freigegebenen Servicewege, in Broschüren beschrieben, die bei den Lodges und Besucherzentren ausliegen.

Der Shenandoah River fließt in einem bis zu 30 km breiten Tal nach Nordosten und mündet nach etwa 200 km in den Potomac, der sein Wasser an Washington vorbei in die weitverzweigte Chesapeake-Bucht führt. Die Blue Ridges und der kleine Gebirgszug der Massanuten Mountains begrenzen das Tal nach Osten, im Westen erhebt sich die Bergkette der Shenandoah Mountains. Indianer nutzen die bewaldeten Berge als Jagdgebiet, später durchstreiften weiße Trapper und Abenteurer die Wälder. Bis Ende des 19. Jh. fristeten die Farmer in den Bergen und Seitentälern ein abgeschiedenes, karges Leben, lehnten Einflüsse von Fremden, *furinners,* ab. Heute wird im Tal Landwirtschaft betrieben. Auf großen Apfelplantagen bei Winchester und nördlich von Roanoke feiert man im Frühjahr die Apfelblüte, Winzereien bieten Weinproben an. Staatswälder begrenzen die Koppeln für die Zucht der Vollblutpferde bei Lexington sowie die Weiden für Schafzucht und etwas Milchwirtschaft.

Im Kalksteinuntergrund des Shenandoah-Tals schuf das Regenwasser in vielen Tausend Jahren zahlreiche Tropfsteinhöhlen. Von den acht der Öffentlichkeit zugänglichen Höhlensystemen ziehen die großen Stalagmiten, die Kristalle und klaren unterirdischen Gewässer der Luray Caverns (S. 295) östlich von **New Market** 19 (S. 303) schon seit Ende des 19. Jh. die meisten Besucher an. Der Battlefield Park und die Ruhmeshalle bei New Market erinnern an den vergeblichen Versuch des deutschstämmigen Unionsgenerals Franz Sigel, 1864 mit seiner Armee in das Shenandoah-Tal vorzudringen. Die Südstaatler unter General Breckenridge, die durch jugendlichen Kadetten aus dem 75 Meilen weiter südlich gelegenen Virginia Military Institute verstärkt wurden, hielten dem Druck erfolgreich stand.

Nordöstlich von Front Royal (S. 283) am Nordausgang des Shenandoah National Park erstreckt sich die ländliche Idylle des Loudon County mit sanften Hügeln, *rolling hills,* Feldern, Weingütern und Wäldern. Kleine Städte wie Waterford erinnern an die Quäker, die ihre Siedlungen in der ersten Hälfte des 18. Jh. errichteten. Die Quäker bewirtschafteten nur kleine Farmen, da sie Sklavenarbeit ablehnten.

Nord-Virginia hat als Pferdezuchtgebiet die englische Tradition der Fuchsjagden mit Pferden und Hunden bewahrt. Morven Park am nördlichen Stadtrand von **Leesburg** 20 (S. 293) beherbergt auf einem Landsitz, der an das Weiße Haus in Washington erinnert, nicht nur ein Institut für Pferdezucht, sondern auch das Museum of Hounds and Hunting. Eine Sammlung von etwa 100 Kutschen ist eine zusätzliche Attraktion für Pferdeliebhaber.

Von Aussichtspunkten im **Great Falls Park** 21 (S. 285) kann man den Potomac River beobachten, wie der seinen Weg durch die rauschenden Stromschnellen der Mather-Schlucht und über steile Felsklippen Richtung Atlantik sucht und dabei auf einer Strecke von etwa 2 km mehr als 25 m abfällt. Ein schöner Spazierweg führt am Ufer des ehemaligen Patowmack-Kanals entlang, der einst Schiffen half, die schäumenden Wasser zu umgehen. In der Great Falls Tavern am gegenüberliegenden Ufer in Maryland, das nur mit einem Umweg zu erreichen ist, informiert eine Ausstellung über die Geschichte des Chesapeake and Ohio Canal, der einst die Fahrt von Lastkähnen von Washington nach Cumberland in Ohio erlaubte.

Der Wolf Trap Farm Park bei Vienna (S. 320) kurz vor den Toren von Washington D. C. ist die einzige vom National Park Service betreute Anlage, die der darstellenden Kunst gewidmet ist. Das Freilufttheater mit 6800 Plätzen, zwei Theaterscheunen, einem Opernensemble für Nachwuchssänger, mit Kinderprogrammen, Seminaren für Musiker und Pädagogen, Workshops und Ausstellungen lockt im Sommer Zehntausende von Besuchern in das Kulturzentrum, das in eine weitläufige Grünanlage mit Wäldern und Wiesen eingebettet ist.

Tabakfelder und Strandparadiese Landschaften in North Carolina

Eine Rundreise durch das Piedmont, eine sanft gewellte Landschaft mit Wäldern, Baumwoll- und Tabakfeldern, sowie durch die Küstenregion von North Carolina führt zu historischen Städten und dynamischen Wirtschaftsstandorten. Die Universitäten von Raleigh, Durham, Chapel Hill und Winston-Salem gehören zu den angesehensten der Nation. Auf den Outer Banks, einem Urlaubsparadies an der Atlantikküste, unternahmen die Engländer Ende des 16. Jh. den ersten Versuch, eine Kolonie in der Neuen Welt zu gründen.

In Edenton und New Bern, den ersten britischen Provinzhauptstädten von North Carlina, wird das koloniale Erbe bewahrt, kann man historische Gebäude entlang kopfsteingepflasterter Straßen besichtigen. Old-Salem, eine Siedlung deutschstämmiger Moravier aus dem 18. Jh., ist als Museums-Stadtteil im modernen Winston-Salem nahezu komplett erhalten. Mindestens zehn Tage sollte man für die Rundreise von knapp 800 Meilen einplanen. Wer die Tour mit einem Aufenthalt an den ausgedehnten Stränden der Outer Banks oder von Wilmington verbindet oder einige Runden auf den diversen Golfplätzen von Pinehurst drehen will, sollte sich zwei bis drei Wochen Zeit lassen.

Die Städte **Raleigh,** (S. 312) **Durham** (S. 312) und **Chapel Hill** (S. 312) **1**, in denen zusammen mehr als 600 000 Menschen leben, werden meist in einem Atemzug genannt. Dabei hat jede der drei zusammengerückten Gemeinden des North Carolina Triangle eine eigene Geschichte und einen unverwechselbaren Charakter. Gemeinsam ist ihnen das Engagement für den 1959 gegründeten Research Triangle Park, ein Forschungs- und Technologiezentrum mit 35 000 Beschäftigten, das vor allem in den Bereichen der Medizintechnik sowie der Bio- und Gentechnologie internationalen Ruf genießt.

Raleigh wurde nach Edenton und New Bern zum dritten und letzten Regierungssitz von North Carolina ernannt. Der Namensgeber Sir Walter Raleigh, ein Günstling von Königin Elizabeth I., hatte 1585 an der Küste den ersten vergeblichen Versuch unternommen, eine britische Kolonie in der Neuen Welt zu gründen.

Am weiten Strand von Nags Head

Kurzporträt North Carolina

Ursprung des Namens: Nach Charles II. von England; Beiname *Tar heel state,* Teer-Fersen-Staat. Der etwas seltsame Name soll die Hartnäckigkeit seiner Bewohner beschreiben, an einer Sache, die sie angefangen haben, ›kleben‹ zu bleiben.

Eintritt in die Union: 21. 11. 1789 als zwölfter Bundesstaat

Größe und Einwohnerzahl: 139 000 km², Rang 28; 6,9 Mio., Rang elf

Hauptstadt: Raleigh

Motto und Staatssymbole: *Esse quam videre* – Mehr sein als scheinen; Baum: Tanne; Blume: Hartriegel; Vogel: Kardinal

Wichtige Städte: Charlotte, Raleigh, Durham, Chapel Hill, Wilmington, Winston-Salem, Asheville

Straßenverkehr: Licht bei Niederschlag, Helmpflicht auf Motorrädern, Höchstgeschwindigkeit 70 Meilen

Zeitzone: Mitteleuropäische Zeit minus 6 Std.

Wirtschaft: Tabakanbau und -verarbeitung, Getreide, Milchprodukte, Möbel, Fischfang, Tourismus

Highlights: Blue Ridge Parkway, Great Smoky Mountains National Park, Outer Banks, Bürgerkriegsschlachtfelder

Starker Tobak
Heilpflanze und Teufelskraut

Die Cherokee nannten es *Tsao Lagayen Li,* für Europäer war es ein bislang unbekanntes Nachtschattengewächs, das sie Nicotania nannten. Die kultivierte Form dieses seltsamen Krautes, *Nicotania Tabacum,* verbreitete sich später als universelles Suchtmittel über die ganze Welt.

Für die Indianer in Nordamerika, insbesondere im Süden, galt Tabak als eine der wichtigsten Pflanzen. Er wurde geraucht, geschnupft, als Zigarillo in Maisblätter gewickelt, für heilende Umschläge mit Schlangenfett vermischt oder zu einer betäubenden Nikotinpille geformt. Da Indianer Krankheiten auch als Ausdruck eines geistigen Ungleichgewichts ansahen, war für sie Tabak Heilmittel und spirituelles Medium zugleich. Das Rauchen des Tabaks in der Pfeife hatte zudem rituelle Bedeutung, es besiegelte Verträge und Vereinbarungen. Ein Friedensschluß zwischen zwei Parteien wurde erst mit dem gemeinsamen zeremoniellen Rauchen der Friedenspfeife wirksam.

Die europäischen Kolonisten in Nordamerika lernten von den Indianern und verwendeten Tabak zunächst für medizinische Zwecke. Bald dienten die Blätter als Allheilmittel gegen Asthma, gegen Krämpfe, Würmer, Husten, Kopfschmerz, ›Frauenleiden‹ oder Gicht. Nachdem man den bitteren Geschmack durch Beimischung westindischer Sorten gemildert oder mit Lösungen aromagebender Substanzen wie Zucker,

Kakao oder Lakritz verändert hatte, wurde Tabak zum ersten wichtigen Exportgut der englischen Kolonie Virginia.

Zunächst heuerten die Plantagenbesitzer in England Arbeitskräfte an, die sich ihre Überfahrt mit sieben Jahren Arbeit gegen Kost und Logis erkaufen mußten. Später wurden die weißen Landarbeiter durch Sklaven aus Westafrika ersetzt, die den steigenden Bedarf der Gutsherren nach billiger Arbeitskraft für die Feldarbeit befriedigten. Dominierten im Anbau und der Verarbeitung zunächst Pfeifentabake, so zeugen kunstvoll verzierte Dosen davon, daß ab Mitte des 17. Jh. Schnupftabake vor allem in den besseren Kreisen Europas in Mode kamen. In der ersten Hälfte des 19. Jh. verbreitete sich Kautabak – der Tabak kauende und Tabaksaft spuckende Trapper oder Farmer diente lange als Inbegriff des Südstaatenmanns. Bis Mitte des 20. Jh. waren Spucknäpfe aus Restaurants, Hotelfoyers oder Friseursalons im Süden nicht wegzudenken.

In der zweiten Hälfte des 19. Jh. verdrängte Tabakrauch den gekauten Tabak. Die amerikanischen Soldaten im Krieg gegen Mexiko (1846–48) brachten die Sitte des Zigarrenrauchens mit nach Hause, doch erst die Entwicklung leichterer, hellerer Tabake und die Erfindung einer Maschine im Jahre 1880, die aus Tabak und Papier Zigaretten produzierte, bewirkten den Siegeszug der Zigarette.

Zählt man Kentucky zum Süden, werden heute 60 % aller Zigaretten der USA in dieser Region produziert. Helle Zigarettentabake wachsen überwiegend in Virginia, North und South Carolina sowie in Georgia. Aus der Ernte von 20 000 Pfund im Jahre 1618 sind heute 850 Mio. Pfund geworden, allein die Anlagen von Whitaker Park und Tobaccoville bei Winston-Salem produzieren überwiegend mit deutschen Maschinen knapp 300 Mio. Zigaretten täglich.

Trotz der weitgehenden Mechanisierung, die in den zurückliegenden Jahrzehnten viele Plantagenarbeiter arbeitslos machte und kleine Tabakfarmer in den Ruin trieb, ist der Tabakanbau auch heute noch arbeitsintensiv. Im Januar wird das Land vorbereitet, die Saat ausgebracht und mit Planen geschützt. Sechs bis zehn Wochen später müssen die Setzlinge umgepflanzt und bewässert werden. Nach angemessener Zeit wird die Blüte entfernt, um die Kraft der Pflanze auf die Blätter zu konzentrieren, und etwa im Juli ist dann Erntezeit. Die Blätter der bis zu 180 cm hohen Tabakpflanze werden zwischen 45 und 90 cm lang. Da man pro Erntegang nur die unteren, reifen Blätter pflückt, zieht sich die Ernte etwa sechs Wochen hin. Die nach Größe und Färbung sortierten Blätter werden gebündelt und in Trockenscheunen mehrere Tage lang warmer Luft ausgesetzt. Bündel goldbrauner Tabakblätter stehen dann zur Auktion für die verarbeitende Industrie bereit.

Der Siegeszug des Tabaks blieb nicht ohne Widerstand; die Tradition der Tabakgegner reicht bis ins 17. Jh. zurück. Der Konsum von Tabak wurde als gotteslästerlich, als gefährliche und eklige Gewohnheit angeprangert. König James I. von England hielt den schwarzen, stinkigen Tabakrauch für gefährlich für die Lungen und das Gehirn. Im 19. Jh. koordinierte eine amerikanische Anti-Tabak-Liga, die Tabakkonsum als Sünde gegen den eigenen Körper und gegen Gott anprangerte, den Kampf gegen den ›Dämon Nikotin‹. Gleichzeitig gab die katholische Kirche, die durch den Tabakhandel beträchtliche Einnahmen erzielte, dem Tabakrauchen ihren Segen.

Die Phalanx der Nichtraucher hat inzwischen umfassende Rauchverbote in den USA durchsetzen können, in öffentlichen Gebäuden, in Bahnhöfen und auf Flugplätzen, in den meisten Parks und an Stränden darf nicht geraucht werden. Die Tabakkonzerne wurden vor Gericht zu milliardenschweren Entschädigungen an die Opfer von Lungenkrebs verurteilt. Als eine Gegenbewegung wurden in vielen Städten Zigarrenklubs gegründet, in denen ungestört blauer Rauch aus Zigarren aufsteigt. Auch der Kautabak erlebt seit einigen Jahren eine Renaissance. Die weltbesten Tabaksaftweitspucker treffen sich alljährlich in Raleigh, Mississippi, und in Calico, Kalifornien, zum Wettbewerb. Seit 1994 ist Jeff Barber mit der Weite von 15,07 m unübertroffen.

Zahlreiche Behörden und kulturelle Einrichtungen wie das ausgezeichnete North Carolina Museum of Art und die North Carolina State University mit knapp 25 000 Studenten prägen Anlage und Atmosphäre der Stadt. Beim State Capitol erinnert eine bronzene Figurengruppe an die drei US-Präsidenten Andrew Jackson, James Polk und Andrew Johnson, die zwar als Bürger anderer Bundesstaaten in ihr Amt gewählt, aber immerhin in North Carolina geboren wurden. Der Mordecai Historic Park umfaßt die ehemalige Plantage der Familie Mordecai sowie weitere Häuser aus der ersten Hälfte des 19. Jh., ein Postamt, eine Kapelle und das bescheidene Haus, in dem der spätere US-Präsident Andrew Johnson 1808 geboren wurde.

Durham hätte auch Prattsburg heißen können, wenn William Pratt und nicht Barlett Durham genügend Weitblick gezeigt hätte, der North Carolina Railroad Company etwas von seinem Grundbesitz zu verkaufen. Der Aufschwung kam dann mit Washington Duke, der entdeckte, daß die Verarbeitung von Tabak mehr einbrachte als dessen Anbau. Duke entwickelte die Zigarettenindustrie des Landes und erkor Durham zum Konzernsitz seiner American Tobacco Company. Die Duke Homestead State Historic Site umfaßt das frühere Haus der Familie von 1852 sowie zwei kleinere Zigarettenmanufakturen. Das Visitor Center dokumentiert die Geschichte des Tabakanbaus in Nordamerika von den indianischen Ursprüngen bis heute.

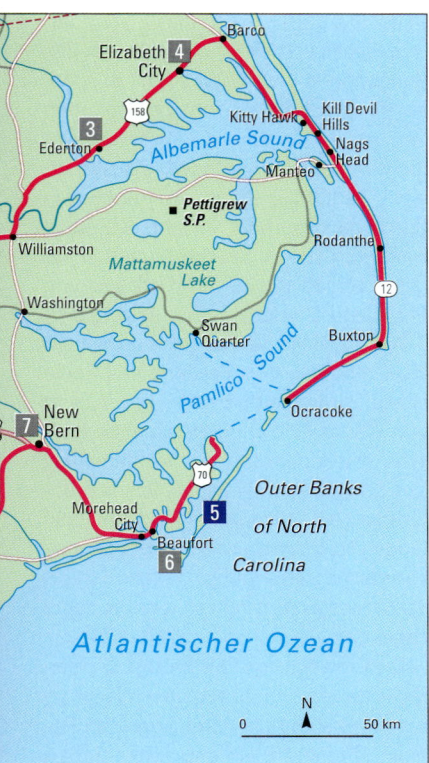

Student zu Fuß aus dem 150 Meilen entfernten Wilmington eingetroffen war. Heute sind 23 000 Studenten an der renommierten Universität eingeschrieben.

Wer von Raleigh/Durham nach Osten fährt, passiert Ende Juni ausgedehnte Tabakfelder. Die knapp 2 m hohen Pflanzen mit bis zu 1 m großen Blättern stehen dann kurz vor der Blüte. Das Tobacco Farm Life Museum in **Kenly** 2 (S. 291) östlich von Raleigh, ist einen Besuch wert. Auch die Lage scheint gut gewählt, werden doch die Hälfte aller Zigarettentabake von North Carolina in einem Umkreis von 50 Meilen um das Museum geerntet. Ein Film informiert über die Geschichte des Tabakanbaus, die Ausstellung zeigt Werkzeuge, Fotos und Schaubilder über das Farmleben zu Beginn des 20. Jh.

Auf dem weiteren Weg nach Osten wird die Landschaft ebener, statt Tabak werden hier Erdnüsse angebaut. Am Albemarle Sound, einer verzweigten Bucht, die tief ins Inland reicht, liegen kleine Fischerorte.

Edenton 3 (S. 281), an der Mündung des Chowan River in den Albemarle Sound gelegen, wurde bereits 1685 gegründet und ist damit eine der ältesten Niederlassungen des Bundesstaates. Die Briten ernannten die Stadt 37 Jahre später zum Verwaltungszentrum ihrer Provinz North Carolina. Vom geschäftigen Hafen wurden Tabak, Terpentin, Holz und Getreide nach England verschifft. Der wachsende Wohlstand verhalf der Gemeinde zu kolonialen Verwaltungsbauten wie dem sehenswerten backsteinernen Chowan County Court House oder der St. Paul's Church.

Dekorative weiße Holzvillen mit umlaufenden Veranden thronen an den Ufern des Albemarle Sound. Die für grö-

Einfluß und Spuren der Duke-Familie sind auch 100 Jahre nach der Firmengründung unübersehbar. Sie manifestieren sich am deutlichsten in der 1924 gegründeten Duke University, einer der bedeutendsten Privatuniversitäten der USA mit etwa 10 000 Studenten. Ironischerweise gilt das Hospital als Aushängeschild der Hochschule. Die neogotische Kapelle der Hochschule mit einem melodischen Glockenspiel und einer Orgel mit 5000 Pfeifen wurde der Kathedrale im englischen Canterbury nachempfunden.

Die dritte Hochschule im North Carolina Triangle, die University of North Carolina, ist der Stolz von Chapel Hill. Dabei mußte sie nach der Eröffnung 1795 einige Wochen warten, bis der erste

ßere Schiffe zu flachen Gewässer sowie der Bau des Dismal Swamp Canal von Elizabeth City nach Norfolk ließen den Güterumschlag ab 1830 drastisch zurückgehen. So blieb das Städtchen vom industriellen Fortschritt weitgehend verschont und kann ein für North Carolina einmaliges historisches Zentrum mit Häusern aus dem 18. und 19. Jh. aufweisen, die entlang der schmalen Alleen mit herrlichen Magnolien-, Pekannußbäumen und Eichen stehen.

Elizabeth City 4 (S. 281) markiert den südlichen Endpunkt des Dismal Swamp Canal, der um die Wende zum 19. Jh. die zügige Verbindung zu den Ballungsgebieten von Hampton Roads im Norden ermöglichte. Starts und Landungen auf dem nahen Flugplatz der US-Küstenwache lassen sich in der Stadt nicht überhören. Auf dem Elizabeth City Shipyard werden nach wie vor große ›Pötte‹ gebaut und repariert.

Wer von Edenton den Weg südlich des Albemarle Sound auf die Outer Banks wählt, sollte einen Stopp beim Pettigrew State Park (S. 309) und dem Somerset Place einlegen. Das elegante Herrenhaus mitsamt Nebengebäuden und englischem Garten war früher Zentrum einer 40 000 ha großen Plantage. Das Mattamuskeet National Wildlife Refuge noch etwas weiter südlich ist als Winterquartier und Zwischenstation für Zugvögel berühmt. Gut 250 000 Singschwäne, kanadische Wildgänse und -enten sowie die seltenen Weißkopf- und Goldkopfadler versammeln sich am großen, nur einen halben Meter tiefen Mattamuskeet-See. Von einem Fußweg und einer kurzen Rundstrecke für Autos kann man die Vogelwelt betrachten.

Die schmale, 220 km lange Sichel von Inseln, die den Pamlico und dem Albemarle Sound vom Atlantik abschirmen, wird **Outer Banks of North Carolina**

5 (S. 307) genannt. Das ideale Sommerurlaubsgebiet mit kilometerlangen Sandstränden und Dünen birgt spannende Geschichten, vom gescheiterten Versuch der Engländer, eine erste Kolonie in Amerika zu gründen, bis zum ersten Motorflug der Weltgeschichte durch die Gebrüder Wright. Die Cape Hatteras National Seashore und die Vogelschutzgebiete an der Ostküste von Pea Island offerieren unberührte Natur.

Auf Roanoke Island, der bewaldeten Insel zwischen dem Festland und Bodie Island, gründeten Siedler im Auftrag von Walter Raleigh 1585 die erste britische Niederlassung in Nordamerika. Der Krieg Englands gegen Spanien unterbrach die Versorgung. Im Jahre 1590 fanden Nachschubschiffe nur noch eine verlassene Befestigung. Um das Schicksal der *lost colony* ranken sich bis heute Legenden.

Die Erdwälle von Fort Raleigh wurden rekonstruiert, in unmittelbarer Nachbarschaft entstand als Reminiszenz an Königin Elizabeth I. ein englischer Garten im Stil des 16. Jh. Auf demselben Gelände führt in einem Amphitheater alljährlich eine Truppe von Berufsschauspielern und Laiendarstellern das dramatisch und farbenprächtig inszenierte Stück »The Lost Colony« des Pulitzer-Preisträgers Paul Green über das Schicksal der ersten Siedler auf.

Über die kleine Cora Mae Basnight Bridge im Zentrum des Ortes Manteo erreicht man die Elizabeth II. State Historic Site mit der Replik eines englischen Hochseeseglers aus dem 16. Jh. und dem Nachbau einer Niederlassung von Siedlern aus derselben Zeit. Im Sommer bevölkern Darsteller in historischen Kostümen Schiff und Weiler und verwik-

Strandvergnügen auch für Fußmüde – die Outer Banks von North Carolina

Die Hangglider von Jockey's Ridge
Auf den Spuren der Gebrüder Wright

Morgens um acht Uhr öffnet der State Park von Jockey's Ridge seine Pforten. In den Sommermonaten dauert es nicht lange, und die ersten Wagemutigen sind zur Stelle. Mit verpackten *Hangglider*-Drachen klettern sie die über 30 m hohe Wanderdüne hinauf, die höchste der amerikanischen Atlantikküste. Von oben bietet sich ein faszinierender Blick auf die schmale, langgezogene Inselkette der Cape Hatteras National Seashore, auf Sommerhäuser, den quirligen Strandort Nags Head und natürlich auf die mächtigen, schaumgekrönten Wellen des Atlantik. Nur wenig weiter im Norden, bei Kill Devil Hills, haben die Gebrüder Wright aus Ohio am 17. 12. 1903 mit einem Doppeldecker ihren historischen, 36 m langen Luftsprung getan, den ersten motorisierten Flug der Weltgeschichte.

Ihre heutigen Nachfolger hängen unter den nun auseinandergefalteten Luftgleitern, prüfen kurz die Windrichtung, nehmen Anlauf und segeln, allerdings ohne Motoren, über dem Dünenhang zu Tal. Wer in einer der zahlreichen örtlichen Flugschulen gelernt hat und nicht von einer Böe aus der Bahn getrieben wird, landet nach etwa 30 Sekunden himmlischen Vergnügens unter den anerkennenden Blicken der meist zahlreichen Zuschauer sanft auf beiden Beinen und kann das Luftgefährt und sich selbst mit einigen Schritten im Sand abbremsen. Doch auch wer sich nicht traut, selbst mit einem *hangglider* in die Tiefe zu stürzen, kann die Aufwinde ohne Risiko für Leib und Leben nutzen und vom Dünenkamm bunte Drachen steigen lassen (Jockey's Ridge State Park, Rte 158 Bypass, MM 12, Tel. 252-441-7132).

keln die Besucher in Diskussionen über das entbehrungsreiche Leben in der Neuen Welt.

Nördlich der Whalebone Junction, wo die US-64 von Westen auf Bodie Island trifft, liegen die Ferienorte Nags Head und Kill Devil Hills mit Pensionen, Hotels und Einkaufsmöglichkeiten. Weiter im Süden der Inselkette bei Avon, Rodanthe, Buxton oder Ocracoke bieten kleinere Hotels, Ferienhäuser und Zeltplätze Unterkünfte an. Die wunderschöne Landschaft mit langen, oft einsamen Sandstränden und Dünen auf der Atlantikseite, mit Küstenwäldern und feuchten Marschen an der dem Pamlico zugewandten Westseite zieht im Sommer zahlreiche Urlauber an.

Auf den windigen Dünen von Kill Devil Hills unternahmen die Gebrüder Wright am 17. 12. 1903 mit einem selbstgebauten Motorflugzeug einen historischen ›Hüpfer‹ von 12 Sekunden Dauer und 36 m Länge. Dem ersten Motorflug der Weltgeschichte folgten am gleichen Tag noch längere. Ein großes National

Memorial mit einem Nachbau des Flugzeugs und einer Ausstellung über die Geschichte der Luftfahrt erinnert an die Pionierleistung und ihre Folgen. Von den riesigen, mehr als 30 m hohen Dünen der benachbarten Jockey's Ridge versuchen Wagemutige, mit Hanggleidern den Wright-Brüdern nachzueifern.

Die Küstengewässer haben es in sich. Strömungen am Cape Hatteras und im Süden der Inselkette bei Cape Lookout, vor allem aber die Herbst- und Winterstürme, welche die Schiffe in die Untiefen vor der Küste drückten, führten zu dem bei Seeleuten gefürchteten Namen ›Friedhof des Atlantik‹. Hunderte von Schiffen liefen in den letzten 400 Jahren auf Grund und sanken. Noch immer sind einige Wracks wie die Reste der 1921 gestrandeten »Laura A. Barnes« bei Coquina Beach von der Küste aus sichtbar. Nicht immer konnten die zwischen 1823 und 1874 errichteten und markant angemalten Leuchttürme der Insel die Havarien verhindern. Die Besatzungen der zahlreichen Seenotrettungsstationen versuchten, Menschenleben zu retten. Die Chicamacomico Lifesaving Station nördlich von Rodanthe auf Hatteras Island war noch bis 1954 in Betrieb. Eine Ausstellung über die Geschichte von Chicamacomico sowie die Demonstration von Seenoteinsätzen führen die waghalsigen Bemühungen zur Rettung in Not geratener Seeleute vor Augen.

Die Outer Banks sind nur im Norden von Kill Devil Hills und über die Insel Roanoke über Brücken mit dem Festland verbunden. Von Ocracoke führen Fährverbindungen nach Cedar Island und Beaufort sowie durch den Pamlico Sound nach Swan Quarter und zum Lake Mattamuskeet. Die Inselgruppe der Cape Lookout National Seashore südlich von Ocracoke verfügt nicht einmal über Straßen oder Hotels und wird als Naturschutzgebiet vom National Park Service verwaltet.

Carteret County mit den Städten **Beaufort** 6 (S. 272) und Morehead City nennt sich auch North Carolina's Crystal Coast. Zerklüftete Marschküsten, der riesige Croatan National Forest mit Wäldern und Mooren, in denen Alligatoren leben und seltene Orchideen gedeihen, sowie eine dem Festland vorgelagerte Inselkette mit Dünen und Stränden kennzeichnen die Landschaft dieser Region.

Beaufort hat sich von einer Stadt der Fischindustrie zu einer Urlaubs- und Sportfischermetropole entwickelt. Der nahe Golfstrom verspricht Anglern gute Fänge. Das Old Carteret House aus dem Jahre 1793 diente der örtlichen Miliz als Sammlungsort bei britischen Angriffen zu Beginn des 19. Jh. Das 1830 errichtete County Jail hat zwar über einen halben Meter dicke Wände, kam aber mit zwei Zellen aus. Voller Geschichten steckt der alte Friedhof, der Old Burying Ground; vom Kapitän, der unter der Kanone seines Schiffs »Snapdragon« begraben liegt, vom englischen Soldaten, der nur stehend beerdigt werden wollte, vom Mädchen, das in einem vollen Faß Rum bestattet wurde, oder von der in einem eisigen Wintersturm erfrorenen Besatzung des Schoners »Crissie Wright«.

Das Maritime Museum von Beaufort ist im Stil einer Seenotrettungsstation des 19. Jh. angelegt. Eine Sammlung von Schiffsmodellen und Gerätschaften, die Darstellung der Lebensbedingungen zahlreicher Meeresvögel und Fische in Dioramen, Filmen und Fotografien sowie im Meer gefundene Fossilien werden durch eine umfassende Buch- und Seekartensammlung ergänzt. Schiffsbauer demonstrieren die Konstruktion

hölzerner Schiffsrümpfe, Köche bereiten leckere Gerichte aus Meeresfrüchten, ein Sommerprogramm für Schulkinder vermittelt auf unterhaltsame Weise Einblicke in naturwissenschaftliche Phänomene.

New Bern 7 (S. 302) wurde bereits im Jahre 1710 von Schweizer und deutschen Protestanten gegründet, die vor religiöser Verfolgung aus ihrer Heimat in die Neue Welt geflohen waren. Der Bau eines Hafens und dessen vorteilhafte Lage an der Mündung des Neuse River in den Pamlico Sound begünstigten den Handel mit Großbritannien und den andern britischen Kolonien. Bald hatte New Bern die bisherige Hauptstadt von North Carolina, Edenton, wirtschaftlich überflügelt, so daß der Gouverneur William Tryon beschloß, mit seiner Regierung in die aufstrebende Metropole umzuziehen.

Blick auf den Hafen von New Bern

lädt ein Historic District mit Stadthäusern aus dem 18. und 19. Jh. zum Bummeln und Einkaufen ein. Im Jahre 1890 mixte der Apotheker C. D. Bradham in New Bern einen Sirup, versetzte ihn mit kohlesäurehaltigem Wasser und verkaufte das Getränk als belebenden Brad's Drink. Die Zuckerknappheit während des Ersten Weltkriegs trieb Bradham in den Ruin, doch sein Sirup eroberte später in neuer Verpackung mit dem Namen Pepsi-Cola die Welt.

Wilmington 8 (S. 326), der wichtigste Hafen von North Carolina, liegt am Nordufer des Fear River, 25 Meilen von dessen Mündung in den Atlantischen Ozean entfernt. Die besondere Atmosphäre bei den ehemaligen Lager- und Umschlagshäusern inmitten der 1732 gegründeten Stadt, die frühere Baumwollbörse, heute zu einer Einkaufsgalerie umgebaut, und das historische Stadtzentrum mit Häusern vor allem aus der Mitte des 19. Jh. tragen zur Attraktivität von Wilmington bei. Schon 1765, acht Jahre vor der Boston Tea Party, zwang der Widerstand gegen die Stempelsteuer den königlichen *Stamp Master* zum Rücktritt.

Etwa 20 Meilen nordwestlich von Wilmington, am Moores Creek, verhinderten aufständische Amerikaner im Jahre 1776 die Vereinigung der Truppen königstreuer Schotten unter deren Klanführer Donald McDonald mit neuangekommenen Siedlern aus Großbritannien. Während des Bürgerkriegs von 1861 bis 1865 blieb der Hafen von Wilmington eine der wenigen Bastionen der Konföderierten an der Atlantikküste. Im Feuerschutz von drei Festungen im Mündungsgebiet des Fear River versuchten Schiffe immer wieder , den Blockadering der Unionsflotte zu durch-

Das Kapitol, Regierungssitz und Wohnort des Gouverneurs, wurde mit einer zusätzlich erhobenen Steuer finanziert und hernach von den verärgerten Bürgern nur noch Tryon's Palace genannt. Der für die damalige Kolonialarchitektur typische, imposante Backsteinbau, nach Beschädigungen und Bränden komplett restauriert, kann mit Nebengebäuden und Gärten besichtigt werden. In der Nähe des Tryon's Palace

brechen, um Gebrauchs- und Luxusgüter oder militärischen Nachschub von karibischen Häfen zu schmuggeln. Für Dutzende *blockade runners* endete die Hoffnung auf schnellen Reichtum mit dem nassen Tod.

Einen guten Eindruck von Wilmington erhält man während einer anderthalbstündigen Fahrt auf dem *paddlewheeler* »Henrietta III.«, der an der Wasserseite der Stadt entlangfährt. Es geht vorbei am riesigen, 35 000 t großen Schlachtschiff »U.S.S. North Carolina«, seit 1961 als Touristenattraktion zu bestaunen, entlang der Stadtsilhouette, die von Wolkenkratzern bislang weitgehend verschont blieb, der ehemaligen Speicher und des heutigen Containerhafens bis zur sumpfigen Marschlandschaft, in der Reiher vor dem näher kommenden Schiff auffliegen. Bei einem Rundgang mit einem wohlinformierten Führer erfährt

man viel über die Geschichte der Stadt. Das kulturelle Leben von Wilmington kreist um die Thalian Hall. Das Kulturzentrum, Theater, Oper und Veranstaltungssäle sind wie auch das Rathaus in dem wunderschön restaurierten Bau aus dem Jahre 1858 untergebracht. Bleibt zu erwähnen, daß es unweit von Wilmington hervorragende Strände gibt. Meist auf vorgelagerten Inseln wie in Wrightsville Beach warten Privatquartiere auf Urlauber, aber auch Strandhäuser oder schöne Hotels, die wie das Blockade Runner Beach Resort an die Geschichte der Region erinnern.

Pinehurst 9 (S. 311) gilt als Mekka der Golfer, nachdem James W. Tufts, ein Bostoner Erfinder, um 1900 ein 2500 ha großes, mit Kiefern bewachsenes Gelände günstig erstanden hatte und dort ein Urlaubshotel mit Golfplatz errichten ließ. Frederick Law Olmstedt,

Der Garten von Tryon's Palace, dem ehemaligen Gouverneurssitz in New Bern

der auch den New Yorker Central Park und die Biltmore Gardens bei Asheville gestaltete, schuf eine parkähnliche, harmonische Landschaft um einen Ort, der mit seinen weißen Holzhäusern an Neu-England erinnert. Das ganzjährig milde Klima sowie inzwischen 31 weitere Golfplätze der Umgebung ziehen zahlreiche Besucher an. Die Ruhmeshalle der Profi-Golfer, die PGA Hall of Fame, ehrt nicht nur die besten Golfspieler aller Zeiten, sondern illustriert auch die Geschichte des Golfspiels seit den Anfängen in Schottland vor nunmehr 500 Jahren.

Etwa 25 Meilen westlich von Pinehurst vermittelt der **Town Creek Indian Mound** 10 (S. 319), die Rekonstruktion eines Außenpostens der indianischen Mississippi-Kultur, Besuchern einen umfassenden Eindruck von deren Siedlungsformen, ihren Gebräuchen und den rituellen Anlagen. Innerhalb des hohen Palisadenzauns, der von mehreren Wachtürmen gesichert wurde, befinden sich ein Zeremonien- und ein Begräbnishügel, ein Platz für Ballspiele sowie für rituelle und festliche Bräuche. Etwa 200 Jahre, bis 1650, war die Anlage das Zentrum von Siedlungen entlang des Town Creek, des Little und des Pee Dee River. Ein angeschlossenes Museum zeigt viele Exponate von Ausgrabungen und informiert über die geistige Welt der Mississippi-Kultur.

Die ersten königstreuen Siedler benannten ihre Stadt 1768 nach Charlotte von Mecklenburg, der Gemahlin des britischen Regenten Charles III. Doch nur sieben Jahre später waren die Einwohner von **Charlotte** 11 (S. 276) die britischen Steuern und Reglementierungen leid. Sie verfaßten eine Unabhängigkeitserklärung, die sie dem amerikanischen Kontinentalkongreß zuleiteten. Selbst der britische General Cornwallis sah sich mit seinen Elitetruppen außerstande, der Unruhe ein Ende zu bereiten und zog 1780 nach einem Monat aus dem ›verdammten Hornissennest der Rebellion‹ wieder ab.

Die unruhige koloniale Kleinstadt entwickelte sich zur Industrie- und Finanzmetropole von North Carolina, in deren Einzugsbereich heute mehr als 1 Mio. Menschen leben. Aus der beschaulichen Stadtkulisse von einst sind Verwaltungsgebäude von Banken, Versicherungen und Elektronikkonzernen gewachsen. Geblieben ist die Gewohnheit, den Innenstadtbereich nicht Downtown sondern Uptown zu nennen. Der betriebsame internationale Flughafen und die Tatsache, daß sich Charlotte eine Basketball-Profimannschaft, die »Hornets«, leistet, unterstreichen, daß die Stadt endgültig aus dem Schatten der Geschichte, als sie Umschlagplatz für Baumwolle war, herausgetreten ist.

Das vielfältige Kulturangebot reicht von einem großen Symphonie-Orchester, einem Ballettensemble, einem Chor und einem afro-amerikanischen Kulturzentrum bis zu einer Shakespeare Company, einer Oper und einem Kindertheater.

Das schönste Museum der Stadt ist – neben dem Mint Museum zur bildenden Kunst – den Naturwissenschaften gewidmet. Discovery Place ist ein ›Ort der Entdeckungen‹ für Kinder und Erwachsene. Das zweistöckige Gebäude birgt einen tropischen Regenwald, eine Unterwasserwelt und einen durchsichtigen Menschen, dessen Organe vor den Augen der Besucher arbeiten. Der Paramount's Carowinds Theme Park an der Grenze von North und South Carolina greift die Geschichte der Carolinas mit Nachbauten historischer Gebäude und Siedlungen auf. Unterhaltungsprogramme, Musikshows und Achterbahnen, die nach

Paramount-Filmen sowie den Abenteuern des 007-Agenten James Bond benannt sind, begeistern die Besucher.

Ein zweites Konglomerat von drei Städten, The Triad, liegt nur knapp 70 Meilen nördlich von Charlotte. Die Städte **Winston-Salem** 12 (S. 327), Highpoint und Greensboro (S. 286), im Laufe der Jahre einander näher gekommen, zählen etwa 900 000 Einwohner in ihrem Einzugsgebiet. Neben der Zigarettenindustrie und bedeutenden Bildungs- und Forschungseinrichtungen gehören vor allem die Baumwollverarbeitung und die Möbelherstellung zu den wichtigsten Wirtschaftszweigen der Region. Bei klarem Wetter kann man die Silhouette der Blue Ridge Mountains am Horizont deutlich erkennen.

Eine Gruppe von Moraviern, Mitgliedern einer protestantischen Bruderschaft aus Mähren, die vor religiöser Unterdrückung in Europa nach Nordamerika ausgewandert war, ließ sich nach einem mißglückten Siedlungsversuch in Savannah, Georgia, in Pennsylvania nieder. Im Jahre 1753 kauften die Moravier Land in North Carolina, errichteten die befestigte Siedlung Bethabara und bauten eine Stadt, der sie nach dem hebräischen Wort für Frieden, Shalom, den Namen Salem gaben. Moravier sahen handwerkliche Tätigkeit als gottgefällige Arbeit an, und so entwickelte sich bald eine religiös bestimmte, blühende Gemeinde, in der jedoch nur ›Rechtgläubige‹ siedeln durften.

Aus den Niederlassungen Andersgläubiger entstand Mitte des 19. Jh. die Stadt Winston, die als Verwaltungszentrum der Region und als Standort für Tabakverarbeitung Salem bald überflügelte. Im Jahre 1874 hatte der Ort 400 Einwohner, 1914 arbeiteten mehr als 10 000 Beschäftigte in den Tabakfabriken von Reynolds. Seit 1913 sind Winston und Salem zu einer Stadt zusammengefaßt.

Besucher können durch die Gassen von Old Salem schlendern, die solide gearbeitete Backstein- und Holzhäuser bewundern, auf dem Gottesacker die Geschichte der ehemaligen Bewohner verfolgen oder in der alten Winkler-Bäkkerei frisch gebackene Kekse probieren. Für die Besichtigung anderer Gebäude wie des Single Brothers House für Alleinstehende, den Miksch Tobacco Shop oder die ehemalige Arztpraxis von Dr. Vierling muß ein kleiner Obulus entrichtet werden. Auch das historische Bethabara mit dem Gemeindehaus sowie einer Rekonstruktion der Palisadenbefestigung am nordöstlichen Stadtrand kann man besichtigen.

Winston, der weltliche Teil der Stadt, ist von der Tabakverarbeitung geprägt. Vor etwa 100 Jahren erkannte Richard Joshua Reynolds die Bedeutung der automatisierten Zigarettenherstellung und begann, ein Tabakimperium aufzubauen. Im Norden der Stadt, in Whitaker Park, kann man trotz Ächtung des blauen Dunstes in den USA eine der größten Zigarettenfabriken der Welt mit einer Tagesproduktion von mehr als 250 Mio. Stück während eines Rundgangs besichtigen. Im Foyer der Fabrik grüßt ein lebensgroßes, ganz aus Tabak geformtes Kamel.

Die Spuren von Reynolds, in Winston kurz R.J.R. genannt, sind über die Stadt verteilt. Das ehemalige Landgut der Familie, Tanglewood, ist heute eine Freizeitanlage mit Golfplätzen und Pferderennbahn. Reynolda House, der ehemalige Wohnsitz der Reynolds, beherbergt heute in 100 Räumen eine bedeutende Sammlung amerikanischer Malerei. Reynolda Village, früher Verwaltungszentrum des Familienguts mit Wohnungen für die Angestellten, wurde zu

Das Single Brother House in Old Salem

einem eleganten Einkaufszentrum umgestaltet. Das 1927 im Zentrum der Stadt errichtete Verwaltungsgebäude des Konzerns sieht wie die verkleinerte Version des Empire State Building von New York aus. In der Tat nahmen die Architekten Shreve und Lamb ihren Art déco-Wolkenkratzer in Winston als Vorbild, um vier Jahre später in New York das seinerzeit größte Gebäude der Welt zu errichten.

High Point, Haltestelle und höchster Punkt der Eisenbahnlinie der North Carolina Railroad, ist eine Stadt der Möbeltischler und der Baumwollverarbeitung. Allein 120 Fabriken stellen hier und im benachbarten Burlington Socken und Baumwollwäsche her. Die riesigen Ausstellungsräume und die halbjährliche Möbelmesse machen die Stadt zu einem Anziehungspunkt für Verbraucher und Fachbesucher.

Die Universitätsstadt **Greensboro** 13 (S. 286) erhielt ihren Namen zu Ehren von Nathaniel Greene, der als Oberst der amerikanischen Revolutionstruppen mit einem zusammengewürfelten Haufen dem britischen General Cornwallis empfindliche Verluste beigebracht hatte. Ein Apotheker der Stadt, Lunsford Richardson, sollte auf einem ganz anderen Gebiet Ruhm erlangen, als er 1912 auf dem Höhepunkt einer Erkältungswelle in seinem Labor aus verschiedenen Stoffen ein Mittel zusammenstellte, das unter dem Namen Vick's VapoRup später Weltkarriere machte. Das Greensboro Historical Museum verfolgt die Geschichte der indianischen Besiedlung, gibt Auskunft über die militärischen Konflikte des Unabhängigkeits- und des Bürgerkriegs und über den berühmtesten Sohn der Stadt, William Sydney Porter, dessen unter seinem Pseudonym O. Henry verfaßte Kurzgeschichten zu den Klassikern der amerikanischen Literatur zählen.

Der Star unter den Plantagen
am Mississippi – Oak Alley ▷

Der tiefe Süden

High-Tech und Antebellum-Romantik
Der alte und der neue Süden

Die 870 Meilen oder knapp 1400 km lange Rundreise führt von Atlanta, der Metropole des Südens, durch die Hügel des Piedmont Plateau und von Myrtle Beach bis nach Savannah durch die Küstenmarschen am Atlantischen Ozean. Die moderne Skyline futuristischer Wolkenkratzer in der Hauptstadt von Georgia ist nicht weit entfernt von Städten des alten Südens wie Madison, Athens, Charleston oder Savannah, in denen ganze Häuserzeilen aus der Zeit vor dem Bürgerkrieg erhalten sind, und von historischen Plantagenvillen, die vom Reichtum ihrer einstigen Besitzer zeugen.

Ärmliche Siedlungen am Rande der Städte und an Landstraßen, in denen schwarze Familien wohnen, zeugen von anhaltenden sozialen Gegensätzen, auch im dynamischen, wirtschaftlich aufstrebenden ›neuen Süden‹. Neben modernen, ›weißen‹ Industrien wie der Computer- und Nachrichtentechnik spielt im Süden nach wie vor die Landwirtschaft eine bedeutende Rolle. Im fruchtbaren Piedmont fährt man durch weite Baumwoll-, Sojabohnen- und Tabakfelder. An der Küste, deren sumpfige Marschen häufig von Riedgras bewachsen sind, ist Landwirtschaft nur begrenzt möglich. Nach dem Bürgerkrieg gaben die meisten Plantagenbesitzer die auf Sklavenarbeit basierenden Reispflanzungen in den feuchten Niederungen schnell auf.

Fischfang in den nährstoffreichen Küstengewässern sowie der Fremdenverkehr gelten inzwischen als wichtigste Einnahmequelle. Neben der nostalgischen Atmosphäre der mit *Spanish moss* verhangenen Eichen und weißen, säulengeschmückten Herrensitzen ziehen vor allem die Badeplätze am langen Strand um Myrtle Beach und auf den vorgelagerten Barriere-Inseln viele Sommerurlauber an die Küste. Mindestens zwei Wochen sollte man sich für die Rundreise Zeit nehmen, wer sie mit einem Bade-Urlaub verbindet, kann eine Woche mehr einplanen.

Die Skyline von Atlanta

Atlanta –
Südstaatenmetropole
und Olympiastadt

1 S. 270 Keine Stadt symbolisiert die Entwicklung, die Energie und den Optimismus des Südens so sehr wie Atlanta, die Hauptstadt von Georgia und Schauplatz der Olympischen Spiele 1996. Im Jahre 1837 nannte die Western and Atlantic Railroad den Endpunkt ihrer Eisenbahnstrecke schlicht Terminus, Endstation. Kurze Zeit später war aus dem Bahnhof und einigen Baracken schon ein kleiner Ort, Marthasville, und ein Eisenbahnknotenpunkt geworden, der 1845 in Atlanta umgetauft wurde.

Die Zerstörung dieses Verkehrskreuzes, seiner Depots, Lager und Fertigungsstätten – während des Bürgerkriegs ein logistisches Zentrum der konföderierten Armee – war 1864 ein wichtiges Ziel der Unionsarmee unter General William Tecumseh Sherman auf dem Marsch von Chattanooga an die Atlantikküste. Nur 27 Jahre nach ihrer Gründung bestand die Stadt nurmehr aus rauchenden Trümmern, ein Bild, das Millionen aus Margaret Mitchells 1936 veröffentlichtem Roman »Vom Winde

verweht« und dessen Hollywood-Verfilmung vertraut ist.

Atlanta erholte sich jedoch schneller als viele andere Regionen von den Folgen des Krieges. Bereits 1868 verlegte die Regierung von Georgia ihren Sitz von Milledgeville in die aufstrebende Metropole, die ihre Vorkriegseinwohnerzahl schon sechs Jahre nach Abzug der Unionstruppen auf 20 000 verdoppelt hatte. Heute nähert sich die Zahl der Bewohner von Atlanta und seiner Randgemeinden, die Region ›Big A‹, der 3,5-Millionen-Marke, innerhalb der Stadtgrenzen leben etwa 430 000 Menschen.

Technologie-, Kommunikations- und Dienstleistungsunternehmen, Handel, Messen und Kongresse sind in Atlanta zu Hause. Fabrikschlote, deren Qualm den Himmel verdunkeln, wird man vergeblich suchen. Der Hartsfield International Airport im Süden der Stadt entwickelte sich zu einem der betriebsamsten Flughäfen der Welt. Fatalistische Äußerungen von Flugreisenden, sie wüßten zwar nicht, ob sie in den Himmel oder in die Hölle kämen, es wäre nur sicher, daß sie in Atlanta umsteigen müßten, sind nicht aus der Luft gegriffen.

Zahlreiche nationale und internationale Konzerne wie CNN, United Parcel Service, Holiday Inn oder Delta Airlines haben ihre Büros nach ›Hotlanta‹ verlegt und es der Coca-Cola Company gleichgetan, die ihre heute weltumspannenden Operationen schon seit 1886 aus der Hauptstadt von Georgia steuert. Downtown Atlanta und die Zentren der umliegenden Vorstädte gleichen mit ihrer futuristischen Architektur aus Granit und Glas den Zukunftsvisionen ehrgeiziger Stadtplaner. Die Stadt ist jung, mehr als die Hälfte der meist zugewanderten Bevölkerung ist zwischen 25 und 50 Jahre alt. Über 100 000 Studenten sind an drei Dutzend Universitäten und Hochschulen eingeschrieben, darunter an der renommierten Emory University, am College of Business Administration, Georgia Tech oder ›schwarzen Kaderschmieden‹ wie der Atlanta University. Ein lebendiges Kulturleben mit gut 30 Theatergruppen, zahlreichen Musikensembles sowie Dutzenden von Galerien und Kunstmuseen widerlegt das Vorurteil der ›kulturellen Barbarei‹ des Südens.

Der wirtschaftliche Höhenflug wäre ohne eine überlegte Politik der Rassenintegration nicht möglich gewesen. Zu Beginn der 60er Jahre hatte sich Atlanta mit seinen ›schwarzen‹ Hochschulen zu einem Zentrum der Bürgerrechtsbewegung entwickelt, predigte ein junger Pastor namens Martin Luther King jr. in der Ebenezer Baptist Church den gewaltlosen Kampf um gleiche politische Rechte für alle Bürger und scharte eine entschlossene Gruppe Gleichgesinnter wie Jesse Jackson oder Andrew Young um sich.

Politiker wie der Gouverneur von Georgia und spätere US-Präsident Jimmy Carter, über dessen Leben und Amtszeit ein hervorragend gestaltetes **Presidential Center** Auskunft gibt, sowie Großindustrielle wie der langjährige Coca-Cola-Vorsitzende Robert A. Woodruff, der 1964 eine öffentliche Ehrung des frisch gekürten Friedensnobelpreis-

Atlanta
1 Carter Presidential Center   2 Centennial Park   3 CNN Center (Georgia Dome) 4 Peachtree Center   5 Underground Atlanta   6 World of Coca-Cola   7 State Capitol   8 Martin Luther King jr. Center 9 Science and Technology Museum 10 Fox Theatre   11 Margaret Mitchell House   12 Robert W. Woodruff Arts Center 13 Atlanta History Center   14 Fernbank Museum   15 Cyclorama   16 Turner Field 17 Wren's Nest

Institute of Technology
Tech Pkwy

13 ↑

11 ↑
12

Ponce de Leon Ave.

14 →

Coca Cola Int'l. Building
Coca Cola USA Building

North Ave.

NORTH AVE. Ⓤ **10**

North Ave.

Marietta St.

Techwood Dr.

Spring St.

75 85

W. Peachtree St.

Peachtree St.

Piedmont Ave.

Bedford Pl.

Parkway Dr.

Pine St.

Peachtree St.

Pine St.

9

Angier Ave.

CIVIC CENTER Ⓤ

Alexander St.

Ralph McGill Blvd.

Baker St.

Courtland St.

Highland Ave.

1 →

2

Harris St.

Freedom Pkwy

International Blvd.

4

Irwin St.

Georgia World Congress Center

PEACHTREE CENTER Ⓤ

Peachtree Center Ave.

Ellis St.

Georgia Int'l Plaza

3

Techwood Dr.

Luckie St.

Auburn Ave.

APEX Museum

8

Ⓤ **OMNI-DOME- WORLD CONGRESS CENTER**

Woodruff Park

Edgewood Ave.

M. L. King Jr. Dr.

Amtrak Station

Georgia State Univ.

75 85

Hillard St.

Jackson St.

FIVE POINTS Ⓤ

5

Decatur St.

Piedmont Ave.

Peters St.

GEORGIA STATE Ⓤ

KING MEMORIAL Ⓤ

Spring St.

Peachtree St.

Pryor St.

Central Ave.

Mitchell St.

6
7

Washington St.

Bell St.

Oakland Cemetery

17 ↙

Ⓤ **GARNETT**

Trinity Ave.

Martin Luther King jr. Dr.

Whitehall St.

20

Memorial Dr.

Georgia Dept. of Archives and History

Rawson- Washington Park

Wells St.

Washington St.

Fulton St.

20

Sydney St

Windsor St.

Pryor St.

Central Ave.

Richmond St.

Grant Park

Capitol Ave.

85

Ralph David Abernathy Blvd.

Georgia Ave.

Connally St.

Hill St.

Cherokee Ave.

15

0   N   500 m

Airport

16

Zoo Atlanta

Downtown Atlanta

trägers Martin Luther King jr. durchsetzte, engagierten sich früher als andere für die Verständigung zwischen Schwarz und Weiß. Die politischen und wirtschaftlichen Widersprüche zwischen den Bürgern unterschiedlicher Hautfarbe sind in Atlanta zwar nicht beseitigt, aber gemildert, die Slums der Stadt sind nicht von der Brutalität wie in New York oder Los Angeles.

Im Leben von Atlanta spielen Schwarze nicht nur wegen Martin Luther King jr. eine bedeutende Rolle. Seit 1973 wird die Stadt von schwarzen Bürgermeistern regiert. Es gibt einen *black capitalism* und eine breite schwarze Mittelschicht in der Stadt. Unternehmen wie McDonald's oder die Brauereigruppe Anheuser-Busch halten es für wichtig, in Anzeigen in der (schwarzen) »Atlanta Tribune« hervorzuheben, daß sie immer für gleiche Rechte aller Bürger eintreten. Es fällt sogar Touristen im Straßenbild auf, daß auch im privaten Bereich Freundschaften über die Grenzen der Hautfarbe geschlossen werden; sicherlich auch in Atlanta die Ausnahme, aber hier leichter denkbar als anderswo.

Der zu den Olympischen Spielen neugestaltete **Centennial Park** an der Marietta Street, eine weitläufige Grünanlage mit Skulpturen und dem Brunnen der (olympischen) Ringe, hat sich zu einem der beliebtesten Zentren der Innenstadt entwickelt. Gegenüber kann man die Studios des **CNN Center** nach Voranmeldung besichtigen. Von dort werden rund um die Uhr die Programme der Kabelkanäle des Nachrichtensenders und andere Produktionen aus dem Fernsehimperium des TV-Moguls Ted Turner und der Muttergesellschaft Time-Warner ausgestrahlt. Der Komplex westlich des CNN Center endet beim mächtigen **Georgia Dome,** einer überdachten Arena mit über 70 000 Zuschauerplätzen, in der auch das Football Profi-Team der Atlanta Falcons seine Spiele austrägt.

Es ist faszinierend, in Downtown Atlanta die verwirrende Bauweise des

Peachtree Center zu erkunden. Geschäfte, Hotels, Büros, Fitneß-Studios und Restaurants sind häufig unterirdisch oder mittels gläserner Verbindungswege zwischen den Hochhaustürmen, auch ohne die Straße zu betreten, erreichbar. **Underground Atlanta,** eine ausgedehnte Shopping- und Ausstellungs-Mall führt in die Welt der ehemaligen Bahngleise unterhalb der Stadt. Der imposante **World of Coca-Cola Pavilion** am Südende dieser unterirdischen Einkaufswelt ist der Erfolgsgeschichte des magischen Saftes gewidmet, der erstmals 1886 vom Apotheker John S. Pemberton als Heilmittel gegen Kopfschmerzen gemischt wurde. Mit einer goldenen Kuppel schmückt sich das nahegelegene, 1889 eingeweihte **State Capitol,** Sitz der Regierung und des Parlaments von Georgia.

An den berühmtesten Sohn der Stadt, Martin Luther King jr., erinnert die unmittelbar südlich von Downtown beginnende Auburn Avenue, einst Wohnviertel des schwarzen Mittelstands. Der Martin Luther King National Historic District umfaßt das Geburtshaus des wortgewaltigen Predigers sowie die Ebenzer Baptist Church, seine ehemalige Wirkungsstätte. In einer imposanten Anlage, in die das von seinem Sohn Martin Scott King geleitete **Martin Luther King jr. Center** für gewaltfreien gesellschaftlichen Wandel integriert ist, befindet sich der Marmorsarkophag des 1968 ermordeten Friedensnobelpreisträgers. Eine Ausstellung gibt Einblicke in den Lebensweg von King und die Bürgerrechtsbewegung.

Etwas weiter nördlich geht es im **Sci-Trek,** dem Wissenschafts- und Technologie-Museum, um die technische Bewältigung von Gegenwart und Zukunft. Spielerisch und experimentell werden naturwissenschaftliche Gesetze demon-

striert und erläutert – mit Aha-Effekten auch für Erwachsene. Der großartige, in einem wagemutigen Stilmix von orientalischen, ägyptischen und Art déco-Motiven erbaute Kinopalast des **Fox Theatre** wurde 1929 im Jahr der Weltwirtschaftskrise eröffnet und dient heute für kulturelle Veranstaltungen aller Art.

Das **Robert W. Woodruff Arts Center,** nach dem langjährigen Coca-Cola-Präsidenten benannt, beherbergt das Symphonie-Orchester der Stadt, das Alliance Theater und dessen Kinderbühne, das Atlanta College of Art sowie das High Museum of Art, in dem amerikanische, afrikanische und europäische Kunst und bedeutende Wanderausstellungen zu sehen sind. Im **Margaret Mitchell House,** dem zu einem Museum umgestalteten ehemaligen Wohnhaus der Autorin nicht weit vom Piedmont Park, wurde von 1926 bis 1936 der Weltbestseller »Vom Winde verweht« in die Schreibmaschine getippt.

Um das **Atlanta History Center,** einen weitläufigen Komplex mit einem ausgezeichneten Museum zur Stadtgeschichte, einer Antebellum-Plantagenvilla, dem Stadtpalais Swan House von 1928 sowie ganzjährig blühenden Gartenanlagen zu besuchen, muß man ins nördliche Buckhead fahren.

Das **Fernbank Museum** ist der Naturgeschichte gewidmet. Die Vergangenheit von Georgia wird als Multi-Media-Programm von der Urzeit der Erde bis heute aufgeblättert. Fußabdrücke von Sauriern in der Eingangshalle unterstützen die Vorstellungskraft von der Größe und den Lebensbedingungen der Riesenechsen. Im 1885 von ausgewanderten deutschen Künstlern geschaffenen **Cyclorama,** einem etwa 130 m langen Rundbild, das die Ereignisse der Bürgerkriegsschlachten um Atlanta von 1864 nachzeichnet, sitzt der

Sunbelt Power
Die neue Wirtschaftskraft des Südens

Zu den Mythen des alten Südens hat sich ein neuer Mythos gesellt. Er beschwört nicht die Harmonie des Plantagenlebens, nicht die Ritterlichkeit der aristokratischen Gentlemen oder die Schönheit der *southern belles,* nicht die Gutmütigkeit der ›Neger-Mammies‹ und nicht den furchtlosen Kampfesmut für eine edle Sache. Sprecher des neuen Südens propagieren wirtschaftliches Wachstum, Kapitalinvestitionen, die Entwicklung von Zukunftstechnologien und Kommunikationssystemen, sie erhoffen sich einen späten wirtschaftlichen Sieg über die industriellen Nordstaatler. Selbst die Stars der Country Music haben sich darauf eingestellt und besingen die Kinder und Enkel einstiger Tagelöhner, die es geschafft haben, heute im *big business* mitzuspielen.

Doch auch eine nüchterne Betrachtung ist eindrucksvoll genug. Der etappenweise wirtschaftliche Aufschwung des Südens begann mehr als 50 Jahre nach dem verlorenen Bürgerkrieg. Der New Deal, die Politik des Präsidenten Roosevelt zur Überwindung der Wirtschaftskrise, brachte in den 30er Jahren den ersten großen Entwicklungsschub. Das gigantische Projekt, das Einzugsgebiet des Tennessee-Flusses zu regulieren und mit Hilfe zahlreicher Staudämme elektrische Energie zu erzeugen, katapultierte große Gebiete in Tennessee und Alabama aus einem vorindustriellen Zeitalter und ländlicher Isolierung in die Neuzeit. (vgl. S. 45f.)

Im CNN-Hauptquartier in Atlanta

Während des Zweiten Weltkriegs investierte die US-Regierung knapp 10 Mrd. Dollar allein aus dem Militärbudget in die ehemaligen Südstaaten. Zehntausende dort stationierter Soldaten sorgten für eine Steigerung der Kaufkraft, Aufträge für Rüstungsfirmen belebten die Wirtschaft weiter. Während der Kriegsjahre stieg das industrielle Potential der südöstlichen Bundesstaaten um 40 %.

Seit den 60er Jahren läßt sich eine Wanderbewegung aus den Bundesstaaten im Norden und Mittleren Westen in den Süden feststellen. Unternehmen versuchen, steigende Lohnkosten und einen ihnen unbequem hohen gewerkschaftlichen Organisationsgrad, belastende Steuern sowie eine höhere Kriminalität im Norden gegen das ›industriefreundliche‹ und auch für Menschen recht angenehme Klima im

Süden einzutauschen. Die Industrieproduktion pro Kopf nahm zwischen 1955 und 1975 um das Fünffache zu, gleichzeitig liegt das Bevölkerungswachstum deutlich über dem allgemeinen Niveau. Allein von 1970 bis 1976 wuchs die Bevölkerung der Südstaaten um 3 Mio. Menschen. Jüngere Angestellte folgen den Betrieben auf der Suche nach Arbeitsplätzen. Pensionäre, meist aus der ehedem gut verdienenden Mittelschicht, ziehen vom *frostbelt* in den *sunbelt,* um ihren Lebensabend fern von Eis und Schnee zu verbringen. Der Zufluß von bedeutenden Sparguthaben und respektabler Kaufkraft geht in Milliardenhöhe und erfreut Kommunen und örtliche Wirtschaft gleichermaßen.

Eine kluge Politik der Bürgerrechtsbewegung, die bei einigen weißen Politikern entsprechende Resonanz fand, schuf die Voraussetzungen zum Zusammenleben von Menschen unterschiedlicher Hautfarbe, die in den großen Ballungsgebieten des Nordens Neid hervorruft. Schon früh wurde die geschäftsschädigende Wirkung von Rassenkonflikten erkannt. Der ehemalige Bürgermeister von Atlanta, William Hartsfield, befand seine Stadt »too busy to hate«, die für Wirtschaftsansiedlungen Verantwortlichen werben inzwischen selbst im fernen Japan mit dem Image einer Region, die auf Integration und friedliches Miteinander der Menschen setzt und gegen Spannungen und Haß Stellung bezieht.

Der Mythos vom neuen Süden, von glücklich zusammenlebenden Menschen unterschiedlicher Hautfarbe, von einer dynamischen Wirtschaftsregion, die Zukunftstechnologien, Energieproduzenten, Freizeiteinrichtungen und neue Kommunikationsformen vereint, wird seit einigen Jahren erfolgreich in den Medien propagiert. Die Vergabe der Olympischen Spiele an Atlanta, Metropole und Sinnbild des neuen Südens, war wie die internationale Bestätigung dieses Traums. Doch ähnlich wie die Mythen des alten Südens spiegelt er nur einen Teil der Realität wider.

Der Norden der USA, die Wirtschaftszentren um New York, Chicago oder Detroit, sind nicht in Armut versunken. Vor allem in den ländlichen Gebieten des Südens, an der Peripherie der kleinen Städte und Gemeinden von South Carolina bis Mississippi, leben viele, meist dunkelhäutige Menschen in selbst zusammengebauten Hütten und von den Zuwendungen der Wohlfahrtseinrichtungen. Nicht weit vom Carter Presidential Center in Atlanta stören Wellblechsiedlungen das öffentlich verbreitete Bild von Harmonie und Wohlstand.

Die Woge der Gewalt, welche die USA Anfang der 90er Jahre erfaßte, nachdem weiße Polizisten, die in Los Angeles einen schwarzen Autofahrer zusammengeschlagen hatten, zunächst freigesprochen wurden, hatte auch in Atlanta für zerbrochene Schaufensterscheiben gesorgt. Positive wirtschaftliche Entwicklungen, so lehrt die Erfahrung, werden von zyklischen Krisen unterbrochen. Firmen, die sich wegen niedriger Lohnkosten und gefügiger Beschäftigter angesiedelt haben, können bei veränderten Rahmenbedingungen auch wieder abwandern.

Realistische Beobachter sprechen daher nicht von einem Sonnengürtel, sondern von einer Region, in der sich sonnige Gebiete mit schattigen abwechseln. Die Entwicklung der letzten Jahrzehnte veränderte die Wirtschaft und Gesellschaft der Südstaaten nachhaltig. Diese Änderungen nicht nur hinzunehmen, sondern sie aktiv zu gestalten, gehört zu den wichtigsten Aufgaben für die Zukunft.

Betrachter in der Mitte des Panoramagemäldes auf einer Bühne, die sich langsam um die eigene Achse dreht.

Das Olympische Stadion südlich des Autobahnkreuzes von I-75/85 und I-20, inzwischen in **Turner Field** umbenannt, ist die Spielstätte der Baseball-Profis der Atlanta Braves. Der Klubbesitzer und Medienmogul Ted Turner wird regelmäßig in der Besucherloge gesichtet. Am westlichen Rand des Innenstadtbereichs sind Wohnhaus und Garten des Schriftstellers Joel Chandler Harris, des Autors der »Onkel Remus«-Geschichten, als **Wren's Nest** zu einem kleinen Museum ausgebaut. Im Sommer begeistern *story tellers* junge Zuhörer im Garten mit Geschichten von »Onkel Remus«.

Zentrum des Stone Mountain Park, der beliebtesten Freizeitanlage von Atlanta im Osten der Metropole, ist ein Granitmonolith, der sich wie der Buckel einer gut 3 km langen und 250 m hohen Schildkröte unvermittelt aus der bewaldeten Landschaft erhebt. An dem gewaltigen Reliefbild von 30 x 65 m Größe, das die drei Bürgerkriegshelden der Südstaaten, den Präsidenten Jefferson Davis sowie die Generäle Robert E. Lee und ›Stonewall‹ Jackson in würdevoller Reiterpose zeigt, wurde 57 Jahre lang gemeißelt. Im Sommerhalbjahr erfreuen sich an den Wochenenden Tausende beim Picknick an einer Laser Show am Felsen. Auf den ausgedehnten Tennisanlagen kämpften 1996 Olympioniken um Edelmetall.

Nomen est omen, keine andere Stadt in Georgia kann so viele Häuser im *Greek Revival*-Stil aufweisen wie **Athens** 2 (S. 270). Die 1785 gegründete Universität von Georgia sollte auf den Traditionen des klassischen Hellas fußen. Auf dem Campus und entlang der Prince Avenue sind die meisten Gebäude zu

finden: die ehemalige Residenz des Universitätspräsidenten aus dem Jahre 1858, die 1823 erbaute Universitätskapelle, die Demosthenian Hall oder das Taylor-Grady House. Zum Glück für die Stadt kam die doppelläufige, noch immer nach Norden gerichtete Kanone am Rathaus, deren Kugeln mit einer Kette verbunden waren, im Bürgerkrieg nie zum Einsatz. Die explosive Selbstzerstörung dieser Fehlkonstruktion hätte in ihrer Umgebung mehr Schaden angerichtet als beim Gegner.

Die ›klassische Stadt‹ mit knapp 50 000 Einwohnern wird noch immer von der Universität geprägt, an der etwa 28 000 Studenten immatrikuliert sind. Kein Wunder, daß neben Boutiquen, Buchläden und Copy Shops auch Straßencafés, Restaurants und Musikklubs entlang der College Avenue südlich von Downtown aufgereiht sind. Athens gilt als eines der Zentren für Musik in den Südstaaten. Rockgruppen wie R.E.M. oder The B-52s haben von hier internationalen Ruhm errungen.

Joshua Hill, Bürger von **Madison** 3 (S. 296) und Senator von Georgia in Washington, war 1861 von seinem Amt zurückgetreten, um nicht für die Abspaltung von der Union stimmen zu müssen. Auf seinen Appell hin wurde Madison 1864 von den Truppen General Shermans nicht niedergebrannt. Viele gut erhaltene Stadtvillen aus der Zeit vor dem Bürgerkrieg, die schon in manchem Südstaatenfilm als Kulisse dienten, kann man während der Madison Tours im Mai und Dezember jeden Jahres besichtigen.

Wer auf den Aussichtsturm von Rock Eagle nördlich von **Eatonton** 4 (S. 281) steigt, kann die Umrisse eines Raubvogels erkennen, den indianische Bewohner vor etwa 4000 Jahren aus milchweißen Quarzsteinen formten. Die in Eaton-

Ausflugsziel vor den Toren von Atlanta – der Stone Mountain Park

Georgia

Kurzporträt Georgia

Ursprung des Namens: Nach George II. von England; Beiname *Empire state of the south* – Reich des Südens

Eintritt in die Union: 2. 1. 1788 als vierter Bundesstaat

Größe und Einwohnerzahl: 154 000 km², Rang 24; 6,9 Mio., Rang elf

Hauptstadt: Atlanta

Motto und Staatssymbole: *Wisdom, justice, moderation* – Weisheit, Gerechtigkeit, Mäßigung; Baum: Eiche; Blume: Cherokee Rose; Vogel: Drossel

Wichtige Städte: Atlanta, Savannah, Augusta, Macon, Columbus, Brunswick

Straßenverkehr: Anschnallpflicht, Helmpflicht auf Motorrädern, Höchstgeschwindigkeit 70 Meilen

Zeitzone: Mitteleuropäische Zeit minus 6 Std.

Wirtschaft: Baumwolle, Nüsse, Viehzucht, Baumaterialien, chemische Produkte, Elektronik- und Kommunikationswirtschaft, Tourismus, Dienstleistungen

Highlights: Blue Ridge Mountains, Okeefenokee-Sumpf, Sea Islands an der Atlantikküste, Antebellum-Villen, historisches Zentrum von Savannah, modernes Zentrum von Atlanta

ton geborene schwarze Schriftstellerin Alice Walker erhielt 1983 für ihren später von Steven Spielberg mit Whoopi Goldberg verfilmten Roman »Die Farbe Lila« über das Leben von Frauen im ländlichen Georgia den Pulitzer-Preis. Das Uncle Remus Museum erinnert an den Kinderbuchautor Joel Chandler Harris, in dessen Ende des 19. Jh. geschriebenen Fabeln ein Sklave namens Remus Kindern Geschichten erzählt.

Alljährlich im April treffen sich die weltbesten Profi-Golfer in **Augusta** (S. 271), der ›Green City‹ 5 , zum Masters auf dem National Golf Course. Karten sind nicht für Geld und gute Worte zu bekommen, sie werden vererbt. Wer die Golfgrößen aus der Nähe sehen will, hofft auf die Verlosung der Eintrittskarten zu den Trainingsrunden der Superstars. Die Stadt am Savannah River, dem Grenzfluß zu South Carolina, galt im 19. Jh. als wichtiger Umschlagplatz für die Baumwolle, die auf den Plantagen beiderseits des Ufers geerntet und über den 1844 erbauten Augusta Canal, dessen Schleusen und Brücken besichtigt werden können, verschifft wurde.

In der ehemaligen Baumwollbörse, der Historic Cotton Exchange, in deren Obergeschoß heute das Visitor Center von Augusta untergebracht ist, kann man sich über die Geschichte der Baumwollproduktion und des -handels informieren. Im restaurierten Gebäude, in dem auf einer großen Wandtafel noch Notierungen verschiedener Baumwollqualitäten stehen, wickelten die Baumwollpflanzer und -händler einst ihre Geschäfte ab, hier saßen sie abends bei einem Glas Punsch und einem Pfeifchen gemütlich beisammen oder wetteten auf die Sieger der regelmäßig veranstalteten Hahnenkämpfe.

Der alte und der neue Süden

Das Confederate Monument im Zentrum der Stadt und der einsame Schornstein von Sibley Mills, einst wichtigste Schießpulverfabrik der Südstaaten, erinnern an die Zeit des Bürgerkriegs. Die Einkaufs- und Fußgängerpassage der Cotton Row, dem ehemaligen Lager- und Umschlagplatz für Baumwolle, führt zum Savannah River. An der parkähnlichen Uferpromenade Riverwalk zwischen 5th und 10th Street finden in einem Amphitheater sommerliche Theateraufführungen und Musikkonzerte statt. Das nahe gelegene Morris Museum of Art hat sich zu einem renommierten Kunstmuseum mit Bildern und Plastiken vor allem von Künstlern der Südstaaten entwickelt.

Columbia 6 (S. 280) am Zusammenfluß des Broad mit dem Saluda River

verdankt seine Existenz einem Kompromiß der Farmer des Piedmont mit den Plantagenbesitzern der Küste, die sich auf eine Hauptstadt für South Carolina einigen mußten. Erst 1907, nach 50jähriger Bauzeit, war der aus bläulichem Granit errichtete Kuppelbau des South Carolina State House fertiggestellt. Die großzügige Plantagenvilla des legendären Kavalleriegenerals der Konföderierten, Wade Hampton III., wurde nach der Zerstörung durch die Soldaten des Unionsgenerals Sherman wieder aufgebaut. Man kann das Anwesen, das mit zeitgenössischen Möbeln eingerichtet ist, samt Parkanlage besichtigen. Im South Carolina State Museum, das in einer Textilmühle der Wende zum 20. Jh. untergebracht ist, können Besucher die Naturgeschichte der Region, in der vor

12 000 Jahren noch Mastodons lebten, sowie die politische, kulturelle und wirtschaftliche Entwicklung des Bundesstaates an Hand vieler Exponate verfolgen.

Der fast 100 km lange, breite Sandstrand zwischen der Grenze von North Carolina bis kurz vor Georgetown hat sein Zentrum in **Myrtle Beach** 7 (S. 299). Der Grand Strand des nach dem immergrünen Myrtenbaum genannten Orts ist ein beliebtes Urlaubsziel für Familien. Eine Kette von Hotelanlagen, Tennis-, Minigolf- und Golfplätzen, Achterbahnen, Riesenrädern und *shooting arcades,* von Souvenirläden, Imbißbuden und Restaurants aller Kategorien zieht vor allem im Sommer Zehntausende an. Mitte März treffen sich kanadische Studenten während der

Semesterferien am Strand, im Mai geben sich einige Tausend Harley Davidson-Fahrer ein Stelldichein, im Sommer wird das Sun Fun Festival mit Pop-Konzerten, Paraden, Schönheits- und Sandskulpturenwettbewerben gefeiert. Im November bereitet man sich mit dem Treasure by the Sea Fest auf die Weihnachtssaison vor, wobei die Strandpromenade mit illuminierten Figuren von Meerjungfrauen, Seepferdchen oder Muscheln geschmückt wird. Konzerte bekannter Künstler unterhalten dann die Besucher. Südlich der Ferienmetropole von Myrtle Beach legten Archer und Anna Hyatt Huntington ihren ererbten Reichtum auf der früheren Reis- und Indigoplantage von Brookgreen Gardens in einer Sammlung von 450 Skulpturen vor allem amerikanischer Bildhauer des 19. und 20. Jh. an.

Mitte des 18. Jh. gründeten Engländer das Städtchen **Georgetown** 8 (S. 285) und ließen in den sumpfigen Küstenmarschen von Sklaven Reis- und Indigoplantagen anlegen. Das kleine Reismuseum im Zentrum des Ortes informiert mit Dioramen, Dokumenten und Werkzeugen sehr anschaulich über die 200jährige Geschichte des Reisanbaus, der nach Befreiung der Sklaven zum Ende des Bürgerkriegs von den Besitzern aufgegeben wurde. Im Zentrum des Ortes stehen einige herausgeputzte Häuser aus dem 18. und 19. Jh.

Während des Unabhängigkeitskriegs focht Francis Marion, der ›Fuchs der Sümpfe‹, mit einer verwegenen Truppe einen erfolgreichen Guerillakrieg gegen die Briten. An ihn erinnert der Film ›The Patriot‹ mit Mel Gibson und der mehr als 1000 km² große Francis Marion National Forest, den die Verbindungsstraße zwischen Georgetown und Charleston

Straßenzug in Charleston

durchquert. In dem ausgedehnten Naturschutzgebiet wechseln Zypressenwälder, Kiefern und Eichenbestände mit dunklen Sümpfen, in denen Alligatoren leben, und Sanddünen entlang der Atlantikküste.

Charleston

9 (S. 275) Die knapp 80 000 Charlestonians halten sich seit je für etwas Besonderes. Mag es daran liegen, daß Charleston 1670 an jener Stelle gegründet wurde, an der »Ashley- und Cooper River zusammenfließen, um den Atlantik zu bilden«, mag es der Reichtum sein, der sich vor allem vom Ende des 18. Jh. über knapp 100 Jahre in den Händen weniger konzentrierte und zum heute einzigartigen Stadtbild beitrug, mag es das südliche Klima sein, das selbst im Sommer durch die stets leichte Brise von See angenehm bleibt. Häufig waren die Charlestonians ihrer Zeit voraus, haben für andere den Trend verdeutlicht. So wurde in Charleston 1736 die erste Feuerversicherung gegründet – die allerdings das Pech hatte, daß vier Jahre später die halbe Stadt abbrannte. Im Jahre 1738 richtete ein Dr. John Lehning hier den ersten professionellen Wetterdienst ein. Bereits 1775, ein Jahr bevor Thomas Jefferson die Unabhängigkeitserklärung verfaßte, zogen Patrioten die amerikanische statt der britischen Flagge auf. Im Bürgerkrieg feuerten Batterien in Charleston die ersten Salven auf das vor der Küste liegende Fort Sumter, in dem Unionstruppen lagen.

Charleston war für die Pflanzer und Kaufleute von South Carolina nicht nur Umschlagplatz für Waren, sondern Zentrum des gesellschaftlichen, politischen und kulturellen Lebens. Wer reich genug war, unterhielt neben dem Plantagensitz eine Stadtvilla, in die die Familie in den Sommermonaten, der *sickly season,* umzog, wenn das feuchtheiße Klima auf dem Lande schwer erträglich wurde. Im Gegensatz zur puritanischen Strenge von Neu-England entwickelte sich ein sinnenfroher und liberaler Lebensstil, der Raum bot für allerlei Vergnügungen, vom Hahnenkampf bis zur Theateraufführung, und allen, von Hugenotten bis zur reformierten judäischen Gemeinde, freie Religionsausübung erlaubte.

Nach dem verlorenen Bürgerkrieg und der Befreiung der Sklaven waren viele Familien aus Geldmangel gezwungen, ihre beschädigten Häuser zu reparieren, statt sie niederzureißen und neue aufzubauen. So besitzt Charleston heute eine einzigartige Kulisse von etwa 2000 restaurierten Gebäuden südlich der Calhoun Street. Die Stadtresidenzen sind überwiegend mit ihrer Schmalseite quer zur Straßenfront gebaut, so daß sich die Häuser mit ihrem imposanten Eingangsbereich zum seitlichen Garten hinwenden. Die Kühlung spendende Veranda, dem Baustil der Karibik entlehnt und in Charleston Piazza genannt, öffnet sich mit einer Seitenpforte zur Straße. Grund für diese unübliche Bauweise war die koloniale englische Abgabenordnung, welche die Grundsteuern nach der Breite der Straßenfront festlegte. An vielen Gebäuden sind schmiede-eiserne Balkone oder Gitter zu sehen, welche die Grundstücke zur Straße abgrenzen. Scharfe, kunstvoll geschmiedete Spitzen auf einigen dieser Zäune deuten an, daß den Besitzern die Quelle ihres Reichtums bekannt war. Sie sollten die Eigentümer bei Sklavenunruhen vor möglichen Übergriffen schützen.

Vom südlichen Ende der Altstadt, den **White Point Gardens** und der East Battery Street kann man zahlreiche prächtige Wohnhäuser und öffentliche Gebäude erkunden: das zweistöckige **Edmonston-Alston House** aus dem

Charleston
1 White Point Gardens
2 Edmonston-Alston House
3 Calhoun Mansion
4 Nathaniel Russel House
5 Old Exchange and Provost Dungeon
6 »Vier Ecken des Rechts«
7 Dock Street Theatre

Darauf einen Planters Punch
Long Drinks der Südstaaten

Wen wundert es, wenn im warmen Klima der Südstaaten gern ein Gläschen geleert wird? Eistee, mit oder ohne Zucker, aber immer ohne Alkohol, ist neben Cola der meistverbreitete Durstlöscher. Ältere Filme über den Süden, die noch vor der Einführung von *political correctness* gedreht wurden und in denen noch geraucht und ab und zu ein Drink genommen wurde, galten als wenig authentisch, wenn nicht wenigstens ein Dutzend Planters Punch oder Mint Juleps die durstigen Kehlen hinunterflossen.

Mit einem kräftig gemixten Planters Punch prosteten sich schon die Plantagenbesitzer von South Carolina 1861 im legendären Mills House Hotel in Charleston auf die Sezession von der Union zu. Der Mint Julep wurde Ende des 18. Jh. in Virginia noch mit Rum zubereitet. Eigentlich war er nur ein Julep, denn die Minze kam erst einige Jahre später hinzu. Den Rum ersetzte bald das neue Nationalgetränk Whiskey.

Für einen klassischen Mint Julep nehme man ein hohes Glas, gebe 1 cl Zuckersirup und einige Minzeblätter hinein und fülle das Glas mit zerstampftem Eis fast vollständig auf. Nun 5 cl Bourbon-Whiskey langsam hinzugießen und das Ganze leicht durchschütteln. Eventuell etwas Eis und 2 bis 3 cl Whiskey nachfüllen. Mit einigen weiteren Minzeblättern (mit Stengel) dekorieren und mit kurzem Strohhalm servieren.

Für einen Planters Punch gibt man drei zerstoßene Eiswürfel in einen Shaker, fügt 2 cl Zuckersirup, den Saft einer halben Zitrone sowie 5 cl weißen Rum hinzu und schüttelt kräftig. Dann etwas zerstoßenes Eis in ein hohes Glas füllen, den Inhalt des Shaker darübergießen, mit einem Barlöffel umrühren, bis das Glas beschlägt, und mit Früchten nach Wahl garnieren. *Cheers!*

Jahre 1828 mit herrlichem Blick über Hafen und Bay, das **Calhoun Mansion** mit kunstvollen Holztäfelungen in vielen seiner 35 Zimmer, das **Nathaniel Russel House** aus dem Jahre 1808 mit einer spiralförmigen Holztreppe und klug erdachtem Belüftungssystem, das Heyward-Washington House, das mit zeitgenössischen Möbeln und Gerätschaften ausgestattet ist. Bei der Church Street 89–91 zweigt die kleine Privatgasse Cabbage Row ab. Sie war für den Dichter DuBose Heyward Vorbild für die Catfish Row in dem Roman »Porgy«, der als Musical »Porgy and Bess« von George Gershwin weltbekannt wurde.

Im **Old Exchange and Provost Dungeon,** in dem einst amerikanische Patrioten des Unabhängigkeitskriegs einsaßen, feierten die Bürger wenig später den siegreichen George Washington. Heute wird Besuchern der Gewölbe in einem historischen Museum die Zeit des Unabhängigkeitskriegs mit animierten Wachsfiguren nähergebracht. Die Kreuzung von Broad und Meeting Street wird auch als die ›vier Ecken des Rechts‹ bezeichnet, da jede Straßenecke eine öffentliche Gewalt repräsentiert: Das Postamt steht für die Bundesgewalt, das Gerichtsgebäude für die Kreisverwaltung, das Rathaus für die Stadtregierung und die St. Michael's Church aus dem Jahre 1752 für die Macht der Kirche.

Als eines der ersten Theatergebäude der USA gilt das **Dock Street Theatre** an der Ecke von Church und Queen Street, im angeschlossenen Restaurant soll ein frisch erfundener und gemixter Planters' Punch erstmals durstige Kehlen erfreut haben. Nachdem der Sklavenmarkt in der East Bay Street zunehmend den Verkehr behinderte, wurde er Mitte des 19. Jh. in Ryan's Auktionshaus verlegt. Heute beherbergt das Gebäude eine Sammlung afrikanischer und afro-amerikanischer Kunst.

Die Anlage des Old Citadel Building dominiert den Market Square nördlich der Calhoun Street. Die Zitadelle ist seit einiger Zeit in den Blickpunkt der Öffentlichkeit geraten, da Frauen nicht nur Probleme hatten, in die Militärakademie von South Carolina aufgenommen zu werden, sondern dort auch noch besondere Repressalien erdulden mußten. Zwei andere militärische Einrichtungen, die Charleston einst gegen Angriffe von See schützen sollten, gehören heute zu den Besucherattraktionen der Stadt.

Die Ruinen von Fort Sumter, dessen Beschießung durch konföderierte Einheiten im April 1861 den Bürgerkrieg auslöste, werden regelmäßig mit Ausflugsschiffen angesteuert. Fort Moultrie auf Sullivans Island ist heute über eine Brücke erreichbar. Vor dem Eingang liegt das Grab des Seminolen-Kriegers Osceola, der 1837 bei Verhandlungen über die Beilegung der Kämpfe zwischen US-Armee und den Seminolen in Florida gefangengesetzt worden war und im Jahr darauf in den Kasematten des Forts an einer Infektionskrankheit starb.

Einblicke in die jüngere amerikanische Militärgeschichte erhält man beim Ort Mount Pleasant am Nordufer des Cooper River, gegenüber der Altstadt von Charleston. An der Landebrücke des Patriots Point Naval and Maritime Museum haben mit dem Flugzeugträger »Yorktown«, dem Zerstörer »Laffey«, dem Unterseeboot »Clagamore« sowie dem Kreuzer der Küstenwache »Ingham« vier ehemalige Kriegsschiffe zur Besichtigung festgemacht. Eine Ausstellung informiert über Nachschublogistik und Marineflieger des Vietnam-Kriegs.

In der Umgebung von Charleston, nordöstlich des Cooper River sowie stromaufwärts am Ashley River, kann man einige der prächtigsten Plantagen der Südstaaten besichtigen. Die spektakuläre Eichenallee der gut erhaltenen Boone Hall Plantation, etwa 6 Meilen nordöstlich der Stadt, hat in vielen Filmen eine Hauptrolle gespielt. Charlestowne Landing, eine Rekonstruktion der ersten Siedlungsanlage, wurde am Südufer des Ashley River, nahe vom heutigen Charleston, aufgebaut. Ein kleiner Zoo beherbergt Tiere, die in den letzten drei Jahrhunderten hier heimisch waren. Die Besucher von Drayton Hall, weiter flußaufwärts, erhalten einen authentischen Eindruck von den Lebensbedingungen der Plantagenbesitzer vor dem Bürgerkrieg, da das 1845 errichtete Backsteingebäude nie zerstört oder umgebaut wurde.

Die Attraktion von Magnolia Gardens, seit 300 Jahren im Besitz der Drayton

Blick auf die 1845 errichtete Drayton Hall

Kurzporträt South Carolina

Ursprung des Namens: Nach Charles II. von England; Beiname: *Palmetto state –* Fächerpalmen-Staat

Eintritt in die Union: 23. 5. 1788 als achter Bundesstaat

Größe und Einwohnerzahl: 82 900 km², Rang 40; 3,6 Mio., Rang 26

Hauptstadt: Columbia

Motto und Staatssymbole: *Dum spiro, spero –* Solange ich atme, hoffe ich; Baum: Fächerpalme; Blume: Jasmin; Vogel: Zaunkönig

Wichtige Städte: Charleston, Columbia, Greenville, Myrtle Beach, Spartanburg, Georgetown

Straßenverkehr: Licht bei Niederschlag, Helmpflicht auf Motorrädern, Höchstgeschwindigkeit 65 Meilen

Zeitzone: Mitteleuropäische Zeit minus 6 Std.

Wirtschaft: Baumwolle, Sojabohnen, Gemüse, Tabak, Geflügel, Baumaterialien, chemische Produkte, Tourismus

Highlights: Historische Stadtzentren in Beaufort, Charleston und Georgetown, Grand Strand um Myrtle Beach, Sea Islands vor der Atlantikküste, Hilton Head Island, Herrensitze um Charleston, die Appalachen

Familie, sind die Gärten, die John Drayton zum Gefallen seiner Gattin Julia Ende des 17. Jh. anlegen ließ. Wer durch die Blütenpracht von Magnolien, Azaleen, Kamelien, Hibiskus und Lilien gewandert ist, kann verstehen, warum der Baedeker des Jahres 1900 Magnolia Gardens neben dem Grand Canyon und den Niagara-Fällen als besondere Attraktion Nordamerikas mit zwei Sternen auszeichnete. Middleton Place, 4 Meilen stromaufwärts am Ashley River, rühmt sich seiner englischen Gartenanlage, an der von 1741 an unter Anleitung eines britischen Landschaftsarchitekten 100 Sklaven zehn Jahre lang arbeiteten.

Die Region zwischen Charleston und dem Savannah River wird auch *low country* genannt: eindrucksvolle Salzwassermarschen mit hohem Riedgras, zwischen dem dunkle Bäche dem Meer zuströmen, Reiher, die im flachen Wasser auf Beute warten, hier und da eine Anlegestelle für Krabbenfischer, die in den Küstengewässern auf Fang fahren.

Die breiten Sandstrände an den Seeseiten der vorgelagerten Inseln Kiawah, Seabrook, Edisto, Hunting, Fripp oder Hilton Head Island, die von Dünen, Eichen- und Palmenwäldchen gesäumt werden, sind bei Urlaubern und Bade-Ausflüglern beliebt.

Beaufort 10 (S. 273), die größte Stadt des *low country* mit einem Tiefwasserhafen, liegt im Inselgewirr des Port Royal und des St. Helena-Sunds. Das feuchtwarme Sommerklima mit Millionen von Moskitos und anderen Insekten sowie die wehrhaften Yamassee-Indianer hatten Spanier und Franzosen lange davon abgehalten, dauerhafte Stützpunkte zu errichten. Erst den Engländern gelang es im Laufe des 18. Jh., ihrer Kolonie mit dem Anbau von Reis-, Indigo- und später Baumwollpflanzungen eine stabile wirtschaftliche Grundlage zu verschaffen.

Die im *Greek Revival-* und im *Federal-* Stil erbauten Stadtvillen vor allem an der Bay Street bieten einen herrlichen

Darf's ein Täßchen Tee sein?
Auf der einzigen Teeplantage der USA

D as Klima in der Küstenregion von South Carolina ist ideal. Warme, im Sommer heiße Temperaturen und viel Sonne begünstigen das Wachstum der Teesträucher, die hohe Luftfeuchtigkeit fördert die Qualität der Ernte. Kein Wunder, daß bislang alle vier Versuche, in den USA kommerziell Tee anzubauen, in South Carolina unternommen wurden.

William Barclay Hall, professioneller Teeprüfer, und Mack Fleming, früher Entwicklungsdirektor der Lipton Co., ernten von Mai bis Oktober die Blätter von den Spitzen der Büsche auf ihrer gut 50 ha großen Plantage in der Nähe von Charleston und verarbeiten sie zu kräftigem *American classic tea,* der in mehr als 2000 Supermärkten in den USA angeboten wird.

Am ersten Sonnabend der Monate Mai bis Oktober können Besucher zwischen 10 und 13.30 Uhr die endlos scheinenden Reihen der Teebüsche besichtigen und erfahren, was an Arbeit nötig ist, bevor ein Blatt vom Strauch zu einer dampfenden Tasse aromareichen Tees wird (Charleston Tea Plantation, 6617 Maybank Hwy, Wadmalaw Island, SC 29487, Tel. 803-559-0383).

Teeplantage

143

Blick über den Beaufort River. Das Penn Community Center an der Lands End Road auf der Insel St. Helena wurde 1862 von Quäkern aus Philadelphia für befreite Sklaven gegründet. Zentrum und Museum illustrieren die Geschichte der Afro-Amerikaner auf den Sea Islands.

Eine Stichstraße führt von Beaufort nach Osten Richtung Atlantik. An dunklen Wasserarmen liegen Fischkutter, deren Aufbauten über dem hohen Riedgras zu erkennen sind. Hunting Island, eine vorgelagerte Insel, ist über eine Brücke erreichbar. Das Eiland wird zum größten Teil von einem State Park eingenommen, in dem auch ein Campground Plätze für Wohnmobile und Zelte anbietet. Dünen grenzen einen

Hafen auf Hilton Head Island

Mischwald von See-Eichen und Palmettos vom Ozean ab. Vor allem im Süden der einsamen Insel attackieren Wind und Wellen die Küste, unterspülen Meeresbrecher das Wurzelwerk mächtiger Palmen und bringen diese zum Umstürzen. Der halbkreisförmige Strand einer benachbarten Lagune ist von winzigen Krebsen übersät, die sich vor den Schritten herannahender Wanderer fluchtartig in Sandtunnel zurückziehen. Auf Hunting Island und an vielen anderen Orten der langen Südstaatenküste präsentiert sich die Natur selbst in der Nähe von Städten und Schiffahrtswegen nicht selten unversehrt und urtümlich, als seien ihr Eingriffe durch die menschliche Zivilisation unbekannt.

Hilton Head Island **11** (S. 287), vom (S. 287) englischen Kapitän William Hilton 1663

als Idylle gepriesen, gehört zu den bekannten Seebädern von South Carolina.
Die größte der amerikanischen Atlantikküste vorgelagerten Inseln zwischen
New Jersey und Florida ist 20 km lang
und bis zu 8 km breit. Elegante Ferien-
apartments und Resort-Hotels, weitläufige Naturschutzgebiete, breite und
lange Sandstrände sowie eine Marina
mit repräsentativen Freizeitschiffen und
malerischem Leuchtturm ziehen vor
allem Feriengäste an, deren Urlaubs-
budget nicht zu knapp bemessen ist.
Sportlich Aktive können auf 300 Tennis-
plätzen und 25 Golfbahnen Racket und
Schläger schwingen, Reitställe vermie-
ten Pferde für Ausritte am Strand oder
durch die Inselwälder. Wer nicht reitet,
kann ein Mountainbike ausleihen und
die Insel auf Fahrradwegen erkunden.
Zum SpringFest im März wird die Saison mit Konzerten, Sportwettbewerben,
Kunstausstellungen und kulinarischen
Delikatessen der *low country cuisine* eröffnet. Reste eines Walls aus Muschelschalen nahe der südlichen Inselspitze
belegen eine indianische Siedlung vor
etwa 3500 Jahren.

James Oglethorpe, Offizier und Phil-
anthrop, der vom britischen König
George II. das Recht erhalten hatte, eine
Niederlassung zwischen den Carolinas
und dem spanischen Florida zu gründen, landete im Februar 1733 mit den ersten Siedlern am Steilufer des Savannah River und nannte die Kolonie nach
seinem Souverän Georgia. Die Siedlung
sollte sich anders als die bisherigen entwickeln, ohne Großgrundbesitz, ohne
Sklavenarbeit, ohne Alkohol und ohne
die Indianer um ihr Land zu betrügen.
Arme, Verschuldete und Dissidenten
aus anderen Kolonien und aus England
sollten hier eine neue Chance erhalten.

Es zeigte sich jedoch bald, daß der Verzicht auf Lug, Trug und Unterdrückung die wirtschaftliche Entwicklung drosseln und die Wettbewerbsposition gegenüber den anderen, ›normalen‹ Kolonien verschlechtern würde. Nach 20 Jahren übernahm die englische Krone Georgia, bemühte sich erfolgreich, den Indianern ihr Land zu rauben, ließ afrikanische Sklaven importieren und auf Plantagen arbeiten.

Der Hafen von **Savannah** 12 (S. 315) und die Cotton Exchange gehörten bis zum Ausbruch des Bürgerkriegs zu den weltweit wichtigsten Umschlagplätzen des ›weißen Goldes‹ Baumwolle. Die

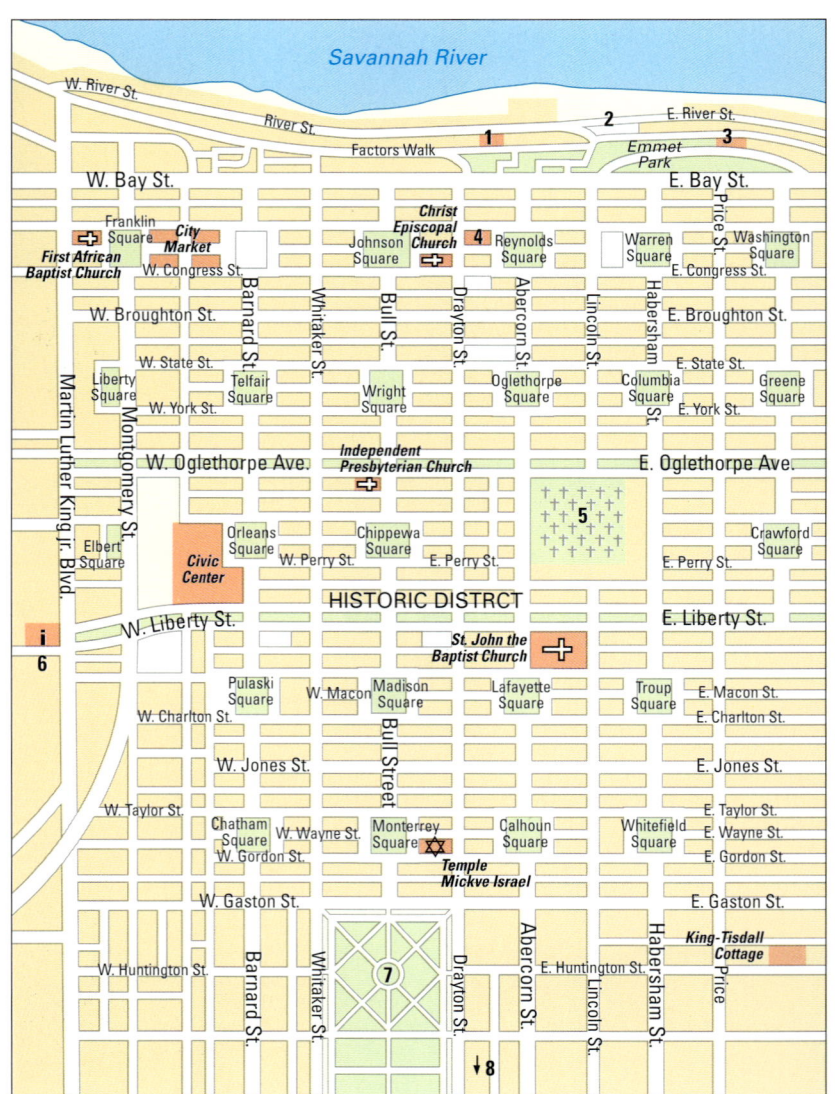

Anlage der heute knapp 150 000 Einwohner zählenden Stadt folgte den Plänen von James Oglethorpe, öffentliche und private Gebäude um begrünte Plätze zu gruppieren, mit Alleen symmetrisch zu verbinden und mit einem Handelszentrum am Hafen des Savannah River zu ergänzen. Das Stadtzentrum in dem 22 der ehemaligen 24 Squares mit mehr als 1000 *Antebellum*-Häusern erhalten sind, ist der Initiative von zunächst sieben Ladies zu verdanken, die vom Abriß bedrohte Häuser aufkauften und sie an Institutionen und Personen mit der Verpflichtung weitergaben, diese zu restaurieren. So mischt sich in der Innenstadt von Savannah noch heute das geordnete Weltbild von James Oglethorpe mit dem Eindruck soliden Wohlstands aus der Zeit vor dem Bürgerkrieg.

Am Steilufer des Flusses begrenzt das frühere Handelszentrum den Altstadtbereich nach Norden. Die Gebäude, Straßen und Verbindungswege wurden einst über drei Ebenen angelegt. Fußgängerbrücken und Treppen verbinden die River Street mit dem Lower- und dem Upper Factors Walk. Längst sind Restaurants und Bars, Galerien und Geschäfte in viele der ehemaligen Büro- und Lagerhäuser eingezogen. Im früheren Gebäude der **Cotton Exchange** in der East Bay Street residiert heute die Freimaurerloge der Stadt. An der Uferpromenade **Riverfront Plaza** laden zahlreiche Restaurants und Geschäfte zum Verweilen ein, ziehen regelmäßig die mächtigen Stahlwände der Contai-

nerschiffe an den Spaziergängern vorbei zu den Hafen- und Werftanlagen ein Stückchen flußaufwärts. Das hervorragende **Schiffahrtsmuseum ›Ships of the Sea‹** in der East River Street erinnert an die betriebsamen Jahre des Hafens vor dem Bürgerkrieg.

Die vielen mit Azaleen, Kamelien und Magnolien bepflanzten Plätze und Parks im historischen Stadtzentrum sowie die mit *Spanish moss* verhangenen Eichen entlang der Oglethorpe Street verleihen Downtown Savannah einen fast musealen Charakter, der sich erst jenseits der Verkehrsadern des Martin Luther King Boulevard jäh ändert. An der Westseite des Reynolds Square findet man das **Olde Pink House,** das älteste Gebäude von Savannah aus dem Jahre 1790. Auf einer Bank am Chippewa Square wartete Forrest Gump im gleichnamigen Film auf seinen Bus. Drei Blocks weiter östlich erzählen die Grabsteine des bis 1853 genutzten Friedhofs **Colonial Park Cemetery** von der frühen Geschichte der Stadt.

Das **Georgian History Museum,** das mit dem Besucherzentrum im ehemaligen Bahnhof der Central of Georgia-Eisenbahngesellschaft untergebracht ist, dokumentiert die Entwicklung von Savannah von der Begegnung des General Oglethorpe mit dem Yamacraw-Häuptling Tomocheechee und der kampflosen Übergabe an die Truppen des Unionsgenerals Sherman bis zu den Olympischen Segelwettbewerben im Jahre 1996, die in den Küstengewässern vor der Mündung des Savannah River ausgetragen wurden.

Der **Forsyth Park** mit schönem Springbrunnen grenzt die Altstadt vom **Victorian District** ab, einem Viertel mit Holzhäusern, das um die Wende zum 20. Jh. entstand. Der Brunnen ziert auch das Titelbild des 1994 erschie-

Savannah
1 Cotton Exchange   2 Riverfront Plaza
3 Schiffahrtsmuseum ›Ships of the Sea‹
4 The Olde Pink House   5 Colonial Park
Cemetery   6 Georgian History Museum
7 Forsyth Park   8 Victorian District

Fontäne im Forsyth Park

nenen Buches des New Yorker Journalisten John Berendt »Mitternacht im Garten von Gut und Böse«, der die mutmaßliche Ermordung eines Strichjungen durch einen schwulen, schwerreichen Antiquitätenhändler Anfang 1981 zum Anlaß nimmt, hinter die Fassaden der prachtvoll restaurierten Häuser zu blicken, die Menschen, ihre Abgründe, Abhängigkeiten und Geschichten zu schildern. Der große Erfolg des Buches, das von Clint Eastwood verfilmt wurde, führte zu einem neuen Tourismusboom in Savannah.

Auf der 170 Meilen langen Fahrt von der Küstenebene um Savannah bis fast ins geographische Zentrum von Georgia, nach **Macon** 🔢 (S. 295), geht es vorbei an Mais-, Tabak- und Baumwollfeldern. In der drittgrößten Stadt des Bundesstaates, dem wirtschaftlichen Zentrum der Region, leben etwas mehr als 100 000 Einwohner. Das 1836 gegründete Wesleyan College rühmt sich, als erste Hochschule der Welt akademische Grade allein an Frauen verliehen zu haben.

Im Macon Historic District wurden mehrere Dutzend restaurierte Häuser aus der Zeit vor dem Bürgerkrieg unter Denkmalschutz gestellt, darunter das 1855 von einem Baumwollkaufmann im italienischen Renaissancestil erbaute und mit allem erdenklichen Luxus ausgestattete Hay House. Nach Harriett Tubman, einer schwarzen Bürgerrechtlerin, die vor und während des Bürgerkriegs mehr als 300 Sklaven auf geheimen Wegen in den Norden geschleust und ihnen damit zur Freiheit verholfen hatte, ist ein Museum benannt, in dem Werke schwarzer Künstler ausgestellt sind.

Wenn Mitte März die 200 000 japanischen Yoshino-Kirschbäume blühen, feiert Macon das Kirschblütenfest mit mehr als 300 kulturellen und sportlichen Veranstaltungen. Auch die Georgia Music Hall of Fame, die Leistung und Werk von Ray Charles, Otis Redding, der Marshall Tucker Band, Little Richard, R. E. M., The B-52s und vieler anderer aus Georgia stammender Musiker vorstellt, wartet dann mit einem besonderen Programm auf.

Schon seit etwa 10 000 Jahren, lange vor der Gründung der Stadt Macon im Jahre 1823, war das gleichnamige Plateau von unterschiedlichen indianischen Kulturen besiedelt. Die nachhaltigsten Eindrücke hinterließen Indianer der Mississippi-Tradition, die um 900 n. Chr. eingewandert waren und an den Ufern des Ocmulgee River in einer Niederlassung mit etwa 1000 Bewohnern lebten. Sie betrieben Landwirtschaft und errichteten mächtige, wie Pyramiden geformte Erdhügel, auf denen einst ihre zeremoniellen Gebäude standen. Das Ocmulgee National Monument mit einem ausgezeichneten Besucherzentrum und einigen Nachbauten der historischen Anlage informiert über die Kultur der fast vergessenen Ureinwohner des Landes.

Erdnußfelder und Traumstrände
Nord-Florida und der tiefe Süden

Wer den Norden von Florida bereist, von der Antlantikküste bis zum Panhandle nach Pensacola an der Grenze zu Alabama, wird nur wenig finden, was dem Image des *sunshine state* von Sonne, Sand und riesigen Vergnügungsparks entspricht. Die Südstaaten sind hier nicht nur geographisch näher als der Süden des eigenen Bundestaates. Zwischen Jacksonville und Tallahassee werden auf ausgedehnten Feldern Baumwolle und Erdnüsse angebaut, wie auch im Süden von Georgia.

Überall trifft man auf Spuren der spanischen Kolonisten, schließlich gehörte die fast ausschließlich im Norden besiedelte Provinz La Florida fast 250 Jahre zum spanischen Kolonialreich. Die Strände an der Atlantikküste zwischen Amelia Island und St. Augustine Beach sowie an der Golfküste zwischen dem Cape St. George bei Apalachicola und Santa Rosa Island bei Pensacola zählen zu den schönsten des Bundesstaates und sind doch – mit wenigen Ausnahmen – einsame Dünenparadiese mit feinem, weißen Quarzsand.

Die Rundreise zu reizvollen Städten und durch ländliche Regionen entlang der Meeresküsten und zu vorgelagerten Inseln sowie zum ausgedehnten Okeefenokee-Sumpf im Grenzgebiet von Georgia und Florida ist etwa 900 Meilen lang. Wer die Tour mit einem Strandurlaub verbindet, sollte sich mehr als zehn Tage Zeit lassen.

Jacksonville 1 (S. 290), die Wirtschaftsmetropole im Nordosten von Florida mit knapp 700 000 Einwohnern, gilt seit Mitte des 19. Jh. als einer der wichtigsten Handelshäfen an der südöstlichen Atlantikküste. An den Kais stapeln sich turmhoch Baumstämme, die verschifft werden. Im Hafen werden Kaffeebohnen aus Mittel- und Südamerika für den nordamerikanischen Markt umgeschlagen. Hochhäuser von Banken und Versicherungen bestimmen die Skyline der Expansion City, die seit Mitte der 80er Jahre die Zahl der Arbeitsplätze um mehr als ein Drittel auf eine halbe Million steigern konnte. Auch der Autoproduzent Mercedes nutzt den modernen Hafen für den Im- und Export in die Südstaaten. Im Heimatstützpunkt mehrerer Flugzeugträger und Lenkwaffenzerstörer unterhält die U. S. Navy mit der Mayport Naval Station eine der größten Marinebasen der USA.

Das Zentrum liegt beiderseits des St. Johns River. Jacksonville Landing heißt der Einkaufs-, Restaurant- und Vergnügungskomplex mit einer Promenade am Nordufer des Flusses. Gegenüber und über die Main Street Bridge oder per Wassertaxi schnell zu erreichen, laden die 3 km lange Promenade des Riverwalk sowie der Johns River Park mit der 36 m hohen Fontäne des Friendship Fountain zu Spaziergängen am Fluß ein.

Südlich der Brücke besitzt das Museum of Science and History mit Ausstellungen und Experimenten zu Naturwissenschaften auch eine Abteilung zur Geschichte von Florida und seiner indianischen Ureinwohner. Die Cummer Gallery of Art am Nordufer präsentiert in zwölf Sälen Bilder und Plastiken von der griechischen Antike bis in die Neuzeit. Prunkstück der Sammlung ist eine knapp 700 Teile umfassende Kollektion Meißner Porzellans aus dem 18. Jh.

Fort Caroline liegt 10 Meilen östlich des Zentrums am Südufer des St. Johns River. Die Schanzen und Palisaden sowie die hervorragende Ausstellung im Besucherzentrum des National Memorial erinnern an den fehlgeschlagenen Versuch französischer Hugenotten, Mitte des 16. Jh. eine Kolonie zu gründen. Eine spanische Flotte unter Admiral Menendez metzelte alle Siedler nieder, derer sie habhaft werden konnten. An den breiten Stränden von Jacksonville Beach, Atlantic Beach, Neptune Beach und Ponte Vedra Beach tummeln sich in den Sommermonaten vor allem Urlauber aus dem Süden der USA.

St. Augustine 2 (S. 314) liegt nur 30 Meilen südlich von Jacksonville und hat doch mit der Wirtschaftsmetropole von Nord-Florida nur den gleichen, breiten Atlantikstrand gemein. Das historische Zentrum des Städtchens mit 12 000 Einwohnern vermittelt noch immer etwas von der Atmosphäre einer spanischen Kolonialstadt vor mehr als 250 Jahren. Im Spanish Quarter mit rekonstruierten Wohnhäusern und Werkstätten spielen Darsteller das koloniale Leben nach und beantworten Fragen der Besucher. Auch außerhalb des Freilichtmuseums geben restaurierte Häuser aus der spanischen und britischen Kolonialepoche wie das Sanchez House, das Ximenez-Fatio House oder auch die Oldest House genannte Casa Gonzáles-Alvarez Einblick in vergangene Lebensbedingungen.

Als erster Europäer war 1513 der alternde spanische Edelmann und Konquistador Ponce de Leon nahe der heutigen Stadt an Land gegangen, auf der Suche nach schnellem Reichtum und einem geheimnisvollen Quell ewiger Jugend. Er fand beides nicht und starb wenige Jahre später nach einem zweiten erfolglosen Versuch, Florida zu erkunden. Im Jahre 1565 metzelte der spanische Admiral Pedro Menendez de Aviles französische Hugenotten nieder, die etwa 40 km weiter im Norden eine befestigte Siedlung errichtet hatten. Um den spanischen Einfluß zu sichern und mögliche Bedrohungen entlang der Route iberischer Schatzschiffe aus Mittelamerika auszuschalten, gründete Menendez St. Augustine, die älteste dauerhafte europäische Siedlung auf nordamerikanischem Boden.

Das Castillo de San Marcos, ein 1695 aus Muschelstein fertiggestelltes Fort,

Das Flagler College in St. Augustine

hielt allen Belagerungen und Angriffen stand. Den Amerikanern diente es später als Gefängnis. Nach seiner Gefangennahme während einer Friedensverhandlung war dort der Seminolen-Krieger Osceola mehrere Monate eingekerkert.

Um 1900 wurde St. Augustine dann doch erobert. Dem Ölmillionär und Eisenbahnkönig Henry M. Flagler gefiel die Stadt auf einer Hochzeitsreise so gut, daß er einige Zeit dort blieb und Luxushotels im spanisch-maurischen Stil für begüterte Urlauber aus dem Norden errichten ließ. Das frühere Alcazar Hotel beherbergt heute eine Kunstsammlung, im ehemaligen Ponce de Leon Hotel lernen inzwischen Studenten des Flagler College.

Südlich des Matanzas River, den die löwenbewehrte Ponce de Leon-Brücke überspannt, erreicht man nach wenigen Meilen die 1893 gegründete St. Augustine Alligator Farm. Besucher können von der sicheren Höhe hölzerner Stege Hunderte träge herumliegender Reptilien beobachten, die vor allem während der täglichen Fütterung mit Hühnchen ihre unglaubliche Wendigkeit demonstrieren. Fort Matanzas, 14 Meilen südlich von St. Augustine, sollte die Hauptstadt von Spanisch-Florida gegen eine mögliche Bedrohung von Süden absichern. Das Fort ist mit einer kostenlosen Fähre des National Park Service erreichbar, eine Ausstellung erinnert an das Gemetzel (span. *matanzas*), das spanische Soldaten unter Admiral Menendez an gefangenen Franzosen aus dem Fort Caroline (s. S.150) anrichteten.

Auf der Fahrt nach Westen über Lake City, dessen Florida Sports Hall of Fame 25 Sportarten sowie floridianische Sportgrößen porträtiert, lohnt ein Stopp in **White Springs** 3 (S. 326) am Suwannee River. Die heilende Wirkung der Schwefelquellen war schon den Timucuan- und den Seminolen-Indianern be-

Das Castillo de San Marcos von 1695 ▷

Im Wakulla Springs State Park

Kurzporträt Florida

Ursprung des Namens: Aus dem Spanischen, von Pasqua Florida, dem Fest der Blumen (Ostern); Beiname *sunshine state* – Staat des Sonnenscheins

Eintritt in die Union: 3. 3. 1845 als 27. Bundesstaat

Größe und Einwohnerzahl: 147 000 km², Rang 22; 14,7 Mio., Rang 4

Hauptstadt: Tallahassee

Motto und Staatssymbole: *In God we trust* – Wir vertrauen auf Gott; Blume: Orangenblüte; Baum: Fächerpalme; Vogel: Spottdrossel

Wichtige Städte: Im Norden: Tallahassee, Jacksonville, Panama City, Pensacola

Straßenverkehr: Anschnallpflicht, Helmpflicht auf Motorrädern, Höchstgeschwindigkeit 70 Meilen

Zeitzone: Mitteleuropäische Zeit minus 6 Std. im Osten, minus 7 Std. im Westen

Wirtschaft: Tourismus, Zitrusfrüchte, Fischfang, Phosphate, Obst und Gemüse, Elektronik, im Norden auch Anbau von Baumwolle und Nüssen, Militärstützpunkte

Highlights: Im Norden: St. Augustine, Atlantikstrände zwischen Amelia Island und St. Augustine, Golfstrände am Miracle Strip, Wakulla Springs, die Altstadt von Pensacola

kannt. In den Badehäusern, die später bei den Quellen errichtet wurden, suchte um die Wende zum 20. Jh. auch Theodore Roosevelt, der spätere US-Präsident, wohltuende Entspannung. Das Stephen Foster State Folk Cultural Center ist heute die eigentliche Attraktion von White Springs. Der volkstümliche Dichter und Komponist, der mit der 1851 komponierten floridianischen Staatshymne »Way down upon the Suwannee River« den Fluß, auch wenn er ihn selbst nie gesehen hatte, berühmt machte, wird hier mit einer liebevoll gestalteten Ausstellung geehrt. Vom Glockenturm der Anlage ertönt regelmäßig ein Potpourri seiner bekanntesten Melodien. Im Riverside Park am Ufer des romantischen Flusses sind noch Reste der viktorianischen Bade-Anlagen auszumachen. Zum großen Folk Musik Festival kommen alljährlich im Mai neben einigen Tausend Besuchern auch die Stars der Folk- und Country Music.

An Baumwoll-, Tabak- und Erdnußfeldern vorbei und durch kleine Orte mit einigen schönen Antebellum-Villen wie Madison und Monticello führt der Weg weiter nach Westen. *Florida with a Southern accent* nennt man diese Region unweit der Grenze zu Georgia. Im Quellgebiet von Wakulla Springs 14 Meilen südlich von Tallahassee hat bereits Johnny Weissmuller als Hollywood-Tarzan mit Alligatoren und fiesen Verbrechern gerungen. Die kräftig sprudelnde artesische Quelle im dichten Mischwald fördert täglich 950 Mio. l kristallklares Wasser zutage. Mehr als 150 Vogelarten, Alligatoren, Waschbären und eine unglaubliche Vielfalt von Pflanzen machen den State Park zu einem lohnenden Ausflugsziel.

Um **Apalachicola** 4 (S. 268) wachsen die Wälder bis dicht ans Meer. Nicht der Tourismus, sondern Fischfang und die Austernzucht bilden hier die wichtigste Einnahmequelle der Einwohner. Im kleinen John Gorrie Museum wird des Arztes gedacht, der vor mehr als 100 Jahren die Qualen seiner Malaria- und Gelbfieberpatienten zu lindern versuchte. Er erfand eine von Zeitgenossen belächelte Methode, künstlich Eis herzustellen.

Panama City 5 (S. 308) liegt am östlichen Ende der etwa 150 km langen, herrlichen Sandküste des *miracle strip*, die sich bis kurz von Pensacola erstreckt. Der geschäftige Hafen versorgt Fischerboote, Freizeitkapitäne und Handelsschiffe. Das Museum of Man in the Sea illustriert die Erforschung der Ozeane mit Dioramen, Dokumenten und Tauchausrüstungen von der Antike bis heute.

In den kleinen Strandbädern von Silver Beach, Four Mile Village, Grayton oder Seaside geht es geruhsam zu. In der näheren Umgebung von Panama City Beach dagegen beherbergen in den Sommermonaten Dutzende Hotels und Apartmentanlagen Zehntausende von Urlaubern vor allem aus den angrenzenden Bundesstaaten Alabama und Georgia. Für Zerstreuung an der sogenannten Redneck Riviera ist mit Achterbahnen, Riesenrädern, Spielarkaden und Wasserparks gesorgt. Ein Gulf Coast Triathlon, Off-Shore Powerboat-Rennen und die schnellen Hunde auf der Anlage des Ebro Greyhound Racing Club bieten zusätzliche Zerstreuung.

Die Eglin Air Force Base ist der größte Luftwaffenstützpunkt der Welt. Daß den etwa 20 000 Soldaten 21 Start- und Landebahnen zur Verfügung stehen, läßt sich an den feinsandigen Stränden von Fort Walton Beach (S. 282) nicht überhören. Das Air Force Armament Museum der Luftwaffe zeigt Kriegsgerät vom Ersten Weltkrieg bis zum Golfkonflikt. Der Nachbau eines indianischen Tempels auf einem Erdhügel bildet den sichtbaren Rest einer einst ausgedehnten Siedlung von Indianern der Mississippi-Kultur aus der Zeit zwischen 1200 und 1650. Im ausgezeichneten Besucherzentrum und Museum von Fort Walton Mounds kann man sich umfassend über die indianische Besiedlung der zurückliegenden 10 000 Jahre informieren.

Pensacola 6 (S. 309), die mit 250 000 Einwohnern größte Stadt des Florida Panhandle, des ›Pfannenstiels‹, möchte auch als älteste europäische Siedlung in Nordamerika gelten. Der Spanier Tristan de Luna errichtete mit 1500 Gefolgsleuten schon 1559 sechs Jahre vor der Gründung von St. Augustine eine allerdings kurzlebige Niederlassung in der Bucht von Pensacola. Nach diesem ersten Kolonisationsversuch wechselte der Ort mehr als ein dutzendmal zwischen Spaniern, Franzosen, Engländern und Konföderierten den Besitzer, bis er nach dem Ende des Bürgerkriegs endgültig zu den USA gehörte.

Die Landung von Tristan de Luna wird alljährlich im Mai farbenprächtig nachgespielt, anschließend erinnert die Stadt mit der Fiesta of Five Flags an ihre lebhafte Geschichte.

Der Seville District, das historische Stadtzentrum mit Häusern aus dem 18. und 19. Jh., erstreckt sich um den Seville Square. Im Historic Pensacola Village wurden einige Gebäude restauriert und zu Museen umgestaltet. Mit dem Palafox Historic District, in dem das T. T. Wentworth Florida State Museum mit einer lückenlosen Darstellung der Regionalgeschichte aufwartet, und dem North Hill Preservation District wurden zahlreiche Gebäude aus der Zeit bis 1930 unter Denkmalschutz gestellt.

Seit einiger Zeit macht eine neue Erweckungsgemeinde, die Brownsville Assembly of God, von sich reden, die mit einer perfekten Show Hunderttausende von Teilnehmern aus den Südstaaten in ihre Gottesdienste lockt und mit Spenden und dem Verkauf von Devotionalien Einnahmen in Millionenhöhe erzielt. Das National Museum of

Nord-Florida und der tiefe Süden

Naval Aviation auf dem Areal der Naval Air Station präsentiert von den ersten Doppeldeckern bis zum Nachbau des Kommandomoduls der Weltraumstation Skylab alles, was mit der Marinefliegerei der USA zu tun hatte.

Fort Barrancas, 1797 noch von den Spaniern zum Schutz der Hafeneinfahrt von Pensacola als Bateria de San Antonio erbaut, liegt zwar auf dem Gelände der Naval Air Station, ist jedoch der Öffentlichkeit zugänglich. Das 1829 bis 1834 am Westende von Santa Rosa Island aus Backstein errichtete fünfekkige Fort Pickens bewacht den Zugang zur Pensacola Bay. Während des Bürgerkriegs lieferten sich Konföderierte, die Fort Barrancas besetzt hielten, mit Unionssoldaten in Fort Pickens Artillerieduelle. Ein Museum erklärt Besuchern der mächtigen Festungsruinen die Geschichte des Forts und informiert über die Tier- und Pflanzenwelt der Küstenlandschaften.

Schon zwischen 1886 und 1888 machten Wochenendausflügler nach Santa Rosa Island hier Station, um einen Blick auf den Apachenhäuptling Geronimo zu werfen, der in den Kasematten gefangengehalten wurde. Die Strände der vorgelagerten, schmalen Inseln sind nur an wenigen Stellen wie in Pensacola Beach dichter bebaut und laden ansonsten zum ungestörten Bad im türkisblauen Wasser des Golfes von Mexiko ein.

Mobile - the South's best Deal lautet der Werbeslogan der Handelskammer von **Mobile** 7 (S. 297) bei ihrem Bemühen, Investoren den Süden von Alabama schmackhaft zu machen. Die 1702 gegründete Stadt mit mehr als 300 000 Einwohnern in ihrem Einzugsbereich gehört mit dem geschäftigen Hafen, den Werften und Dockanlagen sowie Erdgas- und Erdölvorkommen in der Mobile Bay zu den Metropolen an der US-amerikanischen Golfküste.

Im Jahre 1735 errichteten Franzosen das Fort Louis de la Louisiane, das, zerstört, umgebaut und wieder rekonstruiert, heute als Fort Condé besichtigt werden kann. Aus französischen Kolonialzeiten stammt eine weitere Tradition, die heute nur zu gern weiterverfolgt

wird. Der französische Karneval, Mardi Gras, wird in Mobile schon länger gefeiert als in dem gut 150 Meilen weiter westlich gelegenen New Orleans. In den Wochen vor Aschermittwoch, an dem auch an der Golfküste von Alabama alles vorbei ist, herrscht der gute König Felix, veranstalten die verschiedenen Karnevalsvereinigungen Bälle und Umzüge.

Die historischen Stadtviertel von Mobile stammen durchweg aus dem 19. Jh., frühere Bauten sind, bis auf das Fort Condé, verfallen oder Bränden zum Opfer gefallen. Der verspielte, schmiede-eiserne Zierat an den Balkonbrüstungen macht das Richards DAR House am Tonti Square 1860 zu einem beliebten Besichtigungsziel. Seit 1965 liegt das Schlachtschiff »USS Alabama«, das im Zweiten Weltkrieg an verschiedenen Kämpfen im Pazifik beteiligt war, mit anderen Kriegsschiffen und Flugzeugen im Memorial Park zur Besichtigung fest, einem der in den USA beliebten, patriotisch ausgerichteten Militärparks. Fried-

licher geht es im Exploreum Science Museum zu, in dem Jugendliche mit anschaulichen Experimenten physikalische Gesetze erproben können.

In Theodore, jenseits der südlichen Stadtgrenze, ließ Walter Bellingrath mit dem bei Coca-Cola verdienten Geld 1917 einen Landsitz mit einem 26 ha großen subtropischen Blumengarten anlegen, in dem allein 250 000 Azaleen, 2000 Rosenbüsche, Kamelien, Lilien und viele andere Blumen das ganze Jahr über in Blüte stehen.

Wer auf dem Weg nach **Marianna** 8 (S. 296) einer Erfrischung bedarf, sollte im kristallklaren Wasser der mächtigen artesischen Quelle von Ponce de Leon Springs ein kurzes Bad nehmen. Während einer Führung kann man die verzweigten Kalksteinhöhlen des Florida Caverns State Park nördlich von Marianna erkunden. Im State Park beginnt der Chipola River Canoe Trail, ein markierter 80 km langer Wasserweg, der fast bis an den Golf von Mexiko führt.

Schmiede-eiserne Arkaden in der Altstadt von Pensacola

Strandhäuser in Pensacola Beach

Die Tatsache, daß Hernando de Soto im Dezember 1539 mit seinem spanischen Expeditionsheer in der Nähe des heutigen **Tallahassee** 9 (S. 318) das erste Weihnachtsfest auf amerikanischem Boden feierte, kann kaum der Grund gewesen sein, knapp 300 Jahre später dort die Hauptstadt von Florida zu gründen. Es zählte die zentrale Lage und die Notwendigkeit, einen Kompromiß zwischen den rivalisierenden Städten St. Augustine und Pensacola zu finden. Ein neuer 22stöckiger Regierungskomplex überragt inzwischen den gemütlich wirkenden Kuppelbau des Old State Capitol aus dem Jahre 1902, dessen Fenster rot-weiß-gestreifte Markisen vor der Sonne schützen. Aus den wenigen Einwohnern der Gründungsjahre sind inzwischen 130 000 geworden, darunter fast 40 000 Studenten zweier Universitäten.

Das Museum of Florida History beherbergt eine ungewöhnlich gut aufbereitete Sammlung zur Geschichte von Florida, von einem Mastodon-Skelett der letzten Eiszeit bis zu spanischen Schatzschiffen und dem Anbau von Zitrusfrüchten unserer Tage. The Columns heißt das älteste Gebäude der Stadt, das der reiche Bankier William ›Money‹ Williams 1830 erbauen ließ. Heute ist dort die Handelskammer von Tallahassee untergebracht. Auf dem Gelände der San Luis Archaeological and Historical Site sind die Reste der spanischen Missionsstation San Luis und eines Dorfes der Apalachee-Indianer zu sehen. Nur wenig weiter im Norden lassen sich bei der Lake Jackson Mounds State Archaeological Site die Reste dreier Erdpyramiden ausmachen, die zwischen 1200 und 1500 zu einem zeremoniellen Zentrum von Indianern der Mississippi-Kultur gehörten.

Der Weg nach Waycross und in den **Okeefenokee-Sumpf** 10 (S. 306) führt durch die endlosen Baumwoll-, Tabak- und Erdnußfelder im Südwesten von Georgia. Etwas weiter im Norden liegt

Jekyll Island
Insel der Millionäre

Beim Croquet-Spiel auf Jekyll Island

Der Millionärsklub von Entenhausen, in dem Onkel Dagobert sich mit anderen Finanzmagnaten trifft, scheint doch keine Erfindung von Walt Disney zu sein. Ein historisches Vorbild des Plutokratenvereins aus der Welt der Comics findet sich auf Jekyll Island im Südosten von Georgia, einer reizvollen Insel. Ein Klub reicher Ostküstengeschäftsleute hatte das Eiland 1886 für 125 000 US-Dollar erworben, um, wie es in einer Erklärung hieß, »eine hervorragende Lösung des schwierigen Problems, völlige Abgeschiedenheit mit der angenehmen Ge-

meinschaft Gleichgesinnter an ein und demselben Ort zu finden«.

Die Mitgliederliste der exklusiven Vereinigung liest sich wie ein Gotha des Geldadels: Charles Goodyear, William Rockefeller, Joseph Pulitzer, Vincent Astor, J. P. Morgan, die Vanderbilts und andere ließen auf der Insel Villen errichten, die sie bescheiden *cottages* (Ferienhäuser) nannten. Marina, Golfbahn, Tennisplätze, eine kleine Kapelle, die Louis Comfort Tiffany persönlich mit Buntglasfenstern ausstattete, sowie ein mondänes Klubhaus, das bis 100 Gäste aufnehmen konnte, bildeten den angemessenen Rahmen für ein angenehmes Leben in den Wintermonaten, fernab von Eis und Schnee.

Nachdem Ende der 20er Jahre die Weltwirtschaftskrise zahlreiche Klubmitglieder ruiniert hatte und der allzu offen zur Schau getragene Luxus während des Zweiten Weltkriegs nicht opportun erschien, verkauften die Erben ihre Privatinsel 1947 an den Bundesstaat Georgia. Heute darf jeder Jekyll Island betreten und sich an den schönen Atlantikstränden niederlassen. Wer will, kann die einstigen Luxusvillen der Multimillionäre während einer Führung besichtigen oder im historischen Jekyll Island Club Hotel sein Haupt auf Kissen betten, die einst den Superreichen vorbehalten waren (Jekyll Island Club Historic District, Visitor Center, Stable Rd., Tel. 912-635-2762, tägl. 9–16, Führungen 10–15 Uhr).

Albany, das sich selbst Pekan-Nuß-Hauptstadt der Welt nennt. Plains wurde als Wohnort von Jimmy Carter, den US-Präsidenten von 1976 bis 1980, weltweit bekannt. In Tifton (S. 318), ebenfalls nördlich der Strecke, demonstriert das Museumsdorf Georgia Agrirama Landleben um 1900.

Land der zitternden Erde nannten die Creek-Indianer die ausgedehnte Sumpflandschaft in der heutigen Grenzregion von Georgia und Florida, die etwa 12 000 Alligatoren und im Sommer gut 25 000 Reihern und Ibissen als Lebensraum dient. Hinzu kommen Enten, Fischadler, Bussarde, Spechte, Truthahngeier, verschiedene Singvögel, Dutzende von Schlangenarten, Frösche, Eidechsen und Fische. Nicht zu vergessen die Vielzahl von Käfern, von denen der tauchende Raubkäfer oder die von Seerosen fischenden Spinnen durch ihre ungewohnte Lebensweise in Erinnerung bleiben, andere wie Moskitos oder Stechfliegen mit Stichen und Bissen schmerzhafte Andenken hinterlassen. Von Fargo im Südwesten, Folkston im Osten, vor allem aber von Waycross im Norden, wo der an den Okeefenokee-Sumpf grenzende Laura S. Walker State Park das Naturschutzgebiet vergrößert, kann man Bootstouren in die einsame Landschaft unternehmen. Im Okeefenokee Swamp Park südlich von Waycross wird das Ökosystem der Sumpflandschaft dargestellt, vom 30 m hohen Aussichtsturm kann man viele der ständigen Sumpfbewohner beobachten.

Brunswick (S. 275), Hafen und Fischerstädtchen an der südlichen Küste von Georgia, ist der ideale Ausgangspunkt für die Erkundung der vorgelagerten **Golden Isles** 11 (S. 285). Unter dem schützenden Blätterdach der 900 Jahre alten mächtigen Eiche Lovers Oak an der Kreuzung von Prince und Albany Street mögen sich bereits indianische Liebespaare getroffen haben.

Durch die Marshes of Glynn, deren herbe Schönheit Sidney Lanier, den bekanntesten Dichter von Georgia, zu wortgewaltigen Reimen inspiriert hat, erreicht man St. Simons Island. An deren Westküste schlugen die Engländer 1742 in der Battle of Bloody Marsh von Süden angreifende spanische Verbände zurück und behielten die Kontrolle über ihre junge Kolonie Georgia. In den Ruinen von Fort Frederica wird im Sommer britisches Garnisonsleben nachgestellt.

Die Gästeliste der exklusiven Ferienanlage The Cloister auf der kleinen, mit Eichen, Palmen und Blumen bewachsenen Sea Island umfaßt neben der sonstigen vermögenden Klientel mit den US-Präsidenten Coolidge, Hoover, Eisenhower, Kennedy, Nixon, Ford, Carter und Bush auch reichlich politische Prominenz.

Die Ferieninsel Jekyll Island (S. 291) mit Eichenwäldern und einem breiten Strand am Atlantik ist erst seit 1947 für gewöhnliche Sterbliche zugänglich. Bis dahin hatten nur Mitglieder, Gäste und Bedienstete des Jekyll Island Club Zutritt zur Privatinsel. Die sich nach Süden anschließende langgezogene Cumberland Island, früher im Besitz der Carnegie-Familie aus Pittsburgh, steht unter Naturschutz. Die Zahl der Tagesbesucher, welche die Insel mit der Fähre von St. Mary erreichen, ist auf 300 begrenzt. Salzwassermarschen, Eichen-, Palmetto- und Pinienwälder sind der Lebensraum von Tausenden Vögeln, Reptilien, Ottern und seltenen Wasserschildkröten.

Die Südspitze von Cumberland Island liegt nur wenige Meilen von **Amelia Island** 12 (S. 282) entfernt, einer 20 km langen und 4 km breiten Ferieninsel, die zu Florida gehört. An der Nordwestküste liegt das Hafenstädtchen Fernandina Beach (S. 282), mit 9000 Bewohnern der einzige größere Ort des über Brücken erreichbaren Eilands. Auf dem Weg zurück nach Jacksonville kann man auf Fort George Island nördlich der Mündung des St. Johns River die Kingsley Plantation besichtigen. Das 1820 errichtete Wohnhaus von Zephania Kingsley und seiner schwarzen Ehefrau Anna Jai aus dem Senegal, die Nebengebäude und die Ruinen von mehreren Sklavenhütten vermitteln ein Bild vom Leben eines Großgrundbesitzers und seiner Untergebenen 40 Jahre vor dem Bürgerkrieg.

Sweet home Alabama
Unbekanntes Hinterland

Eine Rundreise durch Alabama bietet zahlreiche Überraschungen, denn der Bundesstaat im tiefen Süden ist für viele ein weißer Fleck auf der touristischen Landkarte. Vom hügeligen und bergigen Norden bis zum subtropischen Süden an der Golfküste sind es knapp 300 Meilen. Die Tour führt von Birmingham, der ehemaligen Stahlstadt, durch die südlichen Ausläufer des Cumberland Plateau und der Appalachen, zu State Parks, Stauseen, Schluchten und Wasserfällen. Bei Tuskegee trifft die Route auf den *black belt,* einen breiten Streifen schwarzer, fruchtbarer Erde im Einzugsbereich von Alabama, Black Warrior und Tombigee River. Hier erstreckten sich bis zum Bürgerkrieg die endlosen Plantagen der Baumwollbarone, schufteten Sklaven auf den Feldern und erwirtschafteten den Reichtum, den viele herrschaftliche Villen zum Ausdruck bringen.

Kein Wunder, daß in den Städten dieser Region wie in Montgomery oder Selma auch die schwarze Bürgerrechtsbewegung Wurzeln hatte und häufig erst nach langen Auseinandersetzungen Erfolge erzielen konnte. Eindrucksvolle Gedenkstätten und Museen dokumentieren die Etappen dieses Kampfes.

Schon vor mehr als 1000 Jahren nutzten Indianer das fruchtbare Land nahe der Flußufer. Bei Moundville südlich von Tuscaloosa zeugen zwei Dutzend erhaltene Erdhügel von einer ihrer einst bedeutendsten Siedlungsstätten im Südosten der heutigen USA.

Birmingham **1** (S. 273), die mit knapp 280 000 Einwohnern größte Stadt von Alabama – mit umliegenden Gemeinden sind es fast 1 Mio. –, wird seit einigen Jahren wegen seiner Lebensqualität gerühmt. Moderne Arbeitsplätze in Technologie- und Dienstleistungsunternehmen, ein reiches kulturelles Angebot sowie das aufgelockerte Stadtbild mit vielen Grünanlagen haben Birmingham zu einer der beliebtesten Städte im Süden der USA werden lassen. Einst ein Zentrum der Eisen- und Stahlproduktion, gilt sie heute als Handels- und Dienstleistungszentrum von Alabama, mit weithin bekannten Kliniken und Forschungseinrichtungen. Der Smog, der das Klima von Birmingham früher verdunkelte, hat sich inzwischen verzogen, die Benachteiligung der schwarzen Bevölkerung, welche die politische Atmosphäre in den 50er und 60er Jahren vergiftete, hat sich in vielen Bereichen ent-

Der Kampf ist nicht zu Ende
Das Civil Rights Institute von Birmingham

Ein bronzener Martin Luther King jr. blickt, die Bibel in einer Hand, auf die 16th Street Baptist Church. Die Statue im Kelly Ingram Park erinnert an die Auseinandersetzungen um die Bürgerrechte für schwarze Amerikaner in den 50er und 60er Jahren. Die weltweit übertragenen Fernsehbilder von Polizeihunden, die auf Demonstranten und schwarze Schulkinder gehetzt wurden, und von Bürgerrechtlern, die man mit dem Strahl aus Wasserwerfern über die Straße wirbelte, sind hier entstanden.»Four little Girls«, ein Dokumentarfilm von Spike Lee, schildert das Bombenattentat von Ku-Klux-Klan-Mitgliedern auf die Baptistenkirche in der 16th Street, bei dem am 15. 9. 1963 vier Mädchen getötet wurden.

Im 1992 eröffneten Birmingham Civil Rights Institute wird die Zeit der Rassentrennung und der Auseinandersetzungen wieder lebendig. Bild- und Textdokumente, Video- und Radiomitschnitte sowie zahlreiche andere Exponate, etwa ein Straßenbahnwagen mit nach Hautfarbe getrennten Sitzen, vermitteln ein eindrucksvolles Bild vom Kampf um gleiche Bürgerrechte und Menschenwürde für die Schwarzen, geben Zeugnis von den Opfern und Erfolgen (Birmingham Civil Rights Institute, 520 16th St. N., Ecke 6th Ave., Tel. 205-328-9696, Di–Sa 10–17, So 13–17 Uhr).

scheidend verbessert. Im Civil Rights Institute wird die Geschichte der Stadt und ihrer schwarzen Bürger von ihrer Gründung 1871 bis heute nachgezeichnet.

Die letzte, 1971 geschlossene Stahlhütte, Sloss Blast Furnace, kann heute als Industriemuseum besichtigt werden. Auf dem Gipfel des Red Mountain südlich der Innenstadt thront ebenfalls ein Wahrzeichen der vergangenen Epoche. Die fast 17 m große, gußeiserne Figur von Vulkanus, dem römischen Gott des Feuers, erregte als Beitrag von Alabama zur Weltausstellung 1904 in St. Louis Aufsehen. Beim Red Mountain Museum wird die geologische Basis von Birmingham an einer Schnittfläche des von Eisenerzadern durchzogenen Berges deutlich erkennbar. Fossilien, Felsen, Erze und Minerale aus den letzten 500 Mio. Jahren der Erdgeschichte können im Museum bestaunt werden.

Cullman 2 (S. 280), ein Städtchen mit knapp 14 000 Einwohnern 50 Meilen nördlich von Birmingham, ist von hügeligen, bewaldeten Ausläufern der Appalachen und fruchtbarem Farmland umgeben. Oberst Johann Cullmann, ein deutschstämmiger Flüchtling, der seine Heimat wegen der Beteiligung an Attentatsplänen gegen den russischen Zaren verlassen mußte, versuchte, 1873 eine landwirtschaftliche Kolonie mit deutschen Auswanderern zu gründen. Mit einer Anzeige in verschiedenen Zeitungen:»Land, 20 ha und aufwärts, 4 bis 6

Dollar pro ha, Land- und Forstwirtschaft, Eisen, Kohle, gesundes Klima, keine Malaria, keine Sümpfe, keine Grashüpfer, keine Hurrikans und Blizzards!« lockte er 20 000 Deutsche nach Cullman.

Erst die beiden Weltkriege jeweils mit Deutschland als Gegner der USA ließen den Gebrauch der deutschen Sprache und Traditionen in Cullman unpopulär werden. Von den Nachfahren der Auswanderer wird in Erinnerung an die deutsche Kolonie von Nord-Alabama alljährlich im September ein Oktoberfest gefeiert. Im Cullman County Museum geben Dokumente, Photos und Einrichtungsgegenstände von Wohnungen und Geschäften Einblicke in das Leben im Cullman um 1900. Die Benediktinerabtei, deren Patres sich der Seelen in Cullman annahmen, schloß aus Mangel an Mönchen 1979 ihre Pforten. Das Lebenswerk von Bruder Joseph, eine Miniaturstadt von 120 Kirchen, Tempeln und anderen Gebäuden, kann noch heute als Ave Maria Grotto besichtigt werden.

Aus der Hütte und dem Anleger, die der Schotte John Gunter am Ufer des Tennessee River errichtete, ist heute die Handels- und Fremdenverkehrsmetropole Guntersville am Ufer des gleichnamigen Stausees geworden. Etwa 60 Meilen weiter östlich erstreckt sich der **De Soto State Park** 3 (S. 281) entlang des Little River im Gebirgszug von Lookout Mountain. Die Wälder, Flüsse, Berge und Schluchten kann man am besten auf einem der Wanderwege erkunden. Von den gut 15 Wasserfällen im Park sind die de Soto Falls zweifellos die imposantesten. Der westliche Arm des Little River überspült einen Damm und katapultiert sich dann über zwei Felsstufen in ein von Felsen eingefaßtes Bassin. Der 30 km lange Little River Canyon im Nordosten von Alabama wird als gewaltigste Schlucht östlich der Rocky Mountains gerühmt. Eine schmale, kurvige Straße ermöglicht herrliche Ausblicke in die bewaldete Felsspalte. Die Noccalula Falls nördlich von Gadsden sind nach einer Häuptlingstochter der Cherokee benannt, die sich aus Liebeskummer die 30 m hohen Fälle hinuntergestürzt haben soll.

Der Weg nach Süden führt über Anniston (S. 268), dessen naturgeschichtliches Museum schon wegen der einmaligen Sammlung von mehr als 600 präparierten Vögeln einen Stopp wert ist. Nördlich vom heutigen Dadeville besiegte am 27. 3. 1814 der General und spätere US-Präsident Andrew Jackson mit 3000 Soldaten sowie Cherokee-Hilfstruppen von 600 Mann die Reste der einst mächtigen Creek-Föderation. Die vernichtende Niederlage – von 1000 Kriegern überlebten nur 200 – führte zu Verträgen, die den Weißen 100 000 km^2 Land im bislang indianischen Alabama zur Besiedlung öffneten. Auf dem Gelände des **Horseshoe Bend National Military Park** 4 (S. 288) illustriert ein Museum den Ablauf der Kämpfe und informiert über die Lebensweise der Creek.

Tuskegee 5 (S. 321) am östlichen Rand des *black belt,* eines Streifens schwarzer, fruchtbarer Erde, ist nicht wegen seiner respektablen Pflanzervillen aus dem 19. Jh., sondern aufgrund des weltberühmten Tuskegee-Instituts bekannt. Dessen Gründer Booker T. Washington, am 5. 4. 1856 als Sklave auf der Burroughs Farm im Südwesten von Virginia geboren und mit einem Wert von 400 Dollar in der Inventarliste geführt, hatte sich durch Bildung emanzipiert. Nach einer hart erkämpften Ausbildung zum Lehrer und mehrjähriger Tätigkeit als Dozent am Hampton Institute für Lehrerausbildung in Virginia

Unbekanntes Alabama

Kurzporträt Alabama

Ursprung des Namens: Bezeichnung eines Creek-Stammes, Beiname: *Heart of Dixie* – das Herz von Dixie

Eintritt in die Union: 14. 12. 1819 als 22. Bundesstaat

Größe und Einwohnerzahl: 135 775 km², Rang 30; 4,3 Mio., Rang 22

Hauptstadt: Montgomery

Motto und Staatssymbole: *Andemus jura nostra defendere* – Wir wagen es, unsere Rechte zu verteidigen; Baum: Wymouth-Kiefer; Blume: Kamelie; Vogel: Goldammer

Wichtige Städte: Montgomery, Mobile, Birmingham, Huntsville, Florence, Tuscaloosa

Straßenverkehr: Licht bei Regen, Helmpflicht auf Motorrädern, Höchstgeschwindigkeit 70 Meilen

Zeitzone: Mitteleuropäische Zeit minus 7 Std.

Wirtschaft: Sojabohnen, Erdnüsse, Baumwolle, Holz, Papier und Maschinenbau

Highlights: Russel Cave, Raketenzentrum in Huntsville, Civil Rights Institute in Birmingham, W.C. Handy Blues Museum bei Florence, Dauphin Island und andere Inseln am Golf von Mexiko, Moundville, Horseshoe Bend

gründete er 1881 in Tuskegee eine Schule nur für schwarze Kinder. Die drei Prinzipien, nur schwarze Lehrer einzusetzen, vorrangig Berufsausbildung zu betreiben und neben der fachlichen auch auf die charakterliche Bildung Wert zu legen, wurden von Anfang an in die Tat umgesetzt. Die Erfolge erregten landesweit Aufsehen und sicherten der Schule breite Unterstützung, auch von Großindustriellen und Philanthropen.

Radikale Sprecher der Schwarzen wie W.E.B. DuBois kritisierten den ihrer Meinung nach integrationistischen Ansatz, durch vorrangige Vermittlung einfacher Tätigkeiten die untergeordnete Rolle der Schwarzen zu zementieren. Im Jahre 1927, lange nach Booker T. Washingtons Tod, erhielt die Schule den Status eines College. Die historischen Gebäude aus der Gründungsphase sind als National Historic Site zur Besichtigung geöffnet. Auf dem Campus befindet sich auch das George Washington Carver Museum, das dem langjährigen Leiter der agrarwissenschaftlichen Abteilung der Schule gewidmet ist. Seine Forschungsarbeiten gaben Tausenden von kleinen Farmern Hilfe im Überlebenskampf. Erkenntnisse über den Anbau und die Verwertung von Süßkartoffeln und von Erdnüssen machten Carver überregional bekannt.

Montgomery 6 (S. 298), Hauptstadt von Alabama an den Ufern des Alabama River mit 190 000 Einwohnern, gehört heute zu den Metropolen der Südstaaten mit einer sich schnell verändernden Skyline von Bürohochhäusern. Gleichzeitig ist die Stadt immer noch Umschlagplatz für die landwirtschaftlichen Produkte, die im fruchtbaren *black belt* angebaut werden. Die Rinder- und Geflügelmärkte von Montgomery zählen zu den größten der Südstaaten. Nachdem die Stadt 1819 als Zusammenschluß der rivalisierenden Siedlungen East Alabama und New Philadelphia gegründet und nach einem General des Unabhängigkeitskriegs, Richard Montgomery, benannt worden war, gewann sie schnell an Attraktivität als landwirtschaftliches Zentrum der Region.

Im Jahre 1846 war die Bedeutung des Ortes als Handelsplatz für Baumwolle so gewachsen, daß der Regierungssitz von Tuscaloosa hierher umzog. Das Parlament von Alabama gehörte zu den ersten, die sich 1861 von der Union lossagten. Im Februar 1861 legte der frisch gewählte Präsident der Konföderierten Staaten von Amerika auf den Stufen des Kapitols von Montgomery seinen Amtseid ab. Ein bronzener Stern im Boden und die Statue von Jefferson Davis vor dem Regierungsgebäude erinnern da-

Das Civil Rights Memorial in Montgomery

ran. Vier Monate diente die Stadt als Regierungssitz der Konföderation, bis dieser nach Richmond in Virginia verlegt wurde.

Old Alabama Town heißt ein Museumsdorf nahe dem Stadtzentrum, in dem zwei Dutzend Wohnhäuser, eine Arztpraxis und einige Geschäfte aus dem 19. Jh. wiederaufgebaut wurden. Einige davon sind mit zeitgenössischen Möbeln eingerichtet und geben einen authentischen Eindruck von den Lebens- und Arbeitsbedingungen einfacher und wohlhabender Bürger.

In den 50er und 60er Jahren des 20. Jh. geriet Montgomery zum Schauplatz erbitterter Auseinandersetzungen um Bürgerrechte. Die Verhaftung von Rosa Parks, die sich weigerte, einen für Weiße reservierten Sitzplatz in einem öffentlichen Bus zu räumen, löste 1955 einen 18monatigen Bus-Boykott aus, als dessen organisatorische Kraft ein junger Pfarrer der Dexter Avenue Baptist Church namens Martin Luther King jr. wirkte. Zehn Jahre später marschierten 25 000 Bürgerrechtler von Selma nach Montgomery und unterbreiteten dem Gouverneur George C. Wallace, der mit einem scharfen ›Rassentrennungsprogramm‹ die Wahl gewonnen hatte, ihre Forderungen. Das Civil Rights Memorial, in dem die Namen von etwa 40 Opfern eingraviert sind, die ihr Engagement für Bürgerrechte mit dem Leben bezahlen mußten, erinnert an die Etappen dieses Kampfes. Rosa Parks konnte Ende 2000 selbst das ›Rosa Parks Museum‹ auf dem Gelände der Troy State University einweihen.

Selma 7 (S. 316), am Steilufer des Alabama River, heute ein wichtiger Umschlagplatz für die landwirtschaftlichen Produkte der Region, war bereits 1820 ein bedeutender Handelsort für Baumwolle. Die Besitzer der großen Planta-

gen führten einen repräsentativen Lebensstil wie die 1853 errichtete neoklassische Sturdivant Hall mit sechs korinthischen Säulen als Frontschmuck belegt. Im Water Avenue Historic District zwischen Franklin und Lauderdale Street kann man weitere Wohnhäuser, öffentliche Gebäude und Kirchen aus der Zeit vor dem Bürgerkrieg besichtigen.

Genau 100 Jahre nach Beendigung des Bürgerkriegs stand die Stadt wieder im Zentrum großer Auseinandersetzungen. Mehrere Wochen lang marschierten Demonstranten, die auf massive Benachteiligung bei der Wahlzulassung von Schwarzen aufmerksam machen wollten, von der Brown Chapel African Methodist Church zum Gerichtsgebäude von Dallas County. Massenverhaftungen machten bundesweit Schlagzeilen. Den Höhepunkt der Auseinandersetzungen, als der Demonstrationszug am 7. 3. 1965 an der Pettus-Brücke von der Polizei mit Tränengas und Schlagstöcken erwartet wurde, verfolgten Millionen Zuschauer an den Fernsehbildschirmen. Tausende von Sympathisanten reisten empört nach Selma, um sich dem Protest anzuschließen, Präsident Johnson stellte die Nationalgarde unter den Befehl der Bundesbehörden. Ein fünftägiger Marsch von 25 000 Menschen von Selma nach Montgomery stellte die Weichen für die gesetzliche Beseitigung der Wahlbehinderungen.

Am Zusammenfluß von Cataba- und Alabama River, 9 Meilen südlich von Selma, stehen einige Ruinen und Straßenschilder, die an Cataba, die erste Hauptstadt von Alabama, erinnern. Verheerende Fluten und schließlich der Bürgerkrieg besiegelten die Existenz der einst blühenden Stadt.

Nach einer Fahrt von 70 Meilen nach Nordosten, vorbei an grasenden Rindern und Baumwollfeldern, ist **Mound-**

Prediger, Politiker, Mythos
Martin Luther King jr.

Ich sage Euch heute, meine Freunde, trotz aller Schwierigkeiten und Frustrationen, die wir zur Zeit erleben, habe ich einen Traum. Es ist ein Traum, der tief im amerikanischen Traum wurzelt. Ich habe einen Traum, daß diese Nation eines Tages aufstehen wird, um ihr Glaubensbekenntnis aus der Unabhängigkeitserklärung zu verwirklichen: »Wir halten diese Wahrheiten für selbstverständlich: daß alle Menschen von der Schöpfung her gleich sind.« Ich habe einen Traum, daß eines Tages auf den roten Hügeln von Georgia die Söhne der früheren Sklaven und der früheren Sklavenbesitzer brüderlich zusammensitzen können … Ich habe einen Traum, daß meine vier kleinen Kinder eines Tages in einer Nation leben werden, in der sie nicht nach der Farbe ihrer Haut, sondern nach ihrem Charakter beurteilt werden …

Die berühmte »I have a dream«-Rede, die Martin Luther King jr. 1963 vor etwa 250 000 Demonstranten in Washington hielt, markierte den Höhepunkt von zahlreichen spektakulären Massenaktionen, die acht Jahre zuvor in Montgomery, der Hauptstadt von Alabama, begonnen hatten. Rosa Parks, eine schwarze Aktivistin der Bürgerrechtsorganisation NAACP (National Association for the Advancement of Colored People) hatte mit ihrer Weigerung, einen für Weiße reservierten Platz im Bus zu räumen, einen mehr als einjährigen Boykott der Buslinien durch die schwarzen Bürger von Montgomery ausgelöst.

Als Befürworter gewaltfreier Aktionen profilierte sich ein junger Prediger der Dexter Avenue-Baptistengemeinde, der erst kurz zuvor in die Stadt gekommen war. Martin Luther King jr. wurde am 15. 1. 1929 in Atlanta geboren. Seine Mutter war Kirchenmusikerin, sein Vater, Martin Luther ›Daddy‹ King, und sein Großvater A. D. Williams predigten als Pastoren der Baptistengemeinde der Ebenezer Church von Atlanta, in der auch King als Pastor von 1960 bis 1968 wirkte. In Atlanta besuchte er das Morehouse College, eine ›schwarze Kaderschmiede‹, in der viele Prominente wie später Spike Lee oder

Edwin Moses ihre Hochschulreife erlangten. Nach dem Abschluß des Crozer-Theologie-Seminars in Chester, Pennsylvania, studierte King an der Universität in Boston, die er als promovierter Theologe verließ. Während des Studiums hatte er die junge Sängerin Coretta Scott geheiratet, mit der er vier Kinder haben sollte.

Die Erfolge des Kampfes in Alabama, die gewaltfreien Massenaktionen wie Sit-ins, passiver Widerstand und Straßenblockaden machten King bekannt. Eine wirkungsvolle Organisation, vor allem aber seine mitreißenden Reden fanden nicht nur in Montgomery ein großes Echo. Nachdem vier schwarzen Studenten am 1. 2. 1960 in der Mensa der Universität von Greensboro, North Carolina, verwehrt werden sollte, ihr Lunch auf den für Weiße reservierten Plätzen einzunehmen, begannen Jugendliche in mehr als 60 Städten Sit-ins in Restaurants, Bars und Mensen.

Bereits ein Jahr später organisierten Mitglieder der NAACP und anderen Gruppierungen Aktionen gegen die Rassendiskriminierung in Bushaltestellen und öffentlichen Gebäuden. Vergeblich plädierte der Justizminister der USA, Robert Kennedy, nach gewaltsamen Zusammenstößen in Jackson, Mississippi, für eine Bedenkpause für beide Seiten. Hunderte nicht nur farbige Studenten, die sich an den Aktionen beteiligten, verbrachten den Sommer des Jahres 1961 in Gefängnissen des Bundesstaates Mississippi.

Die Behörden versuchten, den Sprecher der schwarzen Bürgerrechtsbewegung einzuschüchtern. King wurde wegen Steuerhinterziehung angeklagt, wegen Verkehrsvergehen eingesperrt, unter dem Vorwurf der Organisierung von Aufruhr ins Gefängnis gesteckt. Im »Brief aus einem Gefängnis in Birmingham« setzte sich King 1963 mit der Kritik aus den eigenen Reihen über seine angeblich zu offensive Strategie gewaltfreier Aktionen auseinander. Im selben Jahr beschwor er auf der Abschlußveranstaltung des Sternmarsches auf Washington seinen Traum von einer Gesellschaft, in der die Menschen unterschiedlicher Hautfarbe und Herkunft friedlich zusammenleben.

Die Massenveranstaltung in der Bundeshauptstadt sowie die Auszeichnung von King mit dem Friedensnobelpreis ein Jahr später gaben der Regierung in Washington den letzten Anstoß, eine Reihe von Gesetzen auf den Weg zu bringen. Mit dem Civil Rights Act, der den gleichberechtigten Zugang zu öffentlichen Bereichen vorschreibt, oder dem Voting Right Act, der die Barrieren zur Verwirklichung des Wahlrechts durchlöcherte, sollten die Bürgerrechte für Schwarze auch zur gesellschaftlichen Realität werden.

Als sich die USA in der zweiten Hälfte der 60er Jahre immer tiefer in den Vietnam-Krieg verstrickten und gleichzeitig die politische und wirtschaftliche Benachteiligung der schwarzen Amerikaner fortbestand, flackerten die Unruhen in den Ghettos der Städte wieder auf, schien das von King verfochtene Prinzip der Gewaltlosigkeit nicht mehr tragbar. Die langjährige, mühsame Überzeugungsarbeit hatte bei der Mehrheit der weißen Bevölkerung nicht das gewünschte Echo gefunden.

Radikale Organisationen wie die Black Panther Party, die sich im kalifornischen Oakland formiert hatten und auf den Kampf gegen die ›weißen Machtstrukturen‹ setzten, oder die Black Muslims, welche die Koexistenz von Schwarzen und Weißen nur bei strenger Rassentrennung für möglich hielten, gewannen in dem Maße an Einfluß, wie die traditionelle Bürgerrechtsbewegung an Zustimmung verlor. Martin Luther King jr. bestand jedoch weiter auf dem Prinzip des Gewaltverzichts und der Integration in eine gemeinsame Gesellschaft – »There is no salvation in isolation«.

Das Bemühen der Bürgerrechtsbewegung um größeren politischen Einfluß wurden, welche die Ungleichheit stets neu begründeten. Als er mit seinen Mitstreitern Ralph Albernathy und Jesse Jackson nach Memphis geeilt war, um einen Arbeitskampf der überwiegend schwarzen Müllmänner der Stadt zu unterstützen, wurde er am 4. 4. 1968 auf dem Balkon des Lorraine Hotels von ei-

Bürgerrechtsdemonstration 1963 in Washington D.C.

erzielte bemerkenswerte Erfolge. Noch 1965 standen nur 5 % der wahlberechtigten schwarzen Bürger von Mississippi auf den Wählerlisten, zwei Jahre später waren es bereits 35 %. Den 1960 bundesweit etwa 100 gewählten schwarzen Abgeordneten standen 30 Jahre später bereits mehr als 7000 gegenüber. Heute sind viele Bürgermeister großer und mittlerer Städte wie Washington D. C., Memphis oder Atlanta Schwarze.

Ende der 60er Jahre stand Martin Luther King jr. am Beginn einer neuen Etappe des langen Kampfes um gleiche Rechte. Er sah, daß die Bürgerrechtsbewegung solange keinen wahren Erfolg haben konnte, bis nicht die wirtschaftlichen Rahmenbedingungen verändert

nem Attentäter erschossen. Die Bürgerrechtsbewegung war ihrer eindrucksvollsten Integrationsfigur beraubt.

King hatte durch seine mitreißenden Ansprachen moralische Kraft vermittelt und großen Anteil daran, daß das politische Erbe der Sklavenhaltergesellschaft endlich überwunden werden konnte. Die Kinder von Martin Luther King jr. sind längst erwachsen, seine Tochter predigt inzwischen in der vierten Generation in der Gemeinde der Ebenezer Church. Nicht weit entfernt steht auf dem weißen Marmorstein der nationalen Gedenkstätte am Grabe ihres Vaters die Inschrift: Rev. Martin Luther King jr., 1929–1968. »Endlich frei. Endlich frei. Dank sei Gott, dem Allmächtigen, ich bin endlich frei.«

ville 8 (S. 299) erreicht. Etwa 5 Meilen westlich des 1300 Einwohner zählenden Ortes schützt das knapp 150 ha große Areal des Moundville Archaeological Park die Reste einer von 1000 bis 1500 n. Chr. bewohnten indianischen Siedlung mit einst etwa 3000 Einwohnern aus der Mississippi-Epoche. Weitere 7000 bis 8000 Menschen lebten in kleineren Niederlassungen am Black Warrior River.

Zwanzig Erdhügel unterschiedlicher Größe, die zeremoniellen Zwecken oder als Plattform für Wohnbauten dienten, blieben erhalten. Der größte davon bedeckt eine Grundfläche von 1 ha und ist knapp 18 m hoch. Ein Teil der reichen Funde ist im angeschlossenen, kleinen Museum zu sehen; darunter kunstvolle Tonarbeiten mit eingearbeiteten Motiven, Äxte, Messer und Pfeilspitzen aus Feuerstein, Hacken und Nähnadeln aus Tierknochen sowie Schmuck aus Kupfer und Halbedelsteinen. Ein rekonstruiertes Dorf illustriert die Lebensbedingungen der Indianer vor 800 Jahren.

Tuscaloosa 9 (S. 320) 15 Meilen nördlich von Moundville heißt in der Sprache der Choctaw schwarzer Krieger und erinnert an den Namen der Creek-Siedlung an gleicher Stelle, die 1814 durch eine Einheit der US-Kavallerie vom Erdboden getilgt wurde. Knapp 20 Jahre lang, von 1826 bis 1846, fungiert Tuscaloosa als Hauptstadt des jungen Staates Alabama, dann hatten die reichen Pflanzer von Montgomery sich durchgesetzt.

Tuscaloosa präsentiert sich heute als moderne Bezirksstadt mit knapp 80 000 Einwohnern, davon 20 000 Studenten der Universität von Alabama, mit interessantem Kulturangebot und respektablen Gewerbeansiedlungen. Neben Unternehmen für chemische Produkte, Papier, Autoreifen, Asphalt und Kabel beschäftigt Mercedes-Benz im Vorort Vance 4000 Mitarbeiter in einer super-modernen Fertigungsanlage, in der Luxus-Geländewagen der M-Klasse montiert werden.

Die Atmosphäre einer Kleinstadt des alten Südens konnte Tuscaloosa nur im Bereich der Universität sowie in den historischen Straßenzügen wahren. In einigen Stadtvierteln – so etwa im Gorgas Manly oder dem Druid City Historic District – stehen noch zahlreiche Gebäude aus der Zeit der Plantagenherrlichkeit. Das 1835 im *Greek Revival*-Stil entworfene und mit zeitgenössischen Möbeln ausgestattete Battle-Friedman House liegt inmitten eines weitläufigen Gartens. Im 1863 errichteten Jemison-Van de Graaf Mansion, einem akkurat restaurierten Gebäude im italienischen Stil mit verspielten Rundbögen auf der Veranda, hat das Visitor Center der Stadt seine Büros. Das aus rotem Backstein und mit weißen Säulen erbaute Gorgas House aus dem Jahre 1829 ist das älteste Gebäude auf dem Campus der Universität. Sein Name erinnert an Dr. William Gorgas, einen Mediziner und früheren Präsidenten der Universität, der während der Ausschachtungsarbeiten beim Bau des Panama-Kanals erfolgreich eine Gelbfieberepidemie bekämpfte. In der Old Tavern aus dem Jahre 1827, heute ein Museum, trafen sich einst die Abgeordneten des Parlaments von Alabama, um ihre Debatten bei einem Gläschen fortzusetzen. Die Fundamente des 1823 niedergebrannten Kapitols sind noch im Capitol Park am westlichen Ende der zentralen Broad Street auszumachen.

Auf dem Firmengelände der Gulf States Paper Corporation am Stadtrand überraschen ein der kaiserlichen Katsuro-Anlage von Kyoto nachempfundener japanischer Park sowie die Warner Collection, eine ausgezeichnete Sammlung amerikanischer Malerei. Das nahe

Stern über Tuscaloosa
Mercedes-Benz und die M-Klasse

Beim Cityfest von Tuscaloosa am letzten Wochenende im August hört man auch deutsche Töne. Neben der *umptata music* der German Buam und bayerischem Bier, die als wichtigste Kulturgüter bei keinem Festival mit deutscher Beteiligung fehlen dürfen, überrascht ein schwäbisches Weindorf mit guten Tropfen die Besucher. Ein Ausstellungspavillon offeriert gar Einblicke in High-Tech-Produkte made in Germany.

Seit Mai 1997 werden westlich von Tuscaloosa Autos mit einem Stern auf der Kühlerhaube gebaut. Die M-Klasse, ein neuentwickeltes, geländegängiges Freizeitfahrzeug, erlebte hier, im Norden von Alabama, ihre Weltpremiere. Vorangegangen waren die intensive Suche nach einem optimalen Standort und eine nur zweijährige Bauzeit für das neue Montagewerk. Auf eine Kampagne, mit der qualifizierte Mitarbeiter für das Werk gewonnen werden sollten, meldeten sich innerhalb von nur zwei Wochen mehr als 65 000 Bewerber für die zunächst geplanten 1200 Stellen.

Die neuen Mitarbeiter wurden intensiv, über mehrere Monate auch im Stammwerk bei Sindelfingen in Baden-Württemberg, auf ihre neue Aufgabe vorbereitet. Nachdem in kürzester Zeit die avisierte Jahresstückzahl von 80 000 erreicht wurde, wird das Werk auf 4000 Mitarbeiter und 160 000 Autos erweitert.

Die supermoderne Produktionsanlage im Norden von Alabama sorgt mit optimal abgestimmter Logistik für sehr kurze Produktionszeiten und minimalen Lagerbestand von Systemkomponenten. Das aus weißem Metall und Glas errichtete Gebäude, vom benachbarten Highway gut erkennbar, vereinigt neben den Werkshallen ein Schulungs- und ein Besucherzentrum. Das Dach erinnert mit seiner Wellenform an die sanften Hügel, die *rolling hills* von Nord-Alabama, viel Glas sorgt für eine transparente Atmosphäre. Strenge interne umweltpolitische Auflagen halten die Belastung der Natur in engen Grenzen, ein Recycling-System sorgt für die Weiterverarbeitung von Rückständen und Abfällen.

Kein Wunder, daß Konflikte Mangelware sind, daß Mercedes gegenwärtig überwiegend Lob für sein Engagement in Tuscaloosa erhält. »Wir in Alabama heißen den neuesten Stern in unserem Staat willkommen«, verkündet der Gouverneur Fob James. Besucher von Tuscaloosa können sich im Ausstellungszentrum des Werkes über die Geschichte des deutschen Fahrzeugfabrikanten informieren, über seine Produkte und seine Verbindung mit der Chrysler Corporation, dem drittgrößten amerikanischen Automobilkonzern (Mercedes-Benz International Visitor Center, 11 Mercedes Dr., I-20/59, Vance, 15 Meilen westl. von Tuscaloosa, Mo–Fr 9–17, Sa 10–17 Uhr, Tel. 205-507-2252).

gelegene Mildred Warner House präsentiert erlesene Einrichtungsstücke aus
dem 19. Jh. und Bilder bekannter amerikanischer Künstler wie John Singer-Sar-
gent oder Edward Hopper. In der Sarah
Moody Gallery of Art werden Ausstellungen mit zeitgenössischer Kunst veranstaltet. Das Children's hands-on Museum wendet sich an Kinder, die bei Experimenten zu Naturwissenschaften, in
einem nachgebauten Fernsehstudio
oder einem alten Kaufmannsladen ihre
helle Freude haben.

Im Paul W. Bryant Museum der Universität von Alabama leben die glorrei-
chen Zeiten ihres Football-Teams Crimson Tide unter dem legendären, 1983
verstorbenen Coach ›Bear‹ Bryant auf,
bei dessen Begräbniszug von Tuscaloosa ins 56 Meilen entfernte Birmingham 500 000 trauernde Fans am Weg
standen. Noch immer gehört das Team,
dessen Heimspiele Zehntausende Zuschauer bejubeln, zu den besten Mann-
schaften in der amerikanischen College-
Liga.

New Orleans und
die Mississippi River-Region

New Orleans

■ (S. 303) Heutige Stadtplaner hätten
Jean-Baptiste le Moyne, Sieur de Bienville, dringend abgeraten, ausgerechnet
an dieser ›wundervollen Doppelkurve‹
des Mississippi den Grundstein für die
Stadt New Orleans zu legen; auf einer
feuchten Wiese, mehr als 1 m unterhalb
des Meeresspiegels, regelmäßig vom
Hochwasser des Flusses überschwemmt.
Unbeeindruckt von derlei Nachteilen
ließ der Franzose die Niederungen von
Strafgefangenen mit Zypressenholz und
Austernmuscheln auffüllen und einen
Wall als Hochwasserschutz um die ge-
plante Siedlung errichten. Diese nannte
er zu Ehren des mächtigen Regenten
Louis XV., Herzog von Orléans, Nouvelle
Orléans.

Ziel der kühnen Stadtgründung im
Jahre 1718 war die Kontrolle über den
mächtigen Strom, den Mississippi, der
mit seinen Nebenflüssen als Handels-
verbindung bis an die Großen Seen weit

im Norden reichte. Den an Handelsprofi-
ten interessierten Franzosen war daran
gelegen, daß keine andere europäische
Macht über das Mündungsgebiet dieser
Verkehrsader gebot. Die große Entfernung zum Mutterland, Kriege in Europa
und bewaffnete Auseinandersetzungen
mit England auch in Nordamerika be-
grenzten zunächst das Wachstum der
französischen Kolonie. Dennoch, französische Lebensart und der in der Karibik
erprobte Baustil mit überdachten Balkonen und Terrassen, die in den Häusern
für Kühle sorgten, prägten die neue Metropole. Auch nachdem Stadt und Region zwischenzeitlich unter spanische
Regentschaft gekommen waren, än-
derte sich für die Bewohner von New
Orleans nicht allzuviel.

Erst als US-Präsident Jefferson 1803
auf das Angebot Napoleons einging,
den Kolonialbesitz in Nordamerika für
15 Mio. Dollar zu kaufen, wehte auch in
der Stadt am Unterlauf des Mississippi
ein anderer Wind. Plötzlich waren die

New Orleans
Die Geburtsstätte des Jazz

New Orleans, der Umschlagplatz für die Waren, die über den Mississippi weiterverschifft wurden. New Orleans mit seinen Vergnügungsvierteln, Tanzpalästen und Show-Booten?

Das Ende des Bürgerkriegs bewirkte auch in New Orleans soziale Veränderungen. Ehemalige Sklaven, befreit und in eine unsichere Zukunft entlassen, strömten auf der Suche nach Arbeitsplätzen nun zu Tausenden in die Stadt. Mischlinge, die sich *créoles de couleur* nannten, sahen sich nach der Sklavenbefreiung deklassiert und gegenüber den ehemaligen Sklaven jäh ihrer einstigen Privilegien beraubt. Sie hatten vor dem Bürgerkrieg ein Leben in französischer Tradition geführt. Der Unterschied zwischen Freien und Sklaven wurde nun durch den von Scharz und Weiß ersetzt.

Kreolische Musiker, die häufig eine Ausbildung in Orchestermusik erhalten hatten, spielten auf Tanzveranstaltungen und in Vergnügungsbetrieben. Meist hatten sie ihren ›ehrbaren‹ Beruf als Zimmerleute oder Hutmacher zugunsten des besser bezahlten Musikbetriebs aufgegeben.

So fügten sich im New Orleans des ausgehenden 19. Jh. verschiedene musikalische Komponenten zu etwas Neuem zusammen: die Lieder der früheren Plantagensklaven des Südens, die Shanties der schwarzen Seeleute von den westindischen Inseln, die *work songs* der Eisenbahnarbeiter, die kraft-

Die Geschichte des Jazz ist mit unendlich vielen Legenden, Mythen, Anekdoten und Halbwahrheiten verbunden, von denen jedoch zumindest eine zu stimmen scheint: Der Jazz wurde in New Orleans geboren. In der kosmopolitischen Hafenstadt am Unterlauf des Mississippi fügten sich Einflüsse zusammen, die den Nährboden für eine neue musikalische Ausdrucksform bildeten. Welche Stadt hätte besser geeignet sein können als New Orleans mit einer französischen und spanischen Vergangenheit, wo, anders als im puritanischen Neu-England, ausgelassene Musik nicht als Sünde verpönt war? New Orleans mit seiner heterogenen Bevölkerung, die ihre musikalischen Traditionen und Instrumente in die Neue Welt gebracht hatte.

vollen religiösen Spirituals der schwarzen Baptistengemeinden, der volksliedhafte Blues mit afrikanischem Banjo, Mundharmonika und Waschbrett, die Blasmusik, in der afro-amerikanischen Blues-Tonalität und der Tradition europäischer Militärmärsche. Anregungen aus der europäischen Tanzmusik und der Volksmusik der Cajun aus dem Mississippi-Delta wurden schnell integriert (vgl. S. 210f.); das Saxophon avancierte bald zu einem der beliebtesten Blasinstrumente.

Die Jahre zwischen 1890 und 1910 brachten in New Orleans zahlreiche Tanzkapellen und *brass bands* hervor. Sie spielten auf Festen, bei Beerdigungen, in den Tanzpalästen des Amüsierviertels von Storyville und auf den Showboats des Mississippi. Die scharf gewürzte, synkopierte Tanzmusik hatte viele Bezeichnungen: *ragtime, fake music* oder einfach *low down music,* bis der zweideutige Begriff *jass,* der gleichfalls ›Liebe machen‹ bedeuten konnte, sich durchsetzte, und dieser dann schließlich zu Jazz wurde. Mit der Erfindung der Schallplatte um die Wende zum 20. Jh. war die Voraussetzung geschaffen, den neuen Musikstil landesweit zu verbreiten.

Weiße Musiker wie die Original Dixieland Jazz Band tourten 1917 und 1918 über Chicago und New York bis nach London und popularisierten den häufig als ›anstößige Negermusik‹ verrufenen Jazz auch in der weißen Mittelschicht des Nordostens der USA. Zu der zweiten Generation von Musikern aus New Orleans, die Jazz-Legenden wie Buddy Bolden ablösten, gehörten Joseph King Oliver, Sidney Bechet, Edward Kid Ory, Warren Baby Dodds und noch später Louis Armstrong. Sie machten Jazz in den USA endgültig salonfähig.

In den Jahren nach dem Ersten Weltkrieg verlagerte sich der Schwerpunkt der Musik- und Jazzszene in andere Regionen. Aus Sorge um die moralische Verfassung ihrer Matrosen hatte die US-Marine die Prostitution aus Storyville, dem Vergnügungsviertel von New Orleans, verbannt. Viele Etablissements schlossen und entließen ihre Musiker. Der durch die Kriegsproduktion verursachte Wirtschaftsboom in den Industrierevieren an den Großen Seen und im Nordosten der USA lockte Hunderttausende Schwarze auf der Suche nach Arbeitsplätzen gen Norden. Chicago und bald darauf New York lösten New Orleans als Zentrum des Jazz ab.

Heute hat die Metropole am Mississippi wieder einen guten Klang als Stadt des Jazz. Das liegt nicht allein an der Preservation Hall, in der seit Jahrzehnten allabendlich Traditional Jazz der Spitzenklasse geboten wird. Allein in der Bourbon Street des French Quarter gibt es 20 Musiklokale mit Jazzkapellen. Alljährlich locken im Frühjahr das French Quarter Festival und wenig später das Jazz and Heritage Festival viele Tausend Musikenthusiasten in die Stadt. New Orleans fasziniert nicht allein als Geburtsort des Jazz, sondern mit einer lebendigen Musikszene, in der ein ungeheurer Reichtum unterschiedlicher Stilrichtungen gedeiht.

Die Geschichte des Jazz ist knapp 100 Jahre alt. Sie hat ihre Wurzeln im Süden der USA und ist ohne den kulturellen Beitrag der Schwarzen nicht vorstellbar. Erst nachdem die Sklaverei aufgehoben war, konnten in New Orleans die unterschiedlichen, vorwiegend ländlichen musikalischen Einflüsse zu einem neuen Musikstil zusammenwachsen. Insofern markiert die Geburt des Jazz symbolisch auch den Übergang des Südens in das 20. Jh.

farbigen Mitbürger ihrer Rechte beraubt, Ehen zwischen Weißen und Schwarzen galten als Todsünde. Doch protestantische Arbeitsethik und der Glaube an den Fortschritt konnten sich trotz des Zustroms englischsprachiger Siedler nicht recht durchsetzen. New Orleans blieb eine Exklave erfrischender Laszivität, die auch von den Nachkommen der Pilgerväter bis heute gern besucht wird.

Nahe der Ufer des Mississippi und in dessen Hinterland pflückten aus Westafrika importierte Sklaven auf riesigen Plantagen Baumwolle, produzierten Zukker sowie Indigo und erarbeiteten so den Reichtum, der in den palastartigen Villen der Plantagenbesitzer zum Ausdruck kam. New Orleans entwickelte sich zum größten Baumwollhafen seiner Zeit, auf dem Sklavenmarkt der Stadt tätigten 200 Händler ihre Geschäfte. Als Trennungslinie zwischen den Nachkommen der französischen und spanischen Siedler, die im Vieux Carré, dem French Quarter, wohnten, und den englischsprachigen Amerikanern, die ihre Prachtvillen im Garden District errichteten, bildete sich die Canal Street heraus.

Kreolen und Schwarze, Spanier und französischsprachige Cajun schufen mit anderen Minderheiten den Nährboden, der die Stadt zum Geburtsort des Jazz und zu einer einzigartigen Musikmetropole werden ließ. Der Reichtum an Stilrichtungen, die in New Orleans gedeihen und sich gegenseitig beeinflussen, machen die heutige Musikszene so spannend: Gospel, Blues, Traditional Jazz, Soul, Rock 'n' Roll, Barrelhouse, Swing, Bebop, Cajun Music und ihr schwarzes Gegenstück Zydeco.

Für Jazz- und Blues-Liebhaber ist das Jazz & Heritage Festival Ende April das wichtigste Ereignis des Jahres. Alle Hotels in der Stadt sind lange im voraus ausgebucht, und mehr als 70 000 Besucher füllen die Zuschauerplätze vor den Bühnen am Messegelände, um sich im Takt der Musik der Neville Brothers, von Fats Domino oder Ray Charles zu bewegen. In Dutzenden von Musikkneipen und Bars finden sich abends Musiker zu Jam-Sessions zusammen, lange nachdem das offizielle Programm beendet ist.

Französische Traditionen spiegeln sich in den Restaurants wider, in denen sich die karibisch inspirierte Küche der Kreolen aufs Angenehmste mit der ländlichen Cajun-Tradition mischt. Auch der Karneval, der Mardi Gras, hat seine Wurzeln in Frankreich. Am ›fetten Dienstag‹ vor Aschermittwoch erreicht die Karnevalssaison ihren Höhepunkt, wenn sich eine endlose Parade von *marching bands* und Festwagen durch die Canal Street und das mit tanzenden und singenden Menschen überfüllte French Quarter wälzt. Es gibt mehr als 60 Karnevalsvereine in der Stadt, von Vereinen der weißen Oberschicht, der Mystik Crewe of Momus, bis hin zum schwarzen Crewe of Zulu. Die Karnevalsfarben Purpurrot, Grün und Gold beherrschen das Stadtbild, sie hängen als Trikolore von den Balkonen im French Quarter oder flattern von den Fahnenmasten im Garden District und den wohlhabenden Vororten. Der Karneval ist nicht allein Besucherattraktion, sondern ein großes Familienfest. Eine ganze Stadt kostümiert sich, selbst die Kassiererin im Supermarkt oder der Verkehrspolizist. Eltern und Kinder postieren sich rechtzeitig an den Routen der Umzüge und breiten ein mitgebrachtes Picknick aus.

New Orleans ist eine Stadt, die zu ausgedehnten Spaziergängen einlädt. Irgendwo ist immer etwas los. Auf dem

Das gehört in New Orleans dazu – die Fahrt mit einem Schaufelraddampfer

Restaurant im French Quarter

Jackson Square bieten nachmittags vor der St. Louis Cathedral jugendliche Breakdancer Straßenartistik dar, spätabends bläst dort ein einsamer, schwarzer Posaunist melancholische Melodien. Zwei Straßen weiter, Ecke Bourbon und Conti Street musiziert eine Dixieland-Band. Auf dem Bürgersteig unterhält ein Pantomime die Gäste der überfüllten Terrasse des Café du Monde, während am French Market gleich daneben ein ehemaliger US-Schachgroßmeister die Vorübergehenden zum Vergleich der Talente einlädt – gegen Dollars natürlich.

Ein Rundgang durch das Zentrum mit dem munteren Leben und Treiben auf den schmalen Straßen, mit verträumten Patios, mit grünen Rankgewächsen, mit schmiede-eisernem Zierrat an den umlaufenden Balkonen und mit Springbrunnen in vielen Hinterhöfen macht mit der Stadt vertraut, die sich auch Big Easy nennt. Der **Jackson Square** im French Quarter, mit Grünflächen und einer Reiterstatue von General Andrew Jackson, ist ein idealer Ausgangs- und Orientierungspunkt. Der Blickfang des Platzes, die dreitürmige **St. Louis Cathedral,** wurde 1794 unter spanischer Herrschaft fertiggestellt und 1851 mit einer neuen Fassade versehen. Das Wandgemälde über dem Hochaltar zeigt den Schutzpatron der Bischofskirche, Louis IX., der auf den Treppen der Kathedrale von Notre Dame in Paris zum siebten Kreuzzug aufruft. Von den Zwillingsgebäuden rechts und links sollte das Presbytère als Pfarrhaus dienen, im Cabildo trat einst der spanische Thronrat zusammen. Im Jahre 1803 übergaben hier die französischen Gesandten Vertretern der amerikanischen Regierung in einer feierlichen Zeremonie die Dokumente zur Übereignung der franzö-

sischen Kolonie Louisiana. Nach einer gründlichen Restaurierung des Cabildo können sich nun Besucher in einer Ausstellung über die Geschichte des Bundesstaates von seiner Entdeckung durch europäische Eroberer bis heute informieren. In die **Pontalba Apartments** aus der Mitte des 19. Jh., die den Platz beidseitig flankieren, sind inzwischen Geschäfte, Restaurants, Bars und Büros eingezogen.

Der Jackson Square öffnet sich zum Mississippi; ein Blick auf den Fluß, die

Anleger der Schaufelraddampfer und die roten Triebwagen der Riverfront-Straßenbahn – Ladies in Red genannt – bietet sich allerdings erst nach Erklettern der Stufen auf die Deichkrone. Westlich des Platzes beginnt der French Market hinter dem **Café du Monde,** das 24 Stunden am Tag Café au Lait mit Beignets, einem mit Puderzucker überstreuten Schmalzgebäck, serviert.

In der langgezogenen Passage des **French** und des anschließenden **Farmers Market** findet man Stände mit frischem Obst, Gemüse und Gewürzen, mit Kunsthandwerk, mit leckeren Pralinen sowie allerlei Schnickschnack.

Ein Heilsglaube ganz besonderer Art bewegte die Nonnen des 1734 eingeweihten und hervorragend restaurierten **Ursulinenkonvents,** die mit nur vorübergehendem Erfolg versuchten, die Bewohner von Nouvelle Orléans auf den rechten Weg zurückzuführen. Das Gebäude wird heute von der Erzdiözese als Archiv genutzt, kann jedoch auch besichtigt werden.

Hinter dem Farmers Market gelangt man an der 400 Esplanade Avenue zur ehemaligen Münzprägeanstalt **Old US-Mint** aus der Mitte des 19. Jh., die nur mit der Unterbrechung durch den Bürgerkrieg bis 1920 in Betrieb war. Im Erdgeschoß kann man die Geschichte der Präge-Anstalt von New Orleans anhand einiger Exponate verfolgen. Den ersten Stock teilen sich eine Mardi Gras-Ausstellung mit phantasievollen Karnevalskostümen sowie ein schön gestaltetes Museum zur Geschichte des Jazz.

Geht man vom Jackson Square nach Süden an der zu einem Einkaufszentrum umgestalteten **Jax Brewery** vorbei und schlendert durch den Woldenberg Park am Mississippi entlang, erreicht man das **Aquarium of the Americas.** Auf dem Grund des fast 2 Mio. l fassenden Salzwassertanks, der Hauptattraktion des Aquariums, können Besucher durch

New Orleans

1 Jackson Square   2 St. Louis Cathedral   3 Pontalba Apartments   4 Café du Monde
5 French und Farmers Market   6 Ursulinenkonvent   7 Old US-Mint   8 Jax Brewery
9 Aquarium of the Americas   10 Voodoo Museum   11 Calabazoo   12 Preservation Hall
13 Napoleon House   14 Pharmacy Museum   15 St. Louis Cemetery No. 1

einen Acryltunnel das rege Unterwasserleben betrachten. Im benachbarten IMAX-Kino werden auf einer Riesenleinwand atemberaubende Filme zu Natur und Technik gezeigt.

Das **Voodoo Museum** an der Ecke von Royal und Dumaine Street präsentiert Talismane, Mittel zum Heilen und Verwünschen, erläutert die afrikanischen und karibischen Wurzeln des Voodoo-Glaubens, die Geschichte der Voodoo Queens und vermittelt praktische Anleitung und Rezepturen. Etwa 20 000 meist afro-amerikanische Anhänger des Voodoo-Glaubens, so wird geschätzt, leben in New Orleans. Ihre Religion hat nur wenig zu tun mit den okkulten Phantasien, die in Hollywood-Filmen wie »Angel Heart« mit Robert de Niro und Mickey Rourke Gruselschauer über den Rücken jagen.

Calabazoo nannten die Spanier das Stadtgefängnis, das sie in der St. Peter Street errichtet hatten. Nur wenig weiter befindet sich eine der bekanntesten Institutionen der Stadt. In der **Preservation Hall** gibt es kaum Sitzplätze, es werden keine Getränke ausgeschänkt, die Beleuchtung ist mehr als dürftig. Trotzdem bilden sich allabendlich lange Schlangen, denn ab 20 Uhr wird Traditional Jazz vom Allerfeinsten gespielt, der durch die stets geöffneten Türen auch draußen auf der Straße zu hören ist.

Das Vieux Carré steckt voller Orte mit Geschichte und Geschichten. Da ist zum Beispiel das Haus an der Ecke der Rue St. Louis und der Rue Charles. Es gehörte einst dem Bürgermeister von New Orleans, Nicolas Girod, der gemeinsam mit dem legendären Piraten Jean Lafitte den auf die Insel St. Helena verbannten Napoleon befreien wollte. Sie renovierten und vergrößerten das Haus des Bürgermeisters, Schiffe wurden ausgerüstet, der deportierte Ex-Kaiser war in den Plan eingeweiht. Napoleon selbst verdarb den glücklichen Ausgang der Geschichte durch seinen plötzlichen Tod. Geblieben ist das schöne **Napoleon House** mit einem *appartement de l'empereur* im ersten Stock, das man besichtigen und für Banketts und Empfänge mieten kann. Die sehenswerte Bar im Parterre, seit 1914 im Besitz italienischer Einwanderer, serviert köstliche Mufuletta und Po'Boy Sandwiches.

Nicht weit entfernt in der Iberville Street bietet sich das Acme Oyster House für eine kleine Stärkung an, eine Restaurant-Bar mit lauter Musik und Sportübertragungen auf mehreren Fernsehbildschirmen. Ein halbes Dutzend leckerer Louisiana-Austern *on the half shell* kosten hier gerade ein paar Mark, dazu gibt es Weißwein, Dixie-Bier oder, wenn es sein muß, auch eine Cola. Kräftige Kellner öffnen mit einem Messer blitzschnell die köstlichen Austern und servieren sie mit einer scharfen Sauce und Käsecrackern. Nicht eine Spur leerer Vornehmheit, vielmehr ein Ort, wo das Essen und das Palavern mit den Nachbarn Spaß machen.

Louis J. Dufilho eröffnete 1823 seine Apotheke in der Chartres Street. In den aus Deutschland importierten Regalen, Schubladen und Schränken aus Rosenholz werden im **Pharmacy Museum** Arzneien, Heilkräuter, chirurgische Instrumente, aber auch allerlei Voodoo-Mittelchen aufbewahrt.

An der Basin Street, schon außerhalb des French Quarter, beginnt der **St. Louis Cemetery No. 1**. Auf dem Friedhof, auf dem die Toten wegen des hohen Grundwasserspiegels und in französischer Tradition in überirdischen Häuschen beigesetzt wurden, schmücken das Grab von Marie Laveau, einer legendären Voodoo-Priesterin des 19. Jh., magische weiße Kreuze.

Blick über den Jackson Square auf die St. Louis Cathedral

Südlich der Canal Street verläßt man das French Quarter. Im neuen **D-Day Museum** in der Magazine St. wird die verlustreiche Landung der Alliierten 1944 in der Normandie dargestellt. Man kann auch die grünen Waggons der Straßenbahn besteigen, die mit Tennessee Williams' Theaterstück »A streetcar named desire« (»Endstation Sehnsucht«) in die Literaturgeschichte eingingen. Das nach wie vor wichtige öffentliche Verkehrsmittel zuckelt wie auf einer Stadtrundfahrt gemütlich die vornehme St. Charles Avenue entlang. Man passiert zunächst den Garden District und später den Audubon Park. Bei der Poydras Street kann man in einigen Blocks Entfernung die Riesenkuppel des Louisiana Superdome, einer Multifunktionshalle mit 76 000 Sitzplätzen, ausmachen, die wie ein gigantisches Raumschiff zwischen den Häusern liegt.

Plantagen am Unterlauf des Mississippi

Die Plantagenvillen am Mississippi zwischen New Orleans und Natchez, Inbegriff aller Südstaatenromantik, sind der furiose Start der knapp 1000 Meilen langen Rundreise durch den tiefen Süden. Wer an amerikanischer Geschichte, an Blues und Literatur interessiert ist und einige erholsame Tage an den Stränden der Golfküste verbringen möchte, sollte zwischen zehn und vierzehn Tage für die Tour einplanen.

Bei Vicksburg und Tupelo wird man mit großen Soldatenfriedhöfen und rekonstruierten Schlachtfeldern des Bürgerkriegs konfrontiert. Zeugnisse untergegangener indianischer Kulturen der Natchez und anderer Indianerstämme sind in der gleichnamigen Stadt und entlang dem Natchez Trace Parkway zu finden, einem rekonstruierten ehemaligen Indianer- und Trapperpfad. In der Nähe von Philadelphia (S. 309) stößt man auf Siedlungen der Choctaw, die in einer der wenigen Indianerreservationen östlich des Mississippi leben.

Auf den weiten Baumwollfeldern im Norden von Mississippi wurde der Blues geboren. Das Delta Blues Museum in Clarksdale erzählt seine Geschichte und die seiner schwarzen Interpreten. Dieselbe Landschaft um die nahe gelegene Universitätsstadt Oxford bildete den Nährboden für einen erstaunlichen Reichtum an Erzählern, von denen der Literaturnobelpreisträger William Faulkner und der Bestsellerautor John Grisham die bekanntesten sind.

Entlang der Golfküste des Bundesstaates Mississippi wie auch am Ufer des großen Stroms haben in den letzten Jahren zahlreiche Spielkasinos ihre Tore geöffnet, die sich mit ihrem Glitzerlook einen markantem Kontrast zu den eher geruhsamen Orten und der beschaulichen Landschaft bilden.

Zwischen New Orleans und Baton Rouge kann man einige der imposantesten Plantagenvillen am Unterlauf des Mississippi im Rahmen von Führungen besichtigen. Die hohen Deiche, die vor Überschwemmungen schützen sollen, verwehren heute den Blick von den Villen auf den vorbeiziehenden Fluß. Dafür droht ihnen nicht das Schicksal der White Castle Plantation südlich von Baton Rouge, die der Mississippi mit sich riß.

Destrehan Plantation ◼1, am Nordufer des Flusses erbaut, kann trotz spä-

Plantagen am Unterlauf des Mississippi

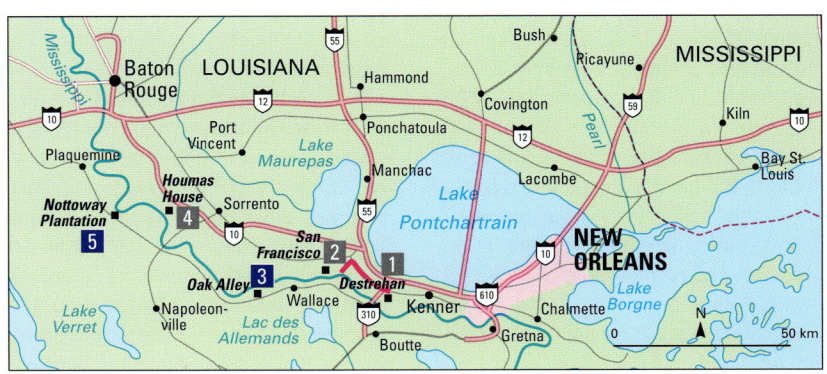

Antebellum-Architektur
Plantagenvillen am Mississippi

I n dem halben Jahrhundert vor dem Bürgerkrieg, als King Cotton den Süden regierte und die Plantagenbesitzer unermeßliche Reichtümer verdienten, wurden auch die meisten der herrschaftlichen Villen am Unterlauf des Mississippi errichtet. Zwischen New Orleans und Natchez konzentrierte sich in dieser Zeit mehr Reichtum als in den übrigen USA zusammen. Viele der schönsten Plantagenvillen blieben erhalten, wurden von der Brandfackel des Bürgerkriegs verschont, haben das feuchtheiße Klima von 150 Sommern ebenso überstanden wie die jahrzehntelange mangelnde Pflege.

Zwei Architekturstile werden gemeinhin mit den Südstaaten in Verbindung gebracht. Der *Gothic Revival*-Stil erinnert mit spitz zulaufenden Fenster- und Türbögen, farbigem Fensterglas, burgartigen Zinnen und spitzen Giebeln an die Bauweise der Gotik. Die meisten Pflanzer sahen sich jedoch als Mitglieder einer aufgeklärten demokratischen Ordnung. Und so gibt es nur einige wenige private Anwesen und öffentliche Gebäude im *Gothic Revival*-Stil.

Das alte State Capitol von Louisiana in Baton Rouge, das Hospital of the Insane in Nashville, Tennessee, oder die Trinity Episcopal Church von Mobile in Alabama sind typische Beispiele des *Gothic Revival*.

Greek Revival gilt als der repräsentative Architekturstil der Südstaaten. Thomas Jefferson hatte während seines Europa-Aufenthalts Anregungen von römischen Baudenkmälern erhalten, die schnell die britische Kolonialarchitektur ablösten und den *Federal*-Stil begründeten. Später dienten griechische Tempel und die Palladio-Villen in Italien als Vorbilder für private Wohnsitze und öffentliche Gebäude. Die Amerikaner fanden nicht nur an der Architektur des *Greek Revival* Gefallen, ihre Bewunderung galt gleichermaßen der griechischen Demokratie, an deren Tradition sie anknüpfen wollten.

So erscheint es nur vordergründig als Widerspruch, wenn gerade die Pflanzer des Südens den *Greek Revival*-Stil allen anderen vorzogen. Doch auch die attische Demokratie, auch der Bau des Parthenon, beruhte auf der Arbeit von Sklaven, zudem waren die Väter der amerikanischen Demokratie wie George Washington oder Thomas Jefferson selbst Sklavenhalter gewesen, die Versklavung von Afrikanern hatte von der Kirche als moralischer Instanz längst ihren Segen erhalten.

Der Baustil des *Greek Revival* bot für die Plantagenbesitzern nicht nur Möglichkeiten, ihren Reichtum zu präsentieren, sondern war darüber hinaus auch außerordentlich praktisch. Die umlaufenden, von Säulen gestützten Veranden und Galerien hielten die Zimmer ganztägig im Schatten. Jalousien und Sprossen sorgten für zusätzlichen Sonnenschutz. Gegenüberliegende Türen und Fenster, die bis zu 5 m hohen Parterrezimmer sowie das Treppenhaus neben der Eingangshalle sorgten für eine maximale Luftzirkulation. Oak Alley, Evergreen oder Houmas House zwischen New Orleans und Baton Rouge sowie Stanton Hall, Dunleith oder Melrose in Natchez gelten als typi-

Greek Revival bleibt mit dem Lebensstil und der Kultur der Sklavenhalter der Südstaaten verbunden. Da die Niederlage im Bürgerkrieg die Vorstellung von einer eigenen Konföderation zunichte gemacht hatte, hatte der *Greek Revival*-Stil nur regionale Bedeutung. In den Palästen mit den weißen Säulenportiken

Die Dunleith Plantation in Natchez – ein Beispiel des Greek Revival-Stil

sche Beispiele für den *Greek Revival*-Stil am Unterlauf des Mississippi.

Acht der 13 Kapitole der konföderierten Bundesstaaten und zahlreiche Kirchen zeigen, daß der *Greek Revival*-Stil durchaus auch geeignet war, die Stabilität weltlicher und kirchlicher Macht zu demonstrieren. Nur wenige Jahre vor Ausbruch des Bürgerkriegs und dem Ende der Plantagenherrlichkeit kündigte sich allerdings ein Wandel des architektonischen Geschmacks an. Montaigne und Longwood, beide in Natchez, werden mit reich geschnitzten Trägern, mit Rundbögen über Türen und Fenstern einem sogenannten ›italienischen‹ Stil zugerechnet. Der Bau von Longwood blieb wegen des Bürgerkriegs unvollendet, der ›italienische‹ Stil konnte sich nicht voll entfalten.

lebte nur der verschwindend kleine, reichste Teil der Bevölkerung.

Der Traum von Reichtum und Glück, das Bild der eleganten Pflanzerfamilie in ihrem prachtvollen Haus scheint jedoch für viele Amerikaner auch heute noch große Faszination auszuüben. Während der Pilgrimage Tours im Frühling, während derer auch privat bewohnte Villen in vielen Orten der Südstaaten zur Besichtigung geöffnet werden, lassen sich Zehntausende gern beim Besuch der herrschaftlichen Wohnsitze vom Duft der Magnolien und Azaleen in den Gärten und der nostalgischen Atmosphäre verführen (etwa Natchez Pilgrimage Tours, Canal/State Sts, Tel. 601-446-6631, Frühjahr und Herbst tägl. 8–17.30, Rest des Jahres 9–17 Uhr).

Die San Francisco Plantation von 1856

Plantagenvillen

186

terer Ergänzungen im *Greek Revival*-Stil westindische Einflüsse nicht verbergen. Für die Villa mit spitz zulaufendem Giebeldach, Säulen aus Zypressenholz und einem herrlichen Eichenbestand auf dem Grundstück wurde bereits 1787 der Grundstein gelegt.

Bei der **San Francisco Plantation** 2 aus dem Jahre 1856 nahe dem Ort Reserve nördlich des Mississippi mischen sich kreolische Einflüsse – ausgemalte Decken und schmiede-eiserne Balkonbrüstungen – mit maurischen Elementen zu einer Stilmelange, die auch als ›Dampfschiffgotik‹ bezeichnet wird. Der Name der Villa ähnelt nur zufällig dem der Stadt im fernen Kalifornien, er deutet vielmehr ironisch den hohen Preis an *(sans un franc* – kein Franc mehr übrig), den der Besitzer für sein Schmuckkästchen zahlen mußte. Der verspielte Eindruck des Plantagengebäudes wird durch Anlagen der Mineralölindustrie, die das Grundstück hart bedrängen, gemindert.

Der gut 150 Jahre alte rosafarbene *Greek Revival*-Palast der **Oak Alley Plantation** 3, am Südufer des Mississippi zwischen Vacherie und St. James gelegen, gehört zu den Foto- und Filmstars unter den Plantagenvillen. Vor allem die Allee von 28 mächtigen, 250 Jahre alten Lebenseichen, die der ursprünglich Bon Séjour genannten Plantage ihren heutigen Namen gaben, zählt zu den spektakulärsten Bildern am Mississippi. Einige der ehemaligen Sklavenquartiere wurden für Übernachtungsgäste zu Bed and Breakfast Cottages umgestaltet.

Houmas House Plantation 4, das mit 20 weißen, umlaufenden Säulen geschmückte Zentrum einer ehemaligen Zuckerplantage, kann ebenfalls diverse

Filmauftritte vorweisen. Die mit zeitgenössischen Möbeln ausgestattete Villa steht am Nordufer des Flusses bei Burnside. Sie gehörte bei Ausbruch des Bürgerkriegs dem irischen ›Zuckerprinzen‹ John B. Burnside, der sie erfolgreich gegenüber den Truppen der Nordstaaten kurzerhand zum britischen und damit nicht zu attackierenden Territorium erklärte.

In der Nähe von White Castle am Südufer des Mississippi kann man das ›weiße Schloß von Louisiana‹, die **Nottoway Plantation** 5, bestaunen. Im Pflanzerpalast mit säulengestützten, umlaufenden Balkonen aus dem Jahre 1859, in dem auch Bed and Breakfast-Gäste aufgenommen werden, mischen sich Elemente des *Greek Revival*- und des verspielteren *Italianate*-Stils. Das Zentrum einer knapp 3000 ha großen Zuckerrohrplantage mit 64 Zimmern gehörte einst zu den größten privaten Wohnsitzen des Bundesstaates.

Fahrt am Mississippi

Französische Gründung, spanischer Einfluß, englische Gesinnung, so ließe sich die Geschichte von Feliciana, der Region nördlich von Baton Rouge, beschreiben. Plantagenbesitzer aus Virginia, den Carolinas und Georgia lockte der reiche Boden um **St. Francisville** 1 (S. 315), nachdem Franzosen und Spanier das Gebiet verlassen hatten. Zu den luxuriösen Villen, die denen am Unterlauf des Mississippi nicht nachstehen, zählt Oakley House, in dem der Naturforscher und Zeichner John James Audubon einige Zeit als Hauslehrer angestellt war und an seinem berühmtesten Werk, »Die Vogelwelt von Amerika«, arbeitete.

Greenwood Plantation gehört der Barrows Familie aus North Carolina. Auf der gut 6000 ha großen Plantage bauten Sklaven Zuckerrohr und Baumwolle an. Die im Greek Revival-Stil errichtete Villa

ist von 28 dorischen Säulen umgeben. Rosedown Plantation and Gardens gilt wegen seiner ausgedehnten Parkanlage als bekannteste Plantage von St. Francisville. Im 15 ha großen Garten gedeihen neben amerikanischen Gewächsen viele europäische und orientalische Pflanzen, welche die Hausherren von Auslandsreisen mitbrachten.

Der Reichtum der Plantagenbesitzer und Baumwollhändler manifestierte sich in keiner anderen Stadt so deutlich wie in **Natchez** 2 (S. 301). Vor dem Bürgerkrieg wurden mit der Arbeit der Sklaven und dem Verkauf von Baumwolle Vermögen verdient, hatte jeder zweite Millionär der USA einen Wohnsitz in dem kleinen Ort am Mississippi. Da Natchez während des Bürgerkriegs außerhalb der Kampfzonen lag und wie auch New Orleans bereits früh von Unionstruppen eingenommen wurde, blieben viele Prachtbauten mit ihrer meist kostbaren Inneneinrichtung erhalten.

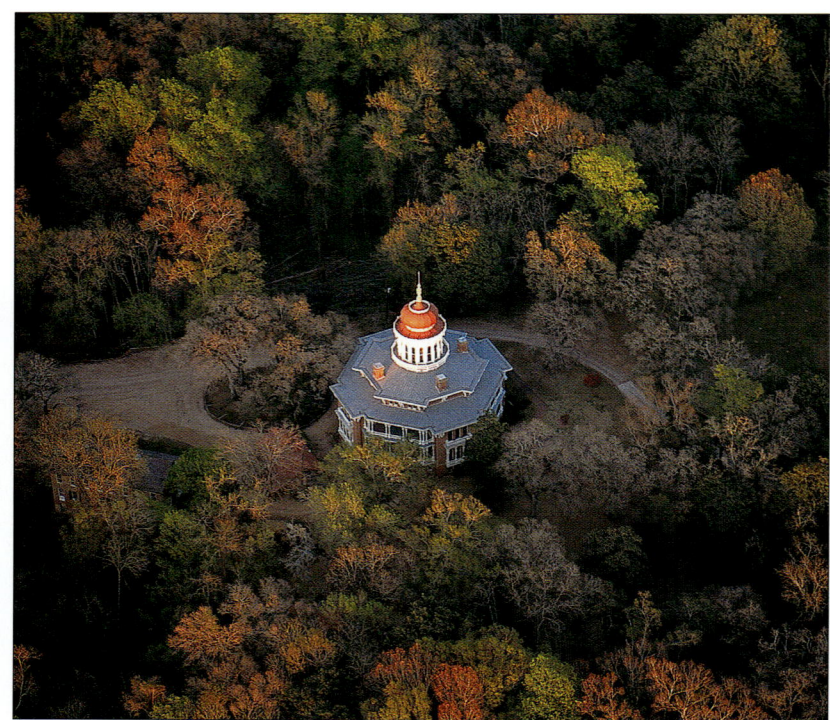

Die Longwood Plantation in Natchez wurde im ›italienischen‹ Stil erbaut

Kurzporträt Mississippi

Ursprung des Namens: In der Sprache der Choctaw Vater der Wasser; Beiname *Magnolia state* – Staat der Magnolien

Eintritt in die Union: 18. 12. 1817 als 20. Bundesstaat

Größe und Einwohnerzahl: 125 300 km², Rang 32; 2,6 Mio., Rang 31

Hauptstadt: Jackson

Motto und Staatssymbole: *Virtute et armis* – Mit Mut und Waffen; Baum: Magnolie; Blume: Magnolie; Vogel: Spottdrossel

Wichtige Städte: Jackson, Vicksburg, Natchez, Meridian, Tupelo, Greenville, Biloxi

Straßenverkehr: Anschnallpflicht, Helmpflicht auf Motorrädern, Höchstgeschwindigkeit 70 Meilen

Zeitzone: Mitteleuropäische Zeit minus 7 Std.

Wirtschaft: Fischfang und -verarbeitung, Konservenindustrie, Baumwolle, Erdöl, Erdgas, Tourismus

Highlights: Plantagenvillen am Mississippi, Natchez, Vicksburg National Military Park, Natchez Trace Parkway, Riverboat-Kasinos, Geburtshaus von Elvis Presley, indianische Kult- und Siedlungsstätten, Strände und Spielkasinos am Golf von Mexiko

Einige der schönsten sind als Museen eingerichtet, andere wurden zu eleganten Bed and Breakfast-Unterkünften umgestaltet. Die 1856 im *Greek Revival*-Stil erbaute Villa Dunleith vermietet Zimmer für Übernachtungen. Viele Privatvillen sind im Frühjahr und Herbst beliebtes Ziel von Besichtigungstouren.

Der Ausbruch des Bürgerkriegs unterbrach den Innenausbau von Longwood, einer der schönsten Privatvillen der Südstaaten. Mehr als 100 Jahre lebte die Familie des Erbauers im Erdgeschoß des unfertigen Domizils. Die Pläne von Haller Nut, einem der reichsten Plantagenbesitzer des Landes und entschiedenen Gegner der Sezession, hatten Mosaiken an den Wänden, Schiebeglastüren und marmorne Fußböden vorgesehen. Doch nachdem Mississippi den konföderierten Staaten beigetreten und der Krieg mit der Union ausgebrochen war, flüchteten die Bau-Arbeiter aus Philadelphia schnell nach Norden. Das achteckige, dreistöckige Gebäude im *Italianate*-Stil mit fein gearbeiteten Säulenbögen wird von einer zweistöckigen Kuppel gekrönt, deren 16 hohe Fenster für zusätzliches Licht im Treppenhaus und eine natürliche Belüftung im Sommer sorgten.

Der wuchtige Bau von Stanton Hall, dessen Portiken massive korinthische Säulen tragen, wurde 1858 für den irischstämmigen Pflanzer Frederick Stanton fertiggestellt. Weißer Marmor aus Carrara, französische Spiegel und Türbeschläge aus England demonstrieren den Reichtum des Besitzers. Melrose, eine Mischung aus *Greek Revival*- und *Georgian*-Baustil, wurde 1845 errichtet. Die Villa ist in einer 40 ha großen Parkanlage verborgen. Hinter dem Haus kann man einen Blick auf die Sklavenquartiere und die Wirtschaftsgebäude werfen.

Natchez-Indianer, ein streng hierarchisch organisierter Stamm der Mississippi-Kultur, mit einem Gott-Häuptling, der Großen Sonne, an der Spitze, lebten bis in die 30er Jahre des 18. Jh. in der Umgebung der Stadt, die heute ihren Namen trägt. Nun kann man an historischer Stelle das rekonstruierte Dorf Grand Village of the Natchez Indians besichtigen. Die Erdhügel, auf denen früher Tempel und Wohngebäude des Klans der Großen Sonne standen, sind deutlich erkennbar. Ein rekonstruiertes Wohnhaus, weitere Gebäude und ein sachkundig gestaltetes Museum geben Aufschluß über die Mississippi-Kultur, über Wirtschaft, politisches System und Glaubenswelt der Natchez.

Das Spielkasino Lady Luck Natchez liegt fest bei der Anlegestelle der großen Mississippi-*paddlewheelers* in Natchez-under-the-Hill, wo schon früher Baumwolle und Indigo umgeschlagen wurden. Das verrufene Hafenviertel von einst gilt heute als beliebter Ort zum Bummeln. Auf der Terrasse eines der hervorragenden Restaurants kann man *blackened catfish* speisen.

Emerald Mound liegt 10 Meilen nördlich von Natchez nahe dem Natchez Trace Parkway. Die gewaltige Hügelanlage, die Indianer der Mississippi-Kultur zwischen 1300 und 1600 bewohnten, bedeckt eine Fläche von knapp 4 ha. Auf einer aufgeschütteten Plattform sind noch zwei größere, in Ost-West-Richtung angelegte Hügel erkennbar.

General Grant bezeichnete bei seinem Marsch auf **Vicksburg** 3 (S. 321) das Städtchen Port Gibson (S. 311) als zu schön, um es niederzubrennen. Eine kurvige, staubige Straße führt dennoch zu den Ruinen von Windsor. Die größte und schönste Plantagenvilla im Süden, von der nur noch die wie ein Skelett anmutenden Säulen übrigblieben, fiel

Chip, Chip hurra!
Spielkasinos in Mississippi

Das Lady Luck Rhythm and Blues Casino nahe Lula am Mississippi lockt Spieler aus Arkansas über die Brücke am breiten Fluß, Harrah's Mardi Gras Casino bei Tunica ist nur einen Katzensprung vom nördlichen Memphis entfernt. An der 26 Meilen langen Golfküste des Bundesstaates Mississippi reihen sich mehr als ein Dutzend neuer Speilkasinos aneinander.

In den letzten Jahren ist im tiefen Süden der USA ein Spielerparadies entstanden, das hinter Las Vegas in Nevada und Atlantic City in New Jersey an dritter Stelle steht. Investitionen von mehreren Milliarden Dollar haben die Infrastruktur umgekrempelt. Straßen wurden gebaut, Dämme verstärkt, Marinas erweitert, Hotels, Restaurants und Fast Food-Imbisse errichtet, Minigolfanlagen, Videotheken, T-Shirt- und Andenkenläden säumen die Uferstraße der Golfküste.

Nur an einigen Küstenabschnitten erinnern Parks, Palmen und weißgestrichene Strandvillen an die Zeit, bevor Blackjack, Roulette, Einarmige Banditen, Stud Poker und Glücksräder das Kommando übernahmen. Schon haben Reiseveranstalter und Busunternehmer Mississippi und dessen Golfküste neu entdeckt, gilt es als schick, vormittags Plantagenvillen zu besichtigen, nachmittags im Golf zu baden und abends zum Spielen und zur Show ins Kasino zu pilgern (Informationen: Mississippi Gulf Coast Convention and Visitors Bureau, 135 Courthouse Rd., Gulfport, Tel. 228-896-6699, Fax 228-896-6796).

nicht der Brandfackel des Bürgerkriegs, sondern 1890 einem unachtsamen Raucher zum Opfer.

Die strategische Lage von Vicksburg am Steilufer über dem Mississippi ließ die Stadt im Bürgerkrieg zum Ziel der Unionstruppen werden. General Grant mußte den Ort einnehmen, um den Mississippi zu kontrollieren und gleichzeitig die Bundesstaaten Texas, Arkansas und den Westen von Louisiana vom Rest der Konföderation abzuschneiden. Da ein Sturmangriff mißlang, ließ Grant einen Belagerungsring um das ›Gibraltar der Konföderation‹ legen. Nach 47 Tagen ununterbrochener Bombardements, nach Hunger und Krankheiten gaben die Verteidiger am 4. 7. 1863 auf. Eine ausgezeichnete Ausstellung im Besucherzentrum läßt die Schrecken des Krieges nachempfinden. Am Ufer des Flusses liegt das 1863 versenkte und nach 100 Jahren gehobene Kanonenboot »USS Cairo«. Eine 25 km lange Straße führt durch den Vicksburg National Military Park, vorbei an Geschützstellungen und an Gedenktafeln, Säulen und Monumenten zu Ehren von Soldaten. Stählerne Brücken über den Mississippi verbinden Vicksburg mit dem Norden von Louisiana am jenseitigen Flußufer.

Aus dem kolonialen französischen Handelsposten LeFleur's Bluff am Steilufer des Pearl River gut 40 Meilen östlich von Vicksburg ist inzwischen **Jackson** 4 (S. 289), die 200 000 Einwohner zählende Hauptstadt und Mittelpunkt des Bundesstaates Mississippi, geworden. Nach dem Bürgerkrieg nannten es seine Bewohner sarkastisch Chimneyville, die Stadt der Schornsteine. So gespenstisch war der Anblick, nachdem die Armee General Shermans die einst blühende Metropole hatte niederbrennen lassen. Einige Gebäude wie das ehemalige Kapitol, der Gouverneurspa-

last und das Manship House haben die Zerstörungen des Bürgerkriegs überstanden und bilden das Zentrum einer modernen Stadt. Ein vergoldeter Adler krönt die Kuppel des 1903 neu erbauten State Capitol. Nordwestlich von Jackson, nahe dem Ort Flora, findet man den einzigen Petrified Forest im Süden der USA mit mehreren Millionen Jahre alten versteinerten Baumstämmen.

Der Natchez Trace gehörte zu den Indianerpfaden, die den Süden der späteren USA wie ein Netz überzogen. Die Chickasaw, Choctaw und Natchez nutzten die Route als Handelsweg. Ende des 18. Jh. begannen Farmer aus dem Ohio-Tal, ihre Produkte den Ohio und den Mississippi bis hinunter nach Natchez zu transportieren und dort mitsamt den Flachbodenschiffen zu verkaufen. Der Natchez Trace führte sie zu Fuß wieder in die Heimat. Gasthäuser entlang des Weges, bis auf wenige Ausnahmen wie am Mount Locust oder bei Red Bluff meist roh zusammengezimmert, bewirteten den zunehmenden Strom von Reisenden, Wegelagerer hatten es auf deren gefüllte Geldbeutel abgesehen. Als im Januar 1812 das dampfgetriebene Schiff »New Orleans« den Fracht- und Passagierverkehr zwischen Ohio und New Orleans aufnahm und eine neue, kürzere Straßenverbindung zwischen Nashville und New Orleans fertiggestellt war, geriet der traditionsreiche Weg in Vergessenheit, verschluckten die Wälder von Mississippi den Pfad innerhalb weniger Jahre. Erst in den 30er Jahren begann man mit der Rekonstruktion des alten Indianer- und Händlerwegs, ermöglicht durch die Arbeitsbeschaffungsmaßnahmen der Roosevelt-Regierung und das Engagement interessierter Bürger.

Der **Natchez Trace Parkway** 5, eine über 450 Meilen lange Straße ohne kommerzielle Nutzung und ohne Werbe-plakate zwischen Nashville in Tennessee und Natchez in Mississippi, folgt der alten Spur. Der Parkway kreuzt die alte Route an einigen Stellen, *mile posts,* die im Süden bei Natchez anfangen zu zäh-len, erleichtern die Orientierung. Unmit-telbar nördlich von Jackson, bei Bra-shear's Stand (MP 104,5), in der Blüte-zeit des Natchez Trace ein weithin bekannter Ort für Vergnügungen, kann man ein Teilstück des historischen Pfa-des entlangschlendern. Holzstege er-möglichen gefahrlose Erkundungen des Zypressensumpfes am nördlichen Ende des zum Ross Barnett Reservoir aufge-stauten Pearl River (MP 122). Ein Natur-pfad bei Beaver Dam (MP 145,1) gibt Auskunft über das Konstruktionsge-schick der tierischen Dammbauer an den Bächen, die dem Yockanookany River zufließen.

Bei Koskiusko (MP 159,9) erinnert eine kleine Ausstellung im Informations-zentrum des Parkway an den polnischen Freiheitskämpfer Thaddeus Koskiusko, der sich der amerikanischen Revolu-tionsarmee im Kampf gegen die Englän-der angeschlossen und in den Gefech-ten um Westpoint und Saratoga sein mi-litärisches Geschick unter Beweis gestellt hatte.

Greenwood 6 (S. 286) ist nach knapp 70 Meilen durch die flachen, mit Soja- und Baumwollpflanzen bestellten Felder erreicht. Das Cottonlandia Mu-seum dokumentiert die Geschichte des unteren Mississippi-Tals während der vergangenen 70 Mio. Jahre. Eine aus-führliche Darstellung der indianischen Kulturen – um Greenwood finden sich Zeugnisse von über 100 indianischen Siedlungen aus der Zeit zwischen 2000 v. Chr. bis 1500 n. Chr. – sowie Exponate über das Leben der ersten weißen Sied-ler werden durch Malereien, Skulpturen

und Fotografien von Künstlern aus Mis-sissippi ergänzt. In den Sommermona-ten erwecken Darsteller in historischen Kostümen den Florewood River Planta-tion State Park, die Nachbildung einer Baumwollplantage, zu neuem Leben. Zwar geht der Realismus nicht so weit, daß Sklaven in Ketten gehalten werden, aber vom hämmernden Schmied bis zum Plantagenkoch, der kräftige Ge-richte serviert, wird Geschichte an-schaulich vermittelt.

Wer die endlosen Baumwollfelder im Mississippi-Delta auf dem Weg in das 50 Meilen entfernte **Clarksdale** 7 (S. 279) durchquert, kann sich vorstel-len, daß aus den vom Leid und von ihren Hoffnungen erzählenden Gesän-gen der Landarbeiter der Blues entstan-den sein mag. Das neue Delta Blues Mu-seum erzählt mit Musik und vielen Me-morabilia die Geschichte des Blues und die seiner Interpreten, von Muddy Wa-ters oder von W. C. Handy, der in Flo-rence, Alabama, geboren wurde, aber lange in Clarksdale gelebt hat.

Die Gründer von **Oxford** 8 (S. 308) etwa 50 Meilen weiter im Osten an den Ausläufern der hügeligen Wälder des Holly Springs National Forest hatten mit der Namensgebung für ihre Gemeinde erfolgreich auf den Zuschlag für den Sitz der Staatsuniversität von Mississippi spekuliert. Die ›Ole Miss‹ eröffnete 1848 mit 80 Studenten ihren Lehrbetrieb. Das Blues-Archiv in der Farley Hall auf dem Campus der lebhaften Universität hat eine der weltweit umfassendsten Samm-lungen von Blues-Aufnahmen, Literatur zur Geschichte des Blues und Memora-bila zusammengetragen. In die Räume des Barnard Observatory ist längst das renommierte Zentrum für das Studium der Kultur des Südens eingezogen, das

Fahrt am Mississippi

Erzähler einer legendären Welt
Südstaaten-Literatur

William Faulkner erhielt 1949 den Nobelpreis für Literatur

Die literarische Renaissance der Südstaaten begann vor mehr als 60 Jahren. Der landwirtschaftlich geprägte und religiös fundamentalistische Süden, eine eng verknüpfte Gemeinschaft, die von einer gemeinsamen Geschichte des Stolzes und der Niederlage sowie einer machtvollen Mythologie zusammengehalten war, wurde erst verspätet mit der modernen industriellen Entwicklung konfrontiert. Die mehr als 100 Jahre zurückliegende Zeit der Sklaverei, die Niederlage im Bürgerkrieg, der mühsame Wiederaufbau und die Jahrzehnte dauernde gesellschaftliche Lähmung hatten die Entwicklung zur urbanen, technologieorientierten Gesellschaft gebremst.

Um so drastischer waren nun die Veränderungen. In kurzer Zeit legten die Schriftsteller des Südens die Scheuklappen der Nostalgie ab. Es wurde offensichtlich, daß man die Yankees nicht für alle Unzulänglichkeiten verantwortlich machen konnte. Der Süden konnte nun auch literarisch besser gerüstet in eine Auseinandersetzung um die eigene Identität eintreten. Die Besinnung auf die Vergangenheit, die vorwiegend rückwärtsgewandte Schau wurde abgelöst von einer Konfrontation mit der Realität.

Das ›intellektuelle Hauptquartier‹ dieser Auseinandersetzung befand sich zunächst in Nashville, bei den Agrariern, einer Gruppe von Künstlern wie John Crow Ransom, Allen Tate (»Die Väter«) und Robert Penn Warren (»Der Gouverneur«). Sie versuchten, den, wie sie meinten, sanfteren und liebenswürdigeren Lebensstil, der aus dem ländlichen Boden erwachse, zu verteidigen. In ihrem Manifest »I'll take my stand« (1930), traten sie für das bäuerliche Milieu und gegen die Lebensweise der Fabrikbesitzer auf. Diese – inzwischen bereits historische – literarische Renaissance der Südstaaten hält bis heute an.

Warum gebar der Süden, einst wirtschaftliches und politisches Problemkind der amerikanischen Nation, das literarische Genie William Faulkner? Dazu Eudora Welty (2001 92jährig verstorben), Thomas Wolfe, Robert Penn Warren, Allen Tate, Ellen Glasgow, Katherine Anne Porter, eine ganze Reihe herausragender Literaten. Der Publizist H. L. Mencken hatte 1917 in der »Baltimore Sun« orakelt: »Der Süden, das Land der Nostalgie, der hohen Luftfeuchtigkeit und des züngelnden Grauens, kann keine Kunst produzieren.« Die amerikanische Literatur des 19. Jh. hatte Melville, Hawthorne und Whitman hervorgebracht, sie hatten nichts mit dem Süden gemein, ja selbst der Südstaatler Mark Twain hatte es vorgezogen, seinen unsterblichen Huck Finn im Staate Connecticut zu verfassen. Nein, da unten gab es nur die große feuchte Wüste der schönen Künste, die »Sahara of boze arts«, wie Mencken den Süden nannte. Aber das Unerwartete geschah: Aus der Neigung, auf der Veranda zu sitzen und sich Geschichten über das ländliche Leben zu erzählen, erwuchs literarisches Genie.

Unter all den bemerkenswerten Schriftstellern ist Faulkner der strahlende Stern des Südens. Mit seinem dritten Roman »Sartoris« begann er, Geschichten in einer fiktiven Region anzusiedeln, im Yoknapatawpha County. »Ich entdeckte, daß mein kleines, briefmarkengroßes Stückchen heimatliche Erde es wert war, darüber zu schreiben, und daß ich niemals lange genug leben könnte, um diesen Boden zu erschöpfen. Das erschloß mir eine Goldmine an Menschen, so erschuf ich meinen eigenen Kosmos«, sagte Faulkner in einem Interview.

Kritiker meinen, es handele sich bei diesen Romanen um eine Saga in klassischem Sinne, um ein Epos von antiken Dimensionen. Über die Jahre hinweg schrieb Faulkner an dem Yoknapatawpha-Zyklus. Er erschuf die Familie Sartoris, romantische Abenteurer (»Die

Unbesiegten«), die eine ältere, südstaatliche Lebensart verkörpern; die Compsons und Sutpens, die von der alten Südstaatenschuld gezeichnet und verfolgt sind (»Schall und Wahn«, »Absalom, Absalom«), und die Sippe der Snopes, die sich wie Unkraut vermehren und als amoralische Emporkömmlinge den morschen Süden erobern (»Das Dorf«, »Die Stadt«, »Das Haus«). Der Begriff *snopeism* ging in den Sprachgebrauch der Region ein und bezeichnet noch heute Geldgier und Skrupellosigkeit. Faulkner beschäftigte sich mit der Vergangenheit und deren Wirken in Gegenwart und Zukunft. »Die Vergangenheit ist niemals tot. Sie ist nicht einmal vergangen« – dieser vielzitierte Satz aus dem Roman »Requiem für eine Nonne« unterstreicht Faulkners Ansicht, daß »die Zeit etwas Fließendes ist«.

Als Kind lebte Faulkner in einem kleinen Bauernhaus an der Ecke der South Eleventh und Buchanan Streets, doch man bringt Faulkner und sein Werk eher mit der Antebellum-Villa Rowan Oak in Oxford in Verbindung, wo er von 1930 bis zu seinem Tode 1962 wohnte. Das Haus präsentiert sich noch heute so wie zu Faulkners Zeiten, mit der schwarzen Underwood-Schreibmaschine auf einem Tischchen und dem Exposé seines Romans »Eine Legende« auf die Tapete des Arbeitszimmers gemalt.

Rowan Oak gehört heute der Universität von Mississippi, die hier auch Lesungen aus Faulkner-Werken veranstaltet. An der ›Ole Miss‹, die dem Städtchen Oxford Gewicht verleiht, war der Schriftsteller einst selbst eingeschrieben. Aber Faulkner war ein miserabler Student und versagte, wie schon auf der Schule, gründlich. Doch dank seines ausgeprägten Selbstbewußtseins litt er nicht darunter, vielmehr machte er sich über den Lehrbetrieb lustig.

Oxford tat sich schwer mit Faulkner. Er machte keinen Hehl daraus, daß er sich für ein Genie hielt, war unhöflich und ungeduldig. Die alkoholischen Exzesse, denen er sich in regelmäßigen Abständen hingab, wurden sorgfältig vorbereitet, ohne Reue durchlebt und schienen deshalb um so suspekter. Am schrecklichsten war, daß die Bewohner von Oxford den Eindruck nicht loswurden, daß er über sie schrieb.

Elizabeth Spencer, eine renommierte Autorin aus Mississippi, beschreibt das Gefühl, von Faulkner entlarvt zu werden: »Hier war ein Mann, einer von uns, der uns schockierte, der uns mit einer Geschichte nach der anderen vor der Welt entblößte, mit Geschichten aus den privaten Abgründen des Südens: das totgeschwiegene Familiengeheimnis, das nette Mädchen, das im Puff von Memphis endet, die Selbstmorde, der schwachsinnige Bruder, den man vor der Außenwelt versteckt, die schreckliche Armut und Ignoranz der armen Weißen, die Rachefehden, der gelegentliche Lynchmord, das wahre Leben der Schwarzen. Was hatte dieser Mann vor?«

Erst als 1949 die Filmemacher von MGM in Oxford einzogen, um »Griff in den Staub« zu drehen und als Faulkner im gleichen Jahr den Nobelpreis für Literatur erhielt, milderte sich die versteckte Feindseligkeit der Bürger von Oxford gegenüber ihrem Mitbewohner. Heute erlebt Oxford alljährlich im August, wenn die Universität die Faulkner-Konferenz abhält, eine ›Faulkner-Mania‹. Dann strömen Gelehrte und Fans aus der ganzen Welt in das gemütliche Universitätsstädtchen. Auf dem Friedhof von St. Peter hinterläßt man Blumen, man amüsiert sich über das Faulkner-Porträt im örtlichen McDonalds, stöbert im Buchladen Square Books und sinniert über die Faulkner-Worte am Eingang der ›Ole Miss‹ nach. »Ich glaube, der Mensch wird nicht nur überleben, er wird siegen.«

mit einer Fülle von Veröffentlichungen, Veranstaltungen und Seminaren Lebensweise, Musik, Literatur und Geschichte eines Kulturraums dokumentiert, der beinahe selbst ein eigener Staat geworden wäre.

William Faulkner, der 1949 mit dem Nobelpreis für Literatur geehrte Romanautor, gestaltete das fiktive Yoknapatawpha County nach seinem Wohnort Oxford. Dort entstanden Werke wie »Die Freistatt«, »Licht im August« oder »Absalom, Absalom!«. Rowan Oak, das südlich der gemütlichen Universitätsstadt gelegene Wohnhaus des 1962 verstorbenen Faulkner, sieht aus, als wäre der Autor gerade vor die Tür gegangen. An der Wand des Arbeitszimmers kann man das Exposé des Romans »Die Legende« entziffern, für den er 1954 den Pulitzer-Preis erhielt.

Das Natchez Trace Parkway Center in **Tupelo** 9 (S. 319) gut 50 Meilen weiter östlich illustriert in einer detaillierten Ausstellung Kultur und Lebensweise der frühen indianischen Bewohner sowie der ersten weißen Siedler und informiert ausführlich über die Geschichte des Natchez Trace. Knapp 10 Meilen weiter im Norden liegt mit den Pharr Mounds eine der bedeutendsten archäologischen Ausgrabungsstätten im Süden, deren Erdhügel, Reste von Palisaden sowie Urnen- und Erdgräber aus der Zeit vom 1. Jh. n. Chr. bis etwa zum Jahre 1000 reichen.

Der Hafen von Biloxi

Das Chickasaw Village am Natchez Trace Parkway (MP 261,8) ist ein rekonstruiertes Dorf der wehrhaften Nachkommen der Mississippi-Kultur, mit denen schon Hernando de Soto 1540 unliebsame Bekanntschaft machte. Auch französisches Militär mußte bei dem Versuch, die Chickasaw zu vertreiben, eine Niederlage hinnehmen. Erst 1832 gaben die Indianer den 300jährigen Kampf um ihr Land auf und wurden von der US-Armee in das heutige Oklahoma vertrieben.

Das National Battlefield und das angeschlossene Tupelo Museum nicht weit vom Stadtzentrum halten die Erinnerung an die letzte bedeutende und überaus blutige Schlacht des Bürgerkriegs auf dem Boden von Mississippi wach.

Am 8. 1. 1935 erblickte Aaron Elvis Presley in einer kleinen Holzhütte in Tupelo das Licht der Welt. Auch wenn die Familie schon bald weiter nach Memphis zog, ist das um eine Kapelle und ein kleines Museum erweiterte bescheidene Häuschen alljährlich Pilgerziel Tausender Fans.

Wer auf dem Weg nach Süden den Wunsch verspürt, Roulette, Black Jack oder an einem einarmigen Banditen zu spielen, sollte etwa 100 Meilen südlich von Tupelo beim Silver Star Casino in der Reservation der Choctaw-Indianer einen Stopp einlegen. Unweit der Nanih Waiya-Höhle, dem mythischen Geburts-

Exzentriker und Maler
Walter Inglis Anderson

Den Nachbarn in Ocean Springs war er nicht ganz geheuer. Sein ausschweifender Lebensstil – durchzechte Nächte, zuweilen Wahnvorstellungen – paßten nur schlecht in das ordentliche Bild des beschaulichen Ortes am Golf von Mexiko. Umgekehrt hatte auch Walter Anderson seine Probleme mit dem kleinbürgerlichen Rahmen, der ihn einengte und bedrängte.

Regelmäßig flüchtete er nach Horn Island, auf eine mit Pinien und Strandhafer bewachsene unbewohnte Insel, etwa 15 km vor der Küste. Das Boot, mit dem er, Papier, Pinsel und Farben sowie einige Lebensmittel im Gepäck, herübergerudert war, bot, umgekippt, Schutz vor Wind und Wetter. Auf Horn Island entstanden einige der schönsten Aquarelle des vielseitigen Künstlers, hier war er ungestört, allein mit seinen Motiven, den Pflanzen und Tieren.

Nachdem Walter Anderson 1965 im Alter von 62 Jahren plötzlich verstorben war, fanden seine Frau und seine Schwestern in seinen Privaträumen, die niemand vorher hatte betreten dürfen, Tausende von Skizzen, Aquarellen, Ölbildern und Schnitzereien. Die Decke und Wände eines Zimmers waren mit Figuren und Symbolen ausgemalt. Dieser Raum ist inzwischen Bestandteil des Walter Anderson-Kunstmuseums wie auch der Versammlungssaal der Gemeinde Ocean Springs, den der Maler als »Dienst an der Öffentlichkeit« 1950 für einen Dollar farbenprächtig ausgemalt hatte.

Erst seit kurzem wird es den politisch und kulturell Verantwortlichen deutlicher, daß der lange Zeit mißtrauisch belächelte, exzentrische ›Pinselquäler‹ von Ocean Springs ein vielseitiger Künstler von großem Können und erstaunlicher Ausdrucksvielfalt war, dessen Werke überregionales Interesse erregen (Walter Anderson Museum of Art, 510 Washington Ave., Ocean Springs, Tel. 228-872-3164, Fax 228-875-4494, Mo–Sa 10–17, So 12.30–17 Uhr).

ort der Choctaw-Nation, leben die meisten der 6000 Stammesmitglieder, deren Vorfahren der Vertreibung widerstehen konnten. Das Choctaw Museum of the Southern Indian erläutert die Lebensweise der Choctaw und der Indianer der vergangenen Mississippi-Kultur.

Jimmy Rodgers, Eisenbahner und einer der ›Väter der Country Music‹, wird in seiner Geburtsstadt **Meridian** 🔟 (S. 297) mit einem Museum geehrt, welches das Leben des *singing brakeman* dokumentiert, der im Alter von 35 Jahren an Tuberkulose verstarb. Der deutsche Auswanderer Gustav Dentzel baute kurz vor 1900 sieben Jahre lang an einem Karussell, schnitzte die Holzpferde und stattete es mit naiven Malereien aus. Das Dentzel Carousel kann man in Highland Park nördlich von Meridian bewundern.

Von Meridian, dem landwirtschaftlichen und gewerblichen Zentrum der Region bis zur Golfküste sind es noch 100 Meilen Fahrt durch eine flache, leicht gewellte Landschaft, in der Baumwolle angebaut und Rinder gezüchtet werden.

Ocean Springs (S. 305) hieß früher Biloxi, bis die Franzosen 1719 einer Nachbarsiedlung etwas weiter im Westen den Namen gaben. Die entspannte Atmosphäre dieses Seebads hat Künstler und Kunsthandwerker angezogen. Das Werk des 1965 verstorbenen, exzentrischen Malers Walter Inglis Anderson ist in einem wunderbaren Museum dargestellt. Im Ort befindet sich auch das Besucherzentrum der Gulf Islands National Seashore, einer Kette von geschützten Barriere-Inseln vor der Küste zwischen Pensacola in Florida und Gulfport in Mississippi.

Mit Ausflugsschiffen erreicht man Ship Island etwa 12 Meilen vor der Küste. Im Ostteil der 1969 vom Hurrikan Camille geteilten Insel liegt das Fort Massachusetts. Während des Bürgerkriegs war es von Unionstruppen besetzt, danach diente es kurze Zeit als Internierungscamp für Kriegsgefangene.

In **Biloxi** 11 (S. 273) ändert sich das Bild einer beschaulichen Küstenszenerie schlagartig. Vor noch nicht allzu langer Zeit war der Ort eher für seine Krabben- und Austernfischerei bekannt, galt der markante, knapp 20 m hohe Leuchtturm Old Biloxi Lighthouse als Wahrzeichen. Heute stehen die Fischerboote im Schatten glitzernder Kasinos. Nachdem der Bundesstaat Mississippi das Glücksspiel legalisiert hatte, wurden in kurzer Zeit zahlreiche Spielkasinos an der Küste errichtet. Mit dem Slogan »Playground of the South« wenden sich die Kasinos vor allem an Kurzurlauber. Da den Glücksspielbetrieben Hotels, Golfplätze, Restaurants und Einkaufszentren folgten, hat sich der Charakter der Küste vor allem zwischen Biloxi und Long Beach in wenigen Jahren drastisch verändert.

Biloxi, die ersten Menschen, nannte sich der Indianerstamm, der bis zur Ankunft der Franzosen diesen Küstenabschnitt beherrschte. Die Franzosen errichteten Fort Louis, von dem aus sie zwischen 1720 und 1722 die Provinz Louisiana verwalteten. An der Küste und im alten Ort kann man noch einige Antebellum-Häuser besichtigen. Im Mardi Gras Museum, in dem viele Kostüme ausgestellt sind, wird die Geschichte des Karnevals in den ehemals französischen Niederlassungen an der Küste erläutert.

Nicht weit entfernt überrascht das Alfred A. Ohr Museum mit den Arbeiten eines exaltierten Töpfers. Der *mad potter,* wie er sich selbst bezeichnete, war weniger am Gebrauchswert seiner Kreationen interessiert als an deren künstlerischer Ausdruckskraft.

Blick auf den Strand bei Gulfport ▷

Beauvoir, zur schönen Aussicht, hieß das Haus von Mrs. Sarah Dorsey, in dem der ehemalige Präsident der Konföderation, Jefferson Davis, nach der Niederlage im Bürgerkrieg lebte. Hier schrieb er seine Erinnerungen in dem zweibändigen Werk »Aufstieg und Fall der Regierung der Konföderierten Staaten von Amerika« nieder. Seit 1941 zeigt das Gebäude als Jefferson Davis Shrine vorwiegend persönliche Erinnerungsstücke aus dem Leben des einzigen Präsidenten der Südstaaten. Im Jahre 1998 wurde auf dem weitläufigen Grundstück eine großzügige Presidential Library eingeweiht.

An stillen Spätsommerabenden kann man in **Pascagoula** 12 (S. 309), der östlichsten Gemeinde der Golfküste von Mississippi, einen eigenartigen, singenden Ton hören. Der Legende zufolge ist dies der Todesgesang der Pascagoula-Indianer, die es einst vorzogen, kollektiven Selbstmord im Singing River zu begehen, statt sich von den angreifenden Biloxi-Indianern massakrieren zu lassen. Das älteste erhaltene Gebäude des Mississippi-Tals, das Old Spanish Fort aus dem Jahre 1718, wurde während der französischen Kolonialzeit errichtet. Und es ist auch kein Fort, sondern das Haus eines Tischlers oder Schmieds, gebaut aus *tabby,* einer Mischung aus Ton, Austernschalen und *Spanish moss.* Drei Kanonen, die Andrew Jackson einst in Florida erbeutete, verleihen der Anlage mit einem interessanten Museum zur frühen Geschichte der Region ein wenig Dramatik.

Die Seebäder Long Beach, Pass Christian und Waveland, dem die besten Strände der Golfküste von Mississippi nachgesagt werden, eignen sich für einen entspannten Strandurlaub, vor allem im Frühsommer. Am Pearl River wird die Grenze zu Louisiana überschritten. Nach wenigen Meilen, davon 6 auf einer Brücke über den Lake Pontchartrain, ist New Orleans, der Ausgangspunkt der Rundreise erreicht.

Küstenmarschen und Feuchtprärien Im Land der Cajun

Wer die vielen Buchten, Bayous und kleinen Flußmündungen mitrechnet, kommt in Louisiana bei einer Entfernung von 400 Meilen von der Grenzlinie nach Mississippi im Osten bis zu der nach Texas im Westen auf knapp 7000 Meilen Küstenlinie. Während einer Fahrt durch Acadiana, dem Siedlungsgebiet der Cajun, wird man selten auf den Anblick von Wasser verzichten müssen. Selbst Gebiete der etwas höher und trocken liegenden Cajun Prairie werden für den Reisanbau geflutet.

Die ländliche, von französischen Traditionen geprägte Kultur der Cajun ist nicht zuletzt ihrer Isolation zu verdanken. Anglo-Amerikaner werden hier noch immer als *les américains* bezeichnet. Erst 1973 stellten Ingenieure und Bauarbeiter die autobahnähnliche I-10 fertig, die nun auf massiven Betonstelzen den Sumpf des Atchafalaya Basin überquert und Baton Rouge mit Lafayette, der Hauptstadt des Cajun Country, mit Lake Charles und Texas weiter im Westen verbindet.

Die verzweigten Bayous in Louisiana

Kurzporträt Louisiana

Ursprung des Namens: Nach Louis XIV. von Frankreich; Beiname *Pelican state –*
Staat des Pelikans

Eintritt in die Union: 30. 4. 1812 als 18. Bundesstaat

Größe und Einwohnerzahl: 134 100 km², Rang 31; 4,3 Mio., Rang 21

Hauptstadt: Baton Rouge

Motto und Staatssymbole: *Union, justice and confidence* – Einheit, Gerechtigkeit
und Zuversicht; Baum: Zypresse; Blume: Magnolie; Vogel: brauner Pelikan

Wichtige Städte: New Orleans, Baton Rouge, Shreveport, Lafayette, Lake Charles,
Alexandria

Straßenverkehr: Licht bei schlechtem Wetter, Helmpflicht auf Motorrädern,
Höchstgeschwindigkeit 70 Meilen

Zeitzone: Mitteleuropäische Zeit minus 7 Std.

Wirtschaft: Fischfang und -verarbeitung, Erdöl und Erdgas sowie chemische Produkte, Reis- und Zuckerrohranbau, Salz- und Schwefelgewinnung, Tourismus

Highlights: Plantagenvillen am Mississippi, das Mississippi-Delta, French Quarter
und Aquarium of the Americas in New Orleans, Lafayette, Mardi Gras (Karneval)

Der lange Weg nach Akadien
Cajun people

Auf zum Tanz im Cajun Country

Am 5. 9. 1755 umstellte eine Kompanie britischer Rotröcke das Dörfchen Grand Pré in der kanadischen Provinz Nova Scotia. Ein Offizier unterrichtete die Bewohner von ihrer bevorstehenden Deportation. Einen Tag später lag Grand Pré in Schutt und Asche. Am Vorabend des Siebenjährigen Krieges, der in Nordamerika als Kolonialkrieg zwischen Großbritannien und Frankreich ausgetragen wurde, wies der Gouverneur alle 16 000 frankophonen Siedler aus Akadien aus, die im britischen Einflußbereich lebten.

Sie wollten im heraufziehenden Konflikt neutral bleiben und hatten sich geweigert, einen Treue-Eid auf den König von England zu schwören.

Die Akadier wurden in kleineren Gruppen, häufig unter entwürdigenden Bedingungen und großen Entbehrungen, auf andere Kolonien des britischen Kolonialreichs, auf die westindischen Inseln, nach South Carolina und Georgia verschleppt. Einige kehrten in ihre französische Heimat, in die Normandie und die Bretagne, zurück, andere konnten sich verstecken und der Deportation entgehen, der größte Teil siedelte sich nach langer Odyssee im Schwemmland von Süd-Louisiana an.

In den unzugänglichen Sümpfen des Mississippi-Deltas, in dem es kaum Straßen gab und die Zahl der Alligatoren die der menschlichen Bewohner deutlich übertraf, fanden sie einen Siedlungsraum, den ihnen niemand streitig machte. Der französische König Louis XV. hatte allerdings 1762 New Orleans und die westlich des Mississippi gelegenen Gebiete von Louisiana an Spanien abgetreten. Die Akadier, die gehofft hatten, endlich wieder in französischem Einflußbereich siedeln zu können, sahen sich erneut getäuscht. Doch die spanische Kolonialregierung in New Orleans zeigte Interesse daran, die unwegsamen Regionen um die Wasserarme des Mississippi, die Ufer der Bayou Lafourche, Teche und Opelousas von den Neuankömmlingen erschließen zu lassen und überließ den französischsprachigen Kolonisten Land zum Bau ihrer Häuser und zum Bewirtschaften.

Vor der Kirche im kanadischen Grand Pré steht die Statue von Evangéline Bellefontaine, der Heldin des ebenso populären wie sentimentalen Gedichts »Evangéline – a Tale of Acadie« des Dichters Henry Wadsworth Longfellow (1807–82). Das Gedicht erzählt die Geschichte der Heldin aus Grand Pré und ihres Liebhabers Gabriel Lajeunesse, die durch die Deportation auseinandergerissen werden. Sie bleibt ihm zehn lange Jahre treu, muß dann aber in Louisiana feststellen, daß er längst eine andere geheiratet hat. Evangéline stirbt an gebrochenem Herzen im Schatten einer seither nach ihr benannten Eiche. Eine Statue vor der Kirche von St. Martinville erinnert, ähnlich wie die im fernen Grand Pré im kanadischen Nova Scotia, an ihr Schicksal. Evangélines Lebensweg, im Gedicht einem wirklichen Schicksal nachgezeichnet, wurde zum Symbol für das Los der aus ihrer Heimat vertriebenen Akadier.

Die Akadier züchteten Rinder und betrieben Landwirtschaft, ernährten sich durch den Fang von Krebsen, Fischen und Muscheln. Das harte Schicksal des Volkes, die engen Familienbeziehungen und die Bande der katholischen Kirche sorgten für einen festen Zusammenhalt, für die Bewahrung von Kultur und Sprache. Das isolierte ländliche Leben schuf Distanz zur englischsprachigen amerikanischen Zivilisation.

Erst um die Wende zum 20. Jh. brach die teils gewollte, teils erzwungene Isolation auf. Eisenbahn- und Straßenverbindungen erschlossen bis dahin unzugängliche Gebiete, das Radio drang bis in die entlegensten Regionen vor. Als 1901 bei Jennings Öl gefunden worden war, strömten Arbeiter und Ingenieure aus vielen anderen US-Bundesstaaten in das flache Schwemmland, das zuvor den Akadiern vorbehalten war. Diese wurden nur noch kurz Cajun genannt, eine Bezeichnung, die bald abfällig mit Hinterwäldlern gleichgesetzt wurde.

Die in den USA geltende allgemeine Schulpflicht wurde nun auch im Siedlungsgebiet der Cajun durchgesetzt. Nach dem Education Act von 1916 war es verboten, außer Englisch eine andere Sprache auf dem Schulgelände zu sprechen. Wer dennoch dabei ertappt wurde, sich auf Französisch zu unterhalten, mußte mit einer Bestrafung rechnen. Die Pflege französischer Kultur und Traditionen galt als unamerikanisch und wurde unterdrückt.

Erst der Einsatz von Cajun in der US-Army als Französisch-Dolmetscher während des Zweiten Weltkriegs, der die Bedeutung der eigentlichen Muttersprache unterstrich, sowie der plötzliche Wohlstand als gut bezahlte Arbeiter im Ölgeschäft stärkte die Gemeinschaft der Cajun. Inzwischen wird Französisch an vielen Schulen gelehrt, ein Council of Development of French in Louisiana, Codofil, bemüht sich erfolgreich um das kulturelle Erbe. Ein großer Teil der Cajun wächst heute zweisprachig auf. Viele Französischlehrer an den Schulen kommen jedoch aus dem kanadischen Quebec oder aus Frankreich. So befürchten die Alten, daß einiges Typische des ursprünglichen Cajun-Dialekts und damit auch der kulturellen Identität verlorengehen könnte. Die mitreißende Musik der Cajun und die vielen Restaurants, in denen ihre kräftig gewürzten Gerichte angeboten werden, haben die Region auch bei ausländischen Besuchern beliebt gemacht. Aus dem abgeschiedenen, isolierten Landstrich französischsprachiger ›Hinterwäldler‹ wurde ein attraktives Urlaubsziel.

Der Atchafalaya River, ein ehemaliger Arm des Mississippi, wird häufig als längste Straße der USA bezeichnet. An dessen etwa 150 Meilen langem Ufer findet man immer wieder Siedlungen der Cajun, die nur mit Booten erreichbar sind. Gewässer und Dschungel an den sumpfigen Ufern sind Lebensraum von Alligatoren, Schlangen, Fröschen, Reihern und anderen Wasservögeln sowie von vielen Tausend Insekten.

Bei Hochwasser versucht der Mississippi seit vielen Jahren, sich gegen den massiven Widerstand von hohen Dämmen die kürzere Route zum Golf durch das ›Basin‹ zurückzuerobern. Sollte das gelingen, würden Baton Rouge und New Orleans an einem schlammigen Nebenarm des großen Flusses liegen, wäre die Idylle des Atchafalaya Basin in einen mächtigen Strom verwandelt, müßten Dutzende von Öl- und Erdgasfördertürmen im Mündungsdelta ›Land unter‹ melden.

Die Route von New Orleans durch das Mündungsdelta des Mississippi, entlang der Küstenmarschen bis zur texanischen Grenze und zurück über die etwas höher gelegene Cajun Prairie mißt

knapp 600 Meilen. Wer die Kultur der Cajun kennenlernen will, deren lebhafte Musik und kräftiges Essen, wer eine Bootsfahrt in die geheimnisvolle Wasserwelt des Atchafalaya Basin, der Seen und Mündungsarme des Mississippi unternehmen will, sollte eine Woche Zeit einplanen. Fällt die Reisezeit gar mit einem der großen Cajun-Festivals oder dem Karneval Mardi Gras zusammen, können daraus gut einige Tage mehr werden.

An die deutschen Siedler, die sich vor mehr als 150 Jahren nördlich von New Orleans nahe dem Mississippi niederließen, erinnern noch Ortsnamen wie Des Allemands oder die Region der German Coast. Wer von New Orleans auf der gut ausgebauten US-90 durch weite Zuckerrohrfelder nach Südwesten fährt, kann kurz vor **Houma** 1 (S. 289) einen Abstecher nach Norden unternehmen, um bei Kraemer mit einer Bootstour den Bayou Bœuf zu erkunden. Bayou Black, Little Bayou Black, Bayou Terrebonne und die Wasserstraße des Intracoastal Waterway treffen sich in Houma, das als Zucker- und später als Erdölmetropole seine Glanzzeiten erlebt hat. Heute ist der Ort,

Im Land der Cajun

Laissez les bons temps rouler!
Mardi Gras an der Golfküste

Pierre le Moyne, Sieur d'Iberville, der im Auftrag der französischen Regierung mit einer Truppe von Soldaten die Region um die Mündung des Mississippi für Frankreich in Besitz nehmen sollte, kampierte am 3. 3. 1699 mit seinen Leuten am Rande eines Bayou. Einsam und fern der Heimat öffneten sie einige Flaschen Wein, brachten einen Toast auf den König aus und tauften das Gewässer wehmütig Bayou de Mardi Gras nach dem Faschingsdienstag, der gleichzeitig in Frankreich gefeiert wurde.

Nachdem sich viele Jahre später die französischen Niederlassungen zwischen Mobile und New Orleans gefestigt hatten, konnten deren Bewohner daran denken, auch hier Karneval, Mardi Gras, zu feiern. Der ›fette Dienstag‹ hatte seinen Namen vom *bœuf gras* erhalten, dem fetten Ochsen, der zunächst mit vergoldeten Hörnern im Festzug mitgeführt wurde, um dann später auf einem rotierenden Grill als Festessen geröstet zu werden.

Im Jahre 1830 wurde mit den Cowbellions in Mobile ein Verein gegründet, der später den örtlichen Karneval ins Leben rufen sollte, 1837 organisierte der Mystik Krewe of Comus in New Orleans die erste Parade durch die Straßen der Stadt, verkleidet als Gruppe *(crew)* von Dämonen und Göttern. Ähnlich dem rheinischen Karneval herrschen während der tollen Tage, die hier am 6. 1., dem Dreikönigstag, beginnen,

Königspaare in den Hochburgen des närrischen Treibens. In Lafayette, der Hauptstadt der Cajun-Region, werden Königin Evangéline und König Gabriel zu Oberhäuptern gekürt. An der ehedem von Franzosen besiedelten Golfküste, in Mobile, Biloxi, New Orleans oder Lafayette, ist die Karnevalszeit mit vielen Bällen und Umzügen der Karnevalsvereine der gesellschaftliche Höhepunkt des Jahres.

Wer nicht zu einer Festveranstaltung eingeladen ist, kann meist an einem öffentlichen Ball teilnehmen. Während der letzten Tage vor Aschermittwoch reißen Festveranstaltungen, Konzerte und Paraden nicht mehr ab. Die Bewohner und die Besucher von New Orleans sehen in diesen Tagen mehr als 60 Umzüge. Allein bei den beliebten Paraden der Karnevalsvereine Bacchus und Endymion mit zusammen fast 2500 Mitgliedern ziehen 75 Festwagen und 60 *marching bands* durch die Straßen der Stadt am Mississippi.

In den Gemeinden der Cajun-Region blieb mit dem Courir du Mardi Gras ein alter Brauch erhalten. Maskierte Reiter galoppieren von Haus zu Haus und bitten um Zutaten für die große kommunale Gumbo, einen kräftigen Eintopf, der abends in riesigen Kesseln gemeinsam bei einem *fais do do,* einem ausgelassenen Tanzabend, zubereitet und verspeist wird. Doch auch hier gilt wie an der gesamten Golfküste die Devise: Am Aschermittwoch ist alles vorbei.

Bayou bei Kraemer

dessen Name an einen Indianerstamm erinnert, Ausgangspunkt für Touren durch die Feuchtgebiete, Sümpfe und Seen der Umgebung.

Ein Abstecher nach Süden führt am Bayou Terrebonne entlang bis nach Cocodrie. In der Einsamkeit des Küstenschwemmlands informiert die Forschungseinrichtung Louisiana Universities Marine Consortium (Lumcon) mit einer fundierten Ausstellung über den Naturraum, seine Geschichte und dessen Veränderung durch die Zivilisation. Von einem knapp 25 m hohen Beobachtungsturm eröffnet sich ein Panoramablick auf die urtümliche Landschaft und die Golfküste.

In **Thibodaux** 2 (S. 319), einem Ort von 14 000 Einwohnern, der vom Zuckerrohranbau und der Erdölförderung lebt, kann man Laurel Valley Village die restaurierten Gebäude einer stillgelegten Zuckerrohrplantage aus dem 19. Jahrhundert besichtigen. Das Wetlands Acadian Cultural Center gibt Auskunft

über Geschichte und die Lebensweise der Cajun am Wasser. In der von Cajun bewohnten Region um **New Iberia** 3 (S. 302) am Bayou Teche, heute eine geschäftige Stadt mit 35 000 Einwohnern, traf 1779 eine Gruppe von spanischen Siedlern ein, die ihre Niederlassung Nueva Iberia tauften. Von Eichen gesäumte Straßen führen an endlos scheinenden Zuckerrohrfeldern entlang, die dem Teche Country den Beinamen Zuckerschüssel von Louisiana eingetragen haben. Shadows-on-the-Teche heißt die sehenswerte Zuckerrohrplantage aus dem Jahre 1834 mit weißem Säulenportikus und erlesener Inneneinrichtung.

Eine um 130 n. Chr. gefertigte Statue des römischen Kaisers Hadrian verblüfft Besucher an der Kreuzung der Weeks und St. Peters Street. Die Iberia Savings und Loan Bank erwarb die ungewöhnliche Attraktion 1961 in England. Wer sich eher für Anbau und Verarbeitung von Reis interessiert, sollte an einer Führung durch die Konrico-Reismühle teilnehmen, die seit 1912 würzigen Wild Pecan Rice produzieren.

Die Rip van Winkle Gardens auf Jefferson Island im Lake Peignur 6 Meilen südwestlich von New Iberia schwelgen zu allen Jahreszeiten in den üppigen Farben von Azaleen und Kamelien. In den Preis für die Besichtigung der Insel ist auch die Überfahrt mit einem Boot eingeschlossen. Während der Bootstour geht es vorbei am Schauplatz des sogenannten Lake Peignur Salt Dome Disaster. Am 20. 11. 1980 stockte der Bohrmeißel einer Texaco-Plattform, die sich auf der Suche nach Ölvorkommen in den Stollen eines knapp 400 m unter der Erde liegenden Salzbergwerks hineingefressen hatte. Der Bohrturm kippte und versank im See. Dessen Wasser bahnte sich einen wachsenden Durchbruch in den Salzstollen. Ein riesiger Wasserstrudel saugte 14 Mio. l Wasser, Sport- und Fischerboote sowie fünf Gewächshäuser vom Uferrand in den Untergrund, bis der See nach 7 Stunden leer war. Wie durch ein Wunder forderte das Unglück keine Todesopfer. Nachdem sich die Einbruchstelle wieder geschlossen hatte, füllte sich der See durch einen Kanal mit Meerwasser wieder auf. Geblieben sind die schaurige Geschichte sowie dramatische Foto- und Videoaufnahmen eines Anwohners.

Avery Island, südlich von New Iberia, ist eigentlich keine Insel, sondern die Spitze eines unterirdischen Salzdoms, der hier von einer knapp 4 m dicken Erdschicht bedeckt ist. Das Salz wird seit etwa 100 Jahren abgebaut, Funde belegen jedoch, daß schon während der Eiszeit Menschen und Tiere das salzhaltige Wasser örtlicher Quellen schätzten. In der subtropischen Flora der Jungle Gardens auf Avery Island nisten zeitweise bis zu 20 000 Reiher und Ibisse. Die McIlhenny Company kultiviert auf der Insel

seit 130 Jahren eine besondere Gattung roter Chili-Schoten, welche die Tabasco-Sauce zu einem feurigen Fest für die Sinne werden läßt.

Französische Siedler kauften das Land 1760 den Attakapa-Indianern ab und nannten ihre Niederlassung Poste de Attakapas. Knapp 60 Jahre später hatten sich Kreolen aus New Orleans, Cajun und Franzosen, die sich vor der Revolution aus Frankreich geflüchtet hatten, im nun in **St. Martinville** 4 (S. 315) umgetauften Ort niedergelassen, der wegen des französischen Ambientes und seiner Bedeutung als Handelsplatz auch als Klein-Paris bekannt war.

Doch der Glanz der alten Zeiten ist stumpf geworden, die meisten Besucher zieht es vor allem zur ausladenden Eiche am St. Martin Square. Dort fand im Gedicht von Henry Wadsworth Longfellow das Mädchen Evangéline seinen auf der Flucht aus Kanada getrennten Geliebten wieder, nur um herauszufinden, daß dieser längst eine andere geheiratet hatte. Rund um den Platz gruppieren sich die weiteren Sehenswürdigkeiten des Ortes, die Statue der Evangéline, die katholische St. Martin de Tours-Kirche mit einem Nachbau der Grotte von Lourdes und dem Grab des Evangéline-Vorbilds Emmeline Labiche sowie das Petit Paris Museum mit Mardi Gras-Kostümen.

Bis 1884 hieß **Lafayette** 5 (S. 292) 18 Meilen weiter im Nordwesten noch Vermillionville, dann wurde das Zentrum der Cajun-Kultur nach dem französischen Marquis de Lafayette umbenannt, der als General der Revolutionsarmee für die amerikanische Unabhängigkeit von Großbritannien gefochten hatte. Wie viele andere Städte im Süden von Louisiana hat Lafayette durch die Erdöl- und Erdgasfunde in den 50er und 60er Jahren im Schwemmland und vor der

Zum bal de maison und fais do do
Cajun- und Zydeco Music

Zydeco ist die schwarze Variante der ...

... Cajun Music – beides mit Akkordeon

Ein weitverbreitetes Sprichwort besagt, daß ein Cajun seine Seele für einen guten Tanzboden hergeben würde. Kein Wunder, daß Cajun Music auch Fremden in die Beine geht. Die Liedtexte handeln von dem Leben an den Schilfufern der Bayous, vom Krebsfischen, von der harten Arbeit im Zuckerrohrfeld, von der alten Heimat in Kanada und der noch viel älteren in Frankreich. Sie preisen die Liebe und beklagen die Einsamkeit, sie feiern die Zusammenkünfte mit Freunden und Verwandten. Cajun nutzen jede Möglichkeit, gemeinsam zu tanzen. Die Kinder werden dann bei Bekannten zum Schlafen gebracht, so ist der Ausdruck *fais do do,* Schlafen gehen, für die Tanzveranstaltungen zu verstehen, deren Musik und Stimmung ansonsten

Totgeglaubte mit neuer Energie versorgen können.

Bei der Cajun Music verbinden sich Elemente des Hillbilly in der Tradition schottischer und irischer Einwanderer und des Square Dance mit volkstümlichen Weisen der ursprünglich aus der Bretagne und der Normandie stammenden Akadier. Akkordeon, Triangel und Violine sind die Instrumente, die nahezu jede Komposition dominieren. Auch wenn sich die Cajun Music ursprünglich auf rein französische Wurzeln zurückführen läßt, hat sie sich unter dem Einfluß anderer Musiktraditionen verändert.

Blues, westafrikanische Klänge, Country and Western mit elektrischer Gitarre und Schlagzeug haben die klassische Cajun Music beeinflußt, die aus

Familientraditionen und ersten Platten-
aufnahmen aus den 20er Jahren überliefert ist. Der Klassiker »Allons à Lafayette« des Akkordeon-Spielers Joe Fal-
con aus dem Jahre 1928 gehört noch
heute zu den meistgespielten Melodien.
Der brillante Akkordeonvirtuose Clifton
Chenier machte mit seiner Red Hot
Louisiana Band Cajun- und Zydeco
Music bei zahlreichen Auftritten auch in
Europa populär. Interpreten wie der
schwarze Akkordeon-Spieler Geno De-
lafose gehören mit ihrer gutgelaunten,
mitreißenden Musik zu den Stars des
jährlichen Jazz and Heritage Festival in
New Orleans.

Doch die Cajun Music ist nicht nur
auf große Veranstaltungen professioneller Musiker beschränkt. Zum *bal de
maison,* der ganz privaten Tanzveran-
staltung im heimischen Wohnzimmer,
in windschiefen Tanzhallen auf dem
Lande, bei Gemeindeveranstaltungen
der Kirchen, in Country Bars oder Restaurants wird aufgespielt, was die Finger der Musiker und die Beine der tanz-
wütigen Gäste zum Two-Step und Wal-
zer hergeben. Hier ist die ganze Familie
willkommen, auswärtige Besucher können in Musik-Restaurants wie Mulate's
in Breaux Bridge (S. 274) oder D. I.'s in
Basile eifrigen Cajun-Tänzern die
Schritte abgucken.

Beim Zydeco, der afro-amerikanischen Variante der Cajun Music, gibt
das Waschbrett, das *frottoir,* den Rhythmus vor. Auch Saxophon, elektrische
Gitarre, Baßgitarre und Drums sind in
Zydeco Bands zu finden. Der legendäre
Clifton Chenier oder auch Hits wie »My
Toot Toot« von Rockin' Sidney haben
Zydeco zu großer Popularität auch bei
jungen Musikern verholfen. »If you
want to have fun you got to go way out
in the country to the Zydeco«, forderte
der Musiker Clarence ›Bon Ton‹ Garlow

schon 1950. In Tanzhallen wie Hamilton's in Lafayette oder Levy's Place
in Abbeville, in denen auch das letzte
Brett der Eingangstür im Rhythmus mit-
schwingt, wird einmal im Monat eine
big boucherie mit großem Spanferkel-
essen veranstaltet.

Möglicherweise stammt der Begriff
Zydeco vom französischen Wort für
Bohnen, *les haricots,* die in Titeln des
unvergessenen Clifton Chenier eine
Rolle spielten, wie etwa »Les haricots
sont pas salés«, »Die Bohnen sind nicht
gesalzen«, über das entbehrungsreiche
Leben, in dem es nicht für ein Stück
Fleisch im Eintopf reichte.

Bei großen und kleinen Kulturfesti-
vals kommen Besucher und die Bewohner des Cajun Country zusammen. Das
Festival Acadiens in der dritten Septem-
berwoche im Girard Park in Lafayette
gehört mit etwa 100 000 Teilnehmern
zu den wichtigsten Ereignissen des Jahres. Während der Zydeco Extravaganza
im Blackham Coliseum von Lafayette
Ende Mai bewegen sich die Zuschauer
zwölf Stunden im Rhythmus der besten
Bands von Süd-Louisiana. Beim Aca-
dien Village Cajun Heritage and Music
Festival am zweiten Wochenende im
Oktober geht es um Musik, aber auch
um Geschichtenerzähler, Dichtung und
gut gewürztes Essen. Zum Cajun Music
and Food Festival am dritten Wochenende im Juli in Lake Charles im Südwesten des Bundesstaates spielen
Dutzende von Bands zum Tanz auf,
obendrein werden die besten Fiedler,
Akkordeonspieler und Tanzpaare in
Wettbewerben ermittelt. Auswärtige,
auch ausländische Besucher, sind bei
den Festivals und Tanzveranstaltungen
immer willkommen. Wer den Künstlern
Jubel zeigen will, macht es am besten
wie die Cajun selbst. Also raus auf den
Tanzboden!

Küste sein Gesicht verändert. Viele der Förderfirmen haben Büros in der knapp 100 000 Einwohner zählenden Stadt.

Doch hinter den Werbeplakaten für Fast Food-Restaurants, Versicherungen oder Motelketten hat Lafayette seinen rustikalen Charme mit gemütlichen Wohnvierteln, urigen Restaurants und Tanzhallen bewahrt. Beim Spaziergang entlang der Jefferson Street, der Hauptstraße, findet man großflächige Wandmalereien an einigen Häuserwänden, gibt es einige gemütliche Lunch-Cafés und Läden.

Das Erbe der Cajun-Kultur wird in drei Museen gepflegt. Im Jean Lafitte Acadian Cultural Center zeichnet ein sehenswerter Dokumentarfilm die wechselvolle Geschichte der Cajun nach, wird mit Tondokumenten, Bildern und Modellen die Lebensweise und Kultur der Cajun verdeutlicht. Im Acadian Village sind Gebäude aus Süd-Louisiana zu einem Museumsdorf zusammengetragen, das eine typische Siedlung mit Krämerladen, Scheunen, Kirche und Wohnhäusern zeigt. Vermillionville mit zwei Dutzend Gebäuden ähnelt eher einem Cajun-Themenpark, in dem zeitgenössisch kostümierte Darsteller Handwerkstechniken demonstrieren und die Besucher mit Musik, Tanz und Geschichten unterhalten.

Der Lafayette Mardi Gras im Frühling ist zwar züchtiger als der im lasterhaften New Orleans, steht diesem aber an ursprünglicher Lebensfreude in nichts nach. Das Festival International de la Louisiane im April gilt mit mehr als 400 französischsprachigen Künstlern als wichtigstes frankophones Fest in Nordamerika, beim mehrtägigen Festival Acadiens im Herbst strömen Cajun aus Louisiana, den übrigen USA und Kanada sowie weitere Zehntausende Besucher in die Stadt.

Im **Rockefeller Wildlife Refuge** 6, das sich auf mehr als 30 km Länge südwestlich von Lafayette zwischen der SR-82 und der Golfküste erstreckt, finden vor allem Zugvögel einen Rastplatz. Allein bis zu 400 000 Enten und Kanada-Gänse bevölkern in den Wintermonaten die Wasserflächen und feuchten Wiesen des Naturschutzgebiets. Zwischen dem 1. 12. und dem 1. 3. ist die Price Lake Road in das Wildschutzterrain geschlossen, sonst bietet ein Beobachtungsturm an deren Ende beste Sicht auf Vögel, Alligatoren und den nicht mehr weit entfernten Golf von Mexiko. Westlich von Cameron überquert eine kostenlose Autofähre den Calcasieu Ship Canal, der den gleichnamigen See mit dem Meer verbindet.

Holly Beach 7 (S. 287) ist weder wegen seiner guten Sandstrände noch wegen eleganter Strandhotels oder Restaurants bekannt. Der flache, harte Strand, der auch mit Autos befahren werden kann, ist der einzige weit und breit. Im Sommer tummeln sich Tausende an der als Cajun Riviera titulierten Küste. Besser ist es, im Frühjahr oder Herbst vorbeizukommen, wenn die Bevölkerungszahl wieder auf 150 Bewohner gesunken ist. Die SR-27 von Holly Beach nach Norden durchquert den östlichen Zipfel des 5700 km^2 großen Sabine Wildlife Refuge. Ein knapp 2,5 km langer Pfad windet sich, auf hölzerne Pfähle gestützt, durch die Mischwassermarschen bis zu einem Aussichtsturm, von dem man Alligatoren und zahlreiche Vögel beobachten kann. Beim Visitor Center des Wildschutzgebiets, etwa 10 Meilen nördlich von Holly Beach, erzählt ein ›Cajun-Roboter‹ aus seinem Leben am Wasser und von der Fischerei. Interessanter sind die hervorragenden Ausstellungen und Dioramen zur Flora und Fauna der Region.

Im Acadian Village in Lafayette wird das Leben der Cajun dokumentiert

Lake Charles 8 (S. 293), mit 75 000 Einwohnern nach Lafayette die größte Stadt im Cajun Country, erstreckt sich am Ostufer des Calcasieu-Flusses. Wer es nicht besser wüßte, könnte meinen, bereits im nicht weit entfernten Texas zu sein: ein Hafen mit großvolumigen Öltanks, der sich auch von seegängigen Schiffen über den Calcasieu-Fluß und den gleichnamigen See problemlos erreichen läßt, Petrochemie, Country and Western statt Cajun Music, Restaurants, in denen eher gegrillte *spare ribs* als *crawfish etouffée* serviert werden. Die für Besucher nicht sehr ergiebige Stadt eignet sich dennoch als Ausgangsort für Erkundungen der Feuchtprärien und Marschen im Süden.

Wer von Lake Charles über die US-190 wieder nach Osten fährt, erreicht nach etwa 60 Meilen **Opelousas** 9 (S. 307). Auf den Feldern um die Stadt werden Yam-Wurzeln angebaut. Sklaven hatten einst die goldgelben, süßlichen Knollen aus ihrer westafrikanischen Heimat mitgebracht. Das Yam Festival Yambolee gehört zu den kulturellen Highlights des Jahres. Der frühere französische Handelsposten gilt als eine Hochburg der Zydeco Music, mit beliebten Tanzhallen und populären Musikern, wie dem 1987 verstorbenen ›Zydeco King‹ Clifton Chenier, der in Opelousas geboren wurde. Im Jim Bowie Museum, das sich das Gebäude mit dem örtlichen Visitor Center teilt, beeindruckt eine Sammlung von mächtigen Westernmessern. Der Pionier Bowie, der sich kurz nach seinem Aufenthalt in Opelousas der Miliz von Texas angeschlossen hatte, starb wenig später beim legendären Kampf gegen eine mexikanische Übermacht bei ›The Alamo‹ unweit von San Antonio in Texas.

Ein kurzer Abstecher von 6 Meilen nach Norden führt nach Washington. Vier Fünftel der Stadthäuser aus dem 19. Jh. stehen unter Denkmalschutz. Vor Ankunft der Eisenbahn 1883 galt der Ort am Opelousas River als einer der wichtigsten Umschlagplätze für Dampfschiffe zwischen New Orleans und St. Louis. In den respektablen Häusern wohlhabender Händler und Kapitäne leben inzwischen viele Pendler aus Lafayette sowie Pensionäre.

Entlang der US-190 zwischen Opelousas und Baton Rouge, dem Arcadia Trail, warten zuweilen Trucker-Motels und Tankstellen im Art déco-Stil auf Besucher, die inzwischen meist auf die moderne I-10 ausgewichen sind.

Einer Überlieferung zufolge sollen Indianerstämme der Houma und der Bayougoula ihre Jagdgründe in regelmäßigen Abständen durch Zypressenstämme voneinander abgegrenzt haben, die sie mit Blut markierten. Die Ortsbezeichnung **Baton Rouge** 10 (S. 272), roter Stab, tauchte schon auf den ersten französischen Landkarten der Region auf. Nach Donaldsonville und New Orleans wurde Baton Rouge im Jahre 1849 zur Hauptstadt des Bundesstaates Louisiana bestimmt, bereits ein Jahr später war das Old State House fertiggestellt, ein eigenwilliger Bau im *Gothic Revival*-Stil mit Schießscharten, Türmen und gußeisernen Verzierungen. Nachdem ein Feuer das Gebäude stark beschädigt hatte, schrieb Mark Twain, daß »Dynamit die Arbeit vollenden sollte, die ein gnädiges Feuer begann«.

Das Louisiana State Capitol, ein 34stöckiges Hochhaus, wird ein Denkmal für Huey P. Long bleiben, den populären und populistischen Gouverneur und Senator von Louisiana. »Teilt den Reichtum« hieß die Parole des autoritären ›Kingfish‹, der 1932, zum Ende seiner Amtszeit als Gouverneur mitten in der großen Wirtschaftskrise, den neuen Regierungssitz in Rekordzeit errichten ließ. Long, 1932 zum Senator gewählt und als Konkurrenz zum späteren US-Präsidenten Roosevelt in der Diskussion, wurde 1935 vom Arzt Carl Weiss erschossen. Bis heute kommen Farmerfamilien vom Lande – und Touristen –, um jene Marmorwände zu betrachten,

in denen die Kugeln ihre Spuren hinterließen.

Die Aussichtsplattform des State Capitol bietet Besuchern einen Panoramablick über die 220 000 Einwohner zählende Metropole am Mississippi, über den Fluß, den Hafen und die weitläufigen Anlagen der petrochemischen Industrie. Der frühere Bahnhof der Yazoo and Mississippi Valley Railroad Company beherbergt heute das Louisiana Arts and Science Center Riverside Museum, kurz LASC, mit Kunstgalerien, einem altägyptischen Museum, Experimenten zu Naturwissenschaften, Exponaten zur Geschichte des Mississippi

Im Old State Capitol von Baton Rouge

und der Region. Wenig weiter südlich am Flußufer zeigt das Louisiana Naval War Memorial Ausstellungen und einige Schiffe wie einen alten *paddlewheeler* und den ausgemusterten Zerstörer »U. S. S. Kidd«. Das ausgezeichnete Museumsdorf der Louisiana State University am südöstlichen Stadtrand, das LSU Rural Life Museum, dokumentiert mit Hunderten von Gerätschaften und Werkzeugen sowie Häusern einfacher Leute, daß das Landleben vor dem Bürgerkrieg nicht nur aus dem Luxusleben von *southern belles* und edlen Kavalieren auf herrschaftlichen Plantagenvillen bestand.

Durch Acker- und Weideland geht es von Baton Rouge nach Osten. Die dichten Pinienwälder und die Mineralquellen machen Covington am Nordufer des Lake Pontchartrain zu einem beliebten Naherholungsgebiet und zu einer Region von Zweitwohnsitzen für Einwohner von New Orleans. Freunde des Pferdesports können hier einige der bekanntesten Pferdezuchtbetriebe für Vollblüter und Araber in Louisiana besichtigen. Südlich von Covington beginnt die 40 km lange Brücke über den nur wenige Meter tiefen Lake Pontchartrain. An deren südlichen Ende liegt New Orleans, der Ausgangspunkt der Rundreise.

Der Süden
der Hügel
und Berge

Backcountry
Im Hinterland von Arkansas und Louisiana

Die Route durch das ländliche Arkansas (gesprochen: Arknsaa) und den Norden von Louisiana führt zu weniger bekannten Ortschaften und Sehenswürdigkeiten. Landschaftlich reizvolle Straßen erschließen die dicht bewaldeten Mittelgebirge des Ozark Plateau und der Ouachita Mountains entlang wunderschöner Flußtäler oder See-Ufer. Im Westen, an den Grenzen zu den Bundesstaaten Oklahoma und Texas, in Fort Smith, Texarkana oder Shreveport ist bereits die Atmosphäre des Wilden Westen, mit Rodeos, Rinderauktionen und Ölfördertürmen zu spüren.

In Hope, Hot Springs und Little Rock wandelt man auf den Spuren des 42. Präsidenten der USA, Bill Clinton, der in Arkansas aufwuchs. Wer auch auf Reisen gern mal heimische Gerichte kosten möchte, kann im Tal des Arkansas River bei Altus (S. 268) eine Überraschung erleben. Ausgewanderte Winzer aus der Schweiz und aus Deutschland kredenzen hier hervorragende Weine zum ›Alpengoulash‹ oder ›Matterhorn Schnitzel‹. Für die 1000 Meilen lange Route, die sich auch gut in Abschnitte aufteilen ließe, sollte man 10 bis 14 Tage einplanen.

Little Rock 1 (S. 294), die Hauptstadt des Bundesstaates Arkansas, liegt fast in dessen geographischem Zentrum. Aus den etwa zwei Dutzend Einwohnern des Gründungsjahres 1814, die ihre Siedlung an einem felsigen Steilufer des Arkansas River errichteten, sind inzwischen knapp 180 000 geworden. Die moderne Stadt, die in den letz-

◁ *Der Great Smoky Mountains National Park*

ten Jahren bei den Amerikanern als Wohnsitz immer attraktiver wurde, hat ihr historisches Zentrum im Quapaw Quarter. Die Quapaw, die früher hier lebten, wurden von den Caddo, ihren indianischen Nachbarn, auch Arkansas, Volk des Südwinds, genannt.

Einige private Wohnsitze wie die viktorianische Villa Marre wurden restauriert und zu Museen umgewandelt. Im Old State House im *Greek Revival*-Stil aus dem Jahre 1842 tagten bis 1911 die beiden Kammern des Parlaments. Heute ist in dem eindrucksvollen Bau ein historisches Museum untergebracht. Ex-US-Präsident Clinton, der ehemalige Gouverneur von Arkansas, feierte hier seinen Sieg nach dem ersten erfolgreichen Präsidentschaftswahlkampf.

Der Riverfront Park mit Rasenflächen, dem kleinen Felsen am Ufer des Flusses, dem Little Rock seinen Namen verdankt, einem Amphitheater, Terrassen und Pavillons ist bei den Bewohnern der Hauptstadt als Freizeitanlage beliebt. Das aus weißem Marmor und Granit nach dem Vorbild in Washington D. C. um 1900 errichtete State Capitol kann während einer Führung besichtigt werden.

Wer auf der SR 25 zwischen den Orten Guy und Quitman (S. 312) auf dem Weg in die Ozark Mountains plötzlich helle Trompetenstöße vernimmt, muß sich nicht wundern. Das private Riddle's Elephant Breeding Farm and Wildlife Sanctuary, allein aus Spenden finanziert, gibt so vielen Elefanten eine Heimstatt, wie es unterhalten kann. Heidi und Scott Riddle kaufen die Dickhäuter von Zoos oder Wildparks, die sich der Tiere

Im Jahre 1957 Schauplatz im Kampf für Bürgerrechte – die Central High School in Little Rock

Kurzporträt Arkansas

Ursprung des Namens: In der Sprache der Caddo ›Volk des Südwindes‹; Beiname *Land of opportunity* – Land der Möglichkeiten
Eintritt in die Union: 15. 7. 1836 als 25. Bundesstaat
Große und Einwohnerzahl: 137 700 km², Rang 29; 2,4 Mio., Rang 33
Hauptstadt: Little Rock
Motto und Staatssymbole: *Regnat populus* – Das Volk regiert; Blume: Apfelblüte; Baum: Kiefer; Vogel: Spottdrossel
Wichtige Städte: Little Rock, Fort Smith, Hot Springs, Texarkana, West-Memphis, Pine Bluff
Straßenverkehr: Anschnallpflicht, Helmpflicht auf Motorrädern, Höchstgeschwindigkeit 70 Meilen
Zeitzone: Mitteleuropäische Zeit minus 7 Std.
Wirtschaft: Geflügelzucht, Reis-, Sojabohnen-, Baumwollanbau, Mineralwasser, Erdöl und Erdgas, Diamanten
Highlights: Eureka Springs im Ozark Plateau, Buffalo River, Blanchard Caverns, das historische Fort Smith, Diamond Crater-Diamantenmine, Ozark Folk Center, Hot Springs National Park

Fallschirmjäger für Bürgerrechte
Die »Little Rock-Krise« von 1957

An der Kreuzung der Fourteenth mit der Park Street waren Militärlastwagen und Jeeps aufgefahren. Die Mobil Oil-Tankstelle hatte vorzeitig geschlossen. Hunderte von Soldaten mit Stahlhelmen und Gewehren postierten sich an der Wright Avenue und der Woodrow Street. Neun schwarze Schülerinnen und Schüler, eingerahmt von Soldaten der Nationalgarde und Fallschirmjägern, bahnten sich durch pfeifende und keifende Weiße den Weg zur Central High School von Little Rock in Arkansas.

Die Bilder der schwarzen Teenager inmitten eines tobenden weißen Mob erregten im September 1957 weltweites Aufsehen. Die Auseinandersetzung um gleiche Bildungschancen, um ungehinderten Zugang zu bislang allein weißen Schülern vorbehaltenen Bildungseinrichtungen hatte in den USA nach dem Zweiten Weltkrieg deutlich an Intensität zugenommen.

Schwarze Soldaten, die während des Zweiten Weltkriegs gegen die rassistischen Nazis gekämpft hatten, sahen sich in ihrer Heimat weiterhin massiver Diskriminierung wegen ihrer Hautfarbe ausgesetzt. Die Bürgerrechtsorganisation NAACP (National Association for the Advancement of Colored People) begann mit der Unterstützung kirchlicher Einrichtungen 1950 eine Kampagne, um die Trennung nach Hautfarbe in öffentlichen Bildungseinrichtungen aufzuheben.

Ein Urteil des Obersten Gerichtshofs der USA, das dessen Vorsitzender Earl Warren am 17. 5. 1954 verkündete, hob die Weigerung einer Grundschule in Topeka, Kansas, das schwarze Mädchen Linda Brown einzuschulen, als verfassungswidrig auf. Eine Welle der Empörung ging durch das konservative weiße Establishment im Süden, der Ku-Klux-Klan verschaffte sich mit Umzügen, brennenden Kreuzen und Anschlä-

entledigen wollen. Star der Menagerie ist Mary, eine kunstbegabte Elefantendame, deren abstrakte Gemälde sich in einer Galerie in Little Rock für bis zu 300 Dollar verkaufen.

Im Mittelgebirge der Ozark Mountains spielte die Plantagenwirtschaft des Südens keine Rolle. Die Menschen lebten in den fruchtbaren Tälern von der Landwirtschaft. Nicht wenige waren aus den Appalachen weiter im Osten übergesie-

delt, nachdem sie der Boden dort nicht mehr ernähren konnte. Die Ausläufer der bis zu 800 m hohen Ozarks erstrecken sich bis in die benachbarten Bundesstaaten Missouri im Norden und Oklahoma im Westen. Das Gebirge aus Kalk- und Sandstein war einst Boden eines prähistorischen Meeres, der vor etwa 300 Mio. Jahren von den Kräften der Erde nach oben gedrückt wurde. Flüsse haben sich inzwischen tief in das

gen Aufmerksamkeit. Gruppierungen wie die Citizens' Councils, die honorige Bürger und Geschäftsleute gegen ›Rassenmischung‹ organisierten, erreichten Mitgliederzahlen von 250 000 und die Unterstützung bekannter Politiker des Südens. Senatoren und Kongreßabgeordnete aus den Südstaaten verfaßten 1956 in Washington eine »Erklärung über die verfassungsmäßigen Rechte«. Im Southern Manifesto wurde das Recht dieser Bundesstaaten gefordert, ihre Rassenpolitik ohne Einmischung durch Bundesgesetze zu regeln.

Als 1957 eine Klage gegen das Schulamt von Little Rock in Arkansas eingereicht wurde, kam zunächst von der Behörde selbst der Vorschlag, einige wenige schwarze Schüler zur bisher allein von Weißen besuchten High School zuzulassen. Als einst liberaler Politiker hatte dort Gouverneur Faubus schon mit dem Vorwurf, heimlicher Kommunist zu sein, gelebt. Er vertrat die Ansicht, daß die Bundesgesetzgebung den einzelnen Bundesstaaten nicht die Schulpolitik vorschreiben könne, aktivierte die Nationalgarde von Arkansas und ließ den schwarzen Jugendlichen den Zugang zur High School versperren.

Nun war US-Präsident Dwight D. Eisenhower gezwungen zu handeln. Ihn drängte es eigentlich nicht danach, eine führende Rolle in der Auseinandersetzung um Benachteiligung von Schwarzen im öffentlichen Schulsystem zu übernehmen. Doch er handelte schnell und konsequent, stellte die Nationalgarde von Arkansas unter seinen Befehl, setzte Einheiten der 101. Luftlandedivision nach Arkansas in Marsch, erzwang den Zugang der neun zurückgewiesenen Schwarzen zur Central High School unter massivem Militärschutz und stellte jedem schwarzen Schüler während des Schuljahrs bewaffnete Soldaten als Geleitschutz zur Seite.

Im Jahre 1997 kamen die »Little Rock Nine« in der Hauptstadt von Arkansas zum 40. Jahrestag ihres erkämpften Schulbesuchs erstmals wieder zusammen. Auch wenn nach wie vor viele Schwarze und andere Minderheiten nicht die gleichen Bildungschancen und Arbeitsmöglichkeiten wie ihre weißen Mitbürger haben, so war doch der gefährliche und sehr mutige Einsatz der schwarzen Jugendlichen ein wichtiger Schritt zur Aufhebung der ›Rassentrennung‹ an öffentlichen Schulen. Die ehemalige Tankstelle gegenüber der Central High School ist heute als Besucherzentrum umgestaltet und dokumentiert die historischen Ereignisse vor 40 Jahren.

Plateau eingekerbt, Höhlen, in denen sich Spuren indianischer Besiedlung finden, sind entlang der Flußufer nicht selten. Noch immer erstrecken sich ausgedehnte, dichte Laubwälder mit Eichen-, Ahorn- und Birkenbeständen beiderseits der kurvigen Landstraße.

Im weitläufigen Ozark Folk Center in der Nähe von **Mountain View** 2 (S. 299) wird die Kultur und Lebensweise der *mountain people* bewahrt.

Einheimische Künstler zeigen Besuchern während der Sommermonate in 25 auf den Hügeln verstreuten Werkstätten, wie Tischdecken gewebt, Stühle getischlert oder Musikinstrumente gefertigt werden. In einem Kräutergarten wachsen Zutaten für lecker gewürzte Gerichte, aber auch Heilkräuter, deren wundersame Wirkungen heute fast in Vergessenheit geraten sind. Konzerte mit Hackbrett, Sägeblatt, Mundorgel,

Banjo, Gitarre oder Fiedel versammeln bis zu 1000 begeisterte Zuschauer im Amphitheater in den Bergen.

Nur wenig weiter im Norden fließt ein Bach durch die Höhlenwelt der Blanchard Springs Caverns, der als Sylamore Creek die Erdoberfläche erreicht. Ranger des US Forest Service bieten Führungen auf verschiedenen Routen durch die verzweigten Kalksteinhöhlen an. Der Discovery Trail ist mit knapp 700 Stufen nur etwas für geübte Wanderer.

Durch die bewaldeten Berge des Ozark National Forest und über den Buffalo River ist bald Harrison erreicht. Das kleine Städtchen, der ›Kreuzungspunkt der Ozarks‹ ist Ausgangspunkt für Fahrten auf dem Buffalo River, dem ersten als Nationalpark geschützten National River der USA. Durch eine Landschaft mit Apfelbäumen und Viehherden geht es nach **Eureka Springs** 3 (S. 282) im Norden der Ozarks. Die Region um den properen Ort, der im Sommer deutlich mehr Urlauber als seine 2000 Einwohner zählt, nennt sich auch Little Switzerland of America. Der kurvige Straßenverlauf des Städtchens mit viktorianischen Backsteingebäuden entlang der Hauptstraße ist recht ungewöhnlich für das übliche amerikanische Schachbrettmuster. Kleine Steinwälle, quer zu den Berghängen gebaut, bilden Terrassen und verhindern die Bodenerosion.

Künstler und Kunsthandwerker fühlen sich seit vielen Jahren vom beschaulichen Ort angezogen. In der Sommersaison wird ihre Zahl auf mehr als 600 geschätzt. Einige Dutzend Ateliers und Galerien verkaufen Bilder, Schnitzwerk, Glasskulpturen, Quilts oder handgefertigte Möbel. Seit 1968 wird in einem großen Freilufttheater im Osten von Eureka Springs zwischen Mai und Oktober das

Backcountry Arkansas und Louisiana

Passionsspiel von den letzten Tagen, dem Sterben und der Wiederauferstehung Jesu aufgeführt. Dessen großer Publikumserfolg hat inzwischen andere religiöse Attraktionen, darunter ein Bibelmuseum, eine mächtige Christusstatue auf dem Magnetic Mountain, den Nachbau des Tabernakels von Moses und allerlei Kunsthandwerkgeschäfte nach sich gezogen.

Kurz hinter dem zum Beaver Lake aufgestauten White River, dessen Tal phantastische Ausblicke bis nach Missouri ermöglicht, erinnert der Pea Ridge National Military Park an die im März 1862 ausgefochtene Bürgerkriegsschlacht, die der Union endgültig die Kontrolle über Missouri sicherte. Die Fahrt nach Süden führt durch die wildreichen Bergwälder des Ozark National Forest, folgt einige Zeit dem Oberlauf des White River, an Wiesen vorbei, die sich bis zum gewundenen Bachbett erstrecken. Bei Turner Bend südlich des Ortes Cass jagen Wildwasserenthusiasten über die Stromschnellen des Mulberry River. Um den Bee Rock schwirren Millionen von Bienen, die sich von den Kleeblüten auf den Bergwiesen ernähren.

Südlich der Ozark Mountains öffnet sich das weite Tal des Arkansas River. Die Hänge und Felder um Altus sind mit Reben bewachsen. In den Kellereien der deutschstämmigen Post Winery und dem Ausschank der Schweizerischen Wiederkehr Wine Cellars kann man erstaunlich gute Tropfen verkosten.

Fort Smith 4 (S. 283) am Arkansas River wurde 1817 gegründet. Der als *hell on the border* bekannte Stützpunkt diente sieben Jahre lang als vorgeschobener Posten, um kriegerische Auseinandersetzungen zwischen Weißen und den aus dem Osten vertriebenen Indianerstämmen zu schlichten. Dann wurde dort eine Passierstelle für die in den

30er Jahren des 19. Jh. durchgeführte Deportation der Indianer östlich des Mississippi eingerichtet. Nach dem Ende des Bürgerkriegs zog 1871 schließlich ein Bundesgericht ein. Ergänzend zu den historischen Gebäuden des Forts gibt das Old Fort Museum einen guten Überblick über die Entwicklung der Befestigung und des dazugehörigen Ortes. In Miss Laura's Visitor Center, einem der bekanntesten Bordelle der Westgrenze um die Wende zum 20. Jh., wird man mit ganz anderen Aspekten der Zivilisation vertraut gemacht. Die in Mansfield 15 Meilen südlich von Fort Smith entdeckten Erdgasvorkommen haben die Entwicklung von Fort Smith zum heute führenden Gewerbestandort von Arkansas beschleunigt.

Über Waldron (S. 322) mit dem kuriosen Blythe's Museum, in dem indianisches Kunsthandwerk, ein Plattenspieler von Thomas Edison sowie eine Gewehr- und Pistolensammlung zusammengetragen sind, geht es durch die grüne Mittelgebirgslandschaft der Ouachita Mountains nach **Hot Springs** 5 (S. 288) Die heilenden Kräfte der insgesamt 47 heißen, keimfreien Quellen waren den indianischen Bewohnern schon seit mehreren Tausend Jahren bekannt, später galt Hot Springs als Sommerfrische und Erholungsort wohlhabender Pflanzer. Die meist vor der Jahrhundertwende im viktorianischen und im *Spanish Revival*-Stil erbauten Badehäuser entlang der Central Avenue sind längst unter Denkmalschutz gestellt. Das Quellgebiet mitsamt der Bäderstraße Bathhouse Row gehört zum Hot Springs National Park, einer mitten im Stadtzentrum etwas verwirrenden Einrichtung.

Einige Hotels und Badehäuser bieten nach wie vor Kuren oder Entspannungsbäder an. Hinter dem Maurice-Badehaus sprudelt das Thermalwasser wie vor vielen Tausend Jahren aus der Erde. An eigens eingerichteten Zapfhähnen kann man soviel Wasser abfüllen, wie man möchte. Nach vielen Jahren wirtschaftli-

In Hot Springs wacht ein Bademeister über die viktorianischen Thermalanlagen

Mit dem Kanu durch die
Ozark Mountains

Der Fluß bahnt sich seinen Weg vorbei an steilen Kalksteinklippen. Die Höhlen am Steilufer boten Indianern vor einigen Tausend Jahren Schutz und Wohnung. Mehr als 200 km windet sich der Buffalo River durch die dicht bewaldeten Mittelgebirge des Ozark Plateau und der Boston Mountains im Nordwesten von Arkansas, bevor er in den White River mündet, einen Zufluß zum mächtigen Mississippi. Im Jahre 1972 wurde er als erster Fluß in den USA zu einem National River erklärt, ein längerer Abschnitt mitsamt der Uferregion als Naturschutzgebiet ausgewiesen.

Wer im Sommer mit einem Floß, im Kanu oder Kajak den glasklaren Buffalo River und dessen reißende Stromschnellen gemeistert hat, wird an den ruhigeren Passagen das Panorama, die spektakulären Felswände, die Farbenpracht der zahlreichen Wildblumen und den Anblick von Elchen, Rotwild und anderen Tieren genießen können. In den Orten Ponca, Ozark, Carver, Tyler Bend oder Buffalo Point kann man Kanus mieten, dort sorgen Picknickplätze und Proviantläden für eine angenehme und stärkende Rast (Buffalo National River, P. O. Box 1173, Harrison, AR 72602, Tel. 501-741-5443).

cher Flaute scheint sich Hot Springs erneut im Aufwind zu bewegen. Die vielen Künstler, die sich hier niedergelassen haben, zeigen ihre Arbeiten in einer der zahlreichen Galerien.

Die Wald- und Seenlandschaft, die Hot Springs umgibt, Golfplätze, eine Galopprennbahn sowie nicht zuletzt behagliche Hotels, Bed and Breakfast-Unterkünfte und elegante Restaurants haben zur wachsenden Attraktivität der Region beigetragen. Vielleicht hat auch Bill Clinton eine positive Rolle gespielt, schließlich ist er, wie Werbebroschüren, Erinnerungsplaketten und Anschläge unübersehbar verkünden, in Hot Springs aufgewachsen und dort auch zur Schule gegangen.

Im Crater of Diamonds State Park etwa 55 Meilen südwestlich von Hot Springs, auf dem Gelände einer stillgelegten Diamantenmine, darf jeder gegen eine kleine Gebühr schürfen und den Fund behalten. Kleine Diamantensplitter – im Jahre 1975 hat ein Besucher mit einem Rohdiamanten von mehr als 16 Karat einen Rekord aufgestellt – werden neben Halbedelsteinen wie Opal oder Amethyst täglich gefunden.

In **Hope** 6 (S. 288), einem Ort, der bis vor kurzem vor allem wegen schmackhafter Wassermelonen bekannt war, wurde am 19. 8. 1946 Bill Clinton geboren. Ein Clinton Trail führt zu Häusern und Plätzen, die mit dem späteren Präsidenten der USA in Verbindung stehen.

*Hope, Arkansas,
hier wuchs der 42.
Präsident der USA,
Bill Clinton, auf*

Die Grenze, die Texas von Arkansas trennt, läuft mitten durch das 55 000 Einwohner zählende **Texarkana** 7 (S. 319). Der Name der Stadt läßt sich nicht nur von **Tex**as und **Ark**ansas ableiten, die letzten drei Buchstaben erinnern an das nur 30 Meilen im Süden gelegene Louisia**na.** Ein Four States Fair and Rodeo im September, an dem traditionell auch viele Teilnehmer aus dem im Nordwesten benachbarten Oklahoma teilnehmen, unterstreicht den Charakter der Westernstadt. Ende des 19. Jahrhunderts wurde Texarkana als Kreuzungspunkt der Texas and Pacific Railroad mit der in Nord-Süd-Richtung ver-

laufenden Cairo and Fulton Railroad gegründet. Das 1885 errichtete Ace of Clubs House ist das besterhaltene Gebäude aus dieser Zeit. Aus der Luft betrachtet, ähneln die Umrisse einem Kreuz-As – der Hausherr hatte ein Vermögen beim Pokern gewonnen. Heute kann man die in einem Stilmix von viktorianischen, italienischen, spanischen und orientalischen Elementen erbaute und mit zeitgenössischen Möbeln ausgestattete Villa besichtigen.

Shreveport 8 (S. 317), die mit mehr als 200 000 Einwohnern drittgrößte Stadt von Louisiana, liegt knapp 70 Meilen südlich von Texarkana am schiffba-

Hope, Arkansas
Wassermelonenfestival im ›Clinton Country‹

Am dritten Wochenende im August ist es soweit. Von Donnerstag bis Sonntag dreht sich im Fair Park von Hope alles um riesige, saftige Wassermelonen. Wettessen, Weitspucken der Kerne, Hufeisenwerfen, ein 5000-m-Lauf und ein Tennisturnier, Square Dance zu Pferde, Fahrten mit alten Kutschen, ein Fiedler-Wettstreit sowie Bühnenshows mit bekannten Country-Stars locken mehrere Tausend Teilnehmer aus Süd-Arkansas in das kleine Städtchen nordöstlich von Texarkana.

Doch die weithin berühmten, riesigen Wassermelonen sind nicht mehr der alleinige Stolz des 10 000 Einwohner zählenden Ortes, seitdem der am 19. 8. 1946 im Julia Chester Hospital geborene Knabe namens William Jefferson Clinton zum 42. Präsidenten der USA gewählt wurde. Ein Besucherzentrum, sein bescheidenes erstes und zweites Wohnhaus und die Brookwood-Grundschule in der Spruce Street, in welcher der spätere erste Mann im Staate das kleine Einmaleins lernte, können besichtigt werden.

»I still believe in a place called Hope«, lautet die bewußt doppeldeutige Botschaft des Ex-Präsidenten, wenn er auf seinen Geburtsort und gleichzeitig auf das Prinzip Hoffnung in der Politik und im Leben anspielt. Klar, daß dieser Ausspruch jeden Werbeslogan für Wassermelonen in den Schatten stellt (Chamber of Commerce, 108 W 3rd St., Hope, AR 78101, Tel. 870-777-3640).

ren Red River. Im 19. Jh. waren die Lagerhallen am Hafen mit Baumwolle von den Plantagen aus Nord-Louisiana gut gefüllt, die hier für den Export umgeschlagen wurde. Seit 1906, nachdem das erste von mehreren Öl- und Erdgasvorkommen entdeckt wurden, gehört die Region zu den wichtigsten Lieferanten der begehrten Rohstoffe im Südosten der USA. Auch wenn Shreveport seine Nähe zu Texas nicht verleugnen kann, bemüht sich die Oil City, ihr historisches Erbe zu bewahren.

Im restaurierten Louisiana State Exhibit Museum werden Geschichte, Natur und Kultur des Bundesstaates anschaulich präsentiert. Das 1925 eröffnete Strand Theatre erstrahlt nach einer Renovierung wieder im neo-barocken Glanz seiner opulenten Kristallüster und Blattgoldornamente. In der R. W. Norton Art Gallery ist die Western-Kunst mit Werken von Frederic Remington und Charles Russel neben einer respektablen Sammlung europäischer Gemälde und Plastiken aus mehreren Jahrhunderten außergewöhnlich gut vertreten.

Das Bonnie and Clyde Museum in Gibsland etwa 25 Meilen westlich von Shreveport hält die Erinnerung an das legendäre Räuberpaar wach, das südlich der kleinen Gemeinde am 23. 5.

1934 in einem Hinterhalt von Texas Rangern erschossen wurde.

Knapp 60 Meilen von Shreveport den Red River flußabwärts im Gebiet um **Natchitoches** 9 (S. 302) läßt sich die Atmosphäre des Westens nicht mehr verspüren. Wie schon zu Beginn des 19. Jh. wird auch heute beiderseits des Flusses Baumwolle angebaut. Nachdem sich der Red River 1825 nach einer Springflut ein neues, 8 km entferntes Flußbett suchte, verlor die Hafenstadt Natchitoches ihre strategische Lage als Handelsplatz für die umliegenden Plantagen. In dem 1842 erschienenen, gegen die Sklaverei gerichteten Roman von Harriet Beecher Stowe stand »Onkel Toms Hütte« in der Nähe von Natchitoches.

Im gemütlichen Zentrum des Südstaatenorts, der Kinobesuchern als Drehort für den Film »Magnolien aus Stahl« mit Shirley McLaine, Dolly Parton und Julia Roberts bekannt ist, blieben zahlreiche Häuser aus der Zeit vor dem Bürgerkrieg erhalten. Ein Nachbau des palisadenbewehrten französischen Fort St. Jean Baptiste aus dem Jahre 1732 erinnert an die französische Kolonialzeit. Das malerische, weiße Plantagenhaus von Melrose lohnt einen Abstecher etwa 16 Meilen südlich von Natchitoches. Maria Thérèse Coincoin, eine freigelassene Sklavin, und ihre Söhne, die von der spanischen Kolonialbehörde Land erhalten hatten, errichteten eine mit Sklaven bewirtschaftete Plantage, bauten zunächst kleinere Wohnhäuser, darunter das African House mit überhängendem Strohdach, und dann, 1833, das von einer Gartenanlage eingerahmte Big House der Melrose Plantation mit umlaufendem Balkon im ersten Stock und säulengestützter Terrasse.

Die Route in den Nordosten von Louisiana führt über das Dorf Winnfield (S. 327), in dem mit Huey P. Long,

O. K. Allen und Earl K. Long drei Gouverneure von Louisiana geboren wurden. Deren Leben und die Geschichte des Bundesstaates sind im Louisiana Political Museum dargestellt. In Monroe, heute Handels- und Marktplatz einer von Baumwollanbau und Viehzucht geprägten Region mit 55 000 Einwohnern, wurde 1924 das auf Pflanzenschutz und Schädlingsbekämpfung aus der Luft spezialisierte Unternehmen Huff Daland Dusters gegründet, aus dem später mit Delta Airlines eine der größten Fluggesellschaften der Welt hervorgehen sollte.

Die Anlage von **Poverty Point** 10 nördlich von Monroe und dem Ort Epps (S. 281) umfaßt eine der bedeutendsten archäologischen Fundstätten indianischer Siedlungen in Nordamerika. Die frühesten Funde werden auf ein Alter von etwa 3700 Jahren geschätzt. In der Niederlassung, die etwa 2000 Jahre lang bevölkert war, lebten bis zu 6000 Menschen. Sechs Ringwälle, im Halbkreis um einen Platz gruppiert, trugen einst mehrere Hundert Wohnhütten. Der Siedlungsbereich war von vier, wahrscheinlich zeremoniellen Hügelplattformen begrenzt. Deren größte, grob wie ein Vogel geformt, mißt heute etwa 260 m im Durchmesser und 23 m in der Höhe. Im ausgezeichneten Museum ist der frühere Ort im Modell rekonstruiert, sind steinerne Messerklingen, Pfeilspitzen, Figuren und Zehntausende von Tonklumpen, die als Feuersteine verwandt wurden, ausgestellt. Wer zur Tag- und Nachtgleiche im Frühling oder im Herbst auf den westlichen Zeremonienhügel klettert, wird die Sonne direkt über dem zentralen Platz aufgehen sehen.

Der Lake Chicot, ein als Freizeitgewässer sehr beliebter See im Südosten von Arkansas, ist eigentlich eine ehemalige

Kehre des mächtigen Mississippi. Der kurvenreiche Strom suchte sich im Laufe der Jahrtausende häufiger ein neues Bett und begradigte dabei allzu ausufernde Windungen. Die nun vom Mississippi isolierten Biegungen blieben nicht selten als gekrümmte Seen zurück. Wegen ihrer Ähnlichkeit mit dem Joch eines Ochsen oder der Form eines Hufeisens werden diese Seen häufig auch als Oxbow oder Horseshoe Lakes bezeichnet.

Jenseits des mächtigen Flusses im Bundesstaat Mississippi und über eine Stahlbrücke erreichbar, liegt Greenville, ein wichtiger Hafen, über den landwirtschaftliche Produkte umgeschlagen werden. Überall dort, wo von Mississippi aus Brücken den Strom überspannen, wurden in den letzten Jahren an den Ufern Spielkasinos errichtet, die ihre magnetische Wirkung auch auf die Bewohner des benachbarten Bundesstaates ausüben.

Man muß es wissen, weil kaum ein Schild den Weg weist. In der einsamen Landschaft nordöstlich von McGhee wurde 1942, in der Hysterie nach dem japanischen Angriff auf Pearl Harbor, auf Anweisung der amerikanischen Regierung ein Japanese American Re-location Center eingerichtet, ein Internierungslager für US-Amerikaner japanischer Abstammung, um etwaige Sabotage-Akte aus dieser Bevölkerungsgruppe zu verhindern. Menschen wurden in ihren Häusern und an Arbeitsstätten festgenommen und dorthin verfrachtet. Der Friedhof der Lagerinsassen, ein Denkmal für die japanstämmigen Amerikaner, die bei den Kämpfen des Zweiten Weltkriegs für die USA ihr Leben verloren, und ein einsamer Schornstein erinnern an dieses düstere Kapitel der amerikanischen Geschichte.

Arkansas Post (S. 269), ein früherer französischer Handelsplatz und spanischer Militärstützpunkt am Arkansas River, 12 Meilen nordöstlich des Ortes Dumas, war von 1819 bis 1821 Verwaltungszentrum des US-amerikanischen Arkansas Territory. Ein Nachbau von Teilen des spanischen Forts und die Ausstellung im Besucherzentrum des National Memorial erzählen die Geschichte der Befestigung, die vor nicht allzu langer Zeit noch ein vorgeschobener Außenposten der europäischen Kolonialmächte und der jungen USA war. Über Pine Bluff ist nach etwa 60 Meilen Little Rock, der Ausgangspunkt der Rundfahrt, erreicht.

Ins Hinterland
Durch Tennessee und Nord-Alabama

Für Liebhaber von Blues, Country Music und Rock 'n' Roll ist es die Traumreise. Auf den endlosen Baumwellfeldern am Mississippi wurde der Blues geboren, in Memphis, der Stadt am amerikanischen Nil, lauschte die Welt erstmals den melancholischen Melodien und Texten von W. C. Handy. Später begeisterte ein singender Truck-Fahrer mit Namen Elvis Presley mit heißen Rhythmen und ekstatischem Hüftschwung die Teenager und schuf den Rockabilly Sound, der bald weltweit Rock 'n' Roll genannt wurde. In Nashville, nur 210 Meilen weiter im Osten, inmitten der Weiden und bewaldeten Hügel zwischen Cumberland und Tennessee River, entwickelte sich derweil aus bescheidenen Anfängen die Welthauptstadt der Country Music.

Die Rundreise führt vom Mississippi zu den Stauseen des Tennessee River, zu den Raketenfabriken von Huntsville in Nord-Alabama, legt eine Rast in der legendären Whiskey-Destille von Jack Daniel's ein, präsentiert geheimnisvolle indianische Kultstätten, zeigt im Naturschutzgebiet des Land between the Lakes wie die Landschaft ausgesehen haben mag, bevor die Zivilisation der weißen Siedler sie endgültig kultivierte. Die etwa 600 Meilen lange Route ist in einer Woche zu bewältigen, wer jedoch in die quirlige Musikszene von Memphis oder Nashville eintauchen will, sollte einige zusätzliche Tage und Abende einplanen.

Am Anfang war nicht der Blues, sondern die Vertreibung der Chuccalissa-Indianer von den Steilufern des Mississippi. Dann hatten die Siedler, Bodenspekulanten und Pflanzer um Andrew Jackson, den späteren US-Präsidenten, freie Bahn. Im Jahre 1818 gründeten sie **Memphis** **1** (S. 296) als Umschlag- und Rastplatz für die Kapitäne der Schaufelraddampfer auf dem Weg flußaufwärts. Bald erstreckten sich Baumwollplantagen mehrere Dutzend Kilometer am Fluß entlang und ins Landesinnere, zu Beginn der 60er Jahre des 19. Jh. lebten in West-Tennessee mehr Sklaven als weiße Siedler. Memphis galt neben Savannah in Georgia zeitweise als weltweit bedeutendster Umschlagplatz für Baumwolle, die Makler an der Cotton Row, *factors* genannt, gehörten zu den reichsten Bürgern der Stadt.

Wo Baumwolle angebaut wurde, war der Sklavenhandel nicht weit. So rühmte sich Memphis, einen der größten Sklavenmärkte der USA zu betreiben. Der Fall nach dem verlorenen Bürgerkrieg und der Sklavenbefreiung konnte kaum tiefer sein. Dem Zusammenbruch der Plantagenwirtschaft folgten Gelbfieberepidemien. Von den etwa 6000 Weißen, die sich 1878 noch in der Stadt aufgehalten hatten, überlebten gerade 2000. Eine Verwaltung existierte nicht mehr, Memphis fiel bis 1893 unter Staatsregie. Kaum hatte sich die Bevölkerung erholt und die Wirtschaft stabilisiert, brach der nächste Schrecken in Gestalt kleiner Käfer herein. Der *boll weevil,* der das Wachstum der Baumwollfasern behinderte, hatte sich seit Beginn des 20. Jh. von Mexiko unaufhaltsam genähert und führte Anfang der 20er Jahre zu katastrophal schlechten Ernten auf den Baumwollfeldern.

Inzwischen ist Memphis zu einem geregelten Leben zurückgekehrt. Die Stadt

Die Glaspyramide in Memphis beherbergt ein Kultur- und Sportzentrum

Kurzporträt Tennessee

Ursprung des Namens: Bezeichnung einer Siedlung der Cherokee; Beiname *Volunteer state* – Staat der Freiwilligen

Eintritt in die Union: 1. 6. 1796 als 16. Bundesstaat

Größe und Einwohnerzahl: 109 000 km², Rang 36; 5,3 Mio., Rang 17

Hauptstadt: Nashville

Motto und Staatssymbole: *Agriculture and commerce* – Landwirtschaft und Handel; Baum: Virginia-Tulpenbaum; Blume: Iris; Vogel: Spottdrossel

Wichtige Städte: Nashville, Memphis, Chattanooga, Knoxville, Gatlinburg

Straßenverkehr: Licht bei schlechtem Wetter, Helmpflicht auf Motorrädern, Höchstgeschwindigkeit 65 Meilen

Zeitzone: Mitteleuropäische Zeit minus 6 Std. im Osten, minus 7 Std. im Westen

Wirtschaft: Baumwolle und Tabak, Lebensmittel, Wasserkraft, elektronische und chemische Industrie, Tourismus, Musikindustrie

Highlights: Appalachen mit dem Smoky Mountains National Park, Memphis, Nashville mit Country and Western Music und der Grand Ole Opry

mit Wolkenkratzern, modernem Kongreßzentrum und internationalem Flughafen ist Kreuzungspunkt mehrerer Highways und kommerzielles Zentrum des unteren Mississippi-Tals. Firmen wie die Hotelkette Holiday Inn und das Transportunternehmen Federal Express haben Konzernverwaltungen in der Stadt, die Verfilmungen der Romane »Die Firma« oder »Der Klient« von John Grisham brachten Ansichten von Memphis weltweit ins Kino. Auch heute noch wird Baumwolle von den Feldern in Tennessee, Arkansas und Mississippi über Memphis verkauft, ist das Cotton Exchange Building in der Front Street ein Zentrum des Baumwollhandels.

Doch das ist es nicht, was viele Besucher anzieht. Die Stadt am Mississippi gilt als eine der Wiegen des Blues. Als einer seiner ›Geburtshelfer‹ erlangte der 1873 in Florence, Alabama, geborene Trompeter W. C. Handy mit seinem 1909 geschriebenen Memphis Blues und kurz darauf mit dem Beale Street Blues nationale Berühmtheit. Die Gegend um die Beale Street entwickelte sich zu einem Zentrum für Schwarze, mit Wohnhäusern, Geschäften, Restaurants und Musikklubs. Ragtime, *marching bands,* Blues und Jazz waren in den Klubs und Music Halls wie dem Orpheum Theater zu hören. Neben W. C. Handy, der später nach New York ging, haben sich Dutzende anderer Musiker von dieser Atmosphäre inspirieren lassen: B. B. King, Jimmy Lunceford, Muddy Waters, aber auch weiße Musiker wie Jerry Lee Lewis und der King of Rock 'n' Roll, Elvis Presley.

Nach einer aufwendigen Restaurierung präsentiert sich die Beale Street heute als nostalgische Vergnügungsstraße für Bewohner und Besucher mit Geschäften, Eissalons, Restaurants und Musikkneipen, in denen nach wie vor guter Blues gespielt wird. Schwab's Dry Goods Store, ein Bekleidungs- und Kurz-

Ins Hinterland durch Tennessee und Nord-Alabama

The King

warenladen, der seit 1876 mit dem Spruch wirbt »Wenn Du's bei Schwab nicht findest, vergiß es lieber«, gibt es noch, auch wenn das Sortiment inzwischen auf touristische Kundschaft ausgerichtet ist. Das Center for Southern Folklore in der Main Street bietet Touren durch das Viertel an, organisiert das mehrtägige Mid-South Music and Heritage Festival im Juli und verkauft Platten, Bücher sowie originelle Souvenirs.

Wie die Beale Street präsentieren sich auch die Main Street und deren Nebenstraßen nach einer aufwendigen Renovierung als beliebte Flanier- und Einkaufsboulevards. Mit einer gemütlichen Straßenbahn, der Main Street Trolley, kann man in einer Schleife durch die Innenstadt zuckeln.

Der Mord an Martin Luther King jr. am 4. 4. 1968 im Lorraine Hotel in der Mulberry Street erschütterte nicht nur Memphis, sondern provozierte Unruhen in den gesamten USA. King war kurz zuvor in die Stadt gekommen, um einen Streik

schwarzer Müllmänner zu unterstützen. Ähnlich wie nach dem Attentat auf John F. Kennedy in Dallas wurde auch hier bald ein Einzeltäter festgenommen, doch wollen ebenso wie bei dem Mord am US-Präsidenten die Gerüchte über ein Komplott und eine Beteiligung staatlicher Institutionen daran nicht verstummen. Das Lorraine Hotel im Süden des Stadtzentrums wurde zum National Civil Rights Museum umgestaltet mit einer eindrucksvollen Ausstellung zum Kampf um die Bürgerrechte der Schwarzen.

Wer im Sommerhalbjahr mit der Einschienenbahn von Memphis nach Mud Island übersetzt, kann auf der Insel im Mississippi im Modell vom Unterlauf des verzweigten Flußsystems spazierengehen. Das Mississippi River Museum führt Besucher durch einige Hundert Jahre des menschlichen Lebens am großen Fluß. Traditionen und Legenden der Indianer, von Entdeckern und Abenteurern, von Siedlern und Flußkapitänen werden in Ausstellungen dokumentiert

Auf Mud Island kann man in einem Modell der Mississippi-Landschaft spazierengehen

und von Darstellern in historischen Kostümen lebendig gemacht.

Unübersehbar unterstreicht eine 32
Stockwerke hohe, merkwürdig anmu-
tende Stahl- und Glaspyramide am Ufer
des Mississippi den ägyptischen Namen
der Stadt. Eine riesige Statue des Pha-
rao Ramses bewacht den Eingang zum
gigantischen Sport- und Kulturzentrum.

Das Pink Palace Museum mit einer
der größten natur- und kulturgeschicht-

lichen Sammlungen des Südens ist in
dem 1926 aus rosafarbenen Marmor erbauten Palast des Lebensmittelgrossi-
sten Clarence Saunders untergebracht.
Der Gründer der in den Südstaaten ver-
breiteten Piggly Wiggly-Supermarktkette
hatte sein Vermögen bereits vor Fertigstellung des Gebäudes verloren und
mußte es an die Stadt Memphis abtreten.

»I'm going to Graceland – in Memphis, Tennessee – poor boys and pil-

grims with families – and we are going to Graceland«, besang Paul Simon 1986 die Pilgerzüge von täglich bis zu 3000 Fans, die auch heute noch, mehr als 20 Jahre nach dem Tod von Elvis Presley 1977, Graceland, das ehemalige Wohnhaus und seine Grabstätte am südlichen Stadtrand von Memphis besuchen. Andächtig bewundern sie die prächtigen Bühnenkostüme, die Wohnräume mit vergoldetem Flügel und plüschigem Billardzimmer, den Wagenpark und die Privatflugzeuge und decken sich dann in dem halben Dutzend Souvenirläden mit allerlei Memorabilia, vom Elvis-Kaffeelöffel bis zur Elvis-in-Concert-Puppe, ein. Elvis Presleys Aufstieg begann während der 50er Jahre im Sun Studio von Sam Phillips mit Songs, die Rhythm and Blues-, Gospel- und Country-Elemente enthielten und als Rockabilly schnell landesweit bekannt wurden. Der Hit Heartbreak Hotel markierte 1956 den Durchbruch zum King of Rock 'n' Roll.

Im Chuccalissa Indian Village am südlichen Stadtrand von Memphis wurde ein indianisches Dorf in der Tradition der Mississippi-Kultur aus dem Jahre 1500 mit einem Zeremonienhügel und grasgedeckten Holz- und Lehmhütten rekonstruiert. Das angeschlossene, mit großem Sachverstand geführte Museum präsentiert indianische Werkzeuge, Töpferei und Waffen aus elf Jahrtausenden.

Das fruchtbare Schwemmland des Mississippi erstreckt sich vom Flußufer weit nach Osten. Sojabohnen-, Gemüse-, vor allem endlose Baumwollfelder säumen die Straßen. Die kleinen, weißen Bällchen an den verholzten Sträuchern, die später einmal zu T-Shirts und Jeans verarbeitet werden sollen, warten auf die Pflückmaschinen. Anhänger mit hohen, seitlichen Drahtgittern stehen bereit, die Ernte aufzunehmen.

Nahe dem Tennessee River, bei Shiloh, schlugen die Armeen der Nord- und der Südstaaten Anfang April 1862 eine der blutigsten Schlachten des Bürgerkriegs. Im Besucherzentrum des Shiloh National Military Park (S. 317) wird über die Kämpfe informiert.

Florence 2 (S. 282) mit restaurierten Stadtvillen aus der ersten Hälfte des 19. Jh. und einem indianischen Hügel aus der Zeit der Mississippi-Kultur liegt am Tennessee River weiter flußaufwärts schon im Norden von Alabama. Der mächtige Wheeler Dam wurde von 1933 bis 1936 von der Tennessee Valley Authority im Rahmen der Flußregulierung erbaut. Sieben Kraftwerksturbinen erzeugen 1,5 Mrd. Kilowattstunden im Jahr. W. C. Handy, einer der Urväter des Blues, wurde am 16. 11. 1873 in einer Holzhütte in Florence geboren, die längst zu einem Museum mit Musikinstrumenten und Wissenswertem zum Leben des schwarzen Musiker und Komponisten umgestaltet ist.

Der zum Wheeler Lake aufgestaute Tennessee River hat sich in wenigen Jahrzehnten zu einem bevorzugten Landeplatz für Zugvögel entwickelt. Tausende von Enten und Kanada-Gänsen vertauschen im Winter das eisige Klima des Nordens mit den moderaten Temperaturen von Nord-Alabama. Beobachtungstürme, Wanderwege in den Wäldern am Ufer sowie Plankenstege durch Sumpfgebiete erleichtern es, die Vögel im knapp 140 km^2 großen Tierschutzgebiet aus der Nähe zu betrachten.

Decatur, am östlichen Ende des Wheeler National Wildlife Refuge, liegt im Zentrum des hügeligen Seengebietes von Nord-Alabama, in dem sich ausgedehnte Baumwollfelder mit Wäldern abwechseln. Auch hier haben die Staudämme des Tennessee River geholfen, Industrie-Unternehmen anzusiedeln, die von günstigen Energiepreisen profitieren. In der Stadt mit knapp 50 000 Einwohnern lohnt der Old Decatur District mit fast 200 viktorianischen Wohnhäusern einen kurzen Rundgang.

Während einer Erkundungsreise im Jahre 1805 gefiel John Hunt aus Ost-Tennessee dieses Fleckchen Erde am Südrand des Cumberland Plateau so gut, daß er blieb, eine Blockhütte baute, ein Feld rodete und begann, es zu bestellen. Andere taten es ihm gleich, bereits 1811 wurde die Gemeinde **Huntsville** 3 (S. 289) offiziell gegründet. Der Twickenham Historic District, der einem Freilichtmuseum mit Wohnhäusern von der ersten Hälfte des 19. Jh. gleicht, dokumentiert den Wohlstand der weißen Bürger in jener Zeit.

Nach Ende des Bürgerkriegs versank die Kleinstadt in einen langen Dornröschenschlaf, aus dem sie erst nach dem Zweiten Weltkrieg ein Prinz namens Wernher von Braun wachküßte. Auf dem Militärgelände des Redstone Arsenal sollten 100 deutsche Wissenschaftler, die noch kurz zuvor in Peenemünde an Hitlers ›Wunderwaffen‹ gebastelt hatten, ihre Kenntnisse in den Dienst der USA stellen. V-2- und A-4-Raketen sowie die Pläne zu einer Interkontinentalrakete führten schließlich zur Entwicklung der gigantischen Trägerrakete Saturn V, welche die Apollo-Kapseln und ihre Astronautenbesatzungen in Richtung Mond beförderten.

Mit der Ausweitung des Weltraumprogramms waren später mehrere Tausend Wissenschaftler in der in George C. Marshall Space Flight Center umbenannten Einrichtung beschäftigt. Im U.S. Space and Rocket Center kann man die zivilen und militärischen Ergebnisse der Raketen- und Weltraumforschung

Die Jack Daniel's-Destille in Lynchburg

betrachten, in ein Space Lab klettern und das Gefühl von Schwerelosigkeit oder verstärkter Schwerkraft in einer Zentrifuge erleben. Wie sonst nur auf Cape Canaveral lassen sich eine 120 m lange Saturn V-Rakete und ein Space Shuttle im Originalmaßstab bestaunen.

Auch wenn die Hochkonjunktur der Weltraumfahrten inzwischen der Vergangenheit angehört, hat sich Huntsville unübersehbar zur Metropole von Nord-Alabama entwickelt, mit Highways, die der Stadt aus allen Himmelsrichtungen

zustreben, und imposanten Hochhäusern im Zentrum.

Sein Name war Jasper Newton Daniel, aber alle Welt nannte ihn Mister Jack. Auch nach seinem vorzeitigen Tod 1911 – er verschied an einer Entzündung, nachdem er voller Wut gegen seinen Geldtresor getreten hatte – ist sein Geist in **Lynchburg** 4 (S. 295) noch sehr lebendig. Die 1866 von ihm gegründete Destille, inzwischen in das National Register of Historic Places aufgenommen, produziert den Tennessee Sour Mash Sippin' Whiskey der Marke Jack Daniel's No. 7 mit schwarzem Label (Black Jack) in einer viereckigen Flasche noch immer nach derselben Methode, durch Holzkohlefilter veredelt. Wer Tennessee-Whiskey mit Bourbon verwechseln sollte, wird bei einer kostenlosen Tour durch die Brennerei schnell eines Besseren belehrt. Gratis wird nach der Führung auch ›Jack Daniel Yellow Label‹ serviert, Zitronenlimonade, denn das Monroe County, in dem Lynchburg liegt, ist ein ›halbtrockener‹ Bezirk. Dort ist das

Still going strong
Country and Western Music

Wer durch Tennessee, Mississippi oder Arkansas fährt und sein Autoradio einschaltet, wird höchstwahrscheinlich die Musik einer Country and Western-Station hören. Vier von fünf Radiosendern im Mississippi-Delta widmen sich ausschließlich dem C & W. Nashville ist noch immer das Zentrum, das Mekka, hier ist das *big business* der Musikszene zu Hause.

Die Wurzeln der Country-Musik, ihre verschiedenen Ausprägungen und Verästelungen sind nicht leicht zu verfolgen. Wer sie allein auf die Musik des konservativen, weißen Amerika reduzieren will, wird weder den Ursprüngen noch ihren heutigen Interpreten gerecht. Balladen der *coal miner* aus den Bergbauregionen von Kentucky und West Virginia, Lieder der *truckdriver* oder die *Train-* und *Hobo-Songs* erzählen nicht nur von Herz und Schmerz, sondern auch von Arbeit, Alltag, von sozialen Widersprüchen und der Armut.

Hillbilly, die Musik der ›Hinterwäldler‹, wurde schon in den 20er Jahren kommerziell gespielt, der Begriff der Country-Musik setzte sich jedoch erst in den 50er Jahren durch. Auftritte von Musikgruppen und Interpreten aus der Grand Ole Opry in Nashville werden jedoch bereits seit mehr als 70 Jahren im Radio und später im Fernsehen übertragen. Zunächst als *Barn Dance* vom Sender WSM aus einer Scheune, dann von der Bühne des Ryman Auditorium, ei-

nes markanten Backsteinbaus im Zentrum der Stadt, seit Mitte der 70er Jahre aus einer modernen Halle mit 4400 Sitzplätzen. Wer in der ›GOO‹ auftreten darf, gehört zu den Stars der Country Music, aber Dutzende von Bühnen in der Stadt bieten auch Musikern Auftrittsmöglichkeiten, die noch keine hochdotierten Plattenverträge besitzen.

In der Country Music Hall of Fame, der Ruhmeshalle, wird man über die unterschiedlichen Musikrichtungen aufgeklärt, sind Devotionalien der lebenden oder schon verstorbenen Stars ausgestellt. Gitarren und Kostüme von Hank Williams, Tanja Tucker oder Dave Dudley, der Hut des Hitparadenkönigs Garth Brooks oder ein Sattel von Tex Ritter.

Entlang der Music Row und in der Umgebung von Nashville gelten Aus-

stellungen, Museen und Vergnügungs-
parks wie Twitty City von Conway
Twitty, das House of Cash von Johnny
Cash, die Kitty Wells and Johnny
Wright Family Junction oder das Jim
Reeves Museum als Pilgerstätten eines
zunehmenden Fan-Tourismus. Als die
Produktionen aus der Music City USA

Uhr. Die Zahl der Musiker, die ähnlich
wie viele Schauspieler in Los Angeles
auf ihre Chance warten, übertrifft die
Zahl der Festangestellten beträchtlich
und wird auf mehrere Tausend geschätzt.

Neben neuen Gruppen und Interpreten wie Tim McGraw, den Sons of the

in den 70er Jahren zum sterilen, aus-
tauschbaren Hitparaden-Sound dege-
nerierten, entwickelten sich abseits der
routinierten Musikmetropole neue
Trends und Gruppen. Die ›Outlaws‹ Willie Nelson oder Waylon Jennings, später Steve Earl, Dwight Yoakam, Townes
Van Zandt oder Lyle Lovett nahmen Anregungen aus anderen Musikrichtungen auf, mischten respektlos Elemente
des Blues, von Tex-Mex-, Rock-, Ca-
lypso-, ja der Reggae-Musik mit be-
währten Country-Rhythmen.

Die Musikindustrie von Nashville
setzt nach einer Krise in den 80er Jahren heute mehr als 500 Mio. US-Dollar
um, knapp 10 Mio. Country-Fans besuchen alljährlich die Stadt. Dutzende von
Studios, Musikverlagen, Agenturen und
Plattenfirmen produzieren rund um die

*Wer hier auftritt, zählt zu den Stars der
Country and Western Music –
Grand Ole Opry in Nashville*

Desert, Wynonna, Shania Twain oder
Beast of Burden werden noch immer
Johnny Cash, Loretta Lynn, Dolly
Parton, Kris Kristofferson, Little Jimmy
Dickens oder andere Country-Klassiker
gespielt, dreht sich auch viel Dutzend-
ware auf den Plattentellern der Radio-
stationen.

Der Einkaufs- und Entertainment-
komplex Opry Mills zieht jährlich mehrere Millionen zahlungswillige Besucher
an. Die echten Fans trifft man in der
neueröffneten Country Music Hall of
Fame in der Fifth Ave. Die Anziehungskraft der Country- and Western-Musik
scheint ungebrochen.

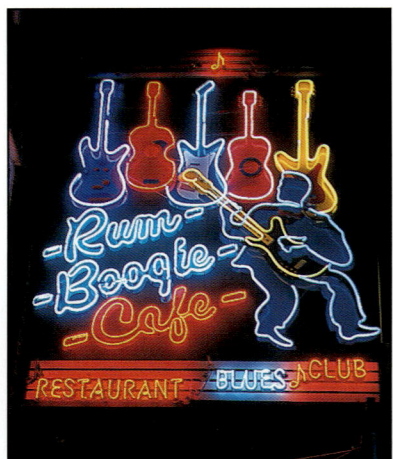

Destillieren und Kaufen zwar erlaubt, der Genuß von Spirituosen jedoch verboten.

Auch das Städtchen Lynchburg selbst ist einen Besuch wert. Der alte Drugstore, das Sheriff's Office mit zwei vergitterten Zellen und das Gerichtsgebäude aus dem Jahre 1884 um den Platz in der Stadtmitte lassen vermuten, die Zeit sei hier stehengeblieben. In Miss Mary Bobo's Boarding House, einem Mittagstisch nach alter Südstaatentradition, hat noch Jack Daniel gespeist. Von 1908 bis zu ihrem Tode 1983 im Alter von 102 Jahren führte Miss Bobo das Restaurant, jetzt leitet es die Urgroßnichte von Jack Daniel.

Die 140 bis 180 cm hohen und etwa 1500 m langen Steinwälle der **Old Stone Fort State Recreational Area 5** in der Nähe von Manchester (S. 296) auf einer Anhöhe über dem Duck River haben seit Ankunft der ersten weißen Siedler zu Spekulationen geführt. Da weder Gräber noch Geschirr oder Haushaltsabfälle gefunden wurden, nehmen Archäologen an, daß die vor 1500 bis 2000 Jahren errichtete Anlage allein zeremoniellen Zwecken der Waldland-Indianer diente.

Im Jahre 1780 war Zentral-Tennessee noch überwiegend von Chickasaw bewohnt, bis sich an einem Uferstück des Cumberland River, das bei den Trappern als French Lick bekannt war, einige weiße Siedler niederließen. Sie errichteten Blockhäuser, die sie zur Abwehr von Indianern mit einem hohen Palisadenzaun umgaben. Fort Nashborough – als Nachbau am Flußufer auch heute zu besichtigen, später **Nashville 6** (S. 300) genannt, entwickelte sich rasch. Bald wurde der fruchtbare Boden um die Stadt kultiviert. Zum Pelzhandel als wichtigstem Wirtschaftszweig kam der Handel mit Baumwolle, Tabak und Vieh, begünstigt durch die Lage am schiffbaren Cumberland-Fluß sowie am Indianer- und Händlerpfad Natchez Trace.

Bodenspekulanten, Farmer und Pflanzer, darunter der spätere Präsident Andrew Jackson, fühlten sich von der Aufbruchstimmung in der Stadt angezogen, kauften Land und ließen sich als Plantagenbesitzer nieder. The Hermitage, Einsiedlerklause, nannte Andrew Jackson die von 1804 bis zu seinem Tode 1845 bewohnte Plantage im Osten des Ortes, die er im Laufe der Jahre zu einer herrschaftlichen Villa im *Greek Revival*-Stil mit massiven weißen Säulenportiken ausbauen ließ. Das Herrenhaus, die Familiengruft, die Villa seines Neffen, Tulip Grove Mansion, und die Plantagenkapelle Old Hermitage Church kann man auf dem Grundstück besichtigen.

Erst 1843, nachdem mehrere Orte als provisorischer Regierungssitz des Bundesstaates fungiert und die Bewohner im Nordosten 1784 sogar einen Staat Franklin ausgerufen hatten, wurde die aufstrebende Metropole Nashville Hauptstadt von Tennessee. Vom State Capitol, im *Greek Revival*-Stil auf dem höchsten Hügel der Stadt errichtet, hat man einen weiten Blick über die Stadt. Nach dem

Bürgerkrieg – Nashville war die meiste Zeit von Unionstruppen besetzt – nutzen Industrie- und Handelsunternehmen aus den Nordstaaten die Stadt als strategischen Stützpunkt zur wirtschaftlichen Eroberung der Südstaaten.

Mehrere Hochschulgründungen verhalfen der Metropole am Cumberland River zum Beinamen ›Athen des Südens‹, offenbar Grund genug, 1897, zur hundertjährigen Gründungsfeier von Tennessee, einen maßstabsgetreuen Nachbau des Parthenon von Athen zu errichten. Die 13 m hohe Statue der Göttin Athene ›beschützt‹ heute das Kunstmuseum von Nashville.

Nashville ist als Kapitale der Country and Western Music weltbekannt. In der Grand Ole Opry treten seit 1943 die Stars der Szene auf. Bis 1974 war das Ryman Auditorium die Bühne der sonnabendlichen Country and Western Show, dann entstand am nordöstlichen Stadtrand ein großes Konzertgebäude mit 4400 Sitzplätzen. Freitags treten die Country Stars zu einer abendlichen Show an, samstags sogar in zwei. In den Sommermonaten sind die Konzerte oft Wochen vorher ausgebucht. Zahlreiche Musikkneipen und ›Ruhmeshallen‹ der Country Music, allen voran die im Jahr 2000 mit Millionenaufwand neueröffnete Country Music Hall of Fame in der Fifth Avenue mit dem nahe gelegenen Studio B sowie Ausstellungen zu einzelnen Interpreten, Studios von Plattenfirmen, Radiostationen und Fernsehsendern ziehen Besucherströme in die Music City.

Nördlich des Städtchens Dover, an der Grenze zu Kentucky, erstreckt sich zwischen dem Cumberland River im Osten und dem Tennessee River im Westen, die hier, durch Dämme aufgestaut, Lake Barkley und Kentucky Lake heißen, ein fast 70 000 ha großes Gebiet, das **Land between the Lakes** 7

(S. 293). Die Tennessee Valley Authority, für die Regulierung der Flüsse und die Energiegewinnung aus Wasserkraft verantwortlich, hat die Bewirtschaftung dieses bewaldeten Geländes als Erholungs- und Naturschutzgebiet übernommen. Eine Farm aus dem Jahre 1850, The Homeplace, wird nach alten Methoden bewirtschaftet, eine Bisonherde, die hier grast, erinnert an die Zeiten vor dem Eindringen weißer Siedler.

Im Jahre 1820 zog Davy Crockett vom Osten in den Wilden Westen von Tennessee, dem heutigen Gemüse- und Baumwollanbaugebiet zwischen Dyerburg und Paris. Die rekonstruierte, um 7 km versetzte Blockhütte des Abenteurers in der Nähe des Ortes **Rutherford** 8 kann man besichtigen. Einrichtungsgegenstände aus der Pionierzeit zeugen vom harten Leben der Einsiedler. Crocketts Mutter Rebecca wurde nahe dem Haus begraben. Im Jahre 1821 begann seine politische Karriere mit der Wahl in die gesetzgebende Versammlung von Tennessee, von 1827 bis 1833 arbeitete er als Kongreßabgeordneter in Washington.

Davy Crockett strickte schon zu Lebzeiten erfolgreich an seiner Legende eines ehrlichen, lustigen *country boy,* der ohne Umschweife sein Ziel verfolgt. Sein Drang nach Abenteuern und seine politische Auffassung, daß sich die USA auf Kosten von Mexiko nach Westen ausdehnen müsse, führten ihn in die Kämpfe um die Unabhängigkeit von Texas. Sein ›Märtyrertod‹ in ›The Alamo‹ am 6. 3. 1836 im Kampf gegen eine mexikanische Übermacht lieferte erneut Stoff für endlose Geschichten in den Medien seiner und unserer Tage und beförderte ihn endgültig in das Walhalla US-amerikanischer Heldenverehrung.

In **Jackson** 8 (S. 290) erzählt das Casey Jones Village mit dazugehörigem

Eisenbahnmuseum die Geschichte der Stadt als früherem Zentrum des Güter- und Personenverkehrs. Hier wird auch die Erinnerung an den tapferen Eisenbahner Casey Jones wachgehalten, der bei einem Zusammenstoß zweier Züge eine Katastrophe verhinderte, dabei aber selbst ums Leben kam. Knapp 10 Meilen südöstlich der Stadt errichteten Indianer der Waldland-Tradition zwischen 100 und 500 n. Chr. eine ihrer bedeutendsten zeremoniellen Anlagen. Ein Dutzend Erdhügel, der größte davon mehr als 20 m hoch, sowie ein 300 m langer Erdwall sind auch heute noch deutlich erkennbar. Das angeschlossene Museum der Pinson Mounds State Archaeological Area bereitet die überaus reichen Funde anschaulich auf und erläutert die indianische Kultur lange vor der Eroberung des Kontinents durch die Europäer.

Ein kurzer Abstecher auf dem Rückweg nach Memphis führt durch ausgedehnte Baumwollfelder über **Brownsville** 10 (S. 275) und dessen winzigen Vorort Nutbush, in dem Tina Turner geboren wurde und heute mit einem Heritage Resource Center geehrt wird. Mind Field, eine knapp 15 m hohe Komposition aus Stahl, deren Fertigstellung nach Aussage des Künstlers Billy Tripp noch etwa 25 Jahre in Anspruch nehmen dürfte, erhebt sich nahe dem Ortszentrum. In **Henning** 11 (S. 287) etwa 15 Meilen nördlich von Covington erinnert das zu einem Museum umgestaltete frühere Wohnhaus des 1992 verstorbenen Autors Alex Haley an sein Leben und seine bedeutendsten Werke, zu denen die Biographie von Malcolm X und der mit großem Erfolg verfilmte Roman »Roots« gehören. Alex Haley ist im Vorgarten seines Hauses bestattet.

Indianer, Hillbillies und Millionäre
Östlich und westlich der Appalachen

Der Besuch des dicht bewaldeten Great Smoky Mountains National Park bildet den landschaftlichen Höhepunkt dieser Rundreise durch den südlichen Teil des Appalachen-Mittelgebirges. In Orten wie Hiawassee (S. 287), in Cades Cove im National Park oder dem Museumsdorf der Appalachen bei Norris wird der entbehrungsreiche Alltag der Bergbewohner deutlich. Chattanooga lohnt einen Umweg allein schon wegen des phantastischen Tennessee Aquarium, das die Ökosysteme verschiedener Flußlandschaften der Erde veranschaulicht.

Bei Asheville erscheint der Biltmore Estate, eine vom Multimillionär George Vanderbilt in Auftrag gegebene Nachbildung von Schlössern an der französischen Loire, wie eine Fata Morgana in den Bergen. Die Ausstellung der Tennessee Valley Authority in Chattanooga, welche die Zähmung des wilden Tennessee-Flusses nachzeichnet, sowie die Dokumentation im American Museum of Science in Oak Ridge zum Bau der ersten Atombombe belegen die unterschiedlichen Möglichkeiten wissenschaftlich technischer Forschung. In der Höhle von Russel Cave, in New Echota, bei den Etowah Mounds und in der Qualla Boundary, der Reservation der Cherokee-Indianer, werden Besucher

Das Aquarium in Chattanooga

mit der mehrtausendjährigen Geschichte und den heutigen Lebensbedingungen der indianischen Ureinwohner der Südstaaten konfrontiert. Zehn Tage erscheinen für die Rundstrecke von gut 600 Meilen eher knapp. Nicht allein angesichts der hügeligen und kurvigen Straßen, sondern vor allem wegen der landschaftlichen Reize und der vielen Sehenswürdigkeiten, die zum Verweilen einladen.

In der Sprache der Cherokee, die noch vor 200 Jahren das Gebiet um die südlichen Ausläufer der Appalachen besiedelten, bedeutet **Chattanooga** **1** (S. 278) aufragender Felsenberg. Der markante, 678 m hohe Buckel, der sich im Süden der Stadt unvermittelt erhebt, heißt heute Lookout Mountain. Chattanooga mit knapp 160 000 Einwohnern schmiegt sich in eine Biegung des Tennessee River im Südosten des gleichnamigen Bundesstaates.

An drei Seiten wird die Stadt von bewaldeten, hügeligen Ausläufern der Appalachen umgeben. Lange galt das Zentrum bis auf den zu einer Besucherattraktion ausgestalteten Hauptbahnhof als uninteressant. Vor allem der Bau des Tennessee Aquarium mit dem benachbarten Ross's Landing Park and Plaza am Ufer des Flusses zeigen die Bemühungen der Stadtväter, die Innenstadt attraktiver zu gestalten. Ein kostenloser Elektro-Shuttle zwischen Choo Choo-Bahnhof und Aquarium transportiert die Besucher durch die City. Der River Park, ein 30 km langer Grüngürtel mit Wanderwegen, Spielplätzen und Bootsanlegern erstreckt sich am Flußufer an der Stadt entlang. Einige Außenbezirke von Chattanooga liegen bereits in Georgia,

Mountain People
Weiße Siedler in den Bergen

Im ausgehenden 18. Jh. bildeten die Appalachen zwar noch die westliche Grenze des weißen Siedlungsgebiets, doch nahm der Druck der weißen Pioniere auf das Indianerland jenseits des Mittelgebirges ständig zu. Bereits 1768 ließen sich die ersten Siedler am Watauga-Fluß im Nordosten des von North Carolina beanspruchten Gebiets dauerhaft nieder. Schottisch-irische Siedler aus den Carolinas, deutschstämmige Einwanderer aus Pennsylvania und Engländer aus Virginia hatten sich von den Geschichten über das fruchtbare Land am Fuße der Berge anlocken lassen.

Nach Ende des Revolutionskriegs gegen die britische Kolonialmacht nahm der Landhunger noch zu. Im Jahre 1796 gründete der Kongreß in Washington schließlich den neuen Bundesstaat Tennessee. Es half den ansässigen Cherokee nicht, daß sie zu Beginn des 19. Jh. ihre Traditionen und ihr Glaubenssystem aufgaben und eine ›Indianerrepublik‹ nach dem Vorbild der USA gründeten. Im Jahre 1828 wurde ihr letztes Stück Land konfisziert, 1830 ihre Vertreibung nach Oklahoma beschlossen.

Die weißen Pioniere, die im frühen 19. Jh. die Berge überschritten, um zwischen Appalachen und Cumberland-Plateau im Südosten von Tennessee zu siedeln, mußten ihr Land von Bodenspekulanten erwerben, die allein darauf aus waren, durch Kauf und Verkauf schnelles Geld zu verdienen. Die meisten Siedler kamen aus Gemeinden im Nordosten von Virginia, aus dem westlichen North Carolina und dem südwestlichen Virginia, nur wenige ›frisch vom Boot‹, das heißt direkt aus Europa. Im Jahre 1802 wurde in White Oak Flats, später in Gatlinburg umbenannt,

das erste Kind weißer Siedler westlich der Appalachen geboren.

Die Pioniere begannen, weite Regionen für Weiden und Felder zu roden, mit Axt und Säge Bäume zu fällen oder ihnen am Stamm Verletzungen zuzufügen, so daß sie nach einigen Jahren abstarben und verbrannt werden konnten.

Mitte des 19. Jh. – einige Siedlerfamilien lebten dort bereits in der dritten Generation – wurden die wenigen fruchtbaren Talflächen knapp, und Nachkommen sowie Neuankömmlinge mußten in höhere Gebiete mit weitaus schlechteren Böden ausweichen. Die oft steilen Hänge taugten häufig nur als Weidefläche für Schafe, Ziegen oder Kühe, nicht zum Anbau von Getreide. Das harte Tagewerk reduzierte sich auf den Kampf ums Überleben. Die Grabsteine auf den Friedhöfen der kleinen Baptisten- und Methodistengemeinden geben Zeugnis von der niedrigen Lebenserwartung und der hohen Kindersterblichkeit.

Daß die Siedler unmittelbar von ihrem Land lebten, zeigen die Wohnhäuser und Nutzgebäude. Die Stämme der gerade und schlank gewachsenen Pappeln gaben ideale Balken für die Blockhäuser ab. Sandstein, besonders aber der gut zu formende Kalkstein waren Baumaterial für Kamine und Schornsteine. Als Mörtel zum Mauern und Verfugen diente eine Schlamm- und Tonmischung. Fast alle Einrichtungsgegenstände – Betten, Tische, Stühle, Leitern, Geräte zur Bestellung der Gärten und Felder, Kleidung und Decken – stellten die Familien selbst her. In den überwiegend ebenerdigen Häusern mit einem oder zwei Räumen hatte alles seinen genau bestimmten Platz – die einzige Möglichkeit, das Leben der großen Familien auf engem Raum zu organisieren.

Viele Menschen konnte der vorhandene Boden nicht ernähren. Die 680 Bewohner, die 1850 im fruchtbaren Tal von Cades Cove in den Smoky Mountains lebten, wurden von den Ernten auf der schon bald erschöpften Erde nicht mehr satt. Innerhalb nur weniger Jahre mußte über die Hälfte Siedler die neue Heimat wieder verlassen, um weiter im Westen Äcker zu suchen. Mit besseren Arbeitsmethoden und Düngetechniken konnte sich die Bevölkerungszahl im Tal bis in das 20. Jh. bei etwa 500 stabilisieren.

Viel freie Zeit blieb den hart arbeitenden Menschen nicht, um eine eigenständige Kultur zu entwickeln. Neigungen zu künstlerischen Ausdrucksformen mußten sich mit praktischen Tätigkeiten verbinden. Die Frauen zeigten ihr Gefühl für Farben und Formen vor allem beim *quilting,* der Herstellung von Decken mit phantasiereichen Mustern, die Männer fanden Freude daran, Einrichtungsgegenstände mit kunstvollen Holzschnitzereien zu versehen. Kirchenfeste oder gemeinschaftliche Arbeiten, wie der Bau einer Scheune für ein frisch verheiratetes Paar, boten willkommene Anlässe zu musizieren, zu singen und zu tanzen – *to tune up the fiddle and raise up the bow.* Viele der alten Melodien, Texte und Tänze sind noch heute beliebt.

Im Museum of Appalachia in Knoxville, das sein Gründer John Rice Irwin mit zahlreichen Freiwilligen in Jahrzehnten geschaffen hat, sehen die mehr als 30 Wohnhäuser, Stallungen, Scheunen, eine kleine Schule, die Schmiede und die winzige Kapelle so aus, als wenn ihre Bewohner nur eben vor die Tür gegangen wären, um am Brunnen Wasser zu holen. Ein Bienenstock, ein Stall für Federvieh, einige Ochsen, Kühe, Schweine, Ziegen und Schafe lassen den Eindruck eines unbewohnten Museumsareals gar nicht erst aufkommen. Die hier zusammengetragenen Blockhäuser der kleinen Berghöfe und die Photos ihrer früheren Bewohner zeugen von einem entbehrungsreichen Leben in einer wunderschönen, aber nicht sehr freigebigen Natur.

die Grenze zu Alabama ist weniger als 20 Meilen entfernt.

Im Jahre 1863 sah Chattanooga in kurzer Folge zwei erbitterte Schlachten des Bürgerkriegs. Vom 18. bis 20. 9. trafen die Armeen der Nord- und der Südstaaten am Chickamauga Creek aufeinander. Die von beiden Seiten schlecht koordinierte Auseinandersetzung entschied die konföderierte Seite für sich. Zwei Monate später, nachdem General Grant das Kommando über die Unionstruppen erhalten hatte, eroberten seine Einheiten unter schweren Verlusten den Lookout Mountain zurück und kontrol-

lierten damit die Stadt. Anfang Mai 1864 konnte der Unionsgeneral William Tecumseh Sherman bei Chattanooga seine Armee von mehr als 100 000 Mann sammeln, um mit ihr quer durch die Südstaaten zu marschieren und Atlanta und Savannah zu erobern.

Am Fuße des Lookout Mountain werden die kriegerischen Ereignisse im Battles for Chattanooga Electric Map and Museum, das früher schlicht Confederama hieß, nachgestellt, illustrieren mehrere Tausend Miniatursoldaten in einer nachgebauten Landschaft den Kampfverlauf, unterstützt von Kanonen-

Östlich und westlich der Appalachen

donner, Mündungsfeuer und der Musik von Militärkapellen. Die Lookout Mountain Incline Railway wird an dicken Stahlseilen den Berg hinaufgezogen. Nahe dem Gipfel überwindet die Bahn eine Steigung von 72,7 %. Mutige belohnt außer dem Nervenkitzel ein weiter Blick über Chattanooga und den Tennessee River.

Rock City Gardens, schon im benachbarten Georgia, gehört zu den Attraktionen von Chattanooga. Zwischen den riesigen Felsbrocken auf dem Lookout Mountain kann man kleine Schluchten, Spalten, Tunnel und Höhlen erkunden sowie unverhoffte Ausblicke auf das Tal des Tennessee River genießen. Entlang eines unterirdischen Wegs begeistern die in seitliche Felshöhlen ausgebauten Landschaften mit Märchenszenen vor allem jüngere Besucher.

Auch Ruby Falls gehört zu den Attraktionen des Massivs von Lookout Mountain. Als Höhepunkt einer Tour durch ein Tropfsteinhöhlensystem stürzt ein farbig angestrahlter Wasserfall zur Musik von Richard Strauss' »Also sprach Zarathustra« aus 45 m Höhe in ein Steinbecken.

Seit Glenn Millers Musikstück vom »Chattanooga Choo-Choo« aus den 40er Jahren wird die Stadt mit der legendären Dampfeisenbahn in Verbindung gebracht. Der ehemalige Hauptbahnhof aus dem Jahre 1909 wurde inzwischen zu einem geschmackvollen Hotel umgebaut, in dem die Gäste auch in einem umgebauten Pullman-Waggon übernachten können. Dort kann man auch historische Dampfloks und eine riesige Modelleisenbahnanlage bestaunen.

Im TVA Energy Center im Souterrain des Verwaltungsgebäudes der Tennessee Valley Authority kann jeder seine Kenntnisse über Energie-Erzeugung mit Hilfe eines computergesteuerten Lernprogramms testen und verbessern. Die Ausstellung informiert über die Geschichte der TVA (vgl. S. 45f.) und die Möglichkeiten, aus fossilen und erneuerbaren Brennstoffen Energie zu gewinnen.

Die Stahl- und Glaskonstruktion des Tennessee Aquarium, die sich unmittelbar am Ufer des Flusses beim Ross Landing Park erhebt, ist eine besondere Attraktion. Das Aquarium widmet sich den großen Flußsystemen der Welt, der Weg eines Wassertropfens wird vom Regen in den Smoky Mountains, dem Tennessee-River und dem Mississippi bis in den Golf von Mexiko verfolgt. Das elf Stockwerke hohe Gebäude steckt voller phantastischer Landschaften, die von einigen Tausend Fischen, Vögeln, Reptilien und Säugetieren bevölkert werden.

Vor etwa 9000 Jahren suchten die ersten Menschen in den Höhlen der Russel Cave (S. 314) im Nordosten des heutigen Alabama Schutz vor Regen und Kälte. Holzkohle längst erloschener Feuer, Knochen verspeister Tiere, Pfeilspitzen und Tonscherben belegen, daß sich hier bis vor etwa 350 Jahren Indianer verschiedener Kulturstufen regelmäßig aufhielten. Ein kleines, ausgezeichnet geführtes Museum zeigt Handwerkzeug und Waffen der indianischen Bewohner, informiert über deren Lebensumstände und den Gebrauch des Atlatl, einer Speerschleuder, oder demonstriert den Nutzen von Feuersteinen.

Anhänger von Wildwassertouren schätzten den Ocoee River schon seit langem. Seit den Olympischen Sommerspielen 1996, als im Südosten von Tennessee die Medaillen bei den Kajakfahrern vergeben wurden, kennen auch die Sportfans aus aller Welt die schäumenden Stromschnellen des wilden Flusses im Süden der Appalachen. Zahlreiche Anbieter offerieren von April bis Oktober geführte Trips in speziell konstruierten Schlauchbooten.

New Echota 2 (S. 302) liegt nahe der I-75, fast auf halber Strecke zwischen Chattanooga und Atlanta. Im Jahre 1820 riefen die Cherokee dort eine Indianische Republik aus, wählten Chief John Ross zu ihrem Präsidenten, errichteten ein Versammlungshaus und druckten eine zweisprachige Zeitung, den »Cherokee Phoenix«, in der neu entwickkelten indianischen Schriftsprache und in Englisch. Die Bundesregierung in Washington machte jedoch deutlich, daß es ihr nicht auf die weitestgehende Verleugnung der indianischen Identität ankam – Chief James Vann besaß etwas weiter im Norden eine fast 400 ha große, von Sklaven bewirtschaftete Plantage –, es ging schlicht um die Aneignung des Landes und die Ausbeutung von Bodenschätzen. Auch ›zivilisierte Indianer‹ waren da im Wege.

Im Jahre 1838 errichtete General Winfried Scott im Auftrag des US-Präsidenten Andrew Jackson bei New Echota ein Internierungslager, von dem wenig später 13 000 Cherokee ihren beschwerlichen Marsch nach Westen antraten; 9000 von ihnen erreichten Oklahoma, 4000 gingen auf dem Trail of Tears, dem Pfad der Tränen, zugrunde. In New Echota können Nachbildungen der wichtigsten öffentlichen Gebäude – der Gerichtshof, eine Gaststätte und die Druckerei der Zeitung – besichtigt werden.

Die Etowah Mounds, 30 Meilen südlich von New Echota, ebenfalls nahe der I-75 gelegen, zählen zu den bedeutendsten Fundstätten von Kunstgegenstände und Werkzeugen von Indianern der Mississippi-Kultur, die dort zwischen 1000 und 1500 n. Chr. in einer Siedlung mit 1000 bis 2000 Einwohnern lebten. Unter mehreren Hügeln und Plattformen weist der Zeremonienhügel, auf dem sich einst ein gedecktes Lehmgebäude erhob, mit einer Kantenlänge von jeweils 100 m an der Basis und einer Höhe von 20 m die größten Abmessungen auf. Besonders reiche Grabbeigaben – detailliert herausgearbeitete Darstellungen sitzender und kniender Menschen – machten die Ausgrabungsstätte zu einer Fundgrube für Archäologen.

Die Inseln am Südende des Lake Lanier, vom Bundesstaat Georgia als Erholungsgebiet für Familien unterhalten, sind über Brücken mit dem Auto erreichbar. Die vor allem von Atlantas Bewohnern als Naherholungsgebiet genutzte Seenlandschaft westlich von **Gainesville** 3 (S. 284) war während der Olympischen Spiele 1996 Austragungsort der Ruderwettbewerbe. Wassersport, Tennis oder Golf kann man gut in der Nähe der Hotels, Ferienhäuser und Campingplätze betreiben. Das 1957 vom Chattahoochee River aufgestaute Gewässer wurde nach Sidney Lanier, einem im 19. Jh. beliebten Dichter aus Georgia, benannt.

Nach einer Fahrt durch die Hügellandschaft mit Apfel- und Pfirsichplantagen im Nordosten von Georgia ist nach gut 40 Meilen **Tallulah Falls** 4 (S. 319) erreicht. Die Straße führt nahe an die Tallulah-Schlucht heran, die sich abrupt über 300 m tief öffnet. Einige Aussichtspunkte in dem kleinen Park entlang des Felseinschnitts dürften bei empfindlichen Gemütern ein leichtes Kribbeln im Magen verursachen. In der Tiefe sind der Fluß und die Wasserfälle zu erkennen.

Nördlich und westlich von Tallulah Falls wird die bewaldete Landschaft bergiger. In Helen erwartet Besucher ein zu einem Bavarian Village umgestalteter Ort mit Oktoberfest und ›Umptata-Musik‹. Der Lake Chatuge mit dem Ort Hiawassee und der sich im Süden anschließende Lake Burton lohnen einen kleinen Umweg, vor allem, wenn zur Georgian Mountain Fair im Sommer und zur Fall

Im Oconaluftee Indian Village demonstrieren Cherokee traditionelle Handwerkskünste

Celebration im Herbst die Besucher von nah und fern herbeiströmen und sich vom Gesang und dem Fiddeln der Mountain Music mitreißen lassen.

Cherokee [5] (S. 278) heißt das Zentrum des Qualla Boundary genannten Reservats, in dem 8500 Amerikaner indianischer Abstammung leben. Sie sind die Nachfahren jener etwa 1000 Cherokee, die der Deportation nach Oklahoma durch Flucht in die Berge entkamen. Die Hauptstraße durch den Ort ist geeignet, die letzten Illusionen vom Überleben einer indianischen Kultur zu zerstören. Souvenirläden reihen sich an Bingo-Arkaden, ein Casino, daß wiederum vom Four Seasons Christmas Shop und vom Cherokee Fun Park abgelöst wird.

Zum Glück besteht die Qualla Boundary nicht nur aus der Main Street ihres größten Ortes. Im ausgezeichneten Museum of the Cherokee Indian wird die indianische Besiedlung des nordamerikanischen Kontinents nachgezeichnet und mit einer Ausstellung von Werkzeugen,

Waffen und Haushaltsgegenständen aus verschiedenen Kulturepochen illustriert. Hervorragendes indianisches Kunsthandwerk – Töpferware und Schnitzwerk – präsentiert das Qualla Arts and Crafts Mutual zum Verkauf.

Oconaluftee Indian Village, der Nachbau einer indianischen Siedlung aus der Mitte des 18. Jh., veranschaulicht die Lebensweise der Cherokee in Dörfern mit festen Holz- und Lehmhäusern. Stammesmitglieder demonstrieren alte Jagdtechniken und Handwerkskünste, etwa das mühsame Ausbrennen eines Einbaum-Kanus, und erläutern die Stammesorganisation sowie das frühere Glaubenssystem am zeremoniellen Platz vor dem großen Beratungshaus.

Seit 1950 wird von Mitte Juni bis Ende August das Drama »Unto These Hills« im 2800 Sitze fassenden Mountainside-Amphitheater aufgeführt. Das Stück stellt mit Szenen, Bildern, Tänzen und Gesängen die Geschichte der Cherokee dar, von der Begegnung mit der Expedition des spanischen Konquistadors Hernando de Soto im Jahre 1540 bis zur gewaltsamen Vertreibung aus den angestammten Siedlungsgebieten in den südlichen Appalachen und dem Tod Tausender während der Deportation nach Oklahoma.

Der zwiespältige Eindruck von der Cherokee Reservation zwischen grenzenloser Kommerzialisierung indianischer Folklore und der Überlieferung kulturellen Erbes macht die problematische Situation nicht nur der Cherokee deutlich, inmitten des *American way of life* eigene Traditionen zu bewahren. Hinzu kommt, das von den gut 8000 Einwohnern der Qualla Boundary sich gerade noch 2000 als *full blood Cherokee* bezeichnen können, daß jeder zweite Gewerbetreibende in der Reservation ein weißer Pächter ist. Die indianische Schriftsprache, die der Cherokee Sequoia 1821 entwickelte, wird in der örtlichen High School nur noch als Zusatzkurs angeboten.

Der gutgemeinte Ratschlag, sich stärker auf eigene Traditionen zu besinnen, weniger vom Tourismus abhängig zu werden und sich deutlicher von der weißen Zivilisation abzugrenzen, ist angesichts der besonders im Winter hohen Arbeitslosigkeit ohne großen praktischen Wert. So bleibt der Appell, für einige schnelle Dollars nicht jede Geschmacklosigkeit zuzulassen, ein Aufruf, der auch an viele andere Tempel der Massenkultur gerichtet werden könnte.

Die Cherokee nennen die Bergwälder *shaconage*, ständiger blauer Dunst. In ihren Legenden heißt es, daß während langer und unergiebiger Friedensverhandlungen zwischen feindlichen Stämmen sieben Tage lang die Friedenspfeife nicht ausging. Darüber war der große Geist so erzürnt, daß er die unfähigen Unterhändler in Pflanzen mit einem weißgrauen Blütenkelch, die Indianerpfeifen, verwandelte und den Rauch der Friedenspfeifen als Mahnung für die Menschen, ernsthaft den Frieden zu suchen, über den Bergen beließ.

Heutige Wissenschaftler haben für den leicht bläulichen Schimmer in der Luft, für die Wolken, die sich um die Bergspitzen legen, den intensiven Stoffwechsel von Millionen von Pflanzen und aufsteigende Luftfeuchtigkeit als nüchterne Erklärung parat.

Die südlichen Appalachen mit dem **Great Smoky Mountains National Park** 6 (S. 285) gelten als ein botanisches Paradies. Über 1500 verschiedene Pflanzen, allein 130 unterschiedliche Baumarten, konnten Botaniker bislang in den Wäldern bestimmen. Obwohl der Massentourismus die Smokies von Norden und Süden mit Hotelbauten, Vergnügungsparks und Autokarawanen bedrängt, ist die Natur zumindest vor direkten Attacken geschützt. Seit 1934 zählt ein gut 2000 km^2 großes Oval zu den Nationalparks der USA.

Es sind nicht tiefe Schluchten, reißende Wasserfälle oder gewaltige Bergmassive, welche die Smokies zu einem der beliebtesten Nationalparks der USA werden ließen. Die riesigen Wäldern, die mehr als 1300 km Wanderwege, das Panorama der imposanten Berge, von denen knapp 20 eine Gipfelhöhe von 1800 m überschreiten, die Blütenpracht der sommerlichen Wildblumen, die Herbstlaubfärbung im September und Oktober sowie der Reichtum besonders an Rotwild locken alljährlich über 10 Mio. Besucher in den Park, mehr als in den Grand Canyon, in den Yellowstone und Yosemite National Park zusammen.

Auch wenn die Ranger seit einiger Zeit Auswirkungen der Luftverschmutzung registrieren können und ein Schäd-

So weit die Füße tragen
Der Appalachian Trail

Gibt es Menschen, die 3400 km in einem Stück wandern? Es gibt sogar einen Klub der ›2000 Miler‹, die Appalachian Long Distance Hiker Association (ALDHA), deren Mitglieder die 2135 Meilen lange Strecke des Wanderwegs auf dem Kamm der Appalachen von Springer Mountain in Georgia bis zu deren nördlichen Ende bei Katahdin in Maine in einem Stück zurückgelegt haben.

Wer vorhat, es den Langstreckenwanderern gleichzutun, muß viel Zeit, etwas Geld sowie gute Kondition und ein ausgeglichenes Gemüt mitbringen. Dann erwarten ihn Naturerlebnisse besonderer Art. Der Trail führt durch 14 Bundesstaaten, durchquert acht National Forests, etwa 60 State Parks und passiert Dutzende von kleinen Gemeinden in den Bergen.

Die Wartung der Hütten entlang des Weges sowie der Unterstände und Rastplätze, ja des Appalachian Trail selbst, wären ohne das private Engagement vieler Naturfreunde und Wanderenthusiasten nicht möglich. Die Appalachian Trail Conference, eine Vereinigung, welche die Bemühungen dieser Helfer koordiniert, umfaßt 21 000 Mitglieder, etwa 40 Unternehmen, mehr als 70 Klubs und andere Organisationen. Eine eigene Zeitschrift, die »Appalachian Trail News«, informiert über Ak-

tivitäten, neue Projekte, Erfahrungsbe-
richte von Mitgliedern oder die Suche
nach Mitwanderern.

Bei Harpers Ferry überquert der Pfad
die Grenze der Bundesstaaten West Virginia und Virginia, nachdem zuvor vom
Nordosten der USA Maine, New Hampshire, Vermont, Massachusetts, Connecticut, New York, New Jersey, Pennsylvania und Maryland durchschritten
wurden. Der Pfad zieht sich ein Viertel
der Gesamtstrecke, etwa 800 km, durch
Virginia, die ersten 80 km durch Wälder,
die allein für den Wanderweg erworben
wurden, die nächsten 170 km durch die
Berglandschaft des Shenandoah National Park. Die vielen gut ausgebauten
Wald- und Bergpfade rechts und links
des Skyline Drive, einer Autostraße, die
ebenfalls von Nord nach Süd durch den
Park verläuft, führen zu schönen Aussichtspunkten, zu Wasserfällen und
durch alte Eichenwälder.

Südlich von Shenandoah folgt der
Appalachian Trail, auch kurz A. T. genannt, parallel und in angemessenem
Abstand dem Blue Ridge Parkway nach
Süden, durch die endlosen Wälder des
George Washington und des Jefferson
National Forest. Hohe Bäume und
rauhe Felsen, zeitweise ein nahezu un-
durchdringliches Dickicht machen die
Wanderung auf diesem Abschnitt zu
einem besonderen Erlebnis. Im Juni
oder Juli können Wanderer die Farbenpracht des in voller Blüte stehenden
wilden Rhododendron und der Azaleen
bewundern.

Bei Damascus im südlichen Virginia
überschreitet man die Grenze zu North
Carolina. Die nächsten Kilometer geht
es entlang der Grenzmarkierung der
Bundesstaaten North Carolina und Tennessee durch den Cherokee National
Forest. Der Pisgah National Forest
schließt sich weiter südlich an, die

Berge werden höher und schroffer, bis
der A. T. den Great Smoky Mountains
National Park durchquert und mit dem
2025 m hohen Clingmans Dome den
höchsten Gipfel der Strecke passiert.

Die schwierigste Passage erwartet
Wanderer südlich des National Park im
Gebiet der Stecoah-Cheoah Mountains,
auf die der Nantahala-Bergrücken mit
tiefen Schluchten folgt. Die artenrei-
chen Mischwälder, die Vielfalt der
Wald- und Bergblumen sowie die weiten Blicke über die dunstigen, ver-
schachtelten Gebirgsketten machen
diesen Abschnitt des Trail besonders
beliebt. In Georgia, dem südlichsten
Bundesstaat auf der Strecke, zieht sich
der A. T. durch den Chattahoochee National Forest und die Ausläufer der Appalachen bis zu seinem südlichen Endpunkt Springer Mountain. Es hat von
1921 bis 1936 gedauert und des En-
gagements unermüdlicher Befürworter
bedurft, um kurze Wanderwege miteinander zu verbinden, neue anzulegen,
Land zu erwerben, die Interessen von
Behörden sowie von mehr als 1000 privaten Grundbesitzern zu vereinen und
so den Appalachian Trail zu sichern.

Die meisten Wanderer nutzten ein-
zelne Abschnitte des Trail für Tages-
wanderungen, viele planen Wochenenden mit ein bis zwei Übernachtungen
ein, und immerhin rund 1000 Mutige
nehmen es sich alljährlich vor, die ge-
samte Strecke zu durchmessen, etwa
5 Millionen Mal einen Fuß vor den anderen zu setzen. Diese Herausforderung
für Körper und Geist nimmt etwa fünf
Monate in Anspruch.

Nur knapp 150 der etwa 1000 im
April in Georgia Gestarteten erreichen
im September den nördlichen End-
punkt der Strecke in Maine. Karten und
Logbücher, die von der Appalachian
Trail Conference publiziert werden und

jeden Abschnitt des Weges genau beschreiben, geben den Wanderern detaillierte Streckeninformationen, die gut 200 Schutzhütten, die alle 10 Meilen am Wege liegen, sind vor allem als Übernachtungsmöglichkeiten gedacht. In regelmäßigen Abständen angebrachte weiße Markierungen an Bäumen oder Felsen erleichtern die Orientierung entlang der meist schmalen Berg- und Waldwege. Über 100 000 unentgeltliche Arbeitsstunden im Jahr absolvieren Freiwillige der ATC allein, um die Strecke zu pflegen, Bohlen oder Geländer anzubringen, umgestürzte Bäume zu entfernen oder Erdrutsche auszugleichen.

Wanderer berichten von Wildbeobachtungen, vor allem in den National Parks. Weißwedelhirsch, Waschbären, Baumhörnchen, Falken, Spechte, ja sogar Adler lassen sich regelmäßig sehen. Vor allem im Great Smoky Mountains National Park machen sich Schwarzbären immer wieder über nicht fachgerecht verstauten Proviant von Wochenendwanderern her, dessen verlockender Duft sie anzieht.

Der A. T. ist inzwischen eine Institution, die vom Kongreß der USA als Scenic Trail durch den National Trails System Act geschützt wird. Mehr noch als die juristische Absicherung beweisen die vielen Helfer und Förderer sowie Hunderttausende, die alljährlich den Wanderweg nutzen und sich entlang des Appalachian Trail an der unzerstörten Natur erfreuen, die Popularität dieses einzigartigen Wanderwegs.

ling die in höheren Lagen wachsende Fraserföhre angreift, präsentiert sich die Natur in verschwenderischer Fülle. An zahlreichen Bächen und Flüßchen im Park kann man im Sommer herrlich baden, ist das *inner tubing,* der Tanz mit aufgeblasenen Autoschläuchen über die Stromschnellen, nicht nur bei Kindern beliebt. Zehn Campingplätze und eine nur zu Fuß erreichbare Summer Lodge auf dem Mount LeConte ermöglichen die Übernachtung innerhalb der Parkgrenzen.

Über zwei Rundstrecken können Autofahrer die Natur erkunden. Der 5 Meilen lange Roaring Fork Motor Nature Trail nahe dem Sugarland Visitor Center am Nordende des Parks führt entlang der Stromschnellen des Roaring Fork durch jüngere und alte Baumbestände und vorbei am Cherokee Orchard, einer ehemaligen kleinen Apfelplantage. Die Autostrecke zur Cades Cove schlängelt sich parallel zum Little River und zum Laurel Creek durch den Nordwestteil des Parks. Im ovalen, ehemals bewirtschafteten Talgrund führt ein Rundkurs von 11 Meilen zu wiederaufgebauten Bauernhäusern, Scheunen, einer Sägerei und einer Kornmühle aus dem 19. Jh., die Eindrücke vom harten Leben der frühen Siedler vermitteln.

Unter den vielen Tieren, die im National Park heimisch sind, leben inzwischen sogar wieder 400 bis 600 Schwarzbären, denen man allerdings nicht zu nahe kommen sollte. Jenseits der Parkgrenzen in Gatlinburg (S. 284) und Pigeon Forge (S. 310) drängen sich Hotels mit einem Angebot von mehr als 50 000 Betten, gibt es Vergnügungs- und Folkloreparks, Gruselkabinette und Einkaufszentren, einen Christus Park und ein Hillbilly-Dorf, Space Needle und Restaurants mit bayerischer ›Gemutlichkeit‹. Der Kontrast zum Great Smoky Mountains National Park könnte nicht größer ausfallen.

Aus unterschiedlichen Himmelsrichtungen öffnen sich die bewaldeten Täler und geben den Blick auf **Asheville** `7` (S. 269) frei. Bei klarem Wetter kann man hinter den Türmen und Hochhäusern der Stadt die entfernte Kulisse der Smoky Mountains ausmachen. Asheville wurde 1797 gegründet, doch erst 100 Jahre später, nachdem eine Eisenbahnstrecke den Ort an den Rest der Welt angeschlossen hatte, erlebte die Stadt von 2600 Einwohnern einen Boom.

Um die Wende zum 20. Jh. entdeckten Reiche und Berühmte wie die Fords, Rockefellers, Vanderbilts, Thomas Edison und Theodore Roosevelt den Reiz der Mittelgebirgslandschaft und ihres angenehmen Klimas. Das 1912 erbaute Luxushotel Grove Park Inn beherbergte die meisten von ihnen, George Vanderbilt zog es vor, einen eigenen Palast mit 255 Zimmern, den Biltmore Estate, zu errichten.

Der holländische Bauer Jan Aertson van der Bilt, der im ausgehenden 17. Jh. in die Neue Welt ausgewandert war, hätte es sich sicher nicht träumen lassen, daß sein Ur-Ur-Enkel einst in der Kopie eines Loire-Schlosses wohnen würde. George Washington Vanderbilt zeigte wenig Neigung, das von seinen Vorfahren erarbeitete Vermögen weiter zu mehren, er war den schönen Künsten zugeneigt und liebte ausgedehnte Reisen. Nach dem Tode seines Vaters konnte er sich den Traum erfüllen, einem Mitglied des englischen oder französischen Adels des 17. Jh. gleich, ein Schloß zu bewohnen.

Nachdem 1000 Handwerker, Landschaftsgärtner und Architekten fünf Jahre lang gemauert, getischlert, gerodet und gepflanzt hatten, konnte das Anwesen zum Weihnachtsfest 1895 eingeweiht werden. Anders als in den Schlössern an der Loire brauchten seine Bewohner nicht auf elektrisches Licht, eine Zentralheizung, auf ein Hallenbad, eine Kegelbahn oder eine Sporthalle verzichten. 80 Hausbedienstete sorgten für Bequemlichkeit und Sauberkeit. Das noch heute in Familienbesitz befindliche Schloß sowie die Ländereien und Gärten können besichtigt werden. Die luxuriöse Einrichtung mit Tausenden in Europa erworbenen Antiquitäten kann man im Originalzustand bestaunen.

Heute dürfen sich in der Stadt 65 000 und in der Region 180 000 Einwohner glücklich schätzen, in herrlicher Umgebung zu wohnen. Im kompakten Zentrum von Asheville findet man einige interessante Gebäude vor allem aus dem frühen 20. Jh., darunter das nach Miami Beach umfangreichste Ensemble mit Art déco-Häusern. Die City Hall mit achteckigem Kuppeldach aus rosafarbenen und grünen Schindeln, die aus Kalkstein und Granit gestaltete S & W Cafeteria und die First Baptist Church, ebenfalls mit achteckiger Kuppel aus verschiedenfarbigen Dachziegeln, wurden in den letzten Jahren restauriert. Den außergewöhnlich reichen Bestand an historischen Gebäuden verdankt man der jahrelangen Finanznot der Gemeinde, deren Kasse zu leer war, um die Innenstadt zu ›sanieren‹ und die alten Häuser abzureißen.

Der Gasthof Old Kentucky Home von Julia Wolfe war das karge Zuhause ihres Sohnes Thomas, der später als bekannter Schriftsteller in seinem stark autobiographisch geprägten Roman »Schau heimwärts, Engel« die Stadt, ihre Bewohner und die Gäste eines Dixieland genannten Gasthofs nicht gerade vorteilhaft porträtierte. Nach jahrelanger Ächtung des berühmten Sohns ist sich Asheville inzwischen dessen Bedeutung bewußt, der Gasthof wurde zu einem Thomas Wolfe Memorial umgebaut, das man besichtigen kann.

Biltmore Estate bei Asheville

Das Folk Art Center spiegelt eine Tradition wider, die sich von den ersten weißen Siedlern aus Nord-Irland bis heute erstreckt. Kunsthandwerker der Southern Highland Handicraft Guild stellen Töpferwaren, Körbe, Puppen, Quilts oder Musikinstrumente zum Verkauf aus. Seit mehr als 60 Jahren lädt das Mountain Dance and Folk Festival am ersten Wochenende im August Amateure und Profis aus der Bergregion der Appalachen ein. Der Rhythmus der Musiker, Tänzer und Schuhplattler, die häufig keine Noten lesen können, aber Musik im Blut haben, nimmt dann die ganze Stadt gefangen.

Breward und Henderson, Vororte von Asheville, stehen ganz oben auf der Hitliste der beliebtesten Orte, in denen Senioren ihren Lebensabend verbringen. Das milde Klima, eine anmutige Landschaft mit Wäldern, Apfelplantagen, Seen und Flüssen, mit einem vielseitigen Kulturangebot und einer niedrigen Kriminalitätsrate soll, einigen Statistiken zufolge, so gesund sein, daß man dort zehn Jahre länger lebt als in anderen Gemeinden.

Der Chimney Rock Park liegt 20 Meilen nordöstlich von Henderson. Im privaten, 400 ha großen Naturpark ragt ein 100 m hoher Granitmonolith empor, der Chimney Rock. Vom Parkeingang windet sich ein 5 km langer Weg herauf, vorbei an Bergwiesen und lichten Wäldern. Bei der letzten Etappe hilft ein Fahrstuhl, der im Innern des Felsen auf dessen Spitze führt. Wer gut zu Fuß ist, klettert über verschachtelte Treppen, Holzstiege und Wege nach oben. Von der Spitze des Kaminfelsens erwartet Besucher bei klarem Wetter ein atemberaubender Blick über Hügel, Wälder, Flüsse und Seen.

Die US-19 und 23 führen von Asheville quer durch die bewaldeten Appalachen auf einer überwiegend gut ausgebauten Straße schnurstracks Richtung Norden. **Johnson City** 8 (S. 291), Handelsplatz des Tabakanbaugebiets und der Milchwirtschaft von Nordost-Ten-

nessee 4 Meilen südlich von Rocky Mount war von 1790 bis 1792 Hauptstadt des US-Territoriums südlich des Ohio River. In den Sommermonaten bevölkern Darsteller in zeitgenössischen Kostümen das als Museum eingerichtete einstöckige Blockhaus, das dem Territorialgouverneur als Regierungssitz diente, bevor er ins südliche Knoxville umzog.

In Jonesborough, etwa 8 Meilen westlich der Regionalmetropole, versuchten 1784 Siedler, sich von North Carolina unabhängig zu machen und den

Daniel Boone
Armer Hund und verehrter Held

Kaum ein Name ist mit dem Vorrücken der weißen ›Zivilisation‹ nach Westen enger verknüpft als der von Daniel Boone, dem Prototypen des ›Grenzmanns‹. Daniel Boone wurde 1734 in Berks County, Pennsylvania, geboren und starb 1820 im St. Charles County, Missouri. Der *frontier hero* strebte nach North Carolina und erforschte den Süden. Viele Jahre seines Lebens verbrachte er damit, Wege für Siedler zu finden, die sich im Indianerland westlich der Appalachen niederlassen wollten. Im Jahre 1775 baute Boone die Cumberland Gap, einen Einschnitt im Gebirge, zum Pfad für Auswanderer nach Tennessee und Kentucky aus.

Daniel Boone war ein einfacher Mann, der zu Lebzeiten nicht zum Helden taugte, der an der realen Welt zu scheitern drohte. Auf den von ihm entdeckten Wegen holte ihn die Zivilisation jedoch immer wieder ein. Er vergaß, Ansprüche auf eigenes Siedlungs- und Ackerland dokumentieren zu lassen, so daß er aus den Orten, für deren Besiedlung er den Boden bereitet hatte, bald wieder verschuldet flüchten mußten. Daniel Boone kannte die Indianer und lebte einige Zeit mit der Tochter des Shawnee-Häuptlings Blackfish zusammen. Seinen Kenntnissen von indianischen Gewohnheiten verdankten weiße Milizen jedoch auch den Sieg in manch blutigem Vernichtungsfeldzug.

Der Ehemann und Vater Daniel Boone lebte nur sporadisch bei seiner Familie. Oft verließ er seine Frau Rebecca, die ihm zehn Kinder geboren hatte, für Jahre auf der Suche nach neuen Abenteuern im Westen. 25 Jahre nachdem Boone verarmt gestorben war, begann die mythische Verklärung seines Lebens zum Pionier der amerikanischen Zivilisation. Die Pfadfinder der Boy Scouts of America haben ihre Organisation unter den Leitsatz gestellt, »eine Gemeinschaft von Pfadfindern (zu sein), die sich identifiziert mit dem größten aller Pfadfinder, Daniel Boone, und die bekannt sein soll als die Söhne von Daniel Boone«.

Bundesstaat Franklin zu gründen. Der Kongreß in Washington beseitigte das Provisorium nach kurzer Zeit mit einem Federstrich, erst 1796 konstituierte sich der Bundesstaat Tennessee allerdings mit starker Beteiligung der Veteranen aus Jonesborough. Der historische Distrikt des Orts mit einigen älteren Häusern aus der ersten Hälfte des 18. Jh. lohnt einen kurzen Rundgang.

Beim Ort Limestone 10 Meilen weiter im Süden wurde die Hütte rekonstruiert, in der David Crockett 1786 geboren wurde. Im Besucherzentrum von Limestone erinnert eine Ausstellung an den Abenteurer, Pionier, Jäger, Humoristen und Politiker, dessen schillerndes Leben 1836 bei der Schlacht von The Alamo in Texas ein Ende fand.

Über die Region von Kingsport, einer Stadt mit größeren Gewerbe-Ansiedlungen in schöner Umgebung an der Grenze zu Virginia, nahm 1750 bereits die Expedition von Thomas Walker ihren Weg nach Westen und fand bald darauf einen Einschnitt im Gebirge, den Wildtiere und auch Indianer schon lange nutzten. Daniel Boone steckte den Pfad 1775 ab und markierte die Strecke, so daß schon 1800 drei Viertel aller nach Kentucky drängenden Siedler den direkten Weg über die Cumberland Gap nehmen konnten.

Der **Cumberland Gap National Historical Park** 9 (S. 280) schützt ein dicht bewaldetes, 75 km^2 großes Berggebiet. Im Visitor Center sind Handwerkzeug und Waffen der ersten Siedler ausgestellt, informiert eine Ausstellung über die Bedeutung des Pfades für die Besiedlung der westlichen Territorien. Vom Pinnacle Overlook, den man nach kurzer Fahrt vom Besucherzentrum erreicht, bietet sich ein herrliches Panorama auf die Berge und bei gutem Wetter sogar bis in die Bundesstaaten Ten-

nessee, Kentucky und Virginia. Etwa 80 km markierte Wege sind allein Wanderern vorbehalten, der 25 km lange Ridge Trail auf dem Gebirgskamm erlaubt immer wieder weite Ausblicke in die Täler.

Auf dem Weg nach **Knoxville** 10 (S. 292) lohnt ein kurzer Abstecher nach Norris. Der mächtige Staudamm gehörte zu den ersten Projekten der Tennessee Valley Authority, die 1933 ihr gigantisches Werk zur Regulierung des Tennessee River begann (vgl. S. 45f.). Das Museum of Appalachia nahe dem Ort gehört zu den schönsten Museumsdörfern der USA. Fast 40 Gebäude aus der Gebirgsregion von Ost-Tennessee – Wohnhäuser, Scheunen, Blockhütten und Wirtschaftsgebäude – sind mit Möbeln und Gerätschaften aus der Pionierzeit ausgestattet.

Felder, Weiden, ein Gemüsegarten und Obstbäume zeugen von der harten Arbeit der Farmer. Am zweiten Wochenende im Oktober findet hier alljährlich das Tennessee Fall Homecoming statt, ein großes Fest mit vielen Hundert Musikern, Tänzern und Kunsthandwerkern und Tausenden von Besuchern. Zu den Stammgästen zählte bis zu seinem Tode 1992 auch Alex Haley, der Autor des Romans »Roots«.

Knoxville hieß früher White's Fort nach einem General der Revolutionsarmee. In dieses Fort zog 1792 die Regierung des US-Territoriums südlich vom Mississippi um. Der Gouverneur William Blount benannte den frisch gekürten Regierungssitz nach seinem Freund Henry Knox, dem damaligen Kriegsminister der USA, in Knoxville um. Das lebendige Knoxville, im Jahre 1982 Gastgeber der Weltausstellung, ist Sitz der Universität von Tennessee, die mit 30 000 Studenten zu den größten des Bundesstaates zählt.

Richtig Reisen
Tip

Mountain music and a good time
Im Museum of Appalachia

Charlie Acuff, Ron English, John Rice Irwin, Carlock Stooksbury und die anderen Musiker der Museum of Appalachia Band spielen mit Banjo, Baß, Gitarre und Mundorgel auf zum großen Finale des viertägigen Festes, das alljährlich Mitte Oktober auf dem weitläufigen Gelände des Museumsdorfs viele Tausend Besucher aus allen Teilen der USA anzieht.

Das entbehrungsreiche Leben der weißen Siedler im Appalachen-Ge-birge, ihre Musik und Kultur stehen im Mittelpunkt des Museum of Appalachia. Von 9 Uhr bis zum Anbruch der Dunkelheit demonstrieren mehr als 200 Musiker die musikalischen Traditionen der Region, Bluegrass-, Mountain- und religiösen Musik. Traditionelle Handwerkstechniken wie die Zuckerrohrverarbeitung, das Kochen von Melasse, die Schafschur, das Spinnen von Wolle oder das Kochen von Kernseife werden vorgeführt, Schnitzer fertigen kleine

Kunstwerke aus groben Holzklötzen. Wer will, kann einem Brunnenbauer bei der Arbeit über die Schulter schauen oder zusehen, wie Milch zu Butter verarbeitet wird.

Zahllose Köche versorgen die Besucher mit *good old southern cooking,* mit herzhaften Gerichten, die auf traditionellen, mit Holz befeuerten Öfen zubereitet werden. Einige Dutzend Autoren diskutieren und lesen aus ihren Werken. Zu den vielen Prominenten, die sich dieses außerordentliche Fest nie entgehen ließen, gehörte bis zu seinem Tod 1992 auch Alex Haley, dessen verfilmter Roman »Roots« über die Geschichte der Afro-Amerikaner weltweit ein Millionenpublikum bewegte (Museum of Appalachia, P. O. Box 0318, Norris, TN 7828, Tel. 865-494-0514 oder 865-494-7680).

Etwas mehr als 20 Meilen südlich von Knoxville wurden 1943 auf Betreiben der US-Regierung die Anlagen von **Oak Ridge** 11 (S. 306) innerhalb weniger Monate aus dem Boden gestampft. Befürchtungen, die Deutschen könnten erfolgreich am Bau einer Atombombe arbeiten, führten zum streng geheimen Manhattan Project. In den abgelegenen Gebieten hinter den Appalachen, mit Energie von den Wasserkraftwerken des Tennessee River versorgt, produzierte eine Gasdiffusionsanlage bald angereichertes Uranium 235. Ein Graphit-Atomreaktor reicherte Uran durch elektromagnetische Trennung an. Parallel entstanden in Hanford, Washington, eine Plutoniumanlage und in Los Alamos, New Mexico, die Konstruktionseinrichtungen für die Atombombenproduktion. Am 6. 8. 1945 um 9.15 Uhr warf ein Bomber der US-Air Force die erste Atombombe aus der Produktion von Oak Ridge über Hiroshima ab. Drei Tage später zerstörten die Amerikaner auch Nagasaki, in beiden Städten gab es über 300 000 Tote.

Während der geheimen Arbeiten zählte die Stadt bis zu 75 000 Bewohner, nach dem Krieg halbierte sich die Zahl. Die Diffusionsanlage kann heute von einem Aussichtspunkt an der SR-58 südlich von Oak Ridge betrachtet werden, der Reaktor steht – abgeschaltet – zur Besichtigung offen. Im American Museum of Science wird nicht nur die Geschichte des Manhattan Project genau nachgezeichnet. Eine der Ausstellungen beschäftigt sich mit den Techniken der Energiegewinnung, den Möglichkeiten Energie einzusparen und mit alternativen Energiequellen. Von Oak Ridge sind es im breiten Tal des Tennessee River nur noch etwa 100 Meilen bis nach Chattanooga, dem Ausgangspunkt der Rundreise.

 **Information**

 **Unterkunft**

 **Restaurant**

 **Sehenswert**

 **Einkauf**

 **Nachtleben**

 **Unterhaltung**

 Feste

 **Aktivitäten**

 **Strand**

 **Verkehr**

Tips &
Adressen

Inhalt

Adressen und Tips von Ort zu Ort
(in alphabetischer Reihenfolge)

Inhalt

266

Tips & Adressen von Ort zu Ort

Preiskategorien für Hotelzimmer:

Luxus	= über 150 $
teuer	= bis 150 $
moderat	= bis 100 $
günstig	= bis 50 $
sehr preiswert	= bis 30 $

Preiskategorien für Restaurants (ein Hauptgericht):

Luxus	= über 25 $
teuer	= bis 25 $
moderat	= bis 15 $
günstig	= bis 8 $

Abkürzungen:

AL – Alabama, AR – Arkansas,
D.C. (District of Columbia) – Washington,
FL – Florida, GA – Georgia,
KY – Kentucky, LA – Louisiana,
MD – Maryland, MS – Mississippi,
NC – North Carolina,
SC – South Carolina,
TN – Tennessee, TX – Texas,
VA – Virginia

Abingdon (VA)

Lage: E7
Vorwahl: 540
Einwohner: 7000

Barter Theatre, Main St./US 11, Tel. 628-3991, in dem renommierten Regionaltheater, in dem Schauspieler wie Gregory Peck ihre Karriere begannen, war es einst üblich, den Eintrittspreis mit Barterware (z. B. Würstchen oder Schinken) zu zahlen

Alexandria (LA)

Lage: A4
Vorwahl: 318
Einwohner: 49 000

Central Louisiana Chamber of Commerce, 802 3rd St., Alexandria, LA 71309, Tel. 442-6671, www.funside.com

Kent Plantation House, 3601 Bayou Rapides Rd., Tel. 487-5998, Mo–Sa 9–17, So 13–17 Uhr, Plantage im französisch-spanischen Kolonialstil von der Wende zum 19. Jh.

Alexandria (VA)

Lage: G8
Vorwahl: 703
Einwohner: 112 000

Alexandria Convention & Visitors Association, Ramsay House, 221 King St., Alexandria, VA 22314, Tel. 838-4200, Fax 838-4683, www.funside.com

Morrison House, 116 S. Alfred St., Tel. 838-8000, Fax 684-6283, www.morrison-house.com, gemütlich-elegantes Hotel in einem Backsteingebäude, teuer
Econolodge Mt. Vernon, 8849 Richmond Hwy., Alexandria, Tel. 780-0300, Fax 780-0842, www.econolodge.com, einfache Unterkunft, nicht weit von Mt. Vernon, günstig

Gadsby's Tavern, 138 N. Royal St., Tel. 548-1288, historischer Gasthof im Zentrum, der schon George Washington zu seinen Stammgästen zählte, tägl., moderat/teuer

Fish Market, 105 King St., Tel. 836-5676, populäres, weitläufiges Fischlokal für Lunch und Dinner, tägl., moderat

King Street Blues, 112 N. St. Asaph St., Tel. 836-8800, urig-sympathisches Restaurant mit originell gestalteten Räumen und traditioneller Speisekarte, tägl., günstig/moderat

 Christ Church, 118 N. Washington St., Tel. 549-1450, Mo–Fr 9–16, Sa 9–13, So 14–16.30 Uhr, hier nahm schon George Washington am Gottesdienst teil, Robert E. Lee wurde dort 1853 konfirmiert

Gadsby's Tavern Museum, 134 N. Royal St., Tel. 838-4242, April–Sept. Di–Sa 10–17, So ab 13, Okt.–März Di–Sa 11–16, So ab 13 Uhr, historischer Gasthof mit Tanzsaal

George Washington Masonic National Memorial, Shooters Hill, am Westende der King St., Tel. 683-2007, tägl. 9–17 Uhr, Monument zu Ehren von George Washington als Großmeister der Freimaurerloge

Mount Vernon, George Washington Pkwy, 8 Meilen südl. von Alexandria, Tel. 780-2000, April–Aug. tägl. 8–17, Sept.–März 9–16 Uhr, Landsitz von George Washington

Torpedo Factory Art Center, 105 N. Union St., tägl. 10–17 Uhr, Tel. 838-4565, in der einstigen Torpedofabrik sind heute 84 Studios und fünf Kunstgalerien untergebracht

 Two-Nineteen, 219 King St., Tel. 549-1141, in der Lounge wird guter Jazz gespielt

Altus (AR)

Lage: A6
Vorwahl: 501
Einwohner: 400

 Post Familie Vineyards & Winery, SR 186, Tel. 468-2741, Mo–Sa 11–16 Uhr, Weingut mit Verkostung

Wiederkehr Wine Cellars, SR 186, Tel. 468-9463, tägl. 9–16.30 Uhr, Weingut

mit angeschlossenem Restaurant (tägl., moderat)

Amelia Island (FL)

s. Fernandina Beach S. 282

Anniston (AL)

Lage: D5
Vorwahl: 256
Einwohner: 27 000

 Museum of Natural History, 800 Museum Dr., Tel. 237-6766, Di–Fr 9–17, Sa ab 10, So ab 13 Uhr, ausgezeichnetes Museum zur Natur- und Erdgeschichte

Apalachicola (FL)

Lage: D3
Vorwahl: 850
Einwohner: 2600

 Apalachicola Bay Chamber of Commerce, 57 Market St., FL 32320, Tel. 653-9419

 The Gibson Inn, Market/Avenue C, Tel. 653-2191, denkmalgeschützter Gasthof mit einigen Zimmern und leckeren Fischgerichten, tägl., günstig/moderat

 John Gorrie Museum, 6th St./Ave D, Tel. 653-9347, Do–Mo 9–12, 13–17 Uhr, dem Arzt gewidmet, der eine Eismaschine als Vorläufer der Klima-Anlage erfand

 Seafood Festival, Fisch und Austern satt, erstes Wochenende im Nov.

 Einsame Sandstrände auf St. George Island

Arkansas Post National Memorial (AR)

Lage: B5
Vorwahl: 870

 Arkansas Post National Memorial, SR 169, 7 Meilen südl. von Gillet, Tel. 548-2207, www.nps.gov/arpo/index.htm, tägl. 8–17 Uhr, einst der westlichste Außenposten der Vereinigten Staaten

Arlington (VA)

Lage: G7
Vorwahl: 703
Einwohner: 171 000

Visitors Center, 735 S. 18th St., Arlington, VA 22202, Tel. 358-5720, www.stayarlington.com

 Arlington National Cemetery, am Potomac River, gegenüber von Washington D. C., April–Sept. tägl. 8–19, Okt.–März bis 17 Uhr, Ehrenfriedhof für Soldaten; das Arlington House auf dem gleichen Gelände gehörte einst der Lee-Familie, Tel. 557-0613, April–Sept. tägl. 9.30–18, Okt.–März bis 16.30 Uhr
Newseum, 1101 Wilson Blvd., Tel. 284-3544, Mi–So 10–17 Uhr, faszinierende Ausstellung zu Kommunikation und zur Nachrichtenübermittlung
Pentagon, Boundary Channel Dr., Tel. 695-1776, Juni – Anfang Sept. Mo–Fr 9.30–15.30, Rest des Jahres 9 bis 15 Uhr, Karten für Führungen durch das US-Verteidigungsministerium gibt es bei Vorlage eines Ausweises

Asheville (NC)

Lage: E6
Vorwahl: 828
Einwohner: 62 000

Asheville Convention and Visitors Bureau, 151 Haywood St., NC 28801, Tel. 258-6109, www.ashevillechamber.com

Grove Park Inn Resort, 290 Macon Ave, Tel. 252-2711, Fax 252-7053, www.groveparkinn.com, historisches Grand Hotel von 1913 vor der Bergkulisse der Blue Ridges, mit moderner Technik und vielen Sportangeboten, Luxus
Log Cabin Motor Court, 330 Weaverville Hwy, Tel. 645-6546, rustikale Blockhütten für zwei und mehrere Personen, günstig

Camping:
KOA Asheville East, Abzweigung US 70, Swannanoa, Tel. 686-3121

The Market Place, 20 Wall St., Tel. 252-4162, elegantes Speiserestaurant, teuer
Mountain Smoke House, 20 S. Spruce St., Tel. 252-4871, opulentes Buffet, Grillspezialitäten, So/Mo geschl., moderat

Biltmore Estate, nördl. der I-40, Exit 50, Tel. 255-1700, tägl. 9–17 Uhr, ehemaliger, schloßähnlicher Landsitz von Cornelius Vanderbilt
Chimney Rock Park, US64/74A, 25 Meilen südöstl. von Asheville, Tel. 625-9611, April–Mitte Okt. 8.30–19, Rest des Jahres bis 18 Uhr, Naturpark mit weitem Panorama vom hohen Aussichtsfelsen
Thomas Wolfe Memorial, 48 Spruce St., Tel. 253-8304, Nov.–März Di–Sa 10–16, So ab 13, Rest des Jahres Mo–Sa 9–17, So ab 13 Uhr, das ehemalige Wohnhaus des Schriftstellers

Barley's, 42 Biltmore Ave., Tel. 252-4871, Pub, Restaurant, Diskothek und Musikklub

Southern Highland Handicraft Guild Fair, Tel. 298-7928, am dritten Wochenende im Juli und Okt., Ausstellung von Kunsthandwerk
Mountain Dance and Folk Festival, erstes Wochenende im August, Musik- und Tanzfestival

Athens (GA)

Lage: E5
Vorwahl: 706
Einwohner: 46 000

 Athens Welcome Center, 280 East Dougherty St., GA 30601,Tel. 353-1820, www.visitathensga.com

 Chez Wolfgang's European Cuisine, 1074 Baxter St., Tel. 369-8333, vorzüglich zubereitete Speisen von Wolfgang Kluth, dem Starkoch von Georgia aus Düsseldorf, So geschl., moderat/teuer
The Last Resort, 174/184 W. Clayton St., Tel. 549-0810, legerer Hangout mit guter Küche, tägl., günstig/moderat

 Presidents House, 570 Prince Ave. (von außen, privat), repräsentativer Amtssitz des Universitätspräsidenten von 1857
Taylor Grady House, 634 Prince Ave., Tel. 549-8688, Mo–Fr 9–13, 14.30–17 Uhr, prächtige Pflanzervilla aus dem Jahre 1845

40 Watt Club, 285 W. Washington St., Tel. 549-7871, hier standen einst R.E.M. und The B-52s auf der Bühne

Atlanta (GA)

Lage: E5
Stadtplan: S. 127
Vorwahl: 404
Einwohner: 400 000

Convention & Visitors Bureau, 233 Peachtree St., NE. Suite 2000, Atlanta, GA 30303, Tel. 521-6600, Fax 584-6331, www.atlanta.com; es gibt noch weitere Visitor Information Centers an anderen Orten in der Stadt, so etwa im Peachtree Center Mall, Lenox Square Shopping Center, Underground Atlanta

Marriott Marquis, 265 Peachtree Center Ave., Tel. 521-0000, Fax 586-6299, Luxus-Hotelturm mit atemberaubender Lobby, teuer

Shellmont Bed & Breakfast Inn, 821 Piedmont Ave. NW, Tel. 872-9290, Fax 872-53-79, www.shellmont.com, wunderbar restaurierte, mit Antiquitäten eingerichtete historische Stadtvilla, moderat/teuer
Best Western Inn at the Peachtree, 330 W Peachtree St., Tel. 577-6970, Fax 659-3244, www.bestwesterngeorgia.com, zentrales Mittelklassehotel, Frühstücksbuffet, moderat
Oakwood House, 951 Edgewood Ave., Tel. 521-9320, Fax 688-6034, charmante Herberge mit gemütlicher Bibliothek, nicht weit von Downtown, moderat

Camping:
KOA Atlanta North, 2000 Old US 41 Hwy, 20 Meilen nördl., Exit 116 I-75, Tel. 770-427-2406

 Bacchanalia, 3125 Piedmont Rd., Tel. 365-3125, kreative, georgischkalifornische Küche, So/Mo geschl., teuer
Atlanta Fish Market, 265 Pharr Rd., Tel. 262-3165, köstliche Fischgerichte in Buckhead, moderat/teuer
Mary Mac's Tea Room, 224 Ponce de Leon Ave NE, Tel. 876-1800, tägl. Südstaatendiner mit leckeren Lunchspezialitäten, günstig/moderat

Atlanta History Center, 130 W. Paces Ferry Rd. NW, Tel. 814-4000, Mo–Sa 10–17.30, So ab 12 Uhr, Geschichte von Atlanta spannend aufbereitet
Carter Presidential Center, 441 Freedom Pkwy, Tel. 331-3942, Mo–Sa 9–16.45, So ab 12 Uhr, alles über die Präsidentschaft von James Earl Carter
CNN Center, Studio Tour, 1 CNN Center, Marietta St./Techwood Dr., Tel. 827-2300, tägl. 9–18 Uhr, Sendezentrum des Kabel-Nachrichtensenders
Cyclorama/Civil War Museum, 800 Cherokee Ave. SE, Tel. 658-7625, Juni–Sept. tägl. 9.30–17.30, Rest des Jahres bis 16.30 Uhr, Panorama-Rundbild zum Bürgerkrieg
Fernbank Museum of Natural History, 767 Clifton Rd. NE, Tel. 370-0960, Mo–Sa

10–17, Fr bis 22, So 12 bis 17 Uhr, Naturgeschichte mit Zeittunnel und interaktiven Exponaten

Fox Theatre, 660 Peachtree St. NE, Tel. 881-2100, Führungen Feb.–Nov. Mo und Do 10, Sa 10, 11.30, Dez.–Jan. Mo und Do 10 Uhr, ehemaliger Kinopalast aus den 20er Jahren

Margaret Mitchell House, 979 Crescent Ave., 10th/990 Peachtree Sts, Tel. 249-7012, tägl. 9–16 Uhr, hier wurde »Vom Winde verweht« geschrieben

Martin Luther King jr. National Historic Site, 449 Auburn Ave., Tel. 524-1956, April–Okt. tägl. 8.30–17.30, Rest des Jahres ab 9 Uhr, ehemaliges Wohnhaus und heutige Grabstätte des Predigers und Bürgerrechtlers

Sci-Trek Museum, 395 Piedmont Ave. NW, Tel. 522-5500, Mo–Sa 10–17, So ab 12 Uhr, Wissenschaftsmuseum mit vielen Experimentiermöglichkeiten

State Capitol, Washington St., Tel. 656-2844, Mo–Fr 7.30–17, Sa 10–16, So 12–16 Uhr, Sitz des Parlaments von Georgia

Stone Mountain Park, US 78 östl., Tel. 770-498-5690, Lasershow tägl. 1 Std. nach Sonnenuntergang, Vergnügungspark am riesigen Granitfelsen

Woodruff Art Center, 1280 Peachtree St. NE, Tel. 733-5000, High Museum of Art, Tel. 733-4200, Di–Sa 10–17, So ab 12 Uhr, exzellenter Kunsttempel

World of Coca-Cola Pavillion, 55 Martin Luther King jr. Dr., Tel. 676-5151, Mo–Sa 10–20.30, So 12–17 Uhr, alles über Coke

Wren's Nest, 1050 Ralph D. Albernathy Blvd. SW, Tel. 753-7735, Di–Sa 10–16, So ab 13 Uhr, ehemaliges Wohnhaus des Autors Joel Chandler Harris

 Atlanta State Farmer's Market, 16 Forest Pkwy, Forest Park, Tel. 366-6910, riesiger Markt

Oxford Books, Peachtree Battle Shoping Center, 2345 Peachtree Rd. NE, Tel. 364-2700, sowie 360 Pharr Rd., Tel. 262-3333, größter Buchladen in den Südstaaten

 Blind Willie's Live Blues Club, 828 N. Highland Ave. NE, Tel. 873-7509, Blues vom Feinsten

Masquerade, 695 North Ave., Tel. 577-8178, Disco mit mehreren Tanzflächen

 Seven Stages, 1105 Euclid Ave., Tel. 523-7647, Theater mit aktuellen Stücken

 Flugverbindungen: Der Atlanta Hartsfield International Airport südl. der Stadt gehört zu den betriebsamsten der Welt und bietet Verbindungen in die größeren Städte Europas und der USA und in viele kleinere in den Südstaaten, er ist Heimatflughafen von Delta Airlines Verbindung Airport Innenstadt per Taxi 20–25 $, mit MARTA-Schnellbahn für 1,50 $ nach Downtown, mit Airport-Shuttlebus zu verschiedenen Hotels und Haltepunkten 12–18 $

Zugverbindungen: Amtrak Station, Brookwood Railway Station, 1688 Peachtree St., Tel. 881-3060, Verbindungen nach Washington und New Orleans

Busverbindungen: Greyhound Bus Lines, 232 Forsyth St., Tel. 584-1731 in der Innenstadt

Innerstädtische Verkehrsmittel: MARTA (Metropolitan Atlanta Rapid Transit Authority), Tel. 848-5389, unterhält eine U-Bahn mit 36 Stationen und ein dichtes Netz von 150 Busrouten

Mietwagen: am Flughafen und in der Stadt

Augusta (GA)

Lage: F5
Vorwahl: 706
Einwohner: 45 000

 Augusta Metropolitan Convention & Visitors Bureau, 32 8th St., GA 30903-1331, Tel. 823-6600, www.augustaga.org

 Radisson Riverfront, 2 10th St., Tel. 722-8900, Fax 823-6513, www.radisson.com, am Riverwalk, moderat/teuer

The Partridge Inn, 2110 Walton Way, Tel. 737-8888, Fax 731-0826, renoviertes Traditionshotel mit ausgezeichnetem Restaurant, moderat

West Bank Inn, 2904 Washington Rd., Tel./Fax 733-1724, in einem geschäftigen Gewerbegebiet, sehr preiswert

 Confederate Monument, Broad St., zwischen 7th und 8th Sts, Erinnerungssäule an die kurze Unabhängigkeit der Südstaaten von der Union

Cotton Exchange, 32 8th St., am Riverwalk, Tel. 724-4067, Mo–Sa 9–17, So ab 13 Uhr, ehemalige Baumwollbörse

Morris Museum of Art, Ecke Riverwalk/10th St., Tel. 724-7501, Di–Sa 10–17.30, So 13–17 Uhr, Malerei aus den Südstaaten von frühen Landschaftsbildern bis zu moderner Kunst

 Masters Golf Tournament, erste Woche im April, Tel. 667-6000

Baton Rouge (LA)

Lage: B4
Vorwahl: 225
Einwohner: 220 000

Visitor Information Center, State Capitol Dr., Baton Rouge, LA 70804, Tel. 383-1825, www.batonrougetour.com

Marriott's Residence Inn, 5522 Corporate Blvd., Tel. 927-5630, Fax 926-2317, www.marriott.com, Zimmer mit Kochecken und Kamin, günstig/moderat

Camping:
Baton Rouge KOA, 7628 Vincent Rd., Denham Springs, 12 Meilen östl., Tel. 664-7281

Maison Lacour, 11025 N. Harrells Ferry Rd. (westl. der I-12), Tel. 275-3755, elegantes französisches Restaurant, So geschl., teuer

Juban's, 3739 Perkins Rd. (Acadiana Shopping Center), Tel. 346-8422, Bistro-ähnliches Restaurant mit kreativ zubereiteten kreolischen Spezialitäten, So geschl., moderat/teuer

 Louisiana Arts & Science Center River Museum, 100 S. River Rd., Tel. 344-5272, Di–Fr 10–15, Sa 10–16, So 13–16 Uhr, Kunst- und Wissenschaftsmuseum

Louisiana State Capitol, State Capitol Dr., Tel. 342-7317, tägl. 9–16 Uhr, Parlament und Regierung im Hochhaus aus den 30er Jahren

Louisiana State University Rural Life Museum, Essen Lane (Exit 160 der I-10), Tel. 765-2437, tägl. 8.30–17 Uhr, Landleben abseits der Plantagenvillen

Naval War Memorial, Government/Front Sts, Tel. 342-1942, tägl. 9–17 Uhr, Ehrenmal der Marine

Old State Capitol, North Blvd./River Rd., Tel. 342-0500, Di–Sa 9–16, So ab 12 Uhr, ehemaliges Regierungsgebäude von Louisiana

 Casino Rouge, 1717 River Rd. N., Tel. 381-7777

Argosy Casino, South Blvd., Tel. 1-800-676-4847

 FestForAll, Straßenfest Downtown, North Blvd., Ende Mai mit Kunst, Verkauf, Konzerten, Tanz

 Flugverbindungen: Baton Rouge Metropolitan Airport, 12 Meilen nördl., wird von größeren US-Airlines angeflogen

Beaufort (NC)

Lage: H6
Vorwahl: 252
Einwohner: 4000

Beaufort Historical Association, 126 Turner St., NC 28516, Tel. 728-5225, www.beaufort-nc.com/bha

Beaufort Inn, 101 Ann St., Tel. 728-2600, www.beaufort-inn.com, Bed and Breakfast-Unterkunft, zentral, günstig

North Carolina Maritime Museum, 315 Front St., Tel. 728-7317,

Mo–Fr 9–17, Sa ab 10, So ab 13 Uhr, Ausstellung zur Seefahrt und zur Naturgeschichte der Küstenregion

Beaufort (SC)

Lage: F4
Vorwahl: 843
Einwohner: 10 000

Chamber of Commerce, 1006 Bay St., SC 29901, Tel. 524-3163, www.beaufortsc.org

Rhett House Inn, 1009 Craven St., Tel. 524-9030, Fax 524-1310, www.rhetthouseinn.com, Plantagenvilla mit Veranden und Garten an der Bucht, Drehort von »Forrest Gump« und anderen Filmen, Frühstück, Cocktailstunde am Abend, moderat/teuer

Camping:
Hunting Island State Park, 1775 Sea Island Pkwy, Tel. 838-2011, hinter den Dünen

Emily's, 906 Port Republic St., Tel. 522-1866, lebhaftes Snack-Restaurant, So geschl., günstig/moderat

Penn Community Center, St. Helena Island, 9 Meilen südöstl., Land's End Rd., Tel. 838-2432, Di–Fr 11–16 Uhr, ehemaliges Auffang- und Bildungszentrum für befreite Sklaven

Biloxi (MS)

Lage: C3
Vorwahl: 228
Einwohner: 47 000

Mississippi Gulf Coast Convention & Visitors Bureau, 135 Courthouse Rd., MS 39506-6128, Tel. 896-6699, Fax 896-6796, www.gulfcoast.org

Beau Rivage, 875 Beach Blvd., Tel. 386-7444, Fax 386-2300, www.beaurivage.com, das eindrucksvollste der zahlreichen Casinohotels entlang der Golfküste mit knapp 1800 Betten und 8 Restaurants, moderat/teuer
Father Ryan House, 1196 Beach Blvd., Tel. 435-1189, Fax 436-3063, www.frryan.com, romantische Bed and Breakfast-Villa am breiten Strand, Pool, moderat

Ole Biloxi Schooner, 159 E Howard, Tel. 374-8071, beliebtes Nachbarschaftsrestaurant, auch mit guten Snacks, günstig/moderat

Beauvoir und Jefferson Davis Presidential Library, 2244 Beach Blvd., Tel. 388-1313, März–Anfang Sept. tägl. 9–17, Rest des Jahres bis 16 Uhr, Informationszentrum und Erinnerungsstätte an den einzigen Präsidenten der Konföderation der Südstaaten
George Ohr Arts & Cultural Center, 136 G. E. Ohr St., Tel. 374-5547, Mo–Sa 9–17 Uhr, Ausstellung mit den ungewöhnlichen Werken des exzentrischen Töpfers
Mardi Gras Museum, 119 Rue Magnolia, Tel. 435-6245, Mo–Fr 11 bis 16 Uhr, Geschichte und Kostüme des Küsten-Mardi Gras

Verschiedene Spielkasinos an der Golfküste, z. B. Isle of Capri, an der US 90, Isle of Capri Plaza; Crown Plaza, Tel. 435-5400; Grand Casino, 265 Beach Blvd., Tel. 436-2946, Casino Magic, 195 Beach Blvd., Tel. 435-2559

Mardi Gras, Ende Feb.
Shrimp Festival, Straßenfest, Mai

Sandstrand, fast an der gesamten Golfküste des Bundesstaates Mississippi

Birmingham (AL)

Lage: D5
Vorwahl: 205
Einwohner: 267 000

Greater Birmingham Convention & Visitors Bureau, 2200 9th

Ave. N., AL 35203, Tel. 458-8000, www.
birminghamal.org

The Tutwiler, Park Pl./21st St. N.,
Tel. 322-2100, Fax 325-1183, Hotel-
klassiker in einem historischen Gebäude,
zentral, moderat/teuer
Holiday Inn Downtown, 500 Shades
Pkwy, Tel. 324-2101, Fax 324-0610, moder-
ne Einrichtung in einem historischen
Hotelbau, günstig

Highlands, 2011 11th Ave., Tel.
939-1400, kreative Südstaatenküche
mit ländlich-französischem Akzent, So/Mo
geschl., teuer
Silvertron Café, 3813 Clairmont Ave.,
Tel. 591-3707, legeres Restaurant mit sehr
phantasievoll zubereiteten amerikanischen
Klassikern, tägl., günstig/moderat

Civil Rights Institute, 6th Ave./
16th St. N., Tel. 328-9696, Di–Sa
10–17, So ab 13 Uhr, Geschichte der Bürgerrechtsbewegung
Red Mountain Museum, 1421 22nd St.
S., Tel. 933-4104, tägl. 10–17 Uhr, alles
über Eisenerz und die Stahlproduktion
Sloss Furnaces National Landmark,
1st Ave.N/32nd St., Tel. 324-1911
Vulcan Statue, US 31, auf dem Gipfel
des Red Mounain, Tel. 328-2863, tägl.
8–20.30 Uhr

Zugverbindungen: Amtrak Station, Morris Ave., Tel. 205-324-3033,
Verbindung mit Atlanta und New Orleans

Blue Ridge Parkway (VA/NC)

Lage: E6/F7

National Park Service, Blue
Ridge Pkwy, 199 Hemphill Knob Rd.,
Asheville NC 28801-3417, Tel. 828-271-
4779, 828-298-0398 (Band), Fax 828-271-
3417, www.nps.gov/blri
Humpback Rock Visitor Center, MP
5,8, Tel. 540-943-4716
James River Visitor Center, MP 63,6,
Tel. 804-299-5496

Peaks of Otter Visitor Center, MP 86,
Tel. 540-586-4357
Rocky Knob Visitor Contact Station,
MP 169, Tel. 540-745-9662
Cumberland Knob Visitors Center, MP
217, Tel. 910-657-8161
Linn Cove Visitors Center, MP 304, Tel.
704-733-1354
Die Besucherzentren sind in der Regel zwi-
schen Mai und Oktober von Mo–Fr 9–17
Uhr geöffnet, einige öffnen auch im Winter

 Doe Run, MP 189, Tel. 540-
398-2212, herrliche Aussicht
vom Kaminzimmer, gutes Restaurant, gün-
stig/moderat
Peaks of Otter Lodge, MP 86, Tel. 540-
586-1081, www.peaksofotter.com, rustikal,
mit herrlicher Aussicht und Restaurant,
günstig

Camping:
Otter Creek, MP 60,8, Peaks of Otter, MP
86, Roanoke Mountain, MP 120,4, Rocky
Knob, MP 174,1

Folk Art Center, MP 382, Tel. 704-
298-7928, Musik, Kunsthandwerk
und Kultur der Bergregion
Grandfather Mountain, MP 305, an der
US 221, Tel. 704-733-4337, Wanderweg
zum 2000 m hohen Berg – für Schwindel-
freie über eine Hängebrücke
Linville Falls Recreation Area, MP
316,4, Tel. 704-765-1045, Wanderwege und
Aussicht auf Wasserfälle und eine
Schlucht
Mabry Mill, 3 Meilen südl. der Meadows
of Dan, MP 176,1, Tel. 540-952-2947, Säge-
und Kornmühle aus der Pionierzeit
Parkway Craft Center, 3 Meilen westl.
von Blowing Rock beim Moses H. Cone
Memorial Park, MP 294, Tel. 704-295-7938,
Demonstrationen traditioneller Hand-
werks- und Kunsthandwerkstechniken

Breaux Bridge (LA)

Lage: B4
Vorwahl: 337
Einwohner: 6500

Mulate's, 325 Mills Ave., Tel. 1-800-422-2586, legendäres Cajun-Restaurant mit Tanzmusik, tägl., günstig–teuer

La Poussière, 1301 Grand Point Rd., Tel. 332-1721, Cajun-Tanzklassiker ab 20 Uhr mit open end

Brownsville (TN)

Lage: C6
Vorwahl: 901
Einwohner: 10 000

Brownsville-Haywood County Chamber of Commerce, 121 W. Main St., TN 38012, Tel. 901-772-2193, www.brownsville-haywoodtn.com/chamber/default.htm

Mind Field, am Hwy 70, bislang 14 m hohe Metallskulptur von Billy Tripp, der vorhat, weitere 20 Jahre daran zu arbeiten
Nutbush Tina Turner–Heritage Resource Center, Tel. 901-772-4265 oder 901-772-8157, Ausstellung zu Tina Turner an ihrem Geburtsort, organisiert auch Touren auf den Spuren des Delta-Blues

Brunswick (GA)

Lage: F4
Vorwahl: 912
Einwohner: 17 000

Brunswick-Golden Isles Visitors Bureau, 4 Glynn Ave., GA 31520, Tel. 265-0620, www.bgirb.com

Brunswick Manor, 825 Egmont St., Tel. 265-6889, Fax 265-7879, stilvoll-elegante Bed and Breakfast-Unterkunft, günstig

Hofwyl-Broadfield Plantation, US 17, 10 Meilen nördl., Tel. 264-7333, Mo–Sa 9–17, So 14–15.30 Uhr, ehemalige Reisplantage von 1850

Cartersville (GA)

Lage: D5
Vorwahl: 770
Einwohner: 12 000

Cartersville-Bartow Convention & Visitors Bureau, 16 W. Main St., GA 30120, Tel. 387-1357

Etowah Indian Mounds State Historical Site, SR 61/113, 6 Meilen südl., Tel. 387-3747, Di–Sa 9–17, So 14–17.30 Uhr, indianische Ausgrabungsstätte

Chapel Hill (NC)

s. Raleigh/Durham S. 312

Charleston (SC)

Lage: F5
Stadtplan: S. 138
Vorwahl: 843
Einwohner: 81 000

Visitor Reception and Transportation Center (VRTC), 375 Meeting St., SC 29402, Tel. 853-8000, Fax 723-4852, www.charlestoncvb.com

Planters Inn, 112 N. Market St., Tel. 722-2345, Fax 577-2125, www.plantersinn.com, Inn aus dem Jahre 1844 mit Gourmet-Restaurant, teuer/Luxus
Two Meeting Street Inn, 2 Meeting St., Tel. 723-7322, www.twomeetingstreet.com, elegante Villa im historischen Viertel, Frühstück und Nachmittagstee inkl., teuer/Luxus
Barksdale House, 27 George St., Tel. 577-0482, Fax 853-0482, gemütlich, Frühstück und Teestunde, tägl., günstig/moderat

Camping:
KOA Mt. Pleasant/Charleston, US 17 N., Tel. 849-5177

Anson, 12 Anson St., Tel. 577-0551, Spitzenrestaurant mit Spezialitäten der Region, ›Low Country‹-Akzent, tägl., teuer

A. W. Shucks, 70 State St., Tel. 723-1151, Austernbar, tägl., günstig/moderat

Boone Hall Plantation, 1235 Long Point Rd., 8 Meilen nördl., Tel. 884-4371, April–Anfang Sept. Mo–Sa 8.30–18.30, So 13–17, Rest des Jahres Mo–Sa 9–17, So 13–16 Uhr, Plantage mit herrlicher Eichenallee

Calhoun Mansion, 16 Meeting St., Tel. 722-8205, Führungen Feb.–Dez. Mi–So 10–16 Uhr, viktorianische Stadtvilla

Charleston Tea Plantation, 6617 Maybank Hwy, Wadmalaw Island, Tel. 559-0383, Mai–Okt. 10–13.30 Uhr, einzige Teeplantage der USA

Charlestowne Landing, 1500 Old Town Rd., Tel. 852-4200, Juni–Aug. tägl. 9–18, Rest des Jahres bis 17 Uhr, Rekonstruktion der ersten Siedlung von Charlestowne

Drayton Hall, SR 61, 9 Meilen nordwestl., Tel. 766-0188, März–Okt. 10–16, Rest des Jahres bis 15 Uhr, Pflanzervilla von 1738 im georgianischen Stil, am Ashley River

Edmonston-Alston House, 21 E. Battery St., Tel. 722-7171, Führungen Di–Sa 10–16.30, So–Mo 13.30–16.30 Uhr, Stadtvilla im *Greek Revival*-Stil aus dem Jahre 1828

Fort Moultrie, SR 703, 10 Meilen nördl. von Charleston, Tel. 883-3123, tägl. 9–17 Uhr, historisches Fort, mit dessen Bau 1775 begonnen wurde

Fort Sumter National Monument, Tel. 883-3123, Bootsfahrt April–Anfang Sept. von der Marina tägl. 9.30, 12, 14.30 Uhr, Rest des Jahres eingeschränkt

Heyward Washington House, 87 Church St., Tel. 722-0354, Mo–Sa 10–17, So ab 13 Uhr, Stadtvilla von 1772, in der auch schon George Washington nächtigte

Magnolia Gardens, SR 61, 10 Meilen nordwestl., Tel. 571-1266, tägl. 8 Uhr bis zum Sonnenuntergang, ganzjähriges Blumenmeer am Plantagensitz von 1676

Middleton Place, SR 61, 14 Meilen nordwestl., Tel. 556-6020, tägl. 9–17 Uhr, Landschaftsarchitektur am Ashley River aus dem Jahre 1741

Nathaniel Russel House, 51 Meeting St., Tel. 724-8481, Mo–Sa 10–17, So ab 14 Uhr, Kaufmannsvilla von 1808

Old Exchange & Provost Dungeon, 122 E. Bay St., Tel. 727-2165, tägl. 9–17 Uhr, historisches Gebäude aus dem Jahre 1771

St. Michaels Church, Broad/Meeting Sts, Tel. 723-0603, Mo–Fr 9–17, Sa bis 12 Uhr, Episkopal-Kirche aus dem Jahre 1851, entstanden nach dem Vorbild der Londoner St. Martin-in-the-Fields-Kirche

Slave Mart Museum, 6 Chalmers St., Tel. 724-7395, Mo–Sa 10–17, So ab 14 Uhr, afro-amerikanische Geschichte und Kunst im ehemaligen Ryan's Auktionshaus, in dem Sklaven versteigert wurden

Henry's, 54 N. Market St., Tel. 723-4363, in der Woche Diskothek, am Wochenende gute Jazz Bands

Spoleto Kulturfestival, Ende Mai/Anfang Juni, Tel. 722-2764, Jazz, Tanz, Theater, Oper und Kammermusik

Dock Street Theatre, 135 Church St./Ecke Queen St., Tel. 577-5957, im historischen Theatergebäude werden in der Saison zwischen Sept. und April noch immer Vorstellungen gegen

Charlotte (NC)

Lage: F6
Vorwahl: 704
Einwohner: 396 000

Convention & Visitors Bureau, 330 Tryon St., NC 28202, Tel. 331-2700, www.charlottecvb.org

The Morehead Inn, 1122 E Morehead St., Tel.376-3357, Fax 335-1110, www.moreheadinn.com, gepflegte Bed & Breakfast Herberge mit 12 Suiten am Rande von Uptown, teuer

Residence Inn by Marriott, 8503 US 29, Tel./Fax 547-1122, www.marriott.com, modernes Hotel mit großen Zimmern, moderat

The Epicuran, 1324 East Blvd., Tel. 377-4529, exzellentes Speiserestaurant, teuer

Discovery Place, 301 N. Tryon St., Tel. 372-6261, Mo–Fr 9–17, Sa bis 18, So 13–18 Uhr, naturwissenschaftliche Experimente für Jugendliche
Kings Mountain National Military Park, nahe der I-85, an der Grenze von North und South Carolina, Tel. 864-936-7921, tägl. 9–17 Uhr, rekonstruiertes Schlachtfeld des Unabhängigkeitskriegs

Double Door Inn, 218 E. Independence Rd., Tel. 376-1446, Jazz und Blues live

Afro-American Cultural Center, N. Meyer St., Tel. 374-1565, Ausstellungen, Diskussionen und Live-Auftritte schwarzer Künstler
Paramount Carowinds Theme Park, I-77 S., Tel. 588-2600, Juni–Ende Aug., tägl. 10–20 Uhr, März–April, Sept.–Okt. Sa–So 10 bis 20 Uhr, Vergnügungspark

Charlottesville (VA)

Lage: G7
Vorwahl: 804
Einwohner: 41 000

Charlottesville/Albemarle Convention & Visitors Bureau, Rte 20, Exit 121 der I-64, P.O. Box 161, Charlottesville, VA 22902, Tel. 977-1783, www. charlottesvilletourism.org, mit umfangreicher Ausstellung zu Thomas Jefferson

Silver Thatch Inn, 3001 Hollymead Dr., Tel. 978-4686, Fax 973-6156, www.silverthatch.com, Bed and Breakfast Inn mit abwechslungsreicher Geschichte und hervorragendem Restaurant, moderat
Clifton – The Country Inn, 1296 Clifton Inn Dr., Tel. 971-1800, Fax 971-7098, www.cliftoninn.com, elegantes Bed and Breakfast Inn in einer kolonialen Villa mit Gourmet-Restaurant, moderat

Holiday Inn Monticello, 1200 5th St., Tel. 977-5100, Fax 293-5228, www.holiday-inn.com, angenehmes Hotel mit geräumigen Zimmern, Pool und Restaurant, günstig

Camping:
Charlottesville KOA, 3825 Red Hill Rd., Tel. 296-9881, 8 Meilen südwestl. von Monticello

C & O Restaurant, 515 E. Water St., Tel. 971-7044, freundliches Bistro im Parterre, elegantes französisches Restaurant im ersten Stock, tägl., moderat–Luxus
Miller's, 109 W. Main St., Tel. 971-8511, altmodischer Drugstore Diner mit ordentlicher Speisekarte, abends Blues und Jazz in der Bar, tägl., günstig/moderat

Ash Lawn-Highland, CR 795, 2 Meilen südl. von Monticello, Tel. 293-9539, Landsitz des ehemaligen Präsidenten James Monroe, März–Okt. tägl. 9–18, Nov.–Feb. 10–17 Uhr
Michie Tavern, 683 Jefferson Pkwy (VA 683), Tel. 977-1234, historischer Gasthof aus dem 18. Jh., mit Virginia Weinmuseum
Monticello, an der VA 53, 6 Meilen südl. von Charlottesville, Tel. 984-9822, Führungen März–Okt. tägl. 8–17, Nov.–Feb. 9–16.30 Uhr, ehemaliger Wohnsitz und Plantage von Thomas Jefferson
Montpelier, an der VA 20, bei der Ortschaft Orange, Tel. 540-672-2728, Führungen 16.3.–31.12. tägl. 10–16, 2.2.–15.3. Fr–Sa 10–16 Uhr, Landsitz des US-Präsidenten Madison
University of Virginia, University Ave., Tel. 924-7969, Führungen (Start in der Rotunde) tägl. 10, 12, 14, 15, 16 Uhr

 Zugverbindungen: Amtrak Station, 810 W. Main St., Tel. 296-4559

Chattanooga (TN)

Lage: D6
Vorwahl: 423
Einwohner: 153 000

Chattanooga Area Convention & Visitors Bureau, 1001 Market St., TN 37402, Tel. 756-8687, Fax 265-1630, www.chattanoogafun.com, ein gut ausgestattetes Visitor Center befindet sich beim Aquarium, 2 Broad St.

Adams Hilborne, 801 Vine St., Tel. 265-5000, Fax 265-5555, moderne Ausstattung in einer herrlichen, geräumigen Stadtvilla der Jahrhundertwende, teuer
Chattanooga Choo-Choo Holiday Inn, 1400 Market St., Tel. 266-5000, Fax 265-4635, wer will, kann im ehemaligen Bahnhof oder einem Pullman-Wagen schlafen, moderat/teuer
Econo Lodge East Ridge, 1417 St. Thomas St., Tel. 894-1417, Fax 821-6840, zentral, sehr preiswert/günstig

Camping:
KOA Chattanooga South, 199 KOA Blvd., Ringgold, Tel. 937-4166

Southside Grill, 1400 Cowart St., Tel. 266-9211, Südstaatenküche mit Gourmet-Anspruch, tägl., teuer
212 Market St., 212 Market St., Tel. 265-1212, kreative Küche gegenüber vom Aquarium, tägl., moderat/teuer
Café Tazza Espresso Bar, 1010 ½ Market St., Tel. 265-3032, guter Kaffee, Zeitungen im Internet, am Wochenende Live-Jazz, tägl., günstig

Battles of Chattanooga Museum, 1110 E. Brow Rd., Tel. 820-2531, Ende Mai–Anfang Sept. tägl. 9–18, Rest des Jahres 10–17 Uhr, Miniaturnachbildung der Bürgerkriegsschlachten
Hunter Museum of American Art, 10 Buff View, Tel. 267-0968, Di–Sa 10–16.30, So 13–16.30 Uhr, hervorragende Sammlung amerikanischer Malerei des 19. und 20. Jh.

Lookout Mountain Incline Railway, St. Elmo Ave., nahe der SR 585, Tel. 821-4224, Ende Mai–Anfang Sept. tägl. 8.30–21, Rest des Jahres 9–18 Uhr, steile Zahnradbahn
Rock City Gardens, 1400 Patten Rd., Tel. 706-820-2531, 5 Meilen südwestl., Ende Mai–Anfang Sept. tägl. 8–20, Rest des Jahres von 8.30 Uhr bis zum Sonnenuntergang, Felsenlandschaft auf dem Lookout Mountain
Ruby Falls – Lokout Mountain Caverns, Tel. 821-2544, 3 Meilen südl. am Lookout Mountain Scenic Hwy, Ende Mai–Anfang Sept. tägl. 8–21, Rest des Jahres bis 18, an einigen Tagen bis 20 Uhr, Tropfsteinhöhle mit Wasserfall
Tennessee Aquarium, 1 Broad St., Ross Landing Park & Plaza, Tel. 265-0695, Ende Mai–Anfang Sept. Mo–Do 10–18, Fr–So bis 20, Rest des Jahres, 10–18 Uhr, aufsehenerregendes mehrstöckiges Gebäude aus Stahl, Glas und Beton mit Ausstellungen zu Flußlandschaften und ihren Bewohnern
Tennessee Valley Authority Energy Center, 1101 Market St., Tel. 751-2631, Mo–Fr 7.30–16.15 Uhr, Ausstellung und Experimente zur Energiegewinnung und -verwertung

Riverbend Festival, dritter Fr im Juni, Tel. 265-4112, Musik- und Kulturfestival am Tennessee River
Fall Color Cruise and Folk Festival, während der beiden letzten Wochen im Okt. wird mit Bootstouren, Tanz- und Musikveranstaltungen der Herbstbeginn gefeiert

Cherokee (NC)

Lage: E6
Vorwahl: 828
Einwohner: 11 000

Visitor Information, US 19, P.O. Box 460, Cherokee, NC 28719, Tel. 497-3481, www.cherokee-nc.com

Riverside Motel, US 441 S., Old Rte 441, Tel. 497-9311, einfaches Hotel mit Pool, am Fluß, günstig/moderat

Holiday Inn Cherokee, US 19 S., Tel. 704-497-9181, Fax 479-5973, www.holiday-inn.com, mit Restaurant, moderat

Camping:
Mingo Falls Campground, Big Grove Rd., an den Fällen

 Museum of the Cherokee Indian, US 441/Drama Rd., Tel. 497-3481, Mitte Juni–Aug., Mo–Sa 9–20, So bis 17.30, sonst tägl. 9–17 Uhr, Kunst und Kunstgewerbe der Cherokee-Indianer
Oconaluftee Indian Village, US 441, Tel. 497-2111 und 497-2315, Mitte Mai–Okt. tägl. bis 17 Uhr, rekonstruierte Cherokee-Siedlung

 Qualla Arts & Crafts Mutual, US 441/Drama Rd., Tel. 497-3103

 Cherokee Smoky Mountain Casino, Acquoni Rd./US 44 N., Tel. 497-7777
Mountainside Theater ›Unto these Hills‹, Drama Rd., abseits der US 441, Freiluftvorstellung Mitte Juni bis Mitte Aug., Tel. 497-2111, zur Geschichte der Cherokee-Indianer

Chincoteague Island (VA)

Lage: H7
Vorwahl: 757
Einwohner: 4000

 Eastern Shore Tourist Commission, US 13 S., P.O. Box R, Melfa, VA 23410, Tel. 787-2460, Fax 787-8687, www.esva.net/~esvatourism

Channel Bass Inn, 6228 Church St., Tel. 336-6148, www.channelbass-inn.com, restauriertes Bed and Breakfast Inn von 1870, mit Himmelbetten, opulentem Frühstück und *afternoon tea,* teuer/Luxus
Refuge Motor Inn, 7058 Maddox Blvd., Tel. 336-5511, Fax 336, 6134, www.refugeinn.com, im Country-Stil eingerichtetes Hotel mit Pool und Terrassen, moderat/teuer

Camping:
Maddox Family Campground, 6742 Maddox Blvd., Tel. 336-3111

 Landmark Crab House, 6162 N. Main St., am Strand, Tel. 336-5225, Spezialität Krabben- und Fischgerichte, tägl., moderat/teuer
Village Restaurant, 6576 Maddox Blvd., Tel. 336-5120, gut zubereitete Meeresfrüchte im nett eingerichteten Lokal, tägl., moderat

 Nasa Visitor Center, Wallops Island, 20 Meilen südwestl. von Chincoteague, Tel. 824-2298, Startplatz für kleinere Raketen, Juli–Aug. tägl. 10–16, Sept.–Juni Do–Mo 10 bis 16 Uhr
Oyster & Maritime Museum, 7125 Maddox Blvd., Tel. 336-6117, Ende Mai–Anfang Sept. Mo–Sa 10–17, So 12–16 Uhr, alles über Austernzucht und Fischfang

 Auktion der wilden Ponies von Assateague, letzter Mi, Do im Juli
Austernfestival in der ersten Oktoberwoche

Touren ins Chincoteague National Wildlife Refuge zu Fuß oder mit dem Rad, Mai–Sept. tägl. 5–22, Okt. u. April 6–20, Nov.–März 6–18 Uhr

Assateague Island National Seashore, Tel. 336-6577

Clarksdale (MS)

Lage: B5
Vorwahl: 662
Einwohner: 20 000

 Chamber of Commerce, 1540 de Soto Ave. (US 49 S), Tel. 627-7337, www.clarksdale.com

 The Delta Blues Museum, 1 Blues Alley, Tel. 627-6820, Mo–Sa 9–17 Uhr, alles über die Entstehung und die Interpreten des Blues im ehemaligen Bahnhof des Ortes

Columbia (SC)

Lage: F5
Vorwahl: 803
Einwohner: 104 000

Columbia Metropolitan Visitors Center, 1012 Gervais St., SC 29202, Tel. 254-0479, Fax 799-6529, www.columbiasc.com

Claussen's Inn, 2003 Greene St., Tel. 765-0440, Fax 799-7924, claussensinn@columbiasc.com, altmodisch-gemütliche Bed and Breakfast-Unterkunft, nicht weit von Downtown, günstig

Mangia! Mangia!, 100 State St., Tel. 791-3443, toskanische Gerichte im Herzen von South Carolina, moderat

South Carolina State Museum, 302 Gervais St., Tel. 737-4921, Mo–Sa 10–17, So ab 13 Uhr, umfangreiche Ausstellung zur Natur-, Wirtschafts- und Sozialgeschichte

Columbus (MS)

Lage: C5
Vorwahl: 662
Einwohner: 28 000

Convention and Visitors Bureau, 321 7th St., MS 39703, Tel. 329-1191

Von den mehr als 100 Antebellum-Häusern der Stadt sind einige zur Besichtigung geöffnet wie das Waverly Mansion, MS 50, 10 Meilen nördl., West Point, Tel. 494-1399, April–Okt. tägl. von 9 Uhr bis zum Sonnenuntergang, Nov.–März tägl. bis 17 Uhr

Cullman (AL)

Lage: D5
Vorwahl: 256
Einwohner: 13 500

Cullman Area Chamber of Commerce, 211 2nd Ave., AL 35056 NE, Tel. 734-0454, www.cullmanchamber.org

Cullman County Museum, 211 2nd Ave. N.E., Tel. 739-1258, Mo–Mi und Fr 9–12, 13–16, Do 9–12, Sa 13.30–16.30 Uhr, Geschichte der deutschen Einwanderer

Ave Maria Grotto, 1600 St. Bernard Dr. S.E., Tel. 734-4110, tägl. von 7 Uhr bis zum Sonnenuntergang, Miniatur-Jerusalem

Oktoberfest, Anfang Okt. im Covered Bridge Park, 1240 Country Rd., Tel. 734-3052, veranstaltet von den Nachkommen der deutschen Kolonie

Cumberland Gap National Historic Park (VA/KY)

Lage: E6/7

The Superintendent, Box 1848, Middlesboro, KY 40965, Tel. 606-248-2817, www.nps.gov/cuga/index.htm, der Park ist tägl. von 9 Uhr bis zum Sonnenuntergang geöffnet

Cumberland Island (GA)

Lage: F4
Vorwahl: 912
Einwohner: 50

Cumberland Island National Seashore, P.O. Box, 806, St. Marys, GA 31558, Tel. 882-4335, Fax 673-7747, www.nps.gov/cuis/index.htm, auch Reservierung der Fähre

Greyfield Inn (auf der Insel), Box 900, Fernandina Beach FL 32035, Tel. 904-261-6408

Camping:
Sea Camp, Information über das Büro der National Seashore

Decatur (AL)

Lage: D6
Vorwahl: 256
Einwohner: 49 000

 Convention and Visitors Bureau, 719 6th Ave. SE, AL 35601, Tel. 350-2028, www.decatural.com

 Wheeler National Wildlife Refuge, mittleres Drittel des Wheeler Reservoir, Tel. 350-6639, Visitor Center, SR 67, Nov.–Feb. tägl. 10–17, Rest des Jahres Mi–So 10–17 Uhr

De Soto State Park (AL)

Lage: D5

CR 89, 7 Meilen südl. von Fort Payne und der I-59, Tel. 205-845-0051, Fax 256-854-3224, www.mentone. com/desoto, tägl. von 7 Uhr bis zum Sonnenuntergang, Wälder, herrliche Wildblumen und die Schlucht des Little River

Durham (NC)

s. Raleigh/Durham S. 312

Eatonton (GA)

Lage: E5
Vorwahl: 706
Einwohner: 4800

Rock Eagle, US 441, 7 Meilen nördl., Tel. 485-2831, vom Sonnenauf- bis zum Sonnenuntergang, indianische Kultstätte

Uncle Remus Museum, Turner Park, US 441, Tel. 485-6856, Mai–Sept. Mo–Sa 10–12, 13–17, So 14–17, Rest des Jahres Mo 10–12, 13–17 und So 14–17 Uhr, mit der Darstellung von Szenen aus den »Onkel Remus«-Geschichten des bekannten Autors Joel Chandler Harris

Edenton (NC)

Lage: G6
Vorwahl: 252
Einwohner: 5400

 Historic Edenton Visitor Center, 108 N. Broad St., NC 27932, Tel. 482-2637, www.edenton.nc, organisiert kostenlose Besichtigungen verschiedener historischer Gebäude

 The Lord Proprietors' Inn, 300 N. Broad St., Tel. 482-3641, Fax 482-2432, www.edentoninn.com, gemütliches Bed and Breakfast-Hotel im historischen Viertel, mit Restaurant und Pool, günstig

Elizabeth City (NC)

Lage: H6
Vorwahl: 252
Einwohner: 14 400

 Chamber of Commerce, 502 E. Ehringhaus St., NC 27909, Tel. 335-4365, www.elicity.com/g-o-e/chamber

 Museum of the Albemarle, US 17, 2 Meilen südl., Tel. 335-1453, Ausstellung zur Regionalgeschichte

Epps (LA)

Lage: B5
Vorwahl: 318
Einwohner: 500

 Poverty Point State Commemorative Area, an der SR 577, 5 Meilen nordöstl. von Epps, Tel. 926-5492, www.crt.state.la.us/crt/parks/poverty/poverty/htm, bedeutende indianische Siedlungsstätte

Eureka Springs (AR)

Lage: A7
Vorwahl: 253
Einwohner: 1900

Chamber of Commerce, 81 Kings Hwy, AR 72632, Tel. 253-8737, www.eurekasprings.org

Heartstone Inn & Cottages, 35 Kings Hwy, Tel. 253-8916, Fax 253-6821, www.heartstoneinn.com, gemütliche Bed and Breakfast-Unterkunft in einem historischen Gebäude, günstig
Best Western Inn of the Ozarks, US 62, westl., Tel./Fax 253-9768, www.bestwestern.com, mit Pool, Restaurant und abendlichen Auftritten von Musikgruppen, sehr preiswert/günstig

Hylander Steak & Rib, US 62, westl. von Eureka Springs, Tel. 253-7360, amerikanische Klassiker, günstig/moderat

Bibel Museum, Smith Memorial Chapel, US 62, 3 Meilen östl., Tel. 253-8559, April–Okt. tägl. 9–20, Rest des Jahres bis 16 Uhr
Tabernacle/The New Holy Land, US 62, 3 Meilen östl. von Eureka Springs, Tel. 253-9200, Mo–Sa 9–15.30, So 13.15-15.30 Uhr, Gelände mit verschiedenen Darstellungen nach Motiven aus der Bibel wie dem Tabernakel von Moses, zu erkunden mit einem Tourbus

The Great Passion Play, Tel. 253-9200, Ende April bis Ende Okt., Passionsspiel

Fernandina Beach (FL)

Lage: F4
Vorwahl: 904
Einwohner: 9000

Amelia Island Chamber of Commerce, 102 Centre St., FL 32035-0472, Tel. 261-3248, www.ameliaisland.org

Ritz-Carlton, 4750 Amelia Island Pkwy, an der A1A, Summer Beach, Tel. 277-1100, Fax 261-9063, www.ritzcarlton.com, elegantes Resort-Hotel mit allen Annehmlichkeiten, Luxus
Elisabeth Pointe Lodge, 98 S. Fletcher Ave., Tel. 277-4851, Fax 277-6500, www.elisabethpointlodge.com, im Neu-England-Stil errichtetes Bed and Breakfast Inn am Strand, Cocktailstunde, teuer

The Grill, im Ritz-Carlton, eines der besten Restaurants in Florida, Tel. 277-1100, tägl., moderat/teuer
Palace Saloon, 117 Centre St., Tel. 261-6320, Traditionslokal mit köstlichen Langusten, tägl., moderat

Fort Clinch State Park, 2601 Atlantic Ave., Tel. 277-7374, tägl. von 8 Uhr bis zum Sonnenuntergang, mächtiges Fort aus Ziegelsteinen, im Sommer mit ›Garnisonsleben‹

Weitläufige Strände entlang der Atlantikküste

Florence (AL)

Lage: G6
Vorwahl: 256
Einwohner: 37 000

Chamber of Commerce of the Shoals, 104 S. Pine St., AL 35630, Tel. 764-4661, www.pdtourism.com

Dale's Restaurant, 1001 Mitchell Blvd., Tel. 766-4961, köstlich marinierte grillte Steaks, So geschl., moderat

Indian Mound & Museum, S. Court St., Tel. 760-6427, Di–Sa 10–16 Uhr, indianischer Kulthügel und Museum
W. C. Handy Museum, 620 W. College St., Tel. 760-6434, Di–Sa 10–16 Uhr, Geburtshaus des Blues-Musikers

W. C. Handy Music Festival, Tel. 766-7642, erstes Wochenende im Aug., Blues

Fort Smith (AR)

Lage: A6
Vorwahl: 501
Einwohner: 73 000

Chamber of Commerce, 612 Garrison Ave., AR 72902, Tel. 783-6118, www.fortsmith.org

Beland Manor Inn, 1320 S. Albert Pike, Tel. 782-3300, Fax 782-7874, historische Bed and Breakfast-Herberge in ruhiger Umgebung, moderat

Calico Country Restaurant, 2401 S. 56th St., Tel. 452-3299, nostalgische Einrichtung, herzhafte Gerichte, tägl., günstig/moderat

Fort Smith National Historic Site, Rogers Ave./3rd St., Tel. 783-3961, tägl. 9–17 Uhr, mit Gerichtssaal und Galgenanlage aus dem 19. Jh.
Miss Laura's Visitor Center, 2 N. B St., Tel. 783-8888, Mo–Sa 9–16, So 13 bis 16.30 Uhr, im 19. Jh. legendäres Bordell
Old Fort Museum, 320 Rogers Ave., Tel. 783-7841, Juni–Aug. Di–Sa 9–17, So ab 13, Rest des Jahres Di–Sa 10–17, So ab 13 Uhr, Memorabilia aus der Geschichte des Forts

Fort Walton Beach (FL)

Lage: D3
Vorwahl: 850
Einwohner: 22 000

Greater Fort Walton Beach Chamber of Commerce, 34 S.E. Miracle Strip Pkwy, FL 32549, Tel. 244-8191, www.destin-fwb.com

Ramada Plaza Beach Resort, 1500 Miracle Strip Pkwy, Tel. 243-9161, Fax 243-2391, www.ramadafwb.com, im Las Vegas-Stil, mit Privatstrand, moderat/teuer
Venus Condos, 885 Santa Rosa Blvd., Tel. 243-6162, Fax 837-5325, hinter den Dünen, günstig/moderat

Camping:
Navarre Family Campground, 9201 Navarre Pkwy (US 98), Tel. 939-2188, herrliche Strandlage, Pool, Pier

Magnolia Grill, 255 S.E. Miracle Strip Pkwy, Tel. 302-0266, köstliche Meeresfrüchte und norditalienische Küche, versteckt im Manufacturers Outlet Center in der Nähe der Brooks Bridge, So geschl., moderat/teuer

Air Force Armament Museum, Eglin Air Force Base, Tel. 882-4062, tägl. 9.30–16.30 Uhr
Fort Walton Mounds, 139 Miracle Strip Pkwy, Tel. 243-6521, Mai–Sept. 10–17, Rest des Jahres 11–16 Uhr

Shantytown, Konglomerat von Läden, Klubs und Restaurants östl. der Brooks Bridge

Herrliche Sandstrände auf Okaloosa Island oder bei Henderson Beach/Destin

Fredericksburg (VA)

Lage: G7
Vorwahl: 540
Einwohner: 19 000

Fredericksburg Visitor Center, 706 Caroline St., VA 22401, Tel. 373-1776, www.fredericksburgva.com

Kenmore Inn, 1200 Princess Anne St., Tel. 371-7622, Fax 371-5480, www.kenmoreinn.com, das Herrenhaus aus dem 18. Jh. gehörte einst dem Schwager von George Washington, Bed and Breakfast-Unterkunft, teuer

Fredericksburg Spotsylvania National Military Park, Visitor Center, 1013 Lafayette Blvd., Tel. 373-6122, mit 16 Schlachtfeldern des Bürgerkriegs
Hugh Mercer Apothecary Shop, 1020 Caroline St., Tel. 373-3362, März–Nov. tägl.

9–17, Dez.–Feb. 10–16 Uhr, Apotheke aus
dem 18. Jh., mit informativer Führung
**James Monroe Museum and Memorial
Library,** 908 Charles St., Tel. 654-1043,
März–Nov. tägl. 9–17, Dez.–Feb. 9–16 Uhr,
ehemaliges Wohnhaus des US-Präsidenten
Rising Sun Tavern, 1306 Caroline St., Tel.
371-1494, historische Taverne, in der auch
George Washington manchen Portwein
trank

 Zugverbindungen: Amtrak Station
und Virginia Railway Express, Lafayette Blvd./Prince Anne St., Tel. 497-7777

Front Royal (VA)

Lage: G7
Vorwahl: 546
Einwohner: 12 000

 **Front Royal/Warren County
Visitor Center,** 414 E. Main St.,
VA 22630, Tel. 635-3185, www.front-
royalchamber.com

 Skyline Caverns, US 340, 1 Meile
südl. vom Eingang zum Shenan-
doah National Park, Tel. 635-4545, 15. 6. bis
Anfang Sept. tägl. 9–18.30, 15. 3.–14. 6. und
Anfang Sept. bis 14. 11. Mo–Fr 9–17, Sa–
So 9–18, 15. 11.–14. 3. tägl. 9–16 Uhr, Tropfsteinhöhle mit bizarren Felsformationen

Gainesville (GA)

Lage: E5
Vorwahl: 770
Einwohner: 18 000

 **Greater Hall County Chamber
of Commerce,** 230 E. Butler Pkwy,
GA 30503, Tel. 532-6206, www.
gainesvillehallcvb.org

 **Lake Lanier Island Beach and
Waterpark,** 6950 Holiday Rd., Tel.
932-7200, mit Marina, Booten, Rutschen

Gatlinburg (TN)

Lage: E6
Vorwahl: 865
Einwohner: 3600

 Visitors & Convention Bureau,
234 Airport Rd., TN 37738, Tel. 436-
2392, www.gatlinburg.com

 Holiday Inn Sunspree Resort,
520 Airport Rd., Tel. 423-436-9201,
Fax 436-7974, www.holiday-inn.com, kurze
Wege zu Restaurants, Geschäften und Un-
terhaltungsangeboten, moderat
Seventh Heaven Log Inn, 3944 Castle
Rd., Tel. 430-5000, www.7-heaven.com,
beim siebten Grün des Bent Creek Golf
Club, außerhalb von Gatlinburg, Blockhäuser mit Komfort und Frühstück, günstig/
moderat
Rainbow Motel, 390 E. Parkway, Tel. 436-
5887, www.rainbowmotellogcabin.com,
zentral, sehr preiswert/günstig

Camping:
**Great Smoky Jellystone Park Camp
Resort,** Tel. 487-5534, 14 Meilen östl.,
15.3.-1.11.

 Burning Bush Restaurant, 1151
Parkway, Tel. 436-4669, Frühstück
bis Dinner in kolonialem Ambiente, tägl.,
moderat/teuer
Wild Plum Tearoom, 555 Buckhorn Rd.,
Tel. 436-3808, angenehmes Lunch-Lokal
von März bis Mitte Dez., tägl., günstig
Ogle's Buffet Restaurant, 516 Parkway,
Tel. 436-4157, riesige Auswahl am Wild-
bach, tägl., sehr preiswert/günstig

 **Smoky Mountains National
Park** s. S. 285

 **Great Smoky Arts and Crafts
Community,** 3 Meilen östl., nahe
der US 321, Tel. 430-5925, Verkaufskooperative von 80 Künstlern und Kunsthandwerkern

 Gatlinburg bietet zahlreiche ›Attraktionen‹: Christus-Garden,

Wachsfigurenkabinett, Monstrositätenaus-
stellungen, Seilbahnen auf die Berge etc.

Georgetown (SC)

Lage: G5
Vorwahl: 843
Einwohner: 9500

Chamber of Commerce, 102
Broad St., SC 29442, Tel. 546-8436,
www.georgetownsc.com

Kudzu Bakery, 714 Front St., Tel.
546-1847, nettes Lunch-Restaurant
mit leckeren Desserts, So geschl., günstig

Rice Museum, Front/Screven Sts,
Tel. 546-7423, Mo–Sa 9.30–16.30
Uhr, Ausstellung zu den ehemaligen Reis-
plantagen der Küstenregion

Golden Isles (GA)

Lage: F4
Vorwahl: 912
Einwohner: 2000

**Brunswick-Golden Isles Visitors
Bureau,** 4 Glynn Ave., GA 31520,
Tel. 265-0620
Jekyll Island Welcome Center, 901
Jekyll Island Causeway, Tel. 635-3636
St. Simons Island Visitor Center,
530 B Beachview Dr. W., Tel. 638-9014,
www.bgivb.com

The Cloister, Sea Island, Tel. 638-
3611, Fax 638-5159, www.senisland.
com, super-elegante Resort-Anlage, inkl.
Mahlzeiten, Luxus
The Lodge on Little St. Simons Island,
Tel. 638-7472, Fax 634-1811, www.
littlesimonsisland.com, traditionelle,
ländliche Herberge auf einer exklusiven
Insel, mit drei Mahlzeiten, teuer/Luxus
Vermittlung von Ferienhäusern: Par-
ker-Kaufmann Realtors, 1699 Fredericia
Rd., St. Simons Island, GA 31522, Tel. 638-
3368, Fax 638-3409

Camping:
Jekyll Island Campground, N. Beachview Dr., Tel. 635-3021

Zachry's Seafood Restaurant,
44 Beachview Dr., Jekyll Island,
Tel. 635-3128, frische Meeresfrüchte, gün-
stig/moderat

**Fort Frederica National Monu-
ment,** St. Simons Island, Tel. 638-
3639, tägl. 8–17 Uhr
Jekyll Island Club Historic District, Ri-
verview Dr., Tel. 635-2762, tägl. 9.30–16
Uhr, Orientation Center

Great Falls (VA/MD)

Lage: G8

Great Falls Park Visitor Center,
Tel. 703-285-2966, www.nps.gov/
grfa/index.htm, tägl. 10–17 Uhr

Great Smoky Mountains
National Park (NC/TN)

Lage: E6
Vorwahl: 865

**Superintendent Great Smoky
Mountains National Park,** 107
Park Headquarters Rd., Gatlinburg, TN
37738, Tel. 436-1200, www.nps.gov/grsm/
index.htm
Oconaluftee Visitor Center, beim südl.
Parkeingang, Newfound Gap Rd./US 441,
Tel. 828-497-1900
Sugarland Visitor Center, beim nördl.
Parkeingang, Tel. 436-1291

Le Conte Lodge, auf dem LeConte
Mountain, Tel. 429-5704, nur erreichbar zu Fuß, sehr preiswert

Camping:
Campingplätze Cades Cove, Smoke-
mont und Elkmont können maximal acht
Wochen im voraus reserviert werden, Tel.
800-365-2267

Reiten, Cades Cove, Tel. 448-6286;
Smoky Mountains Riding Stables,
US 321, Tel. 436-5634
Rafting in the Smokies, Tel. 436-5008

Greensboro (NC)

Lage: F6
Vorwahl: 336
Einwohner: 184 000

 Convention & Visitors Bureau,
317 S. Greene St., NC 27401-2615,
Tel. 274-2282, www.greensboronc.org

 Greensboro Historical Museum,
130 Summit Ave., Tel. 373-2043,
Di–Sa 10–17, So ab 14 Uhr, gut bestücktes
Regionalmuseum, auch zum Kolonialkrieg
und zum Schriftsteller William Sydney
Porter (O. Henry)

Greenwood (MS)

Lage: B5
Vorwahl: 662
Einwohner: 19 000

 **Convention and Visitors Bu-
reau,** P.O. Box 738, MS 38930,
Tel. 453-9197, www.gcvb.com

 Cottonlandia Museum, US 82 W.
Bypass, 2 Meilen westl. der US 49 E.,
Tel. 453-0925, Mo–Fr 9–17, Sa–So ab
14 Uhr, Natur- und Menschheitsgeschichte
des Mississippi-Delta
**Florewood River Plantation State
Park,** 2 Meilen westl., südl. der Kreuzung
von US 82/US 49 E, Tel. 455-3821, Führungen Di–Sa 9–11, Sa 13–17 Uhr

Gulfport (MS)

Lage: C3
Vorwahl: 228
Einwohner: 41 000

**Mississippi Gulf Coast Conven-
tions & Visitors Bureau,** 135
Courthouse Rd., Tel. 896-6699, Fax 228-
896-6796, www.gulfcoast.org

Mehrere Kasinos, wie Copa Casino, 777 Copa Blvd., Tel. 863-3330,
Grand Casino, 3215 W. Beach Blvd., Tel.
228-870-7777

Fahrt nach Ship Island, Besichti-
gung des Inselforts Massachusetts,
Ship Island Excursion, Gulfport Small Craft
Harbor, Tel. 864-1014, März–Okt.tägl.

Hampton (VA)

s. auch Newport News (S. 305), Norfolk
(S. 305) und Portsmouth (S. 311)

Lage: H7
Vorwahl: 757
Einwohner: 135 000

Hampton Visitor Center,
710 Settlers Landing, VA 23669,
Tel. 727-1102, www.hampton.va.us

Hampton Inn, 1813 W. Mercury
Blvd., Tel./Fax 838-8484, mit Pool
und Frühstück, günstig/moderat

 Piers 21, 700 Settlers Landing Rd.,
Tel. 727-9700, im Radisson Hotel,
feines Essen in elegantem Ambiente,
moderat/teuer

Casemate Museum, Fort Monroe,
Tel. 727-3391, tägl. 10.30–16.30 Uhr,
mit der Gefängniszelle des Präsidenten der
Konföderation Jefferson Davis
University Museum, nahe der County
St., Tel. 727-5308, Sept.–Mai Mo–Fr 8–17,
Sa–So 12–16, Juni–Aug. Mo–Fr 8–17 Uhr,
mit umfangreicher Sammlung afrikani-
scher und afro-amerikanischer Kunst
Virginia Air & Space Center, 600 Sett-
lers Landing Rd., Hampton, Tel. 727-0900,
Ende Mai–Anfang Sept. Mo–Mi 9–17, Do–
So 9–19, Rest des Jahres tägl. 10–17 Uhr,
Luft- und Raumfahrtmuseum in Zusam-

menarbeit mit der NASA-Forschungssta-
tion in Langley

 Hampton Jazz Festival, Ende
Juni, Tel. 727-3200

Harrisonburg (VA)

Lage: G7
Vorwahl: 540
Einwohner: 31 000

**Harrisonburg-Rockingham Con-
vention & Visitors Bureau,** 10 E.
Gay St., Harrisonburg, VA 22802, Tel. 434-
2319, Fax 433-2293, www.harrissonburg.
org/hrcvb

**Hall of Fame Jousting Tourna-
ment,** Mount Solon, Natural Chim-
neys Regional Park, Tel. 350-2510, Mitte
Juni, Ritterturnier und Festival

Hendersonville (NC)

Lage: E6
Vorwahl: 828
Einwohner: 800

Visitor Information Center, 201
S. Main St., NC 28792, Tel. 693-
9708, www.historichendersonville.org

Apple Inn, 1005 White Pine Dr., Tel.
693-0107, Fax 693-0173, traditionelle
Bed and Breakfast-Herberge im kleinen historischen Distrikt, günstig/moderat

North Carolina Apple Festival,
Labor Day-Wochenende (erster
Montag im Sept.), Fest zur Apfelernte

Henning (TN)

Lage: B6
Vorwahl: 901
Einwohner: 800

**Alex Haley State Historic Site
and Museum,** 200 S. Church St.,
Tel. 738-2240, www.memphistravel.com/
alex_haley.html, Di–Sa 10–17, So ab 13
Uhr, ehemaliges Wohnhaus des Autors
von »Roots« und »Malcolm X«

Hiawassee (GA)

Lage: E6
Vorwahl: 706
Einwohner: 3500

Georgia Mountain Fair, Tel. 896-
4191, zwölf Tage Anfang Aug.
Fall Celebration, Tel. 896-4191, neun
Tage Anfang Okt., Musik, Tanz und Kunsthandwerk der südlichen Appalachen

Hilton Head Island (SC)

Lage: A5
Vorwahl: 843
Einwohner: 24 000

**Island Visitors Information
Center,** kurz vor der Überfahrt
auf die Insel, Tel. 757-4472,
www.islandvisitorcenter.com
Visitors and Convention Bureau,
1 Chamber Dr., SC 29938-5647, Tel. 785-
3673, Fax 785-6802, www.hiltonheadisland.
org

Hilton Head Island Resort, 23
Ocean Lane, Tel. 845-8001, Fax 842-
4988, www.hhibeachandtennis.com, far-
benfrohes Beach-Resort im karibischen
Stil, moderat–Luxus
Disney's Hilton Head Island Resort, 22
Harbourside Lane, Tel. 341-4100, Fax 341-
4130, www.dvcresorts.com, Familienan-
lage mit unterschiedlich großen Cottages,
moderat
Marriott Fairfield Inn, 9 Marina Side Dr.,
Tel. 842-4800, Fax 842-4800, www.
marriott.com, Kettenhotel, günstig

 Charlie's Etoile Verte, 1000 Plantation Center, Tel. 785-9277, eines

der besten, nicht nur auf Hilton Head, teuer

Crazy Crab North, Jarvis Creek/US 278, Tel. 681-5021, Fisch und Muscheln, tägl., moderat

Starfire Contemporary Bistro, 37 New Orleans Rd., Tel. 785-3434, kulinarische Kreationen mit frischen Kräutern, So geschl., günstig/moderat

 Die festen Sandstrände sind alle öffentlich

Holly Beach (LA)

Lage: A3
Vorwahl: 337
Einwohner: 150

 Southwest Louisiana Convention and Visitors Bureau, 1211 N. Lakeshore Dr., Lake Charles, LA 70601, Tel. 436-9588, www.visitlakecharles.org

 **Gulfview Motel & RV Park,** 512 Porpoise Ave., Tel. 569-2388, Fax 569-2697, einfache Zimmer, teilweise in *motorhomes* mit Kochecke, am Strand, günstig/moderat

 Cajun Riviera Festival, feucht-fröhliches Sommerfest mit viel Bier, Musik und einem Rodeo, am zweiten Wochenende im Aug.

Hope (AR)

Lage: F4
Vorwahl: 870
Einwohner: 9600

Hope-Hempstead County Chamber of Commerce, 108 W. 3rd St., Tel. 777-3640, www.hopemelonfest.com

Wassermelonenfest, drittes Wochenende im Aug.

Horseshoe Bend National Military Park (AL)

Lage: D5
Vorwahl: 256

 An der SR 49, 12 Meilen nördl. von Dadeville, Tel. 205-234-7111, www. nps.gov/hobe/index.htm, tägl. 8–17 Uhr

Hot Springs (AR)

Lage: A6
Vorwahl: 501
Einwohner: 32 500

 Hot Springs Convention & Visitors Bureau, 134 Convention Blvd., AR 71901, Tel. 321-2277, Fax 321-2136, www.hotsprings.org

Arlington Resort Hotel & Spa, 239 Central Ave., Tel. 623-7771, Fax 623-2243, Grande Dame der Badehotels am Ende der historischen Bäderstraße, aus der goldenen Zeit des Kurorts, moderat/teuer

Stitt House, 824 Park Ave., Tel. 623-2704, Fax 623-2704, Bed and Breakfast im ältesten Gebäude der Stadt, moderat/teuer

 Hamilton House, 130 Van Lyell Dr., am Lake Hamilton, Tel. 525-2727, hervorragende Küche, gute Weine, prachtvolle Einrichtung, So geschl., moderat/teuer

Coy's, 300 Coy St., Tel. 321-1414, legeres Steak-Haus mit Cocktail Lounge, tägl., moderat

Hot Springs Art Center, 405 Park Ave., Tel. 624-0489, Mo–Fr, 8–16 Uhr, mit wechselnden interessanten Ausstellungen

Hot Springs National Park, Visitor Center im Fordyce Bathhouse, Bathhouse Row, Tel. 623-1433, tägl. 9–20 Uhr

Mountain Observation Tower, Hot Springs Mountain Dr., Tel. 623-6035, Mitte Mai–Anfang Sept. 9–21, Rest des Jahres 9–17 Uhr

Oaklawn-Galoppbahn, Saison Feb.–April

Outdoor Adventure Tours, Start Central Ave./Bathhouse Row, Tel. 525-4457, Fahrrad-, Kanu-, Bus-, Schiffstouren

Hot Springs (VA)

Lage: F7
Vorwahl: 540
Einwohner: 150

Bath County Chamber of Commerce, P.O. Box 718, VA 24445, Tel. 839-5409, www.bathcountyva.org

The Homestead, Rte 220, Tel. 839-1766, Fax 839-7670, ehemals luxuriöses Badehotel, heute Golf- und Fitneß-Resort mit umfangreichen Sportanlagen, moderat/teuer

Waterwheel Restaurant, Grist Mill Sq., Warm Springs, 5 Meilen nördl. von Hot Springs, Tel. 839-2231, Essen in einer alten Mühle, erlesener Weinkeller, teuer

Houma (LA)

Lage: B3
Vorwahl: 504
Einwohner: 31 000

Houma-Terrebonne Parish Tourist Commission, 1701 S. St. Charles, LA 70361, Tel. 868-2732, www.houmatourism.com

Dave's Cajun Kitchen, 6240 W. Main St., Tel. 868-3870, kräftige Cajun-Küche in legerer Atmosphäre, günstig/moderat

Lumcoc (Louisiana Universities Maritime Consortium), am Südende der Rte 56 in Codocrie, Tel. 851-2800, maritime Beobachtungsstation

 Einsegnung der Krabbenflotte, Mitte April

Terrebonne Swamp & Marsh Tours, Tel. 879-3934, Trips durch Sümpfe und Feuchtprärien
Torres Swamp Tours, Rte 307, Bayou Boeuf Bridge, Kraemer, Tel. 633-7739, Trips durch den Bayou Boeuf

Huntsville (AL)

Lage: D6
Vorwahl: 256
Einwohner: 160 000

Huntsville/Madison County Convention & Visitors Bureau, 700 Monroe St., AL 35801, Tel. 533-5723, www.huntsville.org

Courtyard by Marriott, 4804 University Dr., Tel. 837-1400, Fax 837-3582, www.marriott.com, gepflegte Anlage in der Nähe des US Space & Rocket Center, moderat

Greenbrier, 27028 Old Hwy 20, Madison, 8 Meilen westl., Tel. 351-1800, keine Kreditkarten, originelles Südstaaten-Restaurant mit herzhafter Küche, Mo geschl., moderat

US Space & Rocket Center, 1 Tranquility Base, nahe der I-565, Tel. 837-3400, Ende Mai–Anfang Sept. tägl. 9–18, Rest des Jahres bis 17 Uhr, Ausstellung zur Weltraum- und Raketentechnik

Jackson (MS)

Lage: B4
Vorwahl: 601
Einwohner: 198 000

Metro Jackson Convention & Visitors Bureau, 921 President St., P.O. Box 1450, MS 39215–1450, Tel. 960-1891, Fax 960-1827, www.visitjackson.com

Fairview Inn, 734 Fairview St., Tel. 948-3429, Fax 948-1203, www.faireviewinn.com, elegante Bed and Breakfast-Herberge in einer prachtvollen Villa, teuer
Edison Walthall Hotel, 225 E. Capitol St., Tel. 948-6161, Fax 948-0088, www.edisonwalthallhotel.com, zentrale Lage, moderat/teuer

Bravo!, Northside Dr., Exit 100 der I-55 N., Highland Village Plaza Mall, Tel. 982-8111, italienische Pizza- und Pastaspezialitäten, tägl., moderat
Palette, 201 E. Pascagoula St., Tel. 362-8600, lichtes Lunch-Restaurant im Museum of Art, Sa/So geschl., günstig/moderat

Governor's Mansion, 300 E. Capitol St., Tel. 359-3175, Di–Fr 9.30–11 Uhr
Manship House, 420 E. Fortification St., Tel. 961-4724, Di–Fr 9–16, Sa ab 10 Uhr, restauriertes Haus von 1857 im *Gothic Revival*-Stil
Old Capitol, N. State/Capitol Sts, Tel. 353-9339, Mo–Fr 8–17, Sa 9.30–16.30 Uhr
Petrified Forest, nahe der US 49, 11 Meilen nördl., Tel. 879-8189, April–Nov. tägl. 9–18, Rest des Jahres bis 17 Uhr, versteinerte Baumstämme und Fossilien
State Capitol, Mississippi/N. Congress Sts, Tel. 359-3114, Mo–Fr 8–17 Uhr, Sitz des Parlaments und des Obersten Gerichts

Chimneyville Crafts Gallery, 1150 Lakeland Dr., Tel. 601-981-2499, Verkaufskooperative von Künstlern und Kunsthandwerkern

Jubilee Jam, drittes Wochenende im Mai, Musik und Volkskunst
Mississippi State Fair, Ende Sept./Anfang Okt., Leistungsschau von Mississippi

Jackson (TN)

Lage: C6
Vorwahl: 901
Einwohner: 49 000

www.jacksontn.com

Casey Jones Village, Casey Jones Lane, Kreuzung I-40/US 45, Tel. 668-1222, unterschiedliche Öffnungszeiten, Eisenbahnmuseum, Wohnhaus von Casey Jones, dem legendären Lokführer, der unter Einsatz seines Lebens eine Zugkatastrophe verhinderte
Pinson Mounds State Archaeological Area, Ozier Rd., nahe der US 45, Tel. 988-5614, März–Nov. Mo–Sa 8–16.30, So 13–17, Rest des Jahres Mo–Fr 8–16.30 Uhr, indianische Hügelanlage mit Museum

Jacksonville (FL)

Lage: F3
Vorwahl: 904
Einwohner: 637 000

Jacksonville and the Beaches Convention & Visitors Bureau, 3 Independence Dr., FL 32202, Tel. 798-9120, Fax 798-9103, www.jaxcvb.com

House on Cherry St., 1844 Cherry St., Tel. 384-1999, angenehme Bed and Breakfast-Unterkunft, teuer
Eastwinds Motel, Jacksonville Beach, 1505 1st St., Tel. 249-3858, Strandhotel, Zimmer mit Kochecke, günstig

Camping:
Fleetwood RV Park, 5001 Phillips Hwy, nahe der Stadt und dem St. Johns River, Tel. 737-4733

River City Brewery, 835 Gulf Life Dr./Riverwalk, Tel. 398-2299, leckere, kalifornisch inspirierte Gerichte, eigene Brauerei, tägl., moderat/teuer
Homestead, 1712 Beach Blvd., Jacksonville Beach, Tel. 249-5240, Südstaatenküche mit mächtigen Portionen, tägl., moderat

Cummer Gallery of Art, 829 Riverside Ave., Tel. 356-6857, Di–Sa 10–17, Di und Do auch 17–21, Sa 12–17 Uhr, Gemäldesammlung

Fort Caroline National Memorial,
12713 Fort Caroline Rd., Tel. 641-7155, tägl.
9–17 Uhr, rekonstruiertes französisches
Kolonialfort
Kingsley Plantation, nahe der A1A, St.
George Island, Tel. 251-3537, tägl. 9–17
Uhr, ehemalige Plantage
Museum of Science and History, 1025
Museum Circle, Tel. 396-7061, Mo–Fr
10–17, Sa bis 18, So 13–18 Uhr, Ausstel-
lung und Experimente zu Naturwissen-
schaft

 Florida Theatre, Tel. 354-5547, üp-
piges Dekor aus dem Jahre 1927,
wechselnde Darbietungen
Club Carrousel, 8550 Arlington Express-
way (Hwy 115), Do–Mo, High-Tech-Disko-
thek

 **Lange, feste Sandstrände** am At-
lantik

Flugverbindungen: Der Jacksonville International Airport wird von
den großen US-Airlines bedient

Zugverbindungen: Amtrak Station, 3570
Clifford Lane, Tel. 800-872-7245, Verbindungen nach Miami, New York, Los Angeles

Jamestown (VA)

Lage: G7
Vorwahl: 757
Einwohner: 50

 **Jamestown Island National Hi-
storic Park,** Colonial Pkwy, Visitor
Center, Tel. 229-1733, www.nps.gov/
jame/index.htm, tägl. 9–17 Uhr, rekonstruierte erste britische Siedlung
Jamestown Settlement, Rte 31, nahe
dem Colonial Pkwy, Tel. 229-1607, tägl. 9–17
Uhr, Living History Museum

Jekyll Island (GA)

s. Golden Isles S. 285

Johnson City (TN)

Lage: E6
Vorwahl: 423
Einwohner: 49 500

Chamber of Commerce, 603 E.
Market St., P.O. Box 180, TN 37605,
Tel. 461-8000, www.johnsoncitytn.com

The Jam N'Jelly Inn, 1310 Indian
Ridge Rd., Tel. 929-0039, www.
jamnjellyinn.com, gemütliche Bed and
Breakfast-Unterkunft in einem Blockhaus,
moderat/teuer

The House of Ribs, 3100 Kingsport Hwy, Tel. 282-8077, nichts für
Vegetarier, So geschl., günstig/moderat

 **David Crocket Birthplace State
Historical Area,** Limestone, Hwy
11, 13 Meilen südwestl., Tel. 257-2167,
wechselnde Öffnungszeiten, mit Museum
Jonesborough, 10 Meilen südl., Tel. 753-
1010, älteste Ortschaft in Tennessee
Rocky Mount, 4 Meilen nordöstl., 200
Hyder Hill Rd., nahe der US 11 E, Piney
Flats, Blockhaus als Living Museum, von
1790 bis 1792 Regierungssitz von Tennessee

**Bundeswettstreit der Geschich-
tenerzähler,** Okt. in Jonesboro

Kenly (NC)

Lage: G6
Vorwahl: 919
Einwohner: 400

Tobacco Farm Life Museum, US
301, 1,5 Meilen von der I-95 (Exit
107), Tel. 284-3431, www.tobmuseum.
bbnp.com, Mo–Sa 9.30–17, So ab 14 Uhr,
alles über den Tabakanbau und dessen
Verarbeitung in North Carolina

Knoxville (TN)

Lage: E6
Vorwahl: 865
Einwohner: 165 000

Visitors Bureau, 810 Clinch Ave., TN 37902, Tel. 523-2316, www. knoxville.org

Maple Grove Inn, 8800 Westland Dr., Tel. 690-9565, Fax 690-9385, restaurierte Villa aus dem Jahre 1799 am Ortsrand, Tennis, Pool, Whirlpool, teuer/Luxus
Campus Days Inn, 1706 Cumberland Ave., Tel. 521-5000, www.dayinn.com, in der Nähe der Universität, moderat

Riverside Tavern, 950 Volunteer Landing, Tel. 637-0303, tägl. Gegrilltes und knusprige Holzofenpizza schmeckt in dem lichten Restaurant am Fluß am besten, moderat/teuer
Crescent Moon Café, 705 Market St., Tel. 637-9700, Sa, So geschl., Frühstück und Lunch-Delikatessen, günstig

Governor William Blount Mansion, Gay St./W. Hill Ave., Tel. 525-2375, März–Okt. Di–Sa 9.30–17, So ab 12.30, Rest des Jahres Di–Fr 9.30–17 Uhr, rekonstruierter Wohnsitz des ersten Gouverneurs von Tennessee
Museum of Appalachia, bei Norris, 18 Meilen nördl., SR 61, Tel. 494-7680, tägl. von 8 Uhr bis zum Sonnenuntergang, Museumsdorf

Tennessee Fall Homecoming, Museum of Appalachia, Norris, Okt.

Lafayette (LA)

Lage: A3
Vorwahl: 337
Einwohner: 95 000

Lafayette Convention and Visitors Bureau, 1400 N.W.Evangéline Thruway (nördl. Ortseingang), LA 70505, Tel. 232-3737, Fax 232-0161, www. lafayettetravel.com

Alida's, 2631 S.E. Evangéline Thruway, am südl. Rand von Lafayette, Tel. 264-1191, Fax 264-6915, www.alidas. com, gemütliches altmodisches Bed and Breakfast Inn, Cocktails am Nachmittag, moderat
Best Western Hotel Acadiana, 1801 W. Pinhook Rd., Tel. 233-8120, Fax 234-9667, www.bestwestern.com, zentral, modern, moderat

Camping:
KOA Lafayette, 537 Apollo Rd., Tel. 235-2739, Scott, 5 Meilen westl. von Lafayette

Evangéline Seafood and Steakhouse, Hwy 90 E. (2633 S.E. Evangéline Thruway), Tel. 233-2658, besonders gut schmecken die Seafood-Spezialitäten nach Cajun-Art, tägl., moderat
Prudhomme's Cajun Café, 4676 N.E. Evangéline Thruway, Tel. 896-7964, köstliche Gerichte, zubereitet von Enola, der Schwester des Prominentenkochs Prudhomme aus New Orleans, Mo geschl., moderat

Acadian Village, Ridge Rd., Tel. 981-2364, tägl. 10–17 Uhr, Museumsdorf zur Geschichte der Cajun
Jean Lafitte Acadian Cultural Center, 501 Fischer Rd., Tel. 232-0789, tägl. 8–17 Uhr, Kulturgeschichte der Cajun
Vermillionville, 1600 Surrey St., Tel. 233-4077, tägl. 10–17 Uhr, Kultur und Lebensweise der Cajun

Lafayette Mardi Gras, Tel. 232-3808, mit Sonderveranstaltungen in beiden Museumsdörfern, dem Acadian Village Courir du Mardi Gras, Tel. 981-2364, und dem Vermillionville Courir du Mardi Gras, Tel. 233-4077
Festival International de Louisiane, Mitte Mai, Tel. 232-8086
Zydeco Extravaganza, letztes Wochenende im Mai, Tel. 234-9695
Festivals Acadiens, drittes Wochenende im Sept., Tel. 232-3808

Acadian Village Cajun Heritage and Music Festival, zweites Wochenende im Okt., Tel. 984-6110
El Sido's Zydeco Dance Hall, 1523 Martin Luther King Dr., Tel. 235-0647, bei Sido's wird Fr und Sa zum Tanz aufgespielt
Hamilton's, 1808 Verot School Rd., Tel. 984-5583 (privat), Zydeco-Tanzhalle mit Live-Musik an den meisten Wochenenden
Prejean's, 3480 Rte 167, nahe der I-49, im Norden von Lafayette nahe der Pferderennbahn, Tel. 896-3247, Cajun-Fischrestaurant mit abendlicher Tanzmusik, tägl.
Grant Street Dancehall, 1113 W. Grant St., Tel. 237-8513, bei Einheimischen und Besuchern gleichermaßen beliebter Tanzklub mit Cajun-, Zydeco-Musik, Rock und Rhythm and Blues Bands

 McGee's Atchafalaya Basin Swamp Tours, McGee's Landing, Levee Rd., Henderson, Tel. 228-2384 oder 228-7555

Lake Charles (LA)

Lage: A4
Vorwahl: 337
Einwohner: 71 000

 Southwest Louisiana Convention and Visitors Bureau, 1211 N. Lakeshore Dr., LA 70601, Tel. 436-9588, www.visitlakecharles.org

Chateau Charles Hotel, 2900 US 90 W., Tel. 882-6130, Fax 882-6601, einfaches, großes Hotel mit schmiedeeisernen Balkonbrüstungen, Pool, angeschlossenes Restaurant, moderat

Café Margaux, 765 Bayou Pines E., Tel. 433-2902, elegantes kreolisches Restaurant (Kravatte!) mit gutem Weinkeller, So geschl., günstig/moderat

Imperial Calasieu Museum, 204 W. Salier St., Tel. 439-3797, Di–Fr 10–17, Sa–So ab 13 Uhr, gut bestücktes Regionalmuseum zur Geschichte des Südwestens von Louisiana

 Grand Casino Coushatta, US 165, nördl. der I-10, Tel. 800-584-7263, in der Reservation der Coushatta-Indianer
Cajun Music and Food Festival, Tel. 527-0317, drittes Wochenende im Juli

Land Between the Lakes (TN/KY)

Lage: C6/7
Vorwahl: 270

 Golden Pond Visitor Center, 100 Van Morgan Dr., Golden Pond, KY 42211, Tel. 924-2000, tägl. 9–17 Uhr, www.lbl.org

Fort Donelson National Battlefield, an der US 79, südl. des Naturschutzgebietes, Tel. 931-232-5706, Visitor Center tägl. 8–16.30 Uhr, Ausstellung zur Bürgerkriegsschlacht
The Homeplace – 1850, Mo–Sa 9–17, So ab 10 Uhr, Pionierblockhütte mit Ausstellung zum Landleben im 19. Jh.
Nature Station, an der Mulberry Flat Rd., Informationen über ökologische Zusammenhänge im Naturschutzpark, kein Tel., April–Okt. Mo–Sa 9–17, So ab 10 , Rest des Jahres Mi–Sa 9–17, So ab 10 Uhr

Leesburg (VA)

Lage: G8
Vorwahl: 703
Einwohner: 16 500

Loudon Tourism Council, 108 D South St., VA 22075, Tel. 771-2170, www.visitloudon.com

Morven Park, Tel. 777-2414, mit Museum of Hounds and Hunting sowie Kutschensammlung, Anfang April –Nov., Di–Fr 12–17, Sa–So 10–17 Uhr
Waterford Village, CR 662 in Waterford, Tel. 540-882-3018, Quäkersiedlung aus dem 19. Jh.

 Loudoun Hunt Pony Horse Trials, Pferdeschau, Dressur- und

Springwettbewerbe, Morven Park, Ende
März
Wine Festival, Morven Park, Mitte Juli

Lexington (VA)

Lage: F7
Vorwahl: 540
Einwohner: 7000

Lexington Visitor Center,
106 E. Washington St., VA 24450,
Tel. 463-3777, Fax 463-1105, www.
lexingtonvirginia.com

Maple Hall, 3111 N. Lee Hwy, Tel.
463-6693, Fax 463-7262, repräsentatives Country Inn in einer ehemaligen
Plantagenvilla mit herrlichem Garten,
moderat
Comfort Inn Virginia Horse Center, I-
64/US 11, Tel. 463-7311, Fax 463-4590,
www.comfortinn.com, kleiner Pool, moderat

Wilson-Walker-House, 30 N. Main
St., Tel. 463-3020, exzellente regionale Küche sowie Fisch- und Krebsge-
richte, So/Mo geschl., moderat–Luxus
The Palms, 101 W. Nelson St., Tel. 463-
7911, liebevoll zubereitete Speisen in einer
viktorianischen Eisdiele, tägl., günstig/
moderat

Lee Chapel and Museum, Was-
hington and Lee University, Letcher
Ave., Tel. 463-8768, Mitte Okt.–Mitte April
Mo–Sa 9–16, Mitte April–Mitte Okt. Mo–Sa
9–17, So 14–17 Uhr, Begräbniskirche von
Robert E. Lee
Virginia Horse Center, VA 39, nahe der
I-64, Tel. 463-7060, Trainings- und Zucht-
zentrum für Reit-, Spring- und Rennpferde
Virginia Military Institute Museum,
Jackson Memorial Hall, Tel. 464-7232,
Mo–Sa 9–17, So 14–17 Uhr, Ruhmeshalle
der Absolventen der Militärakademie

Artists in Cahoots, im Alexander
Witherow House, 1 Washington Sq.,
Tel. 464-1147, Künstler-Kooperative

Theater at Lime Kiln, Borden Rd.,
nahe der US 60 W., Tel. 463-3074,
beliebtes Sommer-Freilufttheater mit eige-
nem Repertoire und Gastspielen auswärti-
ger Theatergruppen
Horse Festival, April im Virginia Horse
Center

Little Rock (AR)

Lage: A6
Vorwahl: 501
Einwohner: 176 000

Convention & Visitors Bureau,
100 W. Markham St., AR 72203, Tel.
376-4781, www.littlerock.com/main.htm

The Capital Hotel, 111 W. Markham St., Tel. 374-7474, Fax 370-
7091, elegantes Stadthotel in einem viktorianischen Gebäude, moderat/teuer
Hilton Inn Riverfront, 2 Riverfront Pl.,
Tel. 371-9000, Fax 907-4897, www.hilton.
com, moderne Anlage am Arkansas River,
günstig

Josephine's Library, 3 Statehouse
Plaza, im Excelsior Hotel, Tel.
375-5000, phantasievolle amerikanische
Gerichte mit regionalen Zutaten, So/Mo
geschl., teuer/Luxus
Faded Rose, 400 N. Bowman Rd., Tel.
224-3377, Steak und Fisch mit kreolischem
Touch, Cocktailbar, moderat

**Central High Museum and Visi-
tor Center,** 2125 W. 14th St., Tel.
374-1957, Mo–Sa 10–16 Uhr, Ausstellung
zur Geschichte der High School und der
Auseinandersetzungen um Bürgerrechte in
den 50er Jahren
Old State House, W. Markham/Center
Sts, Tel. 324-9685, Mo–Sa 9–17, So ab 13
Uhr, ehemaliger Parlamentssitz von Arkan-
sas aus dem Jahre 1842
State Capitol, W. Capitol Ave., Tel. 682-
5080, Mo–Fr 8–17, Sa–So 10–16 Uhr
Villa Marre, 1321 Scott St., Tel. 374-9979,
Mo–Fr 9–13, So 13–17 Uhr, viktorianische
Stadtvilla von 1881

Riverfest, Theater, Musik, Kunstausstellung, Essen und Trinken, Sportveranstaltungen, Memorial Day-Wochenende (letzter Montag im Mai)

Luray (VA)

Lage: G3
Vorwahl: 540
Einwohner: 4600

 Luray Caverns, US 211 Bypass, Tel. 743-6551, www.luraypage.com, 15. 6.–Anfang Sept. tägl. 9–19, 15. 3.–14. 6., Anfang Sept.–Ende Okt. bis 18, Rest des Jahres Mo–Fr 9–16, Sa, So 9–17 Uhr, größte der vielen Tropfsteinhöhlen in Virginia

Lynchburg (TN)

Lage: D6
Vorwahl: 931
Einwohner: 700

 Lynchburg – Moore County Chamber of Commerce, P.O. Box 421, TN 37352, Tel. 759-4111, www. lynchburgtn.com,

 Miss Mary Bobo's Boarding House, Main St./Town Sq., Tel. 759-7394, nur Lunch, Anmeldung mindestens 14 Tage im voraus

 Jack Daniel's Distillery, nordöstl. an der SR 55, Tel. 759-6180, Führungen tägl. 8–16 Uhr, weltberühmte Whiskey-Destille

Lynchburg (VA)

Lage: F7
Vorwahl: 804
Einwohner: 66 000

 Visitor Information Center, 216 12th/Church Sts, VA 24504,

Tel. 847-1811, Fax 804-522-9592, www. lynchburgchamber.org

 Appomattox Court House National Historical Park, VA 24, 22 Meilen östl. von Lynchburg, Tel. 352-8987, tägl. 9–17 Uhr, hier kapitulierten die Südstaaten gegenüber den Truppen der Union
Booker T. Washington National Monument, Hardy, VA 122, südl. von Lynchburg, Tel. 540-721-2094, tägl. 9–17 Uhr, ehemalige Farm, auf welcher der spätere Bürgerrechtler noch als Sklave lebte
Poplar Forest, CR 661, südl. von Lynchburg, Tel. 525-1608, April–Nov. 10–16 Uhr, Landsitz von Thomas Jefferson, von ihm selbst entworfen

Macon (GA)

Lage: E5
Vorwahl: 478
Einwohner: 107 000

 Macon-Bibb County Visitors Bureau, 200 Cherry St., P.O. Box 6354, GA 31208, Tel. 743-3401, www.maconga. org

 1842 Inn, 353 College St., Tel./Fax 741-1842, www.1842inn.com, elegante Bed and Breakfast-Herberge in einer Stadtvilla, teuer

 Georgia Music Hall of Fame, 200 Martin Luther King Blvd., Tel. 750-8555, Mo–Sa 9–17, So ab 13 Uhr, Ruhmeshalle für Musiker aus Georgia
Harriett Tubman Museum, 340 Walnut St., Tel. 743-8544, Mo–Fr 10–17, Sa ab 14 Uhr, Ausstellung zur afro-amerikanischen Kultur
Ocmulgee National Monument, 1207 Emery Hwy, US 80 alt 129, Tel. 752-8257, tägl. 9–17 Uhr, indianische Siedlungs- und Kulturstätte

 Kirschblütenfest, die ganze Stadt feiert mit, im März

Madison (GA)

Lage: E5
Vorwahl: 706
Einwohner: 3500

 Chamber of Commerce, 115 E. Jefferson St., GA 30650, Tel. 342-4454, www.madisonga.org

 **Old Colonial Restaurant,** 108 E. Washington Square, Tel. 342-2211, Südstaaten-Hausmannskost in einem ehemaligen Bankgebäude, So geschl., günstig

 Madison Tours, Tel. 342-4454, Besichtigung privater Villen aus dem 19. Jh. an einigen Wochenenden im Mai und im Dez.

Manassas (VA)

Lage: G7
Vorwahl: 703
Einwohner: 28 000

 Prince William County/Manassas Visitors Bureau, 4349 Ridgewood Center Dr., Woodbridge, VA 22192, Tel. 361-6599

 Manassas National Battlefield Park, Tel. 361-1339, www.nps.gov/mana/index.htm, tägl. 8.30 Uhr bis zum Sonnenuntergang, Visitor Center, SR 234, zwischen I-66 und US 29, 15. 6.–Anfang Sept. 8.30–18, Rest des Jahres bis 17 Uhr, Bürgerkriegsschlachtfeld

Manchester (TN)

Lage: D6
Vorwahl: 931
Einwohner: 6000

 Old Stone Fort State Archaeological Area, 4 Meilen nördl., an der US 41, Tel. 931-723-5073, www.state.tn.us/environment/parks/stoneft/index.html, tägl. von 8 Uhr bis zum Sonnenuntergang, Museum tägl. 8–16.30 Uhr, indianische Kultstätte

Marianna (FL)

Lage: D4
Vorwahl: 850
Einwohner: 6300

 Florida Caverns State Park, FL 166, nördl. von Marianna, Tel. 482-9598, www8.myflorida.com/communities/learn/stateparks/district1/floridacaverns/, tägl. 9–17 Uhr, Kalksteinhöhle

Memphis (TN)

Lage: B6
Vorwahl: 901
Einwohner: 615 000

 Memphis Convention & Visitors Bureau, 47 Union Ave., TN 38103, Tel. 543-5314, Fax 543-5350, www.memphistravel.com

 The Peabody, 149 Union Ave., Tel. 529-4000, Fax 529-3600, www.peabodymemphis.com, der tägliche Entenmarsch durch die Lobby ist mindestens so bekannt wie der Luxus des Hotels, teuer/Luxus
Elvis Presley's Heartbreak Hotel, 3677 Elvis Presley Blvd., Tel. 332-1000, glsales@elvis.com, Themenhotel vis-á-vis von Graceland für Elvis-Fans ein Muss, moderat
Lowenstein-Long House, 217 N. Waldron Blvd., Tel. 527-7174, einfache Eleganz in einer burgähnlichen viktorianischen Villa, günstig

 **Butcher Shop,** 101 S. Front St., Tel. 521-0856, legeres Steak House mit oft langen Warteschlangen und riesigem Grill, an dem jeder sein Steak selbst zubereiten darf, tägl., moderat/teuer
Automatic Slim's Tonga Club, 83 S. 2nd St., Tel. 526-1966, beschwingter Mix aus Südstaaten- und karibischer Küche, So geschl., moderat

Blues City Café, 138 Beale St., Tel. 526-3637, City-Diner mit großer Auswahl an Steaks, Hamburger und Tamales, tägl., günstig/moderat

 Center for Southern Folklore, 130 Beale St., Tel. 525-3655, Laden und Ausstellung zur Musik des Südens
Chuccalissa Indian Village, Mitchell Rd., beim Fuller State Park, Tel. 785-3160, Di–Sa 9–16.30 Uhr, indianische Siedlungsstätte
Graceland, 3734 Elvis Presley Blvd., Tel. 332-3322, Ende Mai–Anfang Sept. tägl. 8–18, Rest des Jahres 9–17 Uhr, ehemaliges Wohnhaus des »King of Rock n' Roll«
Mud Island, Tel. 576-7241, Ende Mai–Anfang Sept., tägl. 10–19 Uhr, Anfang April –Ende Okt. Di–So 10–16 Uhr, Museen und Ausstellungen zum Mississippi
National Civil Rights Museum, 450 Mulberry St., Tel. 521-9699, Juni bis Aug. Mo, Mi–Sa 10–18, So ab 13, Rest des Jahres Mo, Mi–Sa 10–17, So ab 13 Uhr, Geschichte der Bürgerrechtsbewegung im ehemaligen Lorraine Hotel, in dem Martin Luther King jr. erschossen wurde
Pink Palace Museum, 3050 Central Ave., Tel. 320-6320, Ende Mai–Anfang Sept. Mo–Sa 9–17, So ab 12, Do bis 20, Sa bis 21, Rest des Jahres Mo–Sa 9–16, So 12–17, Do bis 20, Fr/Sa bis 21 Uhr, Natur und Regionalgeschichte
The Pyramid, 1 Auction Ave., Tel. 521-9675, Führungen Mai–Anfang Sept. Mo–Sa 10–16, So ab 12, Rest des Jahres, tägl. 12, 13, 14 Uhr, Zentrum für Sport- und Kulturveranstaltungen
Sun Studio, 706 Union Ave., Tel. 521-0664, Führungen Juni-Anfang Sept. tägl. 9–19, Rest des Jahres 10–18 Uhr, Plattenstudio berühmter Musiker

 B.B. King's Blues Club, 147 Beale St., Tel. 524-5464, Live-Blues mit guten Gruppen
Alfred's on Beale, 197 Beale St., Tel. 525-3711, Live-Rock und Diskothek

 Mid South Music & Heritage Festival, Juli, Kultur des Mississippi-Delta

Memphis Blues Festival, Aug.
Elvis Week, um den Todestag des ›King‹ am 16. 8., daher auch *Death Week* genannt

 Flugverbindungen: Memphis International Airport, Tel. 544-3495, wird von den großen amerikanischen sowie von der KLM direkt von Amsterdam angeflogen, Taxifahrt nach Downtown ca. 20 $
Zugverbindungen: Amtrak Station, 545 S. Main St., Tel. 526-0052, Verbindungen mit Chicago und New Orleans
Busverbindungen: Die Greyhound Busstation befindet sich an der 203 Union Ave., Tel. 523-1184

Meridian (MS)

Lage: C4
Vorwahl: 601
Einwohner: 41 000

 Dentzel Carrousel, Highland Park, 41st St., Tel. 485-1987, Ende Mai–Anfang Sept. tägl. 13–18, Rest des Jahres Sa–So 13–17 Uhr, kunstvolles Karussell mit geschnitzten Pferden aus dem 19. Jh.
Jimmy Rodgers Memorial and Museum, I-20, Exit 153, Tel. 485-1808, Erinnerung an den berühmten Country Star und früheren Bremser auf Güterzügen ›The Singing Brakeman‹

Mobile (AL)

Lage: C4
Vorwahl: 334
Einwohner: 197 000

 Fort Condé Visitor Center, 150 S. Royale St., LA 36602, Tel. 434-7304, Fax 434-7659, www.mobile.org

Radisson Admiral Semmes Hotel, 251 Government St., Tel. 432-8000, Fax 405-5942, www.radisson.com/mobileal, moderner Service in einem traditionellen Grandhotel, teuer/Luxus

Malaga Inn, 359 Church St., Tel./Fax 438-4701, romantische Herberge in zwei historischen Stadtvillen, moderat

Camping:
KOA Mobile N./River Delta, Dead Lake Rd., nahe der I-65, Tel. 675-0320

 The Pillars, 1757 Government St., Tel. 478-6341, liebevoll zubereitete Speisen im historischen Ambiente, So geschl., moderat/teuer
King Neptune's Seafood Restaurant, AL 59 S., Gulf Shores, Tel. 968-5464, beliebtes Fischrestaurant an der Küste, tägl., günstig/moderat

 Bellingrath Gardens and Home, 12401 Bellingrath Rd., 20 Meilen südl., Tel. 973-2217, tägl. von 8 Uhr bis zum Sonnenuntergang, Hausbesichtigung ab 9 Uhr, Gartenanlage mit ganzjähriger Blumenpracht
Exploreum Science Museum, 1906 Springhill Ave., Tel. 471-5923, Di–Sa 9–17 Uhr, experimentelles Wissenschaftsmuseum für Jugendliche
Fort Condé, 150 S. Royal St., Tel. 434-7304, tägl. 8–17 Uhr
Fort Morgan, 51 Hwy, 180 W., Mobile Point, Tel. 540-7125, Mo–Fr 8–17, Sa/So 9–17 Uhr, ehemaliges Küstenfort
Richard's DAR House, 256 N. Joachim St., Tel. 434-7320, Di–Sa 10–16, So ab 13 Uhr, Stadthaus von 1860 mit dekorativen schmiedeeisernen Dekorationen
»USS Alabama« Battleship Memorial Park, 2703 Battleship Pkwy, Tel. 433-2703, tägl. 8.30–18.30 Uhr, Schlachtschiff im Ruhestand

 Saenger Theatre, 6 S. Joachim St., Tel. 433-2087, ehemaliger Art déco-Kinopalast mit 2000 Sitzen, heute Konzert- und Veranstaltungszentrum
Verschiedene Nachtklubs und Diskotheken liegen im ehemaligen Gewerbegebiet entlang der Dauphin St., z. B. das Haley's, 278 Dauphin St., Tel. 433-4970, oder das Monsoon's, 210 Dauphin St., Tel. 433-3500

Mardi Gras, großes Karnevalsfest, Ende Feb.
Bayou la Batre, 25 Meilen südwestl., Einsegnung der Krabbenflotte, Anfang Mai

Gulf State Park, 4 km feiner weißer Sand

Montgomery (AL)

Lage: D4
Vorwahl: 334
Einwohner: 188 000

Montgomery Visitor Center, 401 Madison Ave., AL 36101, Tel. 262-0013, Fax 240-9290, www.montgomerychamber.com

Embassy Suites, 300 Tallapoosa St., Tel. 269-5055, Fax 269-0360, www.embassy-suites.com, modernes Hotelhochhaus mit spektakulärer Lobby, Luxus
Red Bluff Bed & Breakfast, 551 Clay St., Tel. 264-0056, Fax 263-3054, zentral, gemütlich, altmodisch , günstig

Sahara, 511 E. Edgemont Ave., Tel. 262-1215, traditionelles Südstaatenrestaurant, So geschl., moderat
Sassafras Tearoom, 532 Clay St., Tel. 265-7277, leichte, leckere Gerichte in angenehmer Umgebung, tägl., günstig/moderat

Alabama State Capitol, Capitol (Goat) Hill, Tel. 242-3935, Mo–Sa 9–16 Uhr
Civil Rights Memorial, 400 Washington Ave., öffentlicher Platz zur Bürgerrechtsbewegung
First White House of the Confederacy, 644 Washington Ave., Tel. 242-1861, Führungen Mo–Fr 8–16.30, Sa/So 9–16 Uhr, Wohnsitz von Jefferson Davis nach seiner Vereidigung als Präsident der Südstaaten
Old Alabama Town, 310 N. Hull St., Tel. 240-4500, Mo–Sa 10–15, So 13–15.30 Uhr, Ensemble von Pioniergebäuden
Rosa Parks Museum, 151 Montgomery St., Tel. 241-8615, Mo–Fr 9–17, Sa 9–15

Uhr, das mit vielen Exponaten zur Bürgerrechtsbewegung ausgestattete Museum in der Universitätsbibliothek ehrt Rosa Parks

 Jubilee City Fest, Tel. 240-9285, Kulturfestival, Memorial Day-Wochenende (letzter Mo im Mai)
Alabama Shakespeare Festival, State Theatre, Woodmere Rd., Tel. 271-5353, renommierte Sprechbühnen, Saison Mitte Nov.–Ende Aug.

Moundville (AL)

Lage: C5
Vorwahl: 205
Einwohner: 1300

 Archeological Park, US 69, 14 Meilen südl. von Tuscaloosa, Tel. 371-2572, Anlage tägl. 9–17, Park tägl. 8–20 Uhr, indianische Siedlungs- und Kultstätte, www.ua.edu/academic/museums/moundsville/home.html

Mountain View (AR)

Lage: B6
Vorwahl: 870
Einwohner: 2400

 www.mountainviewcc.org

 Blanchard Springs Caverns, SR 14, 15 Meilen nördl., Tel. 757-2211, Ende Mai bis Anfang Sept. tägl. 9–16, Rest des Jahres Mi–So 10–16.30 Uhr, Tropfsteinhöhle
Ozark Folk Center, SR 382, April–Okt., Tel. 269-3851, tägl. 10–17, Musikveranstaltungen Mo–Sa 19.30 Uhr, Kunsthandwerk und Musik der Region

Mulfreesboro (AR)

Lage: A5
Vorwahl: 870
Einwohner: 1500

 Crater of Diamonds State Park, SR 301, 2 Meilen südöstl., Tel. 285-3113, Ende Mai–Anfang Sept. 8–20, Rest des Jahres bis 17 Uhr, ehemalige Diamantenmine, in der man schürfen kann

Myrtle Beach (SC)

Lage: G5
Vorwahl: 843
Einwohner: 25 000

Chamber of Commerce, 1200 N. Oak St., SC 29578, Tel. 626-7444, Fax 626-0009, www.mbchamber.com

The Breakers, 2006 N Ocean Blvd., Tel. 626-5000, Fax 626-5001, www.breakers.com, Zimmer und Apartments in hoch aufragenden Wohntürmen, seit vielen Jahren beliebt bei Familien mit Kindern. Unterhaltungsprogramm, mehrere Restaurants und Pools, günstig–teuer
St. John's Inn, 6803 N. Ocean Blvd., Tel. 449-5251, Fax 449-3306, www.stjohnsinn.com, nette zweistöckige Herberge in gepflegter Gartenanlage vi-´s-vis vom breiten Strand und nördlich des geschäftigen Zentrums, moderat

Camping:
KOA Myrtle Beach, Hwy Bus 17/5th Ave. S., Tel. 448-3421

Nicks and 61st, 503 61st Ave/US 17, Tel. 449-1716, sorgfältig zubereitete phantasievolle Speisen, zuvorkommender Service, So geschl., moderat
Sea Captain's House, 3000 N. Ocean Blvd., Tel. 448-8082, mit guten Fisch- und Krebsgerichten, tägl., moderat

Brookgreen Gardens, 14 Meilen südl., US 17, Tel. 237-4218, tägl. 9.30–16.45 Uhr, Skulpturensammlung in einer ehemaligen Reisplantage

2001 VIP Entertainment, 920 Lake Arrowhead Rd., Tel. 449-9434, Piano Bar, Sing-Along, Diskothek, Beach Club unter einem Dach

Die Fete dauert den ganzen Sommer: **Harley Davidson Motorcycle Rally,** Tel. 626-7444, Mitte Mai, Meeting mehrerer Tausend Motorradfahrer, Fahrwettbewerbe, Konzerte und reichlich Bier

Sun Fun Festival, Anfang Juni, Tel. 626-7444, Sportwettbewerbe am Strand, Wahl der Miss Sun Fun, Konzerte

Treasures by the Sea, Tel. 626-7444, Anfang Nov., Dekoration der Strandpromenade mit nautischen Figuren und Lichterketten, Musikveranstaltungen

 Meilenlanger »Grand Strand« im Norden und Süden weniger bepackt

Nashville (TN)

Lage: D6
Vorwahl: 615
Einwohner: 490 000

 Nashville Conventions & Visitors Bureau, 161 4th Ave., TN 37219, Tel. 259-4700, Fax 244-6278, www.nashvillecvb.com

Music Valley Information & Ticket Center, 2401 Music Valley Dr., TN 37214, Tel. 871-4005

 Opryland Hotel, 2800 Opryland Dr., Tel. 889-1000, Fax 871-5728, www.oprylandhotelnashville.com, riesiges Hotel mit viktorianischem Dekor, Garten- und Pool-Anlagen unter einer Glaskuppel, Luxus

Shoney's Inn on Music Row, 1521 Demonbreun St., Tel. 255-9977, Fax 242-6127, www.shoneysinn.com, zentral, günstig/moderat

B & B on 2nd Ave, 1220 2nd Ave., Tel. 255-2411, gemütliches Haus mit netter Veranda, inkl. Frühstück, günstig/moderat

Camping:
Music City Campground, 3 Meilen südl., an der US 40/70, Tel. 793-6245

 Wild Boar, 2014 Broadway, Tel. 329-1313, schmackhafte Wild- und Fischgerichte, exorbitante Weinkarte, tägl., teuer

Loveless, 8400 Hwy.100, Tel. 646-9700, Country Cooking im Südstaatenstil, leckere Marmeladen zum Kaufen, tgl., moderat/teuer

Sunset Grille, 2001 A Becourt Ave., Tel. 386-3663, gutes Essen in postmodernem Ambiente, tägl., moderat

 Country Music Hall of Fame, Fifth Ave. S./Demonbrenn St., Tel. 416-2001, www.country.org, tägl. 10–18, Do bis 22 Uhr, Ruhmeshalle der Country-Stars

Cumberland Science Museum, 800 Fort Negley Blvd., Tel. 862-5160, Ende Mai–Anfang Sept. Mo–Sa 9.30–17, So 10.30–17.30, Rest des Jahres Di–Sa 9.30–17, So 12.30–17.30 Uhr, hervorragendes Wissenschaftsmuseum mit vielen Experimentiermöglichkeiten

Fort Nashborough, zwischen Broadway und Church St. am Cumberland River, Tel. 862-8424, Mo–Fr 8.30–16.30 Uhr, erste befestigte Siedlung

Hermitage, 11 Meilen östl., 4580 Rachel's Lane, Goodlettsville, Tel. 889-2941, Führungen tägl. 9–17 Uhr, ehemaliger Landsitz von Präsident Andrew Jackson

Parthenon, Centennial Park, Tel. 862-8431, April–Sept. Di–Sa 9–16.30, So ab 12.30, Rest des Jahres Di–Sa 9–16.30 Uhr, Kunstmuseum, Nachbau des griechischen Tempels

Ryman Auditorium, 116 5th Ave. N., Tel. 254-1445, tägl. 8.30–16 Uhr, Konzertsaal, ehemaliger Standort der Grand Ol' Opry

State Capitol, Charlotte Ave./Capitol Plaza, Tel. 741-2692, tägl. 8–17 Uhr, Sitz des Parlaments von Tennessee

Studio B, 26 Music City Sq. W., Tel. 256-1639, tägl. 9–17 Uhr, Country-Studio, in dem von 1957 bis 1977 viele Stars ihre Platten aufnahmen

 Nashville Cowboy, 118 16th Ave. S., Tel. 242-9497, das komplette Angebot für Country-Kleidung

Opry Mills, 2802 Opryland Dr., riesige Outlet Mall mit vielen Dutzend Geschäften und Country Musik-Programm

Gruhn Guitars, 400 Broadway, Tel. 256-2033, der ultimative Gitarrenladen
Ernest Tubb Record Shops, 417 Broadway, Tel. 255-7503, alle neuesten Country-Hits und goldene Oldies

🍸 **Exit,** 2208 Elliston Pl., Tel. 321-4400, Rock- und Popkonzerte, auch mit bekannten Interpreten
Douglas Corner Café, 2160 A 8th Ave. S., Tel. 298-1688, Live-Gruppen von Country bis Blues
Wildhorse Saloon, 120 2nd Ave. N., Tel. 251-1000, riesiges Musik- und Tanz-etablissement

🎭 **Grand Ol'Opry,** bei Opryland, 9 Meilen nordöstl., Tel. 889-661, zwischen einer und drei Vorstellungen an Wochenendtagen
Dancin' in the Street, Tel. 256-2073, von Mai bis August ausgelassenes Straßenfest jeden Donnerstagabend, mit Konzerten im Riverfront Park
International Country Music Fan Fair, Tel. 889-7503, zweites Wochenende im Juni, größtes Country Music-Festival im Süden

🔄 **Flugverbindungen**: Nashville International Airport, Tel. 275-1600, ca. 12 Meilen östl. des Zentrums, wird von mehreren US-Airlines angeflogen, ein Shuttle Bus kostet ca. 10 $ pro Person, ein Taxi das Doppelte.
Busverbindungen: Greyhound Bus Terminal, 200 8th Ave., Tel. 255-3556
Nashville Trolley Co.: Tel. 862-5950, das Tagesticket kostet 3 $, man kann auf der Route durch die Innenstadt und über die Music Row beliebig zu- und absteigen

Natchez (MS)

Lage: B4
Vorwahl: 601
Einwohner: 20 000

🏢 **Convention & Visitors Bureau,** 442 Main St., MS 39121, Tel. 446-6345, www.natchez.ms.us

Natchez Pilgrimage Tours, Canal St., Box 347, MS 39120, Tel. 446-6631

🏨 **Monmouth Plantation,** 36 Melrose Ave., Tel. 442-5852, Fax 446-7762, www.monmouthplantation.com, Antebellum-Villa aus dem Jahre 1818 mit weitläufigem Garten, Frühstück inkl., teuer
Lady Luck Casino Hotel, 645 S. Canal St., Tel. 445-0605, Fax 442-9823, angeschlossenes Spielkasino am Mississippi (oder umgekehrt), sehr preiswert

🍽 **John Martin's**, 21 Silver St., Under the Hill, Tel. 445-0605, köstliche Fisch- und Wildgerichte, tägl., teuer
Cook of the walk, 200 N. Broadway, Tel. 446-8920, Spezialität: *catfish* mit Blick auf den Mississippi, tägl., moderat/teuer

👁 **Grand Village of the Natchez Indians,** 400 Jefferson Davis Blvd., Tel. 446-6502, Mo–Sa 9–17, So ab 13.30 Uhr, indianische Siedlungsstätte mit rekonstruiertem Dorf
Longwood, 140 Lower Woodville Rd., Tel. 442-5193, Führungen tägl. 9–16.30 Uhr, prächtige Plantagenvilla ivon 1857 im *Greek Revival*-Stil
Rosalie, Canal St./Broadway, Tel. 446-6631, Führungen tägl. 9–16.30 Uhr, großes Pflanzerhaus, 1820 aus Ziegelsteinen gebaut
Stanton Hall, 401 High St., Tel. 446-6631, Führungen tägl. 9–16.30 Uhr
Villa Dunleigh, 84 Homochitto St., Tel. 446-8500, Mo–Sa 9–16.30, So ab 12.30 Uhr

🍸 **Lady Luck Casino,** 70 Silver St., Tel. 445-0605, am Mississippi, angeschlossenes Hotel in der Canal St. s.o.

🎭 **Pilgrimage** (Besichtigung privater Antebellum-Villen), Tel. 446-6631, März, April und Mitte Okt., Antebellum-Villa von 1850

Natchitoches (LA)

Lage: A4
Vorwahl: 318
Einwohner: 17 000

 Natchitoches Tourist Commission, 781 Front St., LA 71458, Tel. 352-8072, www.natitoches.net

Lasyone's Meat Pie Kitchen and Restaurant, 622 2nd St., Tel. 352-3353, leckere Pasteten, Würstchen und Zuckerrohrcremekuchen zum Nachtisch, So geschl, günstig/moderat

Fort St. Jean Baptiste Commemorative Area, 130 Morrow St., Tel. 357-3101, rekonstruiertes französisches Fort und Handelsposten
Louisiana Political Museum and Hall of Fame, 499 E. Main St., Winfield, Tel. 628-5928, Di–Fr 10–16, Sa 10–12 Uhr, Ausstellung zur Geschichte von Louisiana und der drei Gouverneure, die aus Natchitoches stammen
Melrose Plantation, an der CR 493, Tel. 379-0055, tägl. 12–16 Uhr, Plantagenvilla aus dem 18. und 19. Jh.

Natural Bridge (VA)

Lage: F7
Vorwahl: 540

Natural Bridge Inn & Conference Center, Kreuzung US 11/SR 130, VA 24578, Tel. 291-2121, Fax 291-1551, www.naturalbridgeva.com/hotel.html, repräsentatives Hotel mit elegantem Restaurant, günstig/moderat

Camping:
Natural Bridge KOA Kampground, Hwy 11/I-81 (Exit 180/180 B), Tel. 291-2770

 Natural Bridge of Virginia, US 11/SR 130, Tel. 291-2121, www.naturalbridgeva.com, tägl. von 8 Uhr bis zum Sonnenuntergang, mächtige, natürliche Felsenbrücke

New Bern (NC)

Lage: G6
Vorwahl: 252
Einwohner: 17 500

Craven County Convention & Visitors Bureau, 219 Pollock St., New Bern, NC 28560, Tel. 637-9400, www.visitnewbern.com

Harmony House Inn, 215 Pollock St., Tel./Fax 636-3810, www.harmonyhouse.com, Bed and Breakfast-Herberge in einer historischen Villa, moderat/teuer

 Harvey Mansion, 221 Tryon Palace Dr., Tel. 638-3205, elegantes Spitzenrestaurant in einem historischen Gebäude, Mo geschl., teuer

Tryon's Palace, George/Pollock Sts, Tel. 514-4900, Mo–Sa 9–16, So ab 13 Uhr, kolonialer Gouverneurspalast

New Echota State Historic Site (GA)

Lage: D5
Vorwahl: 706
Einwohner: 7100 (Calhoun)

Rte 225, nahe Calhoun, Tel. 624-1321, http://ngeorgia.com/parks/new.html, 1 Meile östl. der I-75 N, Di–Sa 9–17, So 14–17.30 Uhr, Cherokee-Siedlung aus dem 19. Jh.

New Iberia (LA)

Lage: B3
Vorwahl: 32 000
Einwohner: 32 000

 Iberia Parish Tourist Commission, 2704 Hwy 14, LA 70560, Tel. 365-1540, www.iberiaparish.com

 **The Inn at Le Rosier,** 314 E. Main St., Tel. 367-5306, sechs Gästezimmer und ein exzellentes Restaurant, günstig

 Jungle Gardens, Hwy 329, Avery Island, Tel. 369-6243, tägl. 9–17 Uhr, ausgedehnte Parkanlage mit Nistplätzen für Reiher
Konrico Rice Mill, 309 Ann St., Tel. 1-800-551-3245, Führungen Mo–Sa 10, 11, 13, 14, 15 Uhr
Rip Van Winkle Gardens, SR 675/14, 5505 Rip Van Winkle Rd., Tel. 365-3332, tägl. 9–17 Uhr, üppige Blüten- und Pflanzenpracht
Shadows-On-The-Teche, 317 E. Main St., Tel. 369-6446, tägl. 9–16.30 Uhr, Plantagenvilla aus dem Jahre 1834
Tabasco Country Store & Visitor Center, Avery Island, Tel. 365-8173, Mo–Fr 9–16, Sa bis 12 Uhr

 Sugar Cane Festival, letztes Wochenende im Sept., Zuckerrohrvestival
Louisiana Shrimp & Petroleum Festival, Anfang Sept., Morgan City, Tel. 504-384-3343, Krabbenfestival

 Cajun Jack's Swamp Tours, 118 Main St., Patterson, Tel. 504-395-7420, Fahrten auf dem Atchafalaya River

New Market (VA)

Lage: G8
Vorwahl: 540
Einwohner: 1400

 Battlefield Park and Hall of Valor, 8895 George R. Collins Memorial Pkwy, Tel. 740-3102, tägl. 9–17 Uhr, rekonstruiertes Schlachtfeld und ›Ruhmeshalle‹ der Bürgerkriegskämpfer

New Orleans (LA)

Lage: B3
Stadtplan: S. 180
Vorwahl: 504
Einwohner: 498 000

 New Orleans Metropolitan Convention & Visitors Bureau, 1520 Sugar Bowl Dr., LA 70112, Tel. 566-5011, Fax 566-5046
Visitor Center, 529 St. Ann St., Jackson Sq., Tel. 566-5031, tägl. 9–17 Uhr, www.neworleanscvb.com

 Melrose Mansion, 937 Esplanade Ave., Tel. 944-2255, Fax 945-1794, www.melrosemansion.com, elegante, viktorianische Bed and Breakfast-Herberge am Rande des French Quarter, Wein und Cocktails am Nachmittag inkl., Luxus
Monteleone Hotel, 214 Royal St., Tel. 523-3341, Fax 532-1019, www.hotelmonteleone.com, ältestes und renommiertestes Hotel im French Quarter, teuer/Luxus
W French Quarter, 316 Charles St., Tel. 581-1200, Fax 523-2910, www.whotels.com, elegantes Designerhotel, durchgestylt von Klo-Bürste bis zum Stereo-Set, Pool im begrünten Innenhof, teuer
Sun & Moon Bed & Breakfast, 1037 Rampart St., Tel. 529-4652, www.sunandmoonbnb.com, gemütliche Herberge im French Quarter, moderat
Hotel La Salle, 1113 Canal St., Tel. 523-5831, Fax 525-2531, sauber, zentral, günstig/moderat
Jugendherberge:
Marquette House, 22253 Carandelet St., Tel. 523-3014, Fax 529-5933, http://hometown.aol.com/hineworlns/marquettehouse. html, ordentliche Jugendherbgerge im Garden district

Camping:
KOA New Orleans East, 56009 Hwy 433, Tel. 643-3850

 **Bacco,** 310 Chartres St., Tel. 522-2426, köstliche italienisch-kreolische Kreationen, tägl., teuer

Bella Luna, 914 N. Peters St., Tel. 529-1583, tägl., italienisch-kreolische Speisen mit Blick auf den Mississippi, tägl., teuer

K-Paul's Louisiana Kitchen, 416 Chartres St., Tel. 524-7394, scharfe Cajun-Delikatessen, So geschl., teuer

Bayona, 430 Dauphine St., Tel. 525-4455, leichte, wunderbare Küche mit kulinarischen Zitaten aus vielen Kulturen, So geschl., moderat/teuer

Emeril's, 800 Tchoupitoules St., Tel. 528-9393, leichte, delikate kreolisch-kalifornische Gerichte, So geschl., moderat/teuer

Praline Connection, 542 Frenchmen St., Tel. 943-3934, vorzügliche kreolische Spezialitäten, tägl., moderat/teuer

Napoleon Bar, 500 Chartres St., Tel. 524-9752, Bar mit exzellenten Muffuletta- und Po' Boy Sandwiches, So nur bis 19 Uhr, günstig/moderat

Acme's Oyster House, 724 Iberville St., Tel. 522-5973, lebhafte Austernbar ohne vornehme Attitüde, tägl., günstig

Café du Monde, 813 Decatur St./Jackson Sq., Tel. 581-2914, rund um die Uhr Kaffee und Schmalzgebäck, günstig

 Aquarium of the Americas, 1 Canal St., Tel. 581-4629, So–Do 9.30–18, Fr/Sa bis 19 Uhr, Meeres- und Flußlandschaften des amerikanischen Kontinents

Audubon Zoo, 6500 Magazine St., Tel. 581-4629, tägl. 9.30–17 Uhr

Blaine Kern's Mardi Gras World, 223 Newton St., Algiers Point, Tel. 361-7821, tägl. 9.30–16.30 Uhr

Cabildo, 701 Chartres St., Tel. 568-6968, Di–So 10–17 Uhr, ehemaliges Regierungsgebäude der spanischen Kolonialverwaltung

Louisiana Superdome, 1500 Poydras St., Tel. 587-3810, Führungen tägl. 10–16 Uhr, riesiges Veranstaltungszentrum

Mardi Gras World, 233 Newton St., Algiers, Tel. 361-7821, tägl. 9.30–16.30 Uhr. Die besten Karnevalswagen und Kostüme der vergangenen Jahre

National D-Day Museum, 945 Magazine St., Tel. 527-6012, tgl. 9–17 Uhr, Geschichte der Landung der Alliierten 1944 in der Normandie, eindrucksvoll erzählt.

Old US Mint, 400 Esplanade Ave., Tel. 568-6968, Di–So 9–17 Uhr, Museum mit Karnevalskostümen und Festwagen in der ehemaligen Münzpräge

Pharmacy Museum, 514 Chartres St., Tel. 565-8027, Di–Sa 10–17 Uhr, historische Apotheke aus dem Jahre 1823

Presbytère, 751 Chartres St., Tel. 568-6968, Di–So 9–17 Uhr, Museum zur Regionalgeschichte

St. Louis Cathedral, Jackson Sq., Tel. 861-9521, Mo–Sa 9–17, So 13–17 Uhr

Ursulinenkonvent, 1114 Chartres St., Tel. 529-3040, Führungen Di–Fr 10, 11, 13, 14, 15, Sa–So 11.15, 13, 14 Uhr, ehemaliges Klostergebäude

Voodoo Museum, 724 Dumaine St., Tel. 565-8027, tägl. 10–18 Uhr, alles über den Voodoo-Kult

 Joshua Mann Pailet, A Gallery, 322 Royal St., Tel. 668-1313, schöne Originalfotografien und Kunstdrucke

Magazine Street, Antiquitätengeschäfte

Leah's Candy Kitchen, 714 St. Louis St., traumhafte Pralinen

Little Shop of Fantasy, 523 Dumaine St., phantasievolle Masken

Preservation Hall, 726 St. Peter St., Tel. 523-8339, Traditional Jazz vom Feinsten und pur, ohne Essen oder Getränke

House of Blues, 225 Decatur St., Tel. 529-2583, im örtlichen Ableger der Kette von Musiklokalen des ›Blues Brother‹ Dan Aykroyd stehen häufig Stars auf der Bühne

Tipitina's, 501 Napoleon Ave., Tel. 895-8477, Jazz, Rhythm & Blues, Southern Rock live ab 22 Uhr auf der Bühne in ›uptown‹ sowie 233 N. Peters St., Tel. 895-8477, der Ableger im French Quarter zieht mehr Touristen an

Patout's Cajun Cabin, 501 Bourbon St., Tel. 529-4256, Cajun-Musik und gefährliche Drinks

Pat O'Brien's, 718 St Peter St., Tel. 525-4823, Bar, Lounge, Sing-Along mit legendärer Stimmung

Top of the Mart, World Trade Center, 612 St. Louis St., Tel. 522-5333, Drehrestaurant und Piano-Bar mit Weitblick

Flamingo Casino, Riverwalk Marketplace, Tel. 587-5777, nostalgisches River-
boat-Kasino
Harrah's Casino, 4 Canal St., Tel. 533-
6000, Tag und Nacht geöffnet, gigantischer
Spielbetrieb, die Antwort von New Orleans
auf die Legalisierung des Glücksspiels in
Mississippi

 **Sugar Bowl College Football
Match,** Superdome, 1. 1.
Mardi Gras, Feb. größer, ausgelassener
und exzentrischer als sonstwo an der
Küste
French Quarter Festival, Anfang April
Jazz & Heritage Festival, Ende
April/Anfang Mai

 **New Orleans School of Coo-
king,** 620 Decatur St., Tel. 731-6100,
Kurzkurse zur Cajun- und Kreolen-Küche
Save our Cemeteries, Tel. 588-9357,
Führungen über die Friedhöfe
**Jean Lafitte National Park and Lafitte
Preserve's Folklife and Visitor Center,**
419 Decatur St., Tel. 589-2636, Stadtrund-
gänge
Magic Walking Tours, 1015 Iberville St.,
Tel. 593-9693, ›magische Wanderungen‹ zu
Voodoo-Stätten und -Geistern
Natchez, Schaufelraddampfer-Touren auf
dem Mississippi, Tel. 586-8777

Flugverbindungen: Moisant International Airport, 15 Meilen westl.
der Stadt, wird von den großen US-Airlines angeflogen. Airport-Shuttle Bus ca
10 $, öffentlicher Stadtbus ca. 1,50 $
Zugverbindungen: Amtrak Station,
1001 Loyola Ave., Tel. 524-7571, Verbindungen mit Chicago, New York, Washington, Atlanta, Jacksonville, Los Angeles
Busverbindungen: Greyhound Bus Terminal, 1001 Loyola Ave., Tel. 1-800-231-
2222
Mietwagen: am Flughafen und in der
Stadt

Newport News (VA)

s. auch Hampton (S. 286), Norfolk (s. u.),
Portsmouth (S. 311)

Lage: G7
Vorwahl: 757
Einwohner: 170 000

Tourism Development Office,
2400 Washington Ave., VA 23607,
Tel. 928-6843, Fax 926-6901, newport-
news.org

 Mariners Museum, 100 Museum
Dr., Tel. 596-2222, tägl. 10–17 Uhr,
Schiffsmodelle aus vielen Jahrhunderten,
maritime Kleinodien und kompakte Informationen zur Chesapeake Bay

Norfolk (VA)

s. auch Hampton (S. 286), Newport News
(s. o.), Portsmouth (S. 311)

Lage: H7
Vorwahl: 757
Einwohner: 262 000

Convention & Visitors Bureau,
236 E. Main St., VA 23510, Tel. 664-
6620, www.norfolk.va.us

Waterside Marriott, 235 E. Main
St., Tel. 627-4200, Fax 628-6452,
www.marriott.com, eleganter Hotelturm
am Waterside Marketplace, moderat/teuer
EconoLodge, 9601 Fourth View St., Tel.
480-9611, Fax 480-1307, www.econolodge.
com, Zimmer mit Kühlschrank, gegenüber
dem Chesapeake Bay Beach, inkl. Frühstück, günstig/moderat
YMCA, 312 W. Bute St., Tel. 622-6328,
nicht weit vom Chrysler Museum, einfache
Unterkunft, sehr preiswert

La Galleria, 120 College Pl., Tel. 623-
3939, exzellente Küche, italienisches
Ambiente, So geschl., moderat/teuer
Elliot's, 1421 Colley Ave., Tel. 625-0259,
weitläufiges Trend-Lokal mit leckeren und

deftigen Gerichten, tägl., günstig/
moderat

 Chrysler Museum of Art, Olney
Rd./Mowbray Arch, Tel. 622-1211,
Di–Sa 10–16, So 13–17 Uhr, Kunstsammlung mit erlesener Glaskollektion
Nauticus, National Maritime Center,
1 Waterside Dr., Tel. 664-1000, Mai–Sept.
tägl. 10–19, Okt.–April Di–So 10–17 Uhr,
zivile und militärische sowie interaktive
Ausstellung zur Tiefsee

 Harborfest, Hafenspektakel, erstes
Wochenende im Juni

 Carrie B, Tel. 393-4735, Hafen-
kreuzfahrt mit dem Nachbau eines
Mississippi-Schaufelraddampfers, Abfahrt
vom Waterside Pier, April–Okt.

Oak Ridge (TN)

Lage: E6
Vorwahl: 865
Einwohner: 28 000

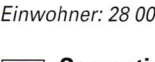 **Convention & Visitors Bureau,**
302 S. Tulane Ave., TN 37830-6726,
Tel. 482-7821, www.visit-or.org

 **American Museum of Science
& Energy,** 300 S. Tulane Ave., Tel.
576-3200, tägl. 9–17 Uhr, Ausstellung zu
Wissenschaft und (Atom-)Energie
Graphite Reactor, 10 Meilen westl. an
der Bethel Valley Rd., Tel. 574-4160 tägl.
9–17 Uhr, ältester Atomreaktor der Welt,
bis 1963 in Betrieb

Ocean Springs (MS)

Lage: C3
Vorwahl: 228
Einwohner: 14 800

 Chamber of Commerce, 1000
Washington Ave., MS 39564, Tel.
875-4424, www.oceanspringschamber.
org

Gulf Islands National Seashore, 3500
Park Rd., MS 39564, Tel. 875-9057

 Jocelyn's, US 90 E., Tel. 875-1925,
Fisch- und Gemüsegerichte, moderat

 W.I. Anderson Museum of Art,
510 Washington Ave., Tel. 872-3164,
Mo–Sa 10–17, So ab 13 Uhr, Gemäldegale-
rie

 **Shearwood Pottery and Show-
room,** 102 Shearwater Dr.,
Tel. 875-7320, Töpferware von Künstlern
der Anderson-Familie

Ocoee (TN)

Lage: D6
Vorwahl: 423

 **Wildwasser-, Kajak- und Floß-
fahrten** in den Sommermonaten
Ocoee Whitewater Center, Rt. 1, Box
285, Hwy 64 W, Copperhill TN 37317, Tel.
496-5197, Fax 496-1515, www.r8web.com/
ocoee
Ocoee Outdoors, 5 Meilen östl. an der
US 64, P.O. Box 72, TN 37361, Tel. 338-
2438
High Country Outfitters, 5 Meilen östl.
an der US 64, Rte 1, Box 538, TN 37361,
Tel. 338-8634

Okeefenokee Swamp (GA)

Lage: E4
Vorwahl: 912
Einwohner: 18 000 (Waycross)

 **Waycross Chamber of Com-
merce,** 200 Lee Ave., GA 31501, Tel.
283-3742

 **Camping:
Stephen C. Foster State Park,**
s. u.
Laura S. Walker State Park, 9 Meilen
nördl. vom Swamp Park, Tel. 287-4900

Okefenokee Swamp Park, SR 177, 13 Meilen südöstl. von Waycross, Tel. 283-0583, http://okefenokee. fws.gov/gendisplay.htm, tägl. 9–17.30 Uhr, Wildreservat am nördl. Eingang des Okeefenokee-Sumpfes

Stephen C. Foster State Park, Rt. 177, 18 Meilen nordöstl. von Fargo, Tel. 637-5274, März–Sept. tägl. 6.30–20.30, Rest des Jahres 7–19 Uhr, Naturschutzgebiet am südwestl. Eingang des Okeefenokee-Sumpfes

Suwannee Canal Recreation Area, GA 121/23, 8 Meilen südl. von Folkston, Tel. 496-7836, März–Anfang Sept. tägl. 7–19.30, Rest des Jahres tägl. 8–18 Uhr, Plankenwege und Aussichtsturm im Naturschutzgebiet am östl. Rand des Okeefenokee-Sumpfes

Opelousas (LA)

Lage: A4
Vorwahl: 337
Einwohner: 18 500

Opelousas Tourist & Info Center, 941 E. Vine St., LA 70570, Tel. 948-6263

 Jim Bowie Museum, Academy St./US 190, Tel. 948-6263, tägl. 8–16 Uhr, Sammlung von Bowie-Messern und Dokumenten zum Leben des »Westernhelden«

Yambilee Festival, letztes Wochenende im Okt., Kultur und Musik rund um die Yam-Wurzel
Zydeco Festival, im Sept. im benachbarten Plaisance, Tel. 942-2392

Outer Banks (NC)

Lage: H6
Vorwahl: 252
Einwohner: 6000

Dare County Tourist Bureau, P.O. Box 399, Manteo, NC 27965, Tel.

473-2138, Fax 473-5106, www.outerbanks.org

First Colony, 6720 S. Virginia Dare Trail, Nags Head, Tel. 441-2342, Fax 441-9234, www.firstcolonyinn.com, geschmackvolles elegantes Resort an der Strandstraße, moderat/teuer
Nags Head Inn, 4701 S. Virginia Dare Trail, Nags Head, Tel./Fax 441-0454, www.nagsheadinn.com, einfache Anlage am Strand, günstig/moderat
Hi-Outer Banks, 1004 W. Kitty Hawk Rd., Kitty Hawk, Tel./Fax 261-2294, outerbankshostel@msn.com, sehr preiswert

Camping:
Colington Park Campground, 1608 Colington Rd., Kill Devil Hills, Tel. 441-6128

 Queen Anne's Revenge, 1064 Old Wharf Rd., Tel. 473-5466, köstliche Fischgerichte, im Winter Di geschl., teuer
Weeping Radish Brewery and Restaurant, US 64, Manteo, Tel. 473-1157, leichte bajuwarische Kost und gutes Bier im ›weinenden Rettich‹, im Winter Mo/Di geschl., moderat

Chicamacomico Life Saving Station, NC 12, Rodanthe, Tel. 987-2203, Mai–Okt. Di, Do, Sa 11–17 Uhr, ehemalige Seenotrettungsstation als Museum hergerichtet
Elizabeth II State Historic Site, Manteo, Hafen, Tel. 473-1144, Nov.–März Di–So 10–16, April–Okt. tägl. 10–18 Uhr, Nachbau eines britischen Seglers
Fort Raleigh National Historic Site, US 64/264, tägl. 9–17 Uhr, im Sommer länger, Rekonstruktion des Forts der ersten englischen Siedler
Gebrüder Wright National Memorial, US 158, Kill Devil Hills, Tel. 441-7430, tägl. 9–17 Uhr, im Sommer länger, Ausstellung zum ersten Motorflug der Weltgeschichte
Jockey's Ridge State Park, US 158, Nags Head, Tel. 441-7430, riesige Düne

The Lost Colony, im Waterside Amphitheater, 1409 US 64/264, Ro-

anoke Island, Tel. 473-3414, Juni–Aug.,
So–Fr 8.30 Uhr

 Surfen und Windsurfen, Kitty
Hawk Watersports, US 158, Nags
Head, Tel. 441-6800

 Traumhafte Strände an der Atlantikküste, gefährliche Strömungen
am Cape Hatteras

 Schiffsverbindungen: Cedar Is-
land–Ocracoke / Swan Quarter–
Ocracoke/Ocracoke–Hatteras, Information
Tel. 726-6446

Oxford (MS)

Lage: C5
Vorwahl: 662
Einwohner: 10 000

 Oxford Tourism Council, 111
Courthouse Sq., Oxford, MS 38655,
Tel. 234-4680, Fax 234-0355, www.
oxfordms.com

 Oliver Britt House, 512 Van Buren
Ave., Tel. 234-8043, Fax 281-8065,
komfortable Bed and Breakfast-Unterkunft,
moderat/teuer
Downtown Inn, 400 N Lamar Ave., Tel.
234-3031, Fax 234-2834, einfache, ordentliche Herberge, nicht weit von Innenstadt
und Uni, moderat

 City Grocery Store, 1118 Van
Buren Ave., Tel. 232-8080, innova-
tive Südstaatenküche mit kreolischem
Flair, So geschl., teuer
Downtown Grill, 1115 Jackson
Ave./Courthouse Sq., Tel. 234-2659, im Par-
terre eleganter Speiseraum, darüber eine
Bar, So geschl., moderat

Rowan Oak, Old Taylor Rd.,
Tel. 234-3284, Di–Sa 10–12, 14–16,
So 14–16 Uhr

Square Books, 160 Courthouse
Sq., Tel. 800-648-4001, Fax 234-

9630, eine der besten Buchhandlungen
des Südens, im Zentrum der Literatur-
szene, kleines Café

 Proud Larry, 211 Lamar Blvd.,
Tel. 236-0050, gute Live-Musik

 **Faulkner and Yoknapatawpha
Conference,** erste August-Woche
im Faulkner-Rausch
Elvis Conference, Aug.

Panama City / Panama City Beach (FL)

Lage: D3
Vorwahl: 850
Einwohner: 39 000

Convention & Visitors Bureau,
12015 W. Front Beach Rd., FL 32417,
Tel. 233-6503, Fax 233-5972, www.
800pcbeach.com/intro.htm

 Sunset Inn, 8109 Surf Dr., Tel./Fax
234-7470, www.poteau.com/
sunset/suninn.htm, Studios mit Kochecke,
vom Rummel entfernt, günstig/moderat
Ramada Inn at St. Andrews Bay, 3001
W. 10th St., Tel. 785-0561, Fax 785-3280,
www.ramada.com, mit netter Pool-Bar,
günstig/moderat

Camping:
Ocean Park RV, 23026 US 98 W., Tel. 235-
0306, Strandnähe

**Shuckums Oyster Pub & Sea-
food Grill,** 15614 Front Beach Rd.,
Tel. 235-3214, urige Austernbar, im Winer
So geschl., günstig/moderat
Canopies, 4423 W. 18th St., Tel. 872-8444,
schmackhafte Meeresfrüchte und gute
Aussicht auf die St. Andrews Bay, tägl.,
günstig/moderat

Museum of Man in the Sea,
17314 Back Beach Rd./US 98,
Tel. 235-4101, tägl. 9–17 Uhr, Tiefseefor-
schung und U-Boote

Hathaway's Landing, an der gleichnamigen Brücke, jeden Abend gute Musik und beste Stimmung

 Hydrospace, 3605 Thomas Dr., Tel. 234-94633, organisiert Tauchtrips

🎿 **St. Andrews State Recreation Area** im Südosten hat die besten Strände, Panama City Beach mit Party-Stimmung

Pascagoula (MS)

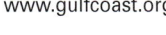

Lage: C3
Vorwahl: 228
Einwohner: 26 000

🏛 **Jackson County Area Chamber of Commerce,** 825 Denny Ave., Pascagoula MS 39567, Tel. 762-3391, www.gulfcoast.org

👁 **Old Spanish Fort,** 4602 Fort St., nördl. der US 90, Tel. 769-1505, Mo–Sa 9.30–16.30, So ab 12.30 Uhr, Museum zur Lokalgeschichte im ältesten Gebäude der Region aus dem Jahre 1718

Pensacola (FL)

Lage: C4
Vorwahl: 850
Einwohner: 59 000

🏛 **Convention and Visitor Center,** E. Gregory St., FL 32501, am Fuße der Bay Bridge, Tel. 434-1234, Fax 432-8211, www.visitpensacola.com

🛏 **New World Landing,** 600 S. Palafox St., Tel. 432-4111, Fax 435-8939, www.newworldlanding.com, feines Hotel im historischen Palafox District, teuer
Holiday Inn Pensacola Beach, 165 Fort Pickens Rd., Tel. 850-932-5361, Fax 932-7121, freundlich eingerichtetes, großes Strandhotel auf Santa Rosa Island, moderat/teuer

Camping:
All Star RV Resort, 13620 Perdido Key Dr., Tel. 492-0041

🍴 **Jamie's,** 424 E. Zaragoza St., Tel. 434-2911, kreative floridianische Küche mit Anregungen aus Asien und der Karibik, tägl., teuer
Hopkins' Boarding House, 900 N. Spring St., Tel. 438-3979, leckere Südstaatenkost, So nur mittags, Mo geschl., günstig/moderat

👁 **Fort Barrancas,** Navy Blvd., Tel. 455-5167, Dez.–Jan. Mi–So 10.30–16, Feb.–Okt. tägl. 9.30–17 Uhr, Befestigung aus dem 19. Jh.
Fort Pickens, Fort Pickens Rd., Tel. 934-2635, April bis Okt. tägl. 9.30 bis 17 Uhr, Rest des Jahres eingeschränkt, Befestigung aus dem 19. Jh.
Historic Pensacola Village, Tel. 444-8905, tägl. 10–16, im Winterhalbjahr Mo–Sa 10–16 Uhr, Gebäude aus dem 19. Jh. in den Church-, Adams-, Zaragoza-, Barracks- und Tarragona Sts, in denen Museen und Ausstellungen untergebracht sind
National Museum of Naval Aviation, Navy Blvd., Tel. 452-3604, tägl. 9–17 Uhr, alles über die Marinefliegerei
T. T. Wentworth jr. State Museum, 330 S. Jefferson St., Tel. 444-8586, Mo–Sa 10–16 Uhr, faszinierende Regionalgeschichte

🛍 **Quayside Art Gallery,** Plaza Ferdinand, Jefferson/Zaragoza Sts, Tel. 438-2363, Verkaufsausstellung von fast 100 Künstlern

🍸 **Seville Quarter,** 130 E. Government St., Tel. 434-6211, Allround-Diskothek mit mehreren Bars und Imbissen

🎭 **Saenger Theatre,** 118 Palafox St., Tel. 444-7686, restauriertes, ehemaliges Vaudeville-Theater mit wechselnden Darbietungen

🎪 **Fiesta of five Flags,** Anfang Juni, Paraden, Konzerte und szenische Darstellung der Landung des spanischen

Konquistadoren Tristan de Luna im Jahre 1559

 Strand: einsam an der Gulf National Seashore, belebt bei Pensacola Beach

 Zugverbindungen: Amtrak Station, 940 E. Heinberg St., Verbindungen nach Jacksonville, New Orleans sowie bis nach Los Angeles im Westen

Petersburg (VA)

Lage: G7
Vorwahl: 804
Einwohner: 38 500

 Visitor Center, Old Market Sq., 425 Cockade Alley, VA 23803, Tel. 733-2400, Fax 861-0883, www.petersburg. va.org

 **King's Barbeque,** 3221 W. Washington St., Tel. 732-5861, legendäres Grillrestaurant, Mo geschl., günstig/ moderat

 Appomattox Ironworks Industrial Heritage Park, Tel. 733-7300, die alte Metallfabrik wird gerade als Museum der Arbeit restauriert
National Battlefield, Visitor Center, Tel. 732-3531, SR 36, tägl. 8.30–17.30 Uhr, Information zu den Bürgerkriegsschlachten
Old Blandford Church, 319 S. Crater Rd., Tel. 733-2400, tägl. 10–17 Uhr, Kirche aus dem Jahre 1734 mit Glasfenstern von Tiffany und Gräbern aus dem Kolonial- und dem Bürgerkrieg

Pettigrew State Park (NC)

Lage: H6
Vorwahl: 252

 Somerset Place Plantation, Lake Phelps, südl. der US 64, Tel. 797-4560, www.ils.unc.edu/parkprojekt/pett.

html, April–Okt. Mo–Sa 9–17, So ab 13 Uhr, Nov.–März Di–Sa 10–16, So ab 13 Uhr, alte Plantagenvilla und Naturgebäude

Philadelphia (MS)

Lage: C5
Vorwahl: 601
Einwohner: 6800

 Choctaw Museum, SR 16 W., Tel. 656-5251, Fax 656-1992, www. neshoba.org, unterschiedl. Öffnungszeiten, Geschichte und Kultur der Choctaw-Indianer

 Silver Star Casino, SR 16 W., Tel. 650-1234

 Choctaw Indian Fair, Reservation 8 Meilen westl., an der SR 16

Pigeon Forge (TN)

Lage: E6
Vorwahl: 865
Einwohner: 3000

 Department of Tourism, 2450 Pkwy, TN 37868-1390, Tel. 453-8574, Fax 429-7362, www.pigeonforge. com

 **Apple Tree Inn Restaurant,** 3215 Pkwy, Tel. 453-4961, leger, nach Südstaatenart, Dez.–Feb. geschl., günstig/ moderat

 Dollywood, 1020 Dollywood Lane, Tel. 428-9488, im Sommerhalbjahr tägl. 9–18 Uhr, an verschiedenen Tagen länger geöffnet, im Winterhalbjahr an einzelnen Tagen geschl., Vergnügungspark zu Country Music und der Kultur in den Bergen von Tennessee

 Pigeon River String Instruments, 3337 Old Mill St., Tel. 453-3789, hier gibt es Hackbretter, Mandolinen und Gitarren, handgefertigt

Pinehurst (NC)

Lage: F6
Vorwahl: 910
Einwohner: 5200

 Pinehurst Area Convention and Visitors Bureau, 1480 US 15-501, Southern Pines, NC 28388, Tel. 692-3330, Fax 692-0671, http://ncnet.com/ncnw/pin-intr.html

Plains (GA)

Lage: E4
Vorwahl: 229
Einwohner: 700

 Jimmy Carter National Historic Site, Information, 300 N. Bond St., Tel. 824-3413, www.nps.gov/jica/index.htm, tägl. 9–17 Uhr, ehemaliges Wahlkampfzentrum und Sammlung zur Präsidentschaft von James Earl Carter

Plantation Country Great River Road (LA)

Lage: B3

 Destrehan Manor, LA 48, Destrehan, Tel. 504-764-9315, tägl. 9.30–16 Uhr, eine der ältesten Plantagenvillen aus dem Jahre 1787
Houmas House, LA 942, nahe der LA 44, Burnside, Tel. 225-522-2262, Feb.–Okt. tägl. 10–17, Rest des Jahres tägl. 10–16 Uhr, klassische Südstaatenplantage mit ausgedehntem Garten
Nottoway, 30970 LA 405, White Castle, Tel. 225-545-2730, tägl. 9–17 Uhr, Mittelpunkt einer Zuckerrohrplantage, erbaut 1859, Bed and Breakfast im Haupthaus (moderat), elegantes Restaurant (moderat/teuer)
Oak Alley Plantation, 3645 LA 18, Vacherie, Tel. 225-265-2151, März–Okt. tägl. 9–17.30, Rest des Jahres bis 17 Uhr, *Greek Revival*-Palast mit imposanter Eichenallee, Bed and Breakfast-Cottages (günstig/moderat), Restaurant tägl. 9–15 Uhr (günstig–teuer)
San Francisco, LA 44, Reserve, Tel. 504-535-2341, tägl. 10–16 Uhr, Antebellum-Villa im verspielten *Gothic Revival*-Stil
Laura Plantation, 2247 LA 18, Vacherie, Tel. 225-265-7690, tägl. 9–17 Uhr, kreolische Plantage von 1805
Tezcuco, 3138 LA 44, Darrow, Tel. 225-562-3929, tägl. 9–17 Uhr, Antebellum-Herrenhaus von 1855, Bed and Breakfast-Cottages (günstig/moderat), Restaurant (moderat)

Pope Creek (VA)

Lage: G7
Vorwahl: 804

 George Washington's Birthplace National Monument, VA 204, am Südufer des Potomac River, Farm und Familienfriedhof, Tel. 234-1732, www.nps.gov/gewa.index.htm, tägl. 9–17 Uhr

Port Gibson (MS)

Lage: B4
Vorwahl: 601
Einwohner: 1800

 Port Gibson/Claiborne County Chamber of Commerce, P.O. Box 491, MS 39150, Tel. 437-4351

 Windsor Ruins, Old Rodney Rd., freier Zugang, ›Säulengerippe‹ einer ausgebrannten Plantagenvilla

Portsmouth (VA)

s. auch Hampton (S. 286), Newport News (S. 305), Norfolk (S. 305)

Lage: H7
Vorwahl: 757
Einwohner: 104 000

 Convention and Visitors Bureau, 505 Crawford St., Suite 2,

VA 23704, Tel. 393-5327, Fax 393-5330, www.portsva.com

 Children's Museum of Virginia, 221 High St., Tel. 393-8741, Di–Sa 10–17, So 13–17 Uhr, Anregung der Phantasie und Erkenntnisse nicht nur für Kinder **Naval Shipyard Museum,** 2 High St., am Elizabeth River, Tel. 393-8591, Di–Sa 10–17 Uhr, So 13–17 Uhr, Marinemuseum der Navy mit vielen Modellen

 Commodore Theatre, 421 High St., Tel. 393-6962, restauriertes Art déco-Kino

Quitman (AR)

Lage: B6
Vorwahl: 501
Einwohner: 630

 Riddles Elephant Breeding Farm and Wildlife Sanctuary, SR 25, 4 Meilen westl., Tel. 589-3291, ohne feste Öffnungszeiten, Heimstatt für verstoßene Elefanten

Raleigh/Durham (NC)

Lage: G6
Vorwahl: 919
Einwohner: 346 000

🔲 **Greater Raleigh Convention & Visitors Bureau,** 225 Hillsborough St., Suite 400, NC 27602-1879, Tel. 834-5900
Durham Convention & Visitors Bureau, 101 E. Morgan St., NC 27701, Tel. 687-0288, www.dcvb.durham.nc.us

🔲 **The Oakwood Inn,** 411 N. Bloodworth St., Raleigh, Tel. 832-9712, Fax 836-9263, http://members.aol.com/oakwoodbb, charmante, viktorianische Bed and Breakfast-Unterkunft, moderat/teuer
Carolina Inn, 211 Pittsboro St., Chapel Hill, Tel. 933-2001, Fax 962-3400, www.

carolinainn.com, universitätseigenes Hotel im kolonialen Stil, moderat/teuer

Jugendherberge:
Central YMCA, 1601 Hillsborough St., Raleigh, Tel. 832-6601, einfache Herberge nur für männliche Bewohner

 Crook's Corner, 610 W Franklin St., Tel. 929-7643, tiefe Südstaatenküche auf gehobenem Niveau, mit Grits, Tabasco Chicken oder Hush Pupies mit Austern, moderat/teuer
La Grillade, 2701 Chapel Hill Rd., Durham, Tel. 403-8877, französisch inspirierte, feine Küche, moderat/teuer

 Duke University Chapel, West Campus der Universität, Durham, Tel. 684-2572, Sept.–Mai 8–22, Rest des Jahres 8–17, Glockenspielkonzert Mo–Fr 17 Uhr
Mordecai Historical Park, Wake Forest Rd./Mimosa St., Raleigh, Tel. 834-4844, Mi–Sa, Mo 10–15, So 13–15 Uhr, historisches Museum im Herrenhaus einer ehemaligen Tabakplantage
North Carolina Museum of Art, 2110 Blue Ridge Blvd., Tel. 833-1935, Raleigh, Di–Do, Sa 9–17, Fr 9–21, So 11–18 Uhr, Museum mit europäischer Malerei von Raffael bis Monet und amerikanischer Kunst des 20. Jh.

🍸 **Berkeley Café,** 217 W. Martin St., Rock, Blues und Jazz live, Tel. 821-0777

 Zugverbindungen: Amtrak hat Stationen in Raleigh und Durham, Tel. 833-7594

Richmond (VA)

Lage: G7
Vorwahl: 804
Einwohner: 199 000

🔲 **Metro Richmond Convention and Visitors Bureau,** 550 E. Marshall St., VA 23219, Tel. 782-2777, Fax 780-2577, www.richmondva.org

Jefferson Hotel, Franklin/Adams Sts, Tel. 788-8000, Fax 804-225-0334, www.jefferson-hotel.com, Flaggschiff der Hotellerie im Stil der Jahrhundertwende mit illustrer Gästeliste und Spitzenrestaurant, teuer/Luxus

Linden Row In, 100 E. Franklin St., Tel. 783-7000, www.lindenrowinn.com, charmantes Stadthotel in einer renovierten Villa mit Nebengebäuden, gutes Restaurant, teuer

Massad House Hotel, 11 N. 4th St., Tel. 648-2893, Fax 780-0647, zentral, günstig

Camping:

Paramount Kings Dominion Campground, 10061 Kings Dominion Blvd., Tel. 876-5355, gegenüber vom Vergnügungspark nördl. der Stadt

 The Frog and the Redneck, 1423 E. Cary St., Tel. 648-3764, populäres Lokal mit amerikanisch-französischer Küche, So geschl., teuer

Millie's Diner, 2603 E. Main St., Tel. 643-5512, ehemals Diner, heute eklektische Küche auf delikatem Niveau, Mo geschl., moderat/teuer

Joe's Inn, 205 N. Sields Ave., Tel. 355-2282, italienisches Restaurant mit gewaltigen Portionen, günstig/moderat

The Bidder's Suite, 917 W. Grace St., Tel. 355-5707, einer der populären Espresso und Cappuccino-Läden, auch für Nachtschwärmer, tägl., günstig

 Berkeley Plantation, SR 5, Charles City, Tel. 829-6018, tägl. 8–17 Uhr, Plantagensitz am Janus River aus dem Jahre 1726

Edgar Allen Poe Museum, 1914 E. Main St., Tel. 648-5523, So–Mo 13–15.30, Di–Sa 10–16 Uhr, in einem der ältesten Gebäude in Richmond aus dem Jahre 1737 sind Memorabilia, Manuskripte und Erstausgaben von Poe ausgestellt

Evelynton Plantation, SR 5, Charles City, Tel. 829-5075, tägl. 9–17 Uhr, rekonstruierte koloniale Villa, erbaut 1930

Museum of the Confederacy mit dem benachbarten **White House of the Confederacy,** 1201 E. Clay St., Tel. 649-1861,

Mo–Sa 10–17, So 12–17 Uhr, hervorragend aufbereitete Sammlung konföderierter Kriegsmemorabilia sowie persönlicher Zeugnisse von Jefferson Davis

National Battlefield Park, zentrales Besucherzentrum, 3215 E. Broad St./33th St., Tel. 226-1981, tägl. 9–17 Uhr

Sherwood Forest, VA 5, Charles City, Tel. 829-5377, tägl. 9–17 Uhr, koloniale Plantagenvillen aus dem späten 18. Jh.

Shirley Plantation, 501 Shirley Plantation Rd., Charles City, Tel. 829-5121, tägl. 9–17 Uhr, koloniale Plantagenvilla aus dem Jahre 1723

State Capitol, 9th/Grace Sts, Tel. 786-4344, Führungen April–Nov. tägl. 9–17, Dez.–März Mo–Sa 9–17, So 13–17 Uhr, das Kapitol wurde nach Plänen von Thomas Jefferson errichtet

Virginia Museum of Fine Arts, The Boulevard/Grove Ave., Tel. 367-0844, Di–So 11–17, Do bis 20 Uhr, ausgezeichnete Kunstsammlung, u. a. Fabergé-Eier

 Arts on the Square, Künstler-Verkaufskooperative beim 6th Street Marketplace

Carytown, Shopping-Viertel mit diversen Cafés, W. Cary St. zwischen The Boulevard und Nasemond St.

Cabo's Corner Bistro, 2053 West Broad, Tel. 355-1144. Jazz, Blues, Rhythm and Blues vom Feinsten, Mo/Di geschl.

Byrd Theater, 2908 W. Cary St., Tel. 353-9911, Kinolegende mit einer alten Wurlitzer-Orgel

Havana 59, 16 N. 17th St., Tel. 649-2822, kubanischer Hangout mit viel Zigarrenrauch, So nur Brunch

Bogart's, 203 N. Lombardy St., Tel. 353-9280, gemütliche Bar mit Jazz am Wochenende

Paramount Kings Dominion, Doswell, 20 Meilen nördl. von Richmond, Tel. 876-5000, großer Vergnügungspark mit diversen Achterbahnen und Kulissen aus Paramount-Filmen, Ende Mai–Anfang Sept. tägl. 9.30–20/22, bis Ende Okt. Sa–So 9.30–20/22 Uhr

June Jubilee, Festival der Kulturen, überall im Zentrum, Juni

 Whitewater Rafting, 4400 E. Main St., Tel. 222-7238, Schlauchboot-Trips auf den Stromschnellen des James River, Richmond Raft Center

 Flugverbindungen: Richmond International Airport (Byrd Field), Tel. 226-3052, 10 Meilen östl. des Stadtzentrums, wird von amerikanischen Airlines angeflogen. Taxi nach Downtown ca 15 $, öffentliche Busse nur morgens und abends
Zugverbindungen: Amtrak Station, Tel. 264-9194, nördl. von Downtown, 7519 Staples Mill Rd.
Busverbindungen: Greyhound Bus Terminal, 2910 N. Blvd., nicht weit vom Visitor Center

Roanoke (VA)

Lage: F7
Vorwahl: 540
Einwohner: 97 000

 **Roanoke Valley Visitor Center,** 114 Market St., VA 24011, Tel. 345-8622, Fax 342-7119, www.visitroanokeva.com

 **Hotel Roanoke,** 110 Shenandoah Ave., Tel. 985-5900, Fax 853-8264, www.hotelroanoke.com, Traditionshotel im Tudor-Stil der Jahrhundertwende mit prominenter Gästeliste, moderat/teuer
Econo Lodge, 308 Orange Ave., Tel. 343-2413, www.econolodge.com, einfache, ordentliche Herberge östl. der Stadt, sehr preiswert

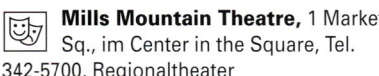 **Buck Mountain Grille,** 5002 Franklin Rd., Tel. 776-1830, nettes Lunch- und Dinner-Restaurant nahe dem Blue Ridge Parkway, Mo geschl., günstig–teuer

🎭 **Mills Mountain Theatre,** 1 Market Sq., im Center in the Square, Tel. 342-5700, Regionaltheater

Russel Cave National Monument (AL)

Lage: D6
Vorwahl: 256
Einwohner:

👁 CR 98, von US 72, über CR 91 zu erreichen, 8 Meilen westl. von Bridgeport, Tel. 495-2672, www.nps.gov/ruca/index.htm, tägl. 8–17 Uhr, imposantes Höhlensystem mit Spuren indianischer Besiedlung

St. Augustine (FL)

Lage: F3
Vorwahl: 904
Einwohner: 12 000

🛈 **Visitor Information,** 10 Castillo Dr., St Augustine, FL 32084, Tel. 825-1000, www.visitoldcity.com

🛏 **Casa de Sueños,** 20 Cordova St., Tel. 824-0887, Fax 825-0074, www.casadesuenos.com, romantisches Bed and Breakfast Inn nahe der Altstadt, teuer
La Fiesta Oceanside Inn, 810 A1A Beach Blvd., Tel. 471-2220, Fax 471-0186, www.zip2.com/augustine/lafiesta, weitläufige Hotelanlage in spanischem Decor, direkt am Strand von St. Augustine Beach, günstig/moderat

Jugendherberge:
Pirate Haus, 32 Treasury St., St. Augustine, Tel. 808-1999, www.internationalhaus.com, im Zentrum der ›Old City‹, sehr günstig

Camping:
Bryn Mawr Ocean Resort, 4850 A1A S., Tel. 471-3353

🍴 **Gypsy Cab Co.,** 828 Anastasia Blvd., Tel. 824-8244, kreative floridianische Küche mit karibischen Einflüssen, östlich der Löwenbrücke, So nur mittags, moderat
Café Alcazar, 25 Granada St., Tel. 824-7813, freundliches Snack-Restau-

rant im ehemaligen Schwimmbad des historischen Alcazar Hotel, tägl., günstig/moderat

 Alligator Farm, 999 Anastasia Blvd., SR A1A, Tel. 824-3337, tägl. 9–17 Uhr

Castillo San Marcos, Castillo Dr./Avenida Menendez, Tel. 829-6506, tägl. 8.45–16.45 Uhr, mächtige Festung (17. Jh.)

Fort Matanzas, SR A1A, 14 Meilen südl., Tel. 471-0116, Mi–Mo 9–16.30, Besucherzentrum tägl. 9–17 Uhr, befestigter Außenposten des Castillo San Marcos

Oldest House/Gonzales-Alvarez House, 14 St. Francis St., Tel. 824-2872, tägl. 9–17 Uhr, ältestes Haus in St. Augustine aus dem 17. Jh.

Oldest Wooden Schoolhouse, 14 St. George St., Tel. 824-0192, tägl. 9–17 Uhr, ehemaliges Schulhaus aus dem Jahre 1750

Spanish Quarter Museum, 29 St. George St., Tel. 825-6830, tägl. 9–17 Uhr, rekonstruiertes Gebäude-Ensemble aus der spanischen Kolonialzeit

Ximenez Fatio House, 20 Aviles St., Tel. 829-3575, Mo, Do, Sa 11–16, So 13–16 Uhr, restauriertes Wohnhaus eines spanischen Kaufmanns aus dem Jahre 1783

 »Cross and Sword«, SR A1A S., Tel. 471-1965, Sommer-Freilufttheater zur Kolonialgeschichte

 Vilano Beach im Norden, der breite, flache St Augustine Beach im Süden

St. Francisville (LA)

Lage: B4
Vorwahl: 225
Einwohner: 1700

 West Feliciana Parish Tourist Commission, 11757 Ferdinand St., LA 70775, Tel. 635-6330, www.saint-francisville.la.us

🍽 **Carriage House,** Myrtles Plantation, Tel. 635-6502, solide Louisiana-

Küche zu moderaten Preisen, Mo geschl., So nur mittags, moderat/teuer

 Rosedown Plantation, 12501 LA 10, Tel. 635-3332, März–Okt. tägl. 9–17, Rest des Jahres 10–16 Uhr, elegante Pflanzervilla mit großer Gartenanlage

The Myrtles Plantation, 7747 US 61 N., Tel. 635-6277, tägl. 9–17 Uhr, Plantagensitz aus dem Jahre 1796

St. Martinville (LA)

Lage: B3
Vorwahl: 337
Einwohner: 7200

 Tourist Information Center, 127 N. Market St., LA 70582, Tel. 394-2233, Fax 394-2244

 La Place d'Evangéline/Old Castillo B&B, 220 Evangéline Blvd., Tel. 394-4010, Fax 394-7983, gemütliche Bed and Breakfast-Unterkunft in einem historischen Gebäude, mit guter kreolischer und Cajun-Küche, tägl., günstig

 Petit Paris Museum, 103 S. Main St, Tel. 394-7334, tägl. 9.30–16.30 Uhr, historisches Stadtmuseum

St. Martin de Tours Church, 123 S. Main St., Tel. 394-2233, ein Seitenflügel beherbergt die Nachbildung der Grotte von Lourdes

Savannah (GA)

Lage: F4
Vorwahl: 912
Einwohner: 138 000
Stadtplan: S. 146

 Savannah Visitor Center, 301 Martin Luther King Jr. Blvd., GA 31401, Tel. 944-0460, www.savannahvisit.com

 The Kehoe House, 123 Habersham St., Tel. 232-1020, Fax 231-

0208, www.kehoehouse.com, elegante Herberge in einer viktorianischen Villa nahe dem Columbia Square, teuer
River Street Inn, 115 E. River St., Tel. 234-6400, Fax 234-1478, www. riverstreet.com, nette, zentral, inkl. Frühstück, moderat/teuer
Bed & Breakfast Inn, 117 W. Gordon St., Tel. 238-0518, Fax 233-2537, einfach, teilweise mit Bad im Zimmer, günstig
Foley House Inn, 14 W. Hull St./Chippewa Sq., Tel. 232-6622, Fax 647-3708, www.foleyinn.com, wunderbar eingerichtete historische Stadtvilla im Zentrum (wo »Forrest Gump« auf den Bus wartete), Frühstück, moderat/teuer

Jugendherberge:
Hostelling International, 304 E. Hall St., Savannah, Tel./Fax 236-7744, geschmackvolle Jugendherberge in viktorianischer Stadtvilla im Zentrum

Camping:
Bellaire Woods Campground, 805 Fort Argyle Rd., 12 Meilen westl., Tel. 748-4000

The Olde Pink House Restaurant, 23 Abercorn St., Tel. 232-4286, elegantes Restaurant mit regionalen *low country*-Spezialitäten, tägl., teuer
Huey's, 115 E. River St., Tel. 234-1900, ausgezeichnete kreolische Küche, tägl., moderat
Mrs. Wilkes' Boarding House, 107 W. Jones St., Tel. 232-5997, Frühstück und Lunch nach alter Südstaatenart, Sa/So geschl., günstig

Georgia History Museum, 303 Martin Luther King Jr. Blvd., Tel. 238-1779, tägl. 9–17 Uhr, Multimedia-Geschichtsmuseum im ehemaligen Bahnhof
Fort Pulaski National Monument, US 80, 15 Meilen östl., Tel. 786-5787, Ende Mai–Anfang Sept. 8.30–18.45, Rest des Jahres 8.30–17.15 Uhr, Befestigung aus dem Jahre 1829
Ships of the Sea Maritime Museum, 41 Martin Luther King Jr. Blvd., Tel. 232-1511, Di–So 10–17, alles über die Seefahrt

in einem einstigen Lagerhaus am Savannah River

Club One, 1 Jefferson St., Tel. 236-6266, Szene-Bar und Club für Heteros, Homos und Drag Queens
Hannah's East, 20 E. Broad St., Tel. 233-2225, Live-Musik Klub

St. Patricks Day Parade, März, Fest der (vielen) irischstämmigen Einwohner
Seafood Festival, Anfang April, in Restaurants und an zahlreichen Straßenständen Fische, Krabben und Muscheln satt
Scottish Games & Highland Gathering, zweiter Sa im Mai, Festival in schottischer Tradition

Carriage Tours of Savannah, beim Visitor Center, Tel. 236-6756, stilvolle Altstadttour in der Pferdekutsche

Selma (AL)

Lage: D4
Vorwahl: 334
Einwohner: 24 000

Selma/Dallas County Chamber of Commerce, 513 Lauderdale St., AL 36702, Tel. 875-7241, Fax 875-7142, www.selmaalabama.com

Grace Hall Bed & Breakfast, 506 Lauderdale St., Tel. 875-5744, Fax 875-9967, www.gracehallbandb.com, kleine Herberge, großes Frühstück, moderat

Ruinen von Cahawba, SR 22, 9 Meilen südwestl., Tel. 872-8058, tägl. 8–17 Uhr, Reste der früheren Hauptstadt von Alabama
Sturdivant Hall, 713 Mabry St., Tel. 872-5626, Di–Sa 9–16, So ab 14 Uhr, restaurierte Stadtvilla von 1853

Cahawba Musci and Arts Festival, zweiter Sa im Mai
Alabama Tale Tellin' Festival, Anfang Okt.

Shenandoah National Park (VA)

Adressen werden in *mileposts* (MP) angegeben, beginnend bei MP 0 in Front Royal bis MP 05 in Rockfish Gap

Lage: G7
Vorwahl: 540

Park Superintendent, Box 348, Rte 4, Luray, VA 22835, Tel. 999-3500
Visitor Center, Dickey Ridge, MP 4,6; Byrd bei Big Meadows, MP 51, Loft Mountain, MP 79,5, www.nps.gov/shen/index.htm

Big Meadows Lodge, MP 51,2, Hütten und Zimmer, Restaurant, Tel. 999-2211, günstig/moderat
Skyland Lodge, MP 41,8, Hütten und Zimmer, Restaurant, Tel. 999-2211, sehr preiswert/günstig
Reservierung zentral Tel. 1-800-778-2851, www.visitshenandoah.com/accomodations.htm

Camping:
Big Meadows Campground, MP 51,2; Lewis Mountain, MP 57,5; Loft Mountain, MP 79,5

Pferde und Reittouren bei Skyland Stables, MP 41,8, Tel. 999-2210

Shiloh National Military Park (TN)

Lage: C6
Vorwahl: 901

 Park an der TN 20, 11 Meilen südwestl. von Savannah Tour auf markierter Route, Visitor Center Juni–Aug. tägl. 8–18, Rest des Jahres bis 17 Uhr, Tel. 689-5275, www.nps.gov/shil/index.htm, rekonstruiertes Schlachtfeld einer der blutigsten Auseinandersetzungen des Bürgerkriegs

Shreveport (LA)

Lage: A5
Vorwahl: 318
Einwohner: 199 000

Shreveport-Bossier Convention and Tourist Bureau, 100 John Wesley Blvd., Bossier City, LA 71112, Tel. 222-9391, www.shreveport-bossier.org

Slattery House B & B, 2401 Fairfield Ave., Tel. 222-6577, Fax 222-7539, www.shreveportbedbreakfast.com, gepflegte Herberge in viktorianischer Villa, mit Südstaaten Frühstück, Veranda und Pool, moderat/teuer
Best Western Chateau Suites Hotel, 201 Lake St., Tel. 222-7620, Fax 424-2014, www.bestwestern.com, angenehme Zimmer, inkl. Frühstück, moderat

Monsieur Patou, 855 Pierremont Rd., Tel. 868-9822, elegantes französisches Restaurant, So geschl., teuer

Louisiana State Exhibit Museum, 3015 Greenwood Rd., Tel. 632-2020, Di–Sa 9–16.30 Uhr, alles über Louisiana
R. W. Norton Art Gallery, 4747 Creswell Ave., Tel. 865-4201, Di–Fr 10–17, Sa–So ab 13 Uhr, Bildergalerie europäischer und amerikanischer Malerei
Sciport, 528 Commerce St., am Red River, Tel. 424-3566, Mo–Fr 9–17, Sa ab 10, So ab 13 Uhr, supermodernes Wissenschaftts- und Entdeckungszentrum für Kinder und Erwachsene

Strand Theatre, 619 Louisiana Ave., Tel. 226-1481
Harrah's Casino, 315 Clyde Fant Pkwy, Tel. 424-7777

December on the Red, Tel. 429-0645, Weihnachtsfestival mit Konzerten, Kunstausstellungen, Feuerwerk

Staunton (VA)

Lage: F7
Vorwahl: 540
Einwohner: 25 000

Staunton-Augusta Visitor Center, 1303 Richmond Ave., VA 24401, Tel. 332-3972, www.staunton.va.us

Frederick House, 28 N. New St., Tel. 885-4220, Fax 885-5180, www. frederickhouse.com, gemütlich-elegantes Bed and Breakfast Inn nicht weit vom Ortszentrum, nur für Nichtraucher, moderat/ teuer

Museum of American Frontier Culture, 1250 Richmond Rd. (Exit 222/I-81), Tel. 332-7850, Mitte März–Nov. tägl. 9–17, Rest des Jahres tägl. 10–16 Uhr, Museumsdorf
Woodrow Wilson Museum, 24 N. Coalter St., Tel. 885-0897, März–Nov. tägl. 9–17, Dez. 10–16, Jan –Feb. Mo–Sa 10–16 Uhr, Erinnerung an den hier aufgewachsenen US-Präsidenten

Stratford Hall Plantation (VA)

Lage: G7
Vorwahl: 804

Nahe der SR 214, am Potomac River, Tel. 493-8039, tägl. 9–16.30 Uhr, Führungen über die historische Plantage mit Informationen zum Geburtsort von Robert E. Lee

Tallahassee (FL)

Lage: E3
Vorwahl: 850
Einwohner: 125 000

Convention & Visitors Bureau, 200 W. College Ave., FL 32302, Tel. 413-9200, Fax 487-4621, www. seetallahassee.com

Governors Inn, 209 St. Adams St., Tel. 681-6855, Fax 222-3105, herrschaftlicher Gasthof in der Nähe des Kapitols, teuer/Luxus
Cabot Lodge, 2735 N. Monroe/US 27, Tel. 386-7500, Fax 386-4254, www.cabotlodge. com, ruhig, stadtnah, moderat

Andrew's Second Art, 228 S. Adams St., Tel. 222-2759, Traditionslokal beim Kapitol, tägl., teuer
Barnacle Bill's, 1830 N. Monroe St., Tel. 385-8734, riesiges Familienrestaurant mit gigantischer Speisekarte, tägl., moderat

Lake Jackson Mounds, Indian Mound Rd. (via US 27), indianische Tempelhügel
Museum of Florida History, Gray Building, Capitol Complex, 500 S. Bronough St., Tel. 488-1484, Mo–Fr 9–16.30, Sa ab 10, So ab 12 Uhr, ausgezeichnetes Museum zur Geschichte von Florida
Old Capitol, Monroe St./Apalachee Pkwy., Tel. 487-1902, Mo–Fr 9–16.30, Sa ab 10, So ab 12 Uhr, ehemaliger Regierungssitz, heute Ausstellung zur Stadtgeschichte
San Luis Archaeological and Historic Site, 2020 Mission Rd., Tel. 487-3711, Mo–Fr 9–16.30, Sa ab 10, So ab 12 Uhr, Ausgrabungsstätte der ehemaligen spanischen Missionsstation
Wakulla Springs State Park, FL 261, 14 Meilen südl., Bootsfahrten tägl., Park tägl. von 8 Uhr bis zum Sonnenuntergang, Tel. 922-3532, mächtige artesische Quelle

Clyde & Costello's, 210 S. Adams St., Diskothek und Hangout der Studenten

Flugverbindungen: Der Tallahassee Regional Airport wird von Delta, US Airways und anderen Airlines angeflogen. Ein Taxi nach Downtown kostet ca. 15 $
Zugverbindungen: Amtrak Station, 918 1/2 Railroad Ave., Tel. 244-2779
Busverbindungen: Greyhound Bus Station, 112 W. Tennessee St., Tel. 222-4249

Tallulah Falls (GA)

Lage: E6
Vorwahl: 706
Einwohner: 100

 Tallulah Gorge State Park, im Ortszentrum, Tel. 754-7970, http://ngeorgia.com/parks/tallulah.html, Mo–Fr 8–17, Sa–So 10–18 Uhr, tiefe Schlucht

Texarkana (AR/TX)

Lage: A5
Vorwahl: 903
Einwohner: 23 000

 Chamber of Commerce, 819 State Line Ave., TX 75504, Tel. 792-7191, www.texarkanachamber.com

 Mansion on Main B & B, 802 Main St., Tel. 792-1835, ordentliches Bed mit herzhaftem Breakfast, günstig

 Ace of Clubs House and Museum, 420 Pine St., Tel. 793-4831, Di–Sa 10–16 Uhr, Villa aus dem Jahre 1885 mit zeitgenössischem Mobiliar

 Hog Haven, 308 Arkansas Blvd., Tel. 772-4647, ultimativer Fan-Shop für die Anhänger der Razorback- ›Wildschwein‹ Sport-Teams der Universität, alles vom T-Shirt bis zum Klo-Deckel

 Four States Fair & Rodeo, Tel. 773-2941, drittes Wochenende im Sept., Gewerbe- und Kunstausstellungen

Thibodaux (LA)

Lage: B3
Vorwahl: 504
Einwohner: 14 000

 Laurel Valley Village, 230 Valley Rd., Tel. 446-7456, Mo–Fr 10–16, Sa, So ab 12 Uhr, ehemalige Zuckerrohrplantage

Wetlands Acadian Cultural Center, 314 St. Marys St., Tel. 448-1375, Mo–Do 9–18 (Mo bis 19), Fr–So bis 17 Uhr, Geschichte der Cajun

Tifton (GA)

Lage: E4
Vorwahl: 229
Einwohner: 14 200

 Georgia Agrirama, 8th St./Whiddon Mill Rd., Tel. 386-3344, www.tiftontourism.com, Juni–Aug. Di–Sa 9–17, So ab 12.30, Rest des Jahres Mo–Sa 9–17 Uhr, alles über das Landleben, Konzerte in der Wiregrass Opry

Town Creek (NC)

Lage: F6
Vorwahl: 910

 Town Creek Indian Mound, Landstraße zwischen SR 731 und SR 73, 5 Meilen südöstl. von Mount Gilead, Tel. 439-6802, www.ah.dcr.state.nc.us/sections/hs/town/town.htm, April–Okt. Mo–Sa 9–17, So ab 13, Rest des Jahres Di–Sa 10–16, So ab 13 Uhr, rekonstruierte indianische Siedlungsstätte

Tupelo (MS)

Lage: C5
Vorwahl: 662
Einwohner: 31 000

 Convention & Visitors Bureau, 399 E. Main St., MS 38802, Tel. 841-6521, Fax 841-6558, www.tupelo.net
Natchez Trace Parkway Center, 2680 Natchez Trace, Tupelo, MS 38801, Tel. 1-800-305-7417

 Trace Inn, 3400 Main St., Tel. 842-5555, Fax 844-3105, www.traceinn.com, Alternative zu den Kettenhotels, nahe dem Natchez Trace Pkwy, günstig

Chickasaw Village, nordwestl. am Natchez Trace Pkwy, Tel. 680-4025, tägl. von 8 Uhr bis zum Sonnenuntergang, ehemalige indianische Siedlung
Elvis Presley Center and Museum, 306 Elvis Presley Dr., Tel. 841-1245, Mai–Sept. Mo–Sa 9–17, So 13–17, Rest des Jahres Mo–Sa 9–17, So ab 13 Uhr, Geburtshaus des King of Rock n' Roll
National Battlefield and Tupelo Museum, W. Main St./MS 6, 1 Meile westl., immer zugänglich, früheres Bürgerkriegsschlachtfeld

Tuscaloosa (AL)

Lage: C5
Vorwahl: 205
Einwohner: 78 000

 Tuscaloosa Convention & Visitors Bureau, 1305 Greensboro Ave., AL 35403, Tel. 391-9200, Fax 391-2125, www.tcvb.org

 Courtyard by Marriott, 4115 Courtney Dr., Tel. 750-8384, Fax 750-8389, www.marriott.com, geschmackvoll, mit Pool und Restaurant, moderat
La Quinta Inn, 4122 McFarland Blvd. E., Tel. 349-3270, Fax 758-0440, www.laquinta.com, ordentliches Motel in der Nähe von Shopping Malls und Kinos, Frühstück inklusive, günstig/moderat
Moon Winx Lodge, 3410 University Blvd., Tel. 553-1520, einfache Herberge in der Nähe der Universität, günstig

The Globe, 430 Main Ave., Northport, Tel. 391-0949, Einrichtung à la Shakespeare, exzellente, internationale Küche, So/Mo geschl., moderat/teuer
Bob Baumhower's ›Wings‹ Sports Grille, 500 Harper Lee Dr., Tel. 556-5658, populäres *hangout* der Studenten, Fan-Lokal des Crimson Tide-Football-Teams, tägl., günstig/moderat
Dreamland Barbeque, 5535 15th Ave. E., Tel. 758-8135, schlichte Einrichtung, aber legendäre *spare ribs,* tägl., günstig/moderat

 Battle-Friedman House, 1010 Greensboro Ave., Tel. 758-6138, Di–Sa 10–12, 13–16, So 13–16 Uhr, Antebellum-Villa mit zeitgenössischer Einrichtung
Children's Hands-On Museum, 2213 University Blvd., Tel. 349-4235, Di–Fr 9–17, Sa 13–17 Uhr, Erlebnismuseum für Kinder
Gorgas House, Capstone Dr., Tel. 348-5906, Di–Fr 10–16, Sa bis 15, So 14–16 Uhr, restaurierte Antebellum-Villa mit zeitgenössischem Mobiliar und erlesener Silbersammlung
Mercedes Benz International Visitor Center, 11 Mercedes Dr., I-20/59, Vance, 15 Meilen westl. von Tuscaloosa, Tel. 507-3537, Mo–Fr 9–14 Uhr, Ausstellung vom ersten Automobil 1886 bis zur Produktion der M-Klasse
Mildred Warner House, 1925 8th St., Tel. 345-4062, Sa 10–17, So ab 13 Uhr, Antiquitäten und amerikanische Malerei
Old Tavern Museum, 500 28th Ave., Tel. 758-2238, Mi–Fr 8–16, Sa 10–12 u. 13–16, So 13–16 Uhr, einstiger Gasthof und Postkutschenstation
Paul W. ›Bear‹ Bryant Museum, 300 Paul W. Bryant Dr., Tel. 348-4668, tägl. 9–16 Uhr, Ausstellung zur Geschichte des Uni-Football-Teams und zu dessen unvergessenem Trainer
Sarah Moody Gallery of Art, 103 Garland Hall, Tel. 348-1890, Sept.–Mai Mo–Fr 8.30–16.30, So 14–17, Juni–Aug. Mo–Fr 10–16 Uhr, wechselnde Ausstellungen zeitgenössischer Kunst
The Warner Collection, Gulf States Paper Corporation, 1400 River Dr. N. E., Tel. 553-6200, Sa 10–17, So 13–17, Mo–Fr Führungen 17.30, 18.30 Uhr, Sammlung überwiegend amerikanischer Maler

International Cityfest and Weindorf, letztes Wochenende im Aug., Kulturfestival und Riesen-Grillparty, schwäbisches Weindorf und deutsche High-Tech-Produkte, Information: CityFest, P.O. Box 21317, Tuscaloosa, AL 35402
Kentuck Festival of the Arts, im nördl. Vorort Northport, Tel. 758-1257, im Okt., Ausstellung und Verkauf von Werken einheimischer Künstler

Kentuck Main Avenue Gallery, 503 Main Ave., Tel. 758-1257, Mo–Fr 9–17, Sa 10–16.30 Uhr, hier arbeiten Kunsthandwerker und Künstler, die ihre Werke auch verkaufen

Tuskegee (AL)

Lage: D4
Vorwahl: 334
Einwohner: 12 500

 Tuskegee Institute National Historic Site mit dem George Washington Carver Museum, US 29 S., Tel. 727-3200, tägl. 9–17 Uhr, Schulgebäude für schwarze Schüler nach dem Bürgerkrieg

Vicksburg (MS

Lage: B5
Vorwahl: 601
Einwohner: 21 000

Convention & Visitors Bureau, Clay St./ Old Hwy 27, P.O. Box 110, MS 39181, Tel. 636-9421, Fax 636-9475, www. vicksburgcvb.org

The Duff Green Mansion, 1114 First East St., Tel. 636-6968, Fax 661-0079, www.innbook.com/inns/duffgreen, Bed and Breakfast Inn in einer alten Villa, nachmittags Cocktails, moderat
Rainbow Hotel Casino, 1380 Warrenton Rd., Tel. 636-7575, Fax 630-9046, www. rainbowcasino.com, die supergünstigen Hotel- und Restaurantpreise lassen sich nur als Lockruf an die Spieltische erklären, günstig

Walnut Hills, 1214 Adams St., Tel. 638-4910, regionale Küche mit den besten Brathähnchen des Südens, Sa geschl., moderat

National Military Park, 3201 Clay St., Tel. 636-0583, Visitor Center tägl. 8–17 Uhr, Schlachtfeld des Bürgerkriegs mit Monumenten und Schützengräben
»USS Cairo«, im Military Park, am Mississippi, Tel. 636-2199, März–Okt. tägl. 9.30–18, Rest des Jahres 8.30–17 Uhr, ausgedientes Kriegsschiff aus dem Bürgerkrieg

Mehrere Kasinos, wie z. B. Rainbow Casino at Vicksburg Landing, Tel. 1-800-503-3777, Isle of Capri, Tel. 636-5700

 Siege Reenactment, Nach›spiel‹ der Belagerungsschlacht von Vicksburg während des Bürgerkriegs, Anfang Juli

Vienna (VA)

Lage: G8
Vorwahl: 703
Einwohner: 15 000

Wolf Trap Farm for the Performing Arts, CR 676, 1551 (Trap Road), Ticketreservierungen Tel. 255-1868, Spielplan und allgemeine Informationen Tel. 938-2404, www.nps.gov/wotr/index.htm

Virginia Beach (VA)

Lage: H7
Vorwahl: 757
Einwohner: 395 000

Visitor Information Center, 2100 Parks Ave., VA 23451, Tel. 437-4888, www.vbfun.com

Cavalier Hotel, 42nd St., Tel. 425-8555, Fax 428-7957, www. cavalierhotel.com, weitläufiges Traditionshotel, moderat/teuer
The Breakers, 16th St., Tel. 428-1821, www.breakersresort.com, schmales Strandhotel, Zimmer mit Balkon zum Meer, moderat/teuer
Idlewhyle Motel, 2705 Atlantic Ave., Tel. 428-9341, Fax 425-5355, ordentliches Strandhotel, beliebt bei Familien, moderat

Jugendherberge:
Angies's Guest Cottage Hostel, 302 24th St., Virginia Beach, Tel. 428-4690, www.bbbinternet.com/angies, putzmuntere Jugendherberge in Spazierweite zum lebhaften, breiten Strand

Camping:
Virginia Beach KOA, 1240 General Booth Blvd., Tel. 428-1444
Seashore State Park, Cape Henry, am Shore Dr., Tel. 481-2131

Gus' Mariner Restaurant, Atlantic Ave./57th St., Tel. 425-5699, elegantes Fischrestaurant mit Aussicht, tägl., moderat/teuer
Charly's Seafood Restaurant, 3139 Shore Dr., Tel. 481-9863, einfaches Dekor, leckere Fische und Krebse, tägl., günstig/moderat

Virginia Marine Science Museum, 717 General Booth Blvd., Tel. 425-3474, 15.6.–Anfang Sept. tägl. 9–21, Rest des Jahres bis 17 Uhr, mit riesigem Aquarium und Salzwassermarschen

Ocean Breeze Fun Park, 849 General Booth Blvd., Tel. 442-0718, Achterbahnen und Videospiele

Mehr als 30 km breiter Sandstrand, an den Rändern nicht so zugebaut

Waldron (AR)

Lage: A6
Vorwahl: 501
Einwohner: 900

Blythe's Museum, 635 N. Main St., Tel. 637-3730, www.waldronareachamber.org, Mai–Sept. Mo–Fr 10–16 Uhr, Rest des Jahres auf Anfrage, indianische Fundstücke aus der Region sowie Sammlung zur Lokalgeschichte

Washington D.C.

Lage: G8
Stadtplan: hintere Umschlaginnenkarte
Vorwahl: 202
Einwohner: 607 000

Washington D. C. Convention and Visitors Association, 1212 New York Ave., NW, Suite 600, DC 20005-3992, Tel. 789-7099, Fax 789-7037, www.washington.org
Visitor Information Center, 1455 Pennsylvania Ave., Tel. 789-7038, zudem Informationskioske u. a. im Air and Space Museum, am Dulles- und am National Airport, am Washington Monument, am Lafayette Park sowie beim Lincoln Memorial

Bed & Breakfast Accommodation Ltd., P.O. Box 12011, Washington D. C. 20005, Tel. 328-3510, Fax 332-3885, vermittelt Zimmer mit Frühstück sowie möblierte Apartments in der Stadt

The Watergate Hotel, 2650 Virginia Ave., Tel. 965-2300, Fax 337-7915, www.swissotel.com, elegantes First Class-Hotel mit exzellentem Restaurant Aquarelle (teuer/Luxus), im legendären Watergate-Komplex am Potomac River, Luxus
The Jefferson, 1200 16th St., Tel. 347-2200, Fax 331-7982, www.camberley.com, exklusives Luxushotel mit Spitzenservice, Luxus
Savoy Suites Georgetown, 2505 Wisconsin Ave. NW, Glover Park, Tel. 337-9700, Fax 337-3644, www.savoysuites.com, Studios, meist mit Küche, moderat/teuer
Normandy Inn, 2118 Wyoming Ave., Tel. 483-1350, Fax 378-8241, elegant-romantische Herberge in der Nähe vieler Botschaften, moderat/teuer
Lombardy, 2019 Pennsylvania Ave., Tel. 828-2600, Fax 872-0503, www.hotellombardy.com, zentral, gut, am Wochenende billiger, dann moderat
Red Roof Inn, 500 H St., Tel. 289-5959, Fax 682-9152, www.redroof.com, in Chinatown, zentral, moderat
Allen Lee Hotel, 2224 F St., Foggy Bottom, Tel. 331-1224, www.allenleehotel.

com, sauber, mit und ohne Bad, günstig/
moderat

Jugendherberge:
Washington International Youth Hostel, 1009 11th St. NW, Tel. 737-2333, Fax 737-1508, www.hiwashingtondc.org, in sicherem Viertel an der Ecke zur K-Street

Camping:
Cherry Hill Park, College Park, ca. 4 Meilen nordöstl. von der Stadtgrenze in Maryland, Tel. 301-937-7116

Red Sage, 605 14th St. NW, Tel. 638-4444, feurige Offenbarung der *Southwestern cuisine,* tägl., Luxus
Nora, 2132 Florida Ave. NW/R St., Tel. 462-5143, phantasievolle wechselnde Gerichte, hervorragende Weinliste, tägl., teuer
Le Rivage, 1000 Water St., Tel. 488-8111, französisches Lunch- und Dinner-Restaurant über dem Washington Yacht Club, mit gutem Preis-Leistungs-Verhältnis, moderat/teuer
Kinkead's, 2000 Pennsylvania Ave., Tel. 296-7700, lebhaftes Lunch- und Dinner-Restaurant mit exzellenter amerikanischer Küche, hervorragende Fisch- und Muschelspezialitäten, tägl., moderat/teuer
Pesce, 2016 P St. NW, Tel. 466-3474, exzellente Adresse für Liebhaber von Meeresfrüchten, tägl., moderat/teuer
America, 50 Massachusetts Ave., im Westflügel der Union Station, Tel. 682-9555, lebhaftes Bistro-Restaurant über zwei Etagen mit amerikanischen Klassikern aus vielen Bundesstaaten, tägl., günstig–teuer
Austin Grill, 2404 Wisconsin Ave., NW, Tel. 337-8080, munterer Tex-Mex-Grill, frische Zutaten, gute Stimmung, tägl., günstig/moderat
Meskerem, 2434 18th St. NW, Tel. 462-4100, originelles äthiopisches Restaurant, scharfe Speisen, tägl., günstig/moderat
Pizzeria Paradiso, 2029 P St. NW, Tel. 223-1245, knusprige Pizza aus dem Holzofen und lecker belegte Panini, tägl., günstig/moderat
Old Post Office, Pennsylvania Ave./12th St., *Food Court* im weiträumigen Atrium

der zu einer Einkaufsgalerie umgebauten, ehemaligen Hauptpost. Als Verdauungsspaziergang könnte man auf den 120 m hohen Observation Tower klettern, tägl., günstig/moderat

Kapitol, Capitol Hill, Tel. 225-6827, Sommerhalbjahr tägl. 9–20, Rest des Jahres bis 16.30 Uhr, Sitz des Parlaments und Wahrzeichen der Stadt
Capital Children's Museum, 800 3rd St./H St.N.E., Tel. 543-8600, tägl. 10–17 Uhr, mit vielen Experimenten zu Naturgesetzen und spielerischem Kennenlernen unterschiedlicher Kulturen
Explorers Hall, 17th/M Sts, Tel. 857-7700, Mo–Sa 9–17, So ab 10 Uhr, Ausstellung für Abenteurer und Entdecker der National Geographic Society
Franklin Delano Roosevelt Memorial, West Potomac Park, 1850 W. Basin Dr., Tel. 426-6841, tägl. von 8 Uhr bis Mitternacht, erinnert an den Präsidenten während der Weltwirtschaftskrise und des Zweiten Weltkriegs
FBI Building, E St, zwischen 9th und 10th Sts, Tel. 324-3447, Führungen Mo–Fr 8.45–16.15 Uhr, Zentrale der Bundeskriminalpolizei
Frederic Douglass National Historic Site, Cedar Hill, 1411 W St. SE, Tel. 426-5961, April–Sept. tägl. 9–17, Rest des Jahres bis 16 Uhr, Wohnhaus des ehemaligen Sklaven und späteren Präsidentenberaters
Hirshhorn Museum and Sculpture Gardens, Smithsonian Institution, Independence Ave./7th St. SW, Tel. 357-2700, tägl. 10–17.30 Uhr, erlesene Sammlung zeitgenössischer Kunst, herrlicher Skulpturengarten
Jefferson Memorial, Ohio Dr., tägl. von 8 Uhr bis Mitternacht, Tel. 426-6841, Präsidentenmonument in einem römisch anmutenden Tempel am Südende des Tidal Basin
John F. Kennedy Center for the Performing Arts, Rock Creek Pkwy, Tel. 416-8341, Programm- und Karteninformation Tel. 467-4600, kostenlose Führungen tägl. 10–13 Uhr, Kulturzentrum mit sechs Bühnen
Korean War Veterans Memorial, nahe dem Lincoln Memorial, zwischen Reflec-

ting Pool und Independence Ave., Erinnerung an den Korea-Krieg und die dort gefallenen Soldaten des Westens, immer zugänglich

Library of Congress, gegenüber vom Kapitol, Independence Ave. SE, Tel. 707-8000, unterschiedliche Öffnungszeiten zu den verschiedenen Einrichtungen und Programmen, Kongreßbibliothek und Medienzentrum

Lincoln Memorial, Potomac Park, 23rd St. NW, Tel. 426-6842, tägl. von 8 Uhr bis Mitternacht, imposantes Monument des Präsidenten der Bürgerkriegszeit am Potomac River

Museum of American History, Smithsonian Institution, Constitution Ave., zwischen 12th und 14th Sts, Tel. 357-2700, tägl. 10–17.30 Uhr, bunte Mischung von Exponaten zur amerikanischen Geschichte, von Kermit dem Frosch bis zu Erinnerungen an gefallene Vietnam-Soldaten

National Air and Space Museum, Smithsonian Institution, 4th/Independence Aves, Tel. 357-2700, tägl. 10–17.30 Uhr, über 1 Mio. Besucher im Jahr sind von der Ausstellung zu Weltraumtechnik und Fliegerei fasziniert

National Gallery of Art, Smithsonian Institution, Constitution Ave. zwischen 3rd und 7th Sts NW, Tel. 737-4215, Mo–Sa 10–17, So 11–18 Uhr, exzellente Kunstsammlung in einem avantgardistischen Gebäude

National Museum of Natural History, Smithsonian Institution, 10th St./Constitution Ave., Tel. 357-2700, tägl. 10–17.30 Uhr, Schatzkiste der Naturwissenschaft, besonders sehenswert sind der Insektenzoo und die Mineraliensammlung mit dem Hope-Diamanten

United States Holocaust Memorial Museum, 100 Raoul Wallenberg Plaza, Tel. 488-0400, tägl. 10–17.30 Uhr, Erinnerung an die Vernichtung europäischer Juden

Vietnam Veterans Memorial, nahe dem Lincoln Memorial, zwischen Reflecting Pool und Independence-Ave., unheroisches Kriegsdenkmal für die Gefallenen der US-Armee, immer zugänglich

Washington Monument, zwischen Constitution- und Independence Ave., südl.

des Weißen Hauses, Tel. 426-6841, im Sommer von 8 Uhr bis Mitternacht, im Winter 9–17 Uhr, gegenwärtig Reparaturarbeiten, knapp 170 m hoher Obelisk zu Ehren des ›Vaters der Nation‹

Weißes Haus, 1600 Pennsylvania Ave. NW, Tel. 456-7041, Führungen Di–Sa 10–12 Uhr, Karten beim White House Visitor Center, E/15th Sts, ab 8 Uhr, Wohn- und Amtssitz des US-Präsidenten

Die Gift Shops der Museen sind meist gute Adressen für Mitbringsel. Bekannt für ihre originelle Auswahl sind die Läden in den Einrichtungen der 14 Smithsonian-Museen in Washington. Schöne Drucke, Bücher und Spiele gibt es im Gift Shop der National Gallery of Art

Melody Record Shop, 1623 Connecticut Ave. NW, führt Tausende von CDs und MCs von Klassisch bis Hardcore zu herabgesetzten Preisen

Olsson's Books and Records, 1239 Wisconsin Ave. NW, Georgetown, weitläufiger Buchladen mit reduzierten Preisen auch für viele Neuerscheinungen sowie Büchern auf Sprechkassetten

The Shops at Georgetown Park, 3222 M St. NW, dreistöckiges Einkaufsparadies mit mehr als 100 Fachgeschäften, Boutiquen und Restaurants, hier gibt es alles, von Designer-Sonnenbrillen und Reisegepäck bis zu Kinderspielzeug

Georgetown Flea Market, März–Dez., So 9–17 Uhr, Wisconsin Ave., zwischen T und S Sts

Penn Camera Exchange, 915 E. St. NW, Tel. 347-5777, der beste Fotoladen der Stadt, mit Rabatten auch auf Markenfabrikate

Political America, Union Station, Tel. 547-1685, originelle Memorabilia aus der Politik wie alte Kampagnen-Aufkleber u. a.

Potomac Mills, 30 Meilen südl. der Stadt, an der I-95, riesiges *Factory Outlet*-Einkaufszentrum mit respektablen Rabatten auf Markenfabrikate

Bayou, 3135 K St., Georgetown, Tel. 333-2897, populäre und weniger bekannte Live-Gruppen von Rock bis Pop und Reggae

Madam's Organ, 2461 18th St. NW, in Adams Morgan, Tel. 667-5370, gute Musik zum Tanzen, nette Leute
Blues Alley, 1073 Wisconsin Ave. NW, Tel. 337-4141, traditionsreicher Jazz- und Blues-Club in Georgetown
Ozio, 1835 K St. NW, Tel. 822-6000, Zigarren- und Cocktail-Club mit prominenten Gästen, Rauchen erlaubt

In der Wochenendbeilage der »Washington Post« am Freitag sind Spielpläne, Konzerte und Veranstaltungen aufgelistet. Eine gute Übersicht bieten auch die kostenlosen Magazine »Where Washington« und »The City Paper«, die in Hotels, Restaurants oder Buchläden ausliegen. Bei TICKETplace, Lisner Auditorium der George Washington-Universität, 1730 21st St. NW, und am Old Post Office Pavillion, 1100 Pennsylvania Ave. NW, kann man Tickets für Aufführungen am gleichen Abend für den halben Preis erwerben, Eintrittskarten nicht nur fürs Theater bekommt man mit Kreditkarte bei Protix, Tel. 703-218-6500 oder 1-800-955-5566
Arena Stage, 6th St./Maine Ave. SW, Tel. 488-4377, das feste Ensemble zeigt Sprech- und Musikstücke, organisiert Lesungen und führt experimentelle Stücke auf einer Studiobühne auf
John F. Kennedy Center for the Performing Arts, New Hampshire Ave. NW, am Rock Creek Pkwy, Tel. 467-4600, sechs Bühnen. Im **Opera House** treten die Oper und das Ballett auf, auf der Bühne der **Concert Hall** musiziert das National Symphony Orchestra, im **Terrace Theater** werden Kammerspiele inszeniert, treten Solisten zu Konzerten auf, das **Eisenhower Theater** gibt unterschiedlichen Produktionen, von anspruchsvollen Theaterstücken und Konzerten bis zu Opern- oder Ballettaufführungen, im **Theater Lab** verfolgen tagsüber junge Zuschauer die Stücke des Kindertheaters, abends lachen Erwachsene über Komödien, Clowns und Humoristen
National Theater, 1321 Pennsylvania Ave. NW, Tel. 628-6161, aktuelle Broadway-Musicals
Shakespeare Theatre, 450 7th St. NW, Tel. 393-2700, die Shakespeare-Inszenie-

rungen haben internationalen Ruf
Woolly Mammoth Theatre Company, 1401 Church St. NW, Tel. 202-218-6300, moderne und avantgardistische Stücke

 Kirschblütenfest, Ende März, Anfang April
Unabhängigkeitstag, 4.7., mit großer Parade, diversen Konzerten und gigantischem Feuerwerk am Potomac River
Taste of DC, die Chefs der Restaurants kochen auf, Pennsylvania Ave., erstes Wochenende im Okt.

Das Tourmobile, Tel. 554-7950, fährt auf einer Rundstrecke an den wichtigsten Sehenswürdigkeiten vorbei. Mit einer Tageskarte kann man die Fahrt beliebig oft unterbrechen
Old Town Trolley Tours, Tel. 832-9800, bietet einen ähnlichen Service und fährt sogar bis nach Georgetown
Gray Lines, Tel. 289-1995, hat auch deutschsprachige Stadtrundfahrten im Programm sowie Ausflüge durch schwarze Wohnviertel und bis nach Mount Vernon
Lily Small, Tel. 301-229-7062, individuelle Stadtführungen, deutschsprachig
Scandal Tours, Tel. 301-587-5291, fährt auf einer Route von ›Skandalen, Affären und spektakulären Verbrechen‹
Liberty Helicopter Tours, Tel. 863-0455, bietet den besten Blick auf die Hauptstadt von oben
Canal Clipper Tours, Informationen National Historical Park, Tel. 301-739-4200, Böttchenfahrten auf dem Chesapeake and Ohio Canal
Stadtrundfahrt mit dem Fahrrad, Bike the Sights, Tel. 966-8662

Nahverkehr: Moderne U-Bahn mit mehreren Linien, diverse Buslinien, Streckenplan und Preisinformation an den Haltestellen oder Tel. 637-7000 sowie beim Metro Center im Souterrain bei der 12th/F Sts
Flugverbindungen: Der Washington Dulles International Airport (IAD) wird von den meisten europäischen und US-Airlines angeflogen, der National Airport DCA

(demnächst Ronald Reagan Airport) verbindet Washington mit vielen Inlandsflughäfen
Zugverbindungen: Union Station, 50 Massachusetts Ave. NE, Amtrak verbindet tägl. mit New York, Chicago, der Westküste sowie mit Miami, Atlanta und New Orleans
Mietwagen: Alle wichtigen Autoverleiher sind an den Flughäfen und mit einem Stadtbüro in Washington D.C. vertreten

White Springs (FL)

Lage: E3
Vorwahl: 904
Einwohner: 700

 Stephen Foster State Folk Cultural Center, US 41, 3 Meilen östl. der I-75, Tel. 397-2733, http://whitesprings.org, Park tägl. von 8 Uhr bis zum Sonnenuntergang, Gebäude tägl. 9–17 Uhr, Erinnerung an den bekannten Komponisten

 Folk Festival, letztes Wochenende im Mai (Memorial Day), mit Country- und Folk Music-Stars

Williamsburg (VA)

Lage: G7
Vorwahl: 757
Einwohner: 12 000

Williamsburg Area Convention and Visitors Bureau, 201 Penniman Rd., P.O. Box 3620, Williamsburg, VA 23185, Tel. 253-0192, www.visitwilliamsburg.com

Williamsburg Inn, 136 E. Francis St., Tel. 229-1000, Fax 565-8797, www.history.org, elegantes Grand-Hotel im englischen Landhausstil, Luxus
Governor's Inn, 506 N. Henry St., Tel. 229-1000, Fax 220-7019, www.history.org, Qualität und Nähe zum Colonial Park, moderat/teuer
Governor Spotswood Motel, 1508 Richmond 8 Rd., Tel. 229-6444, Fax 253-2410, mit Grünflächen und Pool, moderat

Camping:
Williamsburg KOA, 5210 Newman Rd., Tel. 565-2907
Anvil Campground, 5243 Moreton Rd., Tel. 526-2300

Shields Tavern, Duke of Gloucester St., Tel. 229-2141, weitläufige, historische Taverne im Colonial Park, tägl., teuer
Trellis Café, Restaurant & Grill, Duke of Gloucester St./Merchants Sq., Tel. 229-8610, freundliches Restaurant mit gutem Essen, tägl., teuer
Old Chicahominy House, 1211 Jamestown Rd./VA 199, Tel. 229-4689, altmodisch-gemütliches Frühstücks- und Lunch-Restaurant, tägl., günstig

 Colonial National Historical Park, Abfahrt I-64, Exit 238, Tel. 220-7645, Visitor Center tägl. 9–17 Uhr, Sammeleintritt *(Patriot's Pass)* zu verschiedenen historischen Gebäude der aufwendig rekonstruierten ehemalige Hauptstadt des kolonialen Virginia

Busch Gardens Williamsburg, 1 Busch Gardens Blvd., 3 Meilen östl. des Ortes, Tel. 253-3350, tägl. ab 10 Uhr, wechselnde Schlußzeiten, riesiger Vergnügungspark zu kolonialen Themen, mit angeschlossener Water Country Bade-Anlage

Wilmington (NC)

Lage: G7
Vorwahl: 910
Einwohner: 56 000

Cape Fear Coast Convention & Visitors Bureau, 24 N. 3rd St., NC 28401, Tel. 341-4030, www.cape-fear.nc.us

Blockade Runner Resort Hotel, 275 Waynick Blvd., Wrightsville Beach, Tel. 256-2251, Fax 256-5520, www.

blockade-runner.com, Strandhotel mit exzellentem Restaurant Ocean Terrace, moderat
Coast Line Inn, 503 Nutt St., Tel. 763-2800, Fax 763-2785, gut, günstig

 Pilot House, 2 Ann St., Chandler Wharf, Tel. 343-0200, mit Terrasse zum Fluß, tägl., moderat/teuer

 »Battleship USS North Carolina«, gegenüber der Innenstadt, am Südufer des Cape Fear River, Tel. 251-5791, Ende Mai–Anfang Sept. 8–20, Rest des Jahres bis 17 Uhr, Schlachtschiff des Zweiten Weltkriegs
Cape Fear Museum, 814 Market St., Tel. 341-4350, Di–Sa 9–17, So 14–17 Uhr, gut geführtes Regionalmuseum zur Geschichte der Cape Fear Coast

 Jazz Festival landesweit populäres Fest im Feb.
Blues Festival im Aug.

»Henrietta III« und **»Capt. J.N. Maffitt«,** Anleger 301 N. Water St., Tel. 343-1611, ein- und zweistündige Fahrt auf dem Cape Fear River

Winnfield (LA)

Lage: A4
Vorwahl: 318
Einwohner: 6400

Louisiana Political Museum & Hall of Fame, 499 E. Main St., Tel. 628-5928, Di–Fr 10–16, Sa 10–12 Uhr, Geschichte des Bundesstaates und Erinnerung an die drei Gouverneure Huey P. Long, O.K. Allen und Earl K. Long, die aus Winnfield stammen

Winston-Salem (NC)

Lage: F6
Vorwahl: 336
Einwohner: 144 000

Visitor Center, 601 N. Cherry St., Suite 100, NC 27102, Tel. 752-2361, www.wscbv.com

Manor House Bed & Breakfast, Tanglewood Park, Tel. 766-0581, Fax 766-8723, große Zimmer, Park, günstig

 Zevely House, 901 W. 4th St., Tel. 725-6666, exzellente, innovative Küche, Mo. geschl., teuer
Leon's Café, 924 S. Marshall St., Tel. 725-9593, vorzügliches Speiserestaurant nahe Alt-Salem, tägl., moderat

Bethabara Park, 2147 Bethabara Rd., Tel. 924-8191, Mo–Fr 9.30–16.30, Sa–So ab 13.30 Uhr, die Gebäude sind von Dez. bis April geschlossen, Rekonstruktion von Gebäuden einer alten Moraviersiedlung
Historic Old Salem, Old Salem Rd., Tel. 721-7300, Besichtigung der Häuser, Mo–Sa 9.30–16.30, So ab 13.30 Uhr, Siedlung der mährischen Bruderschaft
Whitaker Park, Reynolds Blvd., 3 Meilen nördl., Tel. 741-5718, Führungen Mo–Fr 8–18 Uhr, Zigarettenfabrik

 Old Salem Christmas and Candle Teas, alt-morawische Weihnachten, Dez.

Yorktown (VA)

Lage: G7
Vorwahl: 757
Einwohner: 1800

 Yorktown Victory Center, Old SR 238, Tel. 887-1776, tägl. 9–17 Uhr

Yorktown Battlefield Visitor Center, National Park Service, Tel. 898-3400, tägl. 9–17 Uhr, alles über den Kolonialkrieg und den Sieg von Yorktown

Richig Reisen Service

Reiseinformationen von A bis Z

Ein Nachschlagewerk – von A wie Anreise über N wie Notfälle bis Z wie Zeitungen – mit vielen nützlichen Hinweisen, Tips und Antworten auf Fragen, die sich vor oder während der Reise stellen. Ein Ratgeber für die verschiedensten Reisesituationen.

Informationen A–Z

328

Anreise

■ Mit dem Flugzeug
Von deutschen, österreichischen und schweizerischen Flughäfen werden Washington D.C., Atlanta und Memphis von europäischen Gesellschaften angeflogen. Amerikanische Fluggesellschaften wie Delta, United oder US Airlines erreichen mit einer Umsteigeverbindung viele weitere Städte in den Südstaaten. Die Flugzeit beträgt je nach Zielort zwischen acht und zehn Stunden, der Preis für ein Ticket in der Economy-Klasse nach Washington D.C. ist in der Nebensaison für 400 €, in der Hauptsaison ab 600 € zu haben. Sondertarife fast aller Fluggesellschaften lohnen einen Preisvergleich.

■ Reisedokumente
Für die Einreise in die USA ist für Deutsche, Österreicher und Schweizer ein bei der Einreise mindestens noch 90 Tage gültiger Reisepaß erforderlich. Urlauber aus den meisten EU-Ländern benötigen für einen touristischen Aufenthalt bis zu 90 Tagen kein Visum. Auf dem ersten amerikanischen Flughafen, auf dem aus Europa kommende Maschinen landen, werden die Einreise- und Zollformalitäten abgewickelt und die Fragebogen abgegeben, die bereits im Flugzeug verteilt und ausgefüllt wurden. Ein Abschnitt des Einreiseformulars verbleibt bis zur Ausreise im Paß.
Visa Information Service Hotline: Tel. 0190-85 00 55
Allgemeine Information: Tel. 0190-85 00 58 00 (Band)

Aktivurlaub

■ Angeln
Für das Angeln in Seen und Flüssen muß man eine Lizenz in einem örtlichen Ausrüstungsladen erwerben, Hochseeangler können an Bord organisierte Ausflüge mitmachen, die von diversen Häfen an der Atlantikküste starten. Von Piers und Brücken ist das Angeln frei. Die Zahl der aktiven Sportangler wird in den USA auf 47 Mio. geschätzt. Deren Interessen vertritt die **American Sportfishing Association**, 1033 N. Fairfax St. #200, Alexandria, VA 22314, Tel. 703-519-9691, Fax 703-519-1872, www.asafishing.org.

Für Informationen über das Angeln und die Jagd in den National Wildlife Refuges kann man sich an das Southeast Regional Office des **US Fish & Wildlife Service** wenden, 1875 Century Boulevard, Suite 400, Atlanta, GA, Tel. 404-679-4000, Fax 404-679-4006, http://southeast.fws.gov.

■ Baden / Strände
An den langen Atlantik- und Golfküsten der Südstaaten liegen einige der schönsten Strände von Nordamerika. Die Sand- und Dünenlandschaft der Outer Banks von North Carolina, Strände auf anderen vorgelagerten Inseln wie auf Hunting Island und Hilton Head Island in South Carolina oder den Golden Isles von Georgia sowie auf Amelia Island an der Atlantikküste von Florida sind selbst im Sommer nicht überlaufen. Herrliche, feine Sandstrände bietet auch die Golfküste, vor allem um Fort Walton Beach und entlang der Gulf Islands National Seashore.

An einigen Strandabschnitten wie Virginia Beach, am Grand Strand von Myrtle Beach in South Carolina, dem Miracle Strip bei Panama Beach in Florida oder Holly Beach in Louisiana versammeln sich in den Sommermonaten Urlauber in Wohnwagensiedlungen oder Hotelburgen.

■ Golf

Mit weit über 1000 Golfplätzen in den Südstaaten, darunter einige der schönsten in den USA, können sich Golfer in ihrem Paradies wähnen. Viele Resort-Hotels verfügen über eigene oder Vertragsanlagen, die meisten bieten mehrtägige Kurse zum Erlernen der Sportart an, Ausrüstungen können gemietet werden.

■ Radfahren

In der United States Cycling Federation (USCF) sind die **National Off-Road Bicycle Association** (NORBA) und die Profis der U.S. Professional Racing Organization (USPRO), 1 Olympic Plaza, Colorado Springs, CO 80909, Tel. 719-578-4581, Fax 719-578-4628 sowie die **National Bicycle League** (NBL), 3958 Brown Park Dr, Suite D, Hilliard, OH 43026, Tel. 614-777-1625, Fax 614-777-1680 zusammengeschlossen. Ihre gemeinsame Website: www.usacycling.org

■ Rafting / Kajak / Kanu

Nicht nur in Ocoee im Osten von Tennessee, wo die Kajakwettbewerbe der Olympischen Spiele 1996 ausgetragen wurden, sondern auch an vielen Orten am Rande der Appalachen kann man mit dem Kajak, dem Kanu oder robusten Gummiflößen durch die Stromschnellen der Wildbäche jagen – oder gemütlich dem Lauf der Flüsse folgen. Der Spezialist für alle drei Wassersportarten hat eine eigene Website und publiziert ein Outdoor-Magazin ›The Paddler‹: **American Canoe Association**, 7432 Alban Station Blvd, Suite B-232, Springfield, VA 22150, Tel. 703-451-0141, Fax 703-451-2245, www.acanet.org.

■ Segeln / Windsurfen

In den Marinas entlang der Atlantik- und der Golfküste liegen neben PS-starken Motorbooten auch Tausende von Segelschiffen. Hinzu kommen herrliche Freizeitreviere auf den zahlreichen (Stau-)Seen im Landesinnern. Auf allen Gewässern wird auch ausgiebig gesurft. **United States Sailing Association,** PO Box 1260, 15 Maritime Dr., Portsmouth, RI 02871-0907, Tel. 401-683-0800, www.ussailing.org. Informationen zum Windsurfen findet man bei www.sailusa.com.

■ Skifahren

In den Höhenlagen der Appalachen von Wintergreen in Virginia bis nach Helen in Georgia gibt es in den meisten Wintern gute Langlauf-, aber auch passable kurze Abfahrtspisten.

■ Tennis

Hunderte privater und öffentlicher Tennisplätze unterstreichen die Popularität des weißen Sports. Zahlreiche Strand-Resorts verfügen über eigene Anlagen. Meist kann man die Ausrüstung mieten. **United States Tennis Association**, USTA Southern Section, 3850 Holcomb Bridge Rd., Suite 305, Norcross, GA 30092, Tel. 770-368-8200, Fax 770-368-9091, www.usatennis.com.

■ Wandern

Mehr als 135 Wandervereinigungen kümmern sich um Wege und Karten, bieten häufig sogar geführte Wanderungen durch die Natur an. Meist sind Vorschläge oder zumindest eine Kontaktadresse bei der örtlichen Handelskammer oder im Touristenbüro erhältlich. Ansonsten hilft die **American Hiking Society**, 1422 Fenwick Lane, Silver Spring, MD 20910, Tel. 301-565-6704, Fax 301-565-6714, www.americanhiking.org

Ärztliche Versorgung

Die medizinische Versorgung in den Südstaaten der USA ist ausgezeichnet, wenngleich meist deutlich teurer als hierzulande. Rechnungen müssen umgehend beglichen werden. Ärzte, Krankenhäuser und Apotheken nehmen gewöhnlich auch

Kreditkarten. Es ist daher ratsam, sich bei der eigenen Krankenversicherung über deren Kostendeckung zu erkundigen und im Zweifelsfall eine Reisekrankenversicherung abzuschließen.

Adressen von Ärzten oder Krankenhäusern kann man bei Hotelrezeptionen erfragen oder in den Gelben Seiten der örtlichen Telefonbücher nachschlagen. In Notfällen sind Polizei, Feuerwehr und Ambulanz über Tel. 911 erreichbar.

Die größten Gesundheitsrisiken bestehen bei der im Sommer vor allem im Süden starken Sonneneinstrahlung, einen Sonnenbrand zu erhalten. Da in geschlossenen Räumen meist die Klima-Anlage läuft, sind die Temperaturunterschiede zwischen drinnen und draußen häufig extrem. Vorsicht: Erkältungsgefahr

Apotheken

Schmerzmittel, Präparate gegen Erkältungen sowie andere nicht verschreibungspflichtige Medikamente stehen in den Supermärkten im Regal. Viele Drugstores führen eine Abteilung für Medikamente auf Rezept *(prescriptions)*, in den größeren Städten haben einige Apotheken *(pharmacy)* überlebt.

Auskunft

■ **In der Bundesrepublik Deutschland**
Fremdenverkehrsamt Florida, Schillerstr. 10, 60313 Frankfurt/M., Tel. 069-1310732, Fax 1310647, www.flansa.com
Georgia Department of Tourism, c/o ITI Marketing, Wallstr. 56, 40878 Ratingen, Tel. 021 02-71 11 84, Fax 2 11 77, www.georgia.org
Fremdenverkehrsamt Louisiana und New Orleans, c/o Wiechmann Tourism Services, Scheidswaldstr. 73, 60385 Frankfurt/M., Tel. 069-435655, Fax 439631, www.louisianatravel.com
Mississippi Tourism, c/o Global Contact, Bahnhofstraße 5, 82340 Feldafing, Tel. 081 57-99 78 78, Fax 081 57-99 78 79, www.visitmississippi.org

Fremdenverkehrsbüro North Carolina, c/o Magnum Management, Herzogspitalstr. 5, 80331 München, Tel. 089-2366 21 35, Fax 2 60 40 09, www.visitnc.com
South Carolina Fremdenverkehrsbüro, Herderstr. 6-8, 63263 Neu-Isenburg, Tel. 061 02-72 27 51, Fax 72 24 09, www.travelsc.com
Tennessee Tourism, Horstheider Weg 106a, 33613 Bielefeld, Tel. 05 21-98604 15, Fax 986 04 11, www.tennesseetourism.de
Fremdenverkehrsamt Virginia, Steinweg 3, 60313 Frankfurt/M., Tel. 069-29 19 23, Fax 29 19 04, www.virginia.org

■ **In den USA**
Wer mit dem Mietwagen unterwegs ist und auf einem Interstate Highway die Grenze zu einem anderen Bundesstaat passiert, wird kurz hinter der Grenze auf ein Visitor Center treffen. In den Informationsstellen liegen umfangreiche Materialien bereit, Mitarbeiter beraten die Reisenden.
Alabama Bureau of Tourism & Travel, P.O. Box 4927, Montgomery, AL 36104, Tel. 334-242-4414, Fax 334-353-4349, www.touralabama.org
Arkansas Department of Parks and Tourism, 1 Capitol Mall, Little Rock, AR 72201, Tel. 501-682-7777, Fax 501-682-1364, www.arkansas.com
Washington DC Convention & Visitors Association, 1212 New York Ave., NW, Suite 600, Washington SC 20005-3992, Tel. 202-789-7007, Fax 292-789-7037
Travel South USA, 3400 Peachtree Rd. N.E., Atlanta, GA 30326, Tel. 404-231-1790, Fax 404-231-2364

Behinderte

Im Vergleich zu vielen anderen Reiseländern sind die USA auch in den Südstaaten auf den Umgang mit Körperbehinderten besser eingestellt. Die Kantsteine an Straßenkreuzungen sind abgeflacht, Hotels verfügen über Rampen, viele Sehenswürdigkeiten, National- oder State Park sind für Rollstuhlfahrer zugänglich. In zahlreichen Vergnügungsparks kann man Rollstühle kostenlos am Eingang entleihen.

Diplomatische Vertretungen der USA

■ **In der Bundesrepublik Deutschland**
Botschaft der USA, Neustädtische Kirchstraße 4-5, 10117 Berlin, Tel. 030-8305-0, Fax 831 49 26

■ **In Österreich**
Botschaft der USA, Boltzmanngasse 16, 1091 Wien, Tel. 0222-31 33 90, Fax 43 51

■ **In der Schweiz**
Botschaft der USA, Jubiläumsstr. 93, 3001 Bern, Tel. 031-357 70 11, Fax 3 57 73 44

Diplomatische Vertretungen in den USA

■ **Bundesrepublik Deutschland**
Deutsche Botschaft, 4645 Reservoir Rd. N.W., Washington D.C. 20007-1998, Tel. 202-298-8140, Fax 202-298-4249, www.germany-info.org

Generalkonsulat Atlanta, Marquis Two Tower, Suite 901, 285 Peachtree Center Ave., N.E. Atlanta, GA 30303-1221, Tel. 404-659-4760

■ **Österreich**
Österreichische Botschaft,
3524 International Court N.W., Washington D.C. 20008, Tel. 202-895-6700, Fax 202-895-6750

Konsulat Atlanta, 10 North Parkway Square, 4200 North Side Parkway N.W., GA 30327 Atlanta, Tel. 404-26 49-858, Fax 404-266-3864

■ **Schweiz**
Schweizerische Botschaft,
2900 Cathedral Ave., Washington D.C. 20008-3499, Tel. 202-745-7900, Fax 202-397-2564

Generalkonsulat Atlanta, 1275 Peachtree St. N.E., Suite 425, Atlanta, GA 30309-3555, Tel. 404-870-2000, Fax 404-870-2011

Einreise- und Zollbestimmungen

Die Einfuhr von Pflanzen, Tieren oder Lebensmitteln ist nicht gestattet, das gleiche gilt für Drogen, Handfeuerwaffen oder Explosivstoffe. Hunde der Beagle Brigade schnüffeln an den Laufbändern und den wartenden Flugpassagieren auf der Suche nach Rauschgift und geschmuggelten Mettwürsten.

50 Zigarren oder 200 Zigaretten sowie 1 l hochprozentigen Alkohol darf jeder mindestens 21 Jahre alte Reisende einführen, dazu Geschenke bis zu einem Wert von 100 Dollar.

Elektritzität

Die Stromspannung beträgt 110/115 Volt Wechselstrom, 60 Hertz. Elektrogeräte müssen daher umschaltbar sein, die amerikanischen Blattstecker machen Adapter erforderlich.

Essen und Trinken

Finger lickin' good - die Südstaatenküche hat der nivellierenden Kraft der Fast Food-Ketten widerstanden und präsentiert sich als regionale Küche, die Anregungen aus zahlreichen Kulturkreisen aufnahm. Kräuter und Pflanzen der indianischen Ureinwohner, die Zutaten der Schwarzen, deren *soul food* eine kräftige Note auf die Speisekarte bringt, mischen sich mit europäischer Kochtradition.

Die frischen Produkte der Märkte bestimmen je nach Region die Schwerpunkte des Küchenzettels in den *boarding houses,* den Eßlokalen des alten Südens. Hier sitzt man noch an langen Tischen zusammen, die sich unter den Schüsseln von dampfendem Essen biegen. In vielen Restaurants der Südstaaten versucht man, die alten Kochtraditionen zu bewahren und weiterzuentwickeln. An der Atlantik- und der Golfküste stehen Fischgerichte im Vordergrund. *Snapper, grouper* oder *dolphin* (eine Goldmakrele), Hummer, Krabben und Krebs, meist gebraten oder fritiert, stehen auf den Speisekarten vieler Restaurants. *Blackened catfish,* gebackener Wels, sollte man sich in Alabama, Mississippi oder Louisiana nicht entgehen lassen. Die fleischigen Virginia-, Florida- oder Louisiana-Austern werden meist mit einer scharfen Sauce gereicht, *a dozen on the half shell.*

Geräucherte und gekochte Honig-Schinken aus Virginia und Tennessee sind kräftig und schmecken köstlich mit grünen Bohnen oder Okra-Gemüse. Die gebratenen, marinierten oder gewürzten Hähnchen, *Southern fried chicken,* gibt es in vielen Varianten, nicht nur als Standardmenue eines bekannten Fast Food-Restaurants aus Kentucky. Louisiana mit seinem Wahlspruch ›We are really cookin'‹ gilt als besonderes Kapitel für Feinschmecker. Die Cajun mit ihren kräftigen Eintöpfen und die Kreolen mit einer feineren, karibisch inspirierten Küche bringen zwei unterschiedliche französische Traditionen ein, die sich zudem in den Restaurants von New Orleans aufs Köstlichste mischen.

Sowohl Coca-Cola als auch Pepsi Cola sind zuerst in den Südstaaten gemischt worden. Das Getränk des Südens ist jedoch der Eistee. Gesüßt oder mit Zitrone, löscht er von Richmond bis Lafayette den schlimmsten Durst. Respektable Weine wachsen vor allem in Virginia und im Tal des Arkansas River. Auch in den Südstaaten nehmen Biersorten von kleineren Micro Breweries, häufig nach deutschem Reinheitsgebot für einen lokalen Markt produziert, den großen Produzenten wie Miller, Pabst, Busch oder Coors, Marktanteile ab. Bis auf ›trockene‹ Counties, in denen die Probihitionszeit noch nachwirkt und Alkohol nur zu medizinischen Zwecken in der Apotheke zu haben ist, kann man in Restaurants, die das Schild ›fully licensed‹ führen, auch hochprozentige Drinks bestellen. Wein und Bier werden in Supermärkten angeboten, Schnäpse gibt es im Liquor Store. Der Alkoholausschank

an Jugendliche unter 21 Jahre sowie das Trinken in der Öffentlichkeit sind verboten, ebenso Alkoholkonsum am Steuer.

Feiertage

Gesetzliche Feiertage
1. 1. – New Year's Day – Neujahr
Dritter Montag im Januar – Geburtstag von Martin Luther King jr.
Dritter Montag im Februar – President's Day – Geburtstag von George Washington
Letzter Montag im Mai – Memorial Day zu Ehren gefallener Soldaten, Beginn der Sommersaison
4. 7. – Independence Day – Unabhängigkeitstag
Erster Montag im September – Labor Day – Tag der Arbeit, Ende der Sommersaison
Zweiter Montag im Oktober – Columbus Day
Zweiter Montag im November – Tag der Kriegsveteranen
Vierter Donnerstag im November – Thanksgiving – Erntedankfest
25. 12. – Weihnachtsfeiertag

Darüber hinaus werden in einzelnen Bundesstaaten an zusätzlichen Feiertagen Behörden und öffentliche Gebäude geschlossen.

Feste und Festivals

■ Januar
Sugar Bowl, Football Match, New Orleans, Louisiana
Austernfestival in Charleston, South Carolina

■ Februar
Chinesisches Neujahrfest, Washington D.C.
Mardi Gras an der Golfküste, von Mobile bis Lafayette

■ März
Besichtigungstouren *(Pilgrimage)* privater Plantagenvillen in Natchez, Mississippi

Japanisches Kirschblütenfest, in Washington D.C. und in Macon, Georgia
St. Patrick's Day in Norfolk, Virginia

■ **April**
French Quarter Festival sowie Jazz and Heritage Festival in New Orleans, Louisiana
Festival International de Louisiane, Lafayette, Louisiana

■ **Mai**
Einsegnung der Krabbenflotten in Bayou la Batre, Alabama, und in Biloxi, Mississippi
Hang Gliding Spectacular in Nags Head, North Carolina
Apple Blossom Festival, Apfelblütenfest im Tal des Shenandoah, Virginia
Riverfest, Kunstfestival, Little Rock, Arkansas
Spoleto und Piccolo Spoleto Festivals zur bildenden Kunst in Charleston, South Carolina
Florida Folk Festival, White Springs, Florida, Festival der *folk music*

■ **Juni**
Festival of Five Flags in Pensacola, Florida, Geschichte und Kultur der Stadt
Highland Heritage and Craft Show, Asheville, North Carolina, Kunsthandwerk und Musik
International Country Music Fan Fair, Nashville, Tennessee Festival der Country Music
Harbor Fest in Norfolk, Virginia, Kulturspektakel am Hafen
Cool Jazz Festival in Hampton, Virginia

■ **Juli**
4. 7. Independence Day, mit Paraden, gigantischem Feuerwerk und Freiluftkonzerten
Scottish Games and Gathering of the Clans, Alexandria, Virginia, Tänze, Musik und Sportwettbewerbe
Mid Southern Music & Heritage Festival, Memphis, Tennessee, Blues, Country Music und Jazz
Versteigerung der Assateague Ponies auf Chincoteague, Virginia

■ **August**
Mountain Dance & Folk Festival in Asheville, North Carolina, Musik, Tanz und Kunsthandwerk
W. C. Handy Blues Festival in Florence, Alabama, Festival der Blues-Musik
Water Melon Festival, Hope, Arkansas, Essen und Spaß rund um die Wassermelone
Georgia Mountain Fair, Dance & Folk Festival, Hiawassee, Georgia, Musik, Tanz und Kunsthandwerk

■ **September**
Zydeco-Musikfestival in Plaisance, Louisiana
Festival Arcadienne in Lafayette, Louisiana, Musik und Kultur der französischsprachigen Cajun
Four States Fair & Rodeo, Texarkana, Arkansas, Musik, Rodeo und landwirtschaftliche Leistungsschau

■ **Oktober**
Tennessee Fall Homecoming, Volksmusik und Kunsthandwerk, bei Norris, Tennessee
Taste of D.C. Festival, dreitägiges Eßvergnügen entlang der Pennsylvania Avenue, Washington D.C.
National Storytelling Festival in Jonesborough, Tennessee, Festival der Geschichtenerzähler
Monticello Wine Festival in Charlottesville, Virginia

■ **November**
Blues Music Week in Memphis, Tennessee

■ **Dezember**
Grand Illumination in Colonial Williamsburg, Virginia, Weihnachtsstimmung und Lichterkette
Nascar Finale, die schweren **Motorrenn-Boliden** drehen in Atlanta vor 50 000 Zuschauern ihre letzten Saisonrunden

Geld und Banken

Ein Dollar teilt sich in 100 Cent, gebräuchliche Münzen sind *quarter* (25 Cent), *dime* (10 Cent) und *nickel* (5 Cent) sowie 1 *cent*-Stücke. Die Geldscheine von 1, 5, 10, 20, 50 oder 100 US-Dollar haben die gleiche Größe und Farbe, sie unterscheiden sich durch unterschiedliche Bildmotive und die aufgedruckte Summe.

Wer über eine Kreditkarte mit Geheimnummer (Pin) verfügt, kann Bargeld auch am Geldautomaten *(teller)* einer Bank erhalten; allerdings gegen recht üppige Gebühren. Banken haben meist montags bis freitags von 9 bis 17 Uhr geöffnet.

Da sehr viele Geschäfte Kreditkarten (überwiegend Visa und Mastercard/Eurocard) akzeptieren, läßt sich der Bargeldbedarf in Grenzen halten. Kautionen für Mietwagen oder Campmobile werden üblicherweise mit einer Kreditkarte hinterlegt. Dollar-Travellerschecks werden in Läden und Restaurants wie Bargeld akzeptiert, das Wechselgeld wird bar erstattet. Euroschecks sind weitgehend unbekannt, europäische Währungen sind, mit schlechten Kursen, nur in großen Städten zu tauschen.

Gesundheit

Für die Einreise in die USA sind keine besonderen Impfungen vorgeschrieben. Die größten Gesundheitsrisiken bestehen darin, bei der im Sommer vor allem im Süden starken Sonneneinstrahlung einen Sonnenbrand zu erhalten. Wegen der meist laufenden Klima-Anlagen in geschlossenen Räumen sind Erkältungskrankheiten nicht selten. Wer spezielle Medikamente ständig benötigt, sollte einen ausreichenden Vorrat mit sich führen und vorsichtshalber eine Bescheinigung darüber in englischer Sprache von seinem Hausarzt ausstellen lassen. Rezepte von Ärzten aus Europa werden von amerikanischen Apotheken nicht akzeptiert.

Karten

Mitglieder von Automobilklubs erhalten kostenloses Kartenmaterial auch über die USA. Mitglieder des ADAC können in den USA-Büros der AAA (American Automobile Association, www.aaa.com) Karten und TourBooks über die erhalten. Die Fremdenverkehrsämter von Bundesstaaten und Regionen geben auf Anfrage gleichfalls kostenlos Straßenkarten ab. Die vorzüglichen Karten von Rand McNally sind im Buchhandel oder an Tankstellen zu erwerben.

Kinder

Hotels und Restaurants sind auf Familien mit Kindern eingerichtet, stellen meist ohne Aufforderung entsprechende Stühle, Spielsachen und Kindermenüs zur Verfügung. Die Museen sind meist sehr anschaulich, häufig mit Möglichkeiten für Kinder, selbst zu experimentieren. Die endlosen Strände der Atlantik- und der Golfküste, Flüsse und Seen im Landesinnern oder auch Hotelpools sind beliebt zum Baden oder Plantschen. In der Nähe von größeren Städten gibt es häufiger Themen- oder Wasserparks, die vor allem auf jüngere Reisende magische Anziehungskraft ausüben.

Lesetips

In den Südstaaten sind große Erzähler zu Hause. Romane und Kurzgeschichten geben einen Eindruck von der Atmosphäre und dem Leben auf dem Lande zwischen Virginia und Louisiana. Die Werke von Samuel Longhorne Clemens (**Mark Twain**), »Die Abenteuer von Tom Sawyer« (Fischer TB, Frankfurt/M. 1996), »Leben auf dem Mississippi« (Aufbau Verlag, Berlin 2001), vor allem aber »Abenteuer und Fahrten des Huckleberry Finn« (Dressler, Hamburg 1998) gelten zu Recht als unübertroffene Schilderungen des Lebens der Menschen am großen Strom.

William Faulkner zeigt in »Licht im August« (Rowohlt TB, Reinbek o. J.) das Leben in Mississippi zwischen Vorurteilen und Haß. »Sartoris« (Rowohlt TB, Reinbek o. J.) spielt im Bürgerkrieg sowie in der Zeit des Wiederaufbaus und beschreibt den Konflikt zwischen alten Wertvorstellungen und veränderten Lebensbedingungen. In »Endstation Sehnsucht« (Fischer TB, Frankfurt/M. o. J.) zeigt **Tennessee Williams** den Zusammenprall zweier Kulturen, der untergehenden Südstaatenaristokratie und der industriellen Gesellschaft des 20. Jh. In »Die Katze auf dem heißen Blechdach« (Fischer TB, Frankfurt/M. 2000) ist eine Familie im Herzen des amerikanischen Südens in Geldgier, Neid und Selbsttäuschung gefangen.

Joel Chandler Harris läßt in »Onkel Remus erzählt Tiergeschichten für jung und alt« (Dausien, 1979; nur antiquarisch oder in englisch) einen schwarzen *storyteller* Mythen und Geschichten des alten Südens erzählen. **Thomas Wolfes** »Schau heimwärts Engel« (Rowohlt TB, Reinbek 1989) ist die zwiespältige Rückbesinnung auf die geistige Enge des Elternhauses und das Leben in der Kleinstadt.

Margaret Mitchells Klassiker »Vom Winde verweht« (Ullstein, Berlin 2000) ist der mit Enthusiasmus und Einbildungskraft erzählte, erfolgreichste Roman über die Südstaaten im 19. Jh. »Das Leben von **Frederick Douglass** als Sklave in Amerika, von ihm selbst erzählt« (Lamuv, Bornheim-Merten 1986; nur antiquarisch oder in englisch) ist die Autobiographie seiner Kindheit und Jugend als Sklave. »Wurzeln – Roots« (Fischer TB, Frankfurt/M. 1999) von **Alex Haley** schildert die dramatische Familiengeschichte des Autors, von Kunta Kinte, dem aus Westafrika entführten Sklaven, bis ins moderne Tennessee.

Robert Penn Warren schrieb »Der Gouverneur« (Goldmann, München 1956; nur antiquarisch oder in englisch) nach Motiven aus dem Leben des Gouverneurs von Louisiana, Huey P. Long, der einem Attentat zum Opfer fiel. In der Romantrilogie »Fackeln im Sturm« (Lübbe, Bergisch-Gladbach o. J.) porträtiert **John Jakes** den Konflikt zwischen Nord- und Südstaaten, dargestellt an zwei Familien aus Pennsylvania und South Carolina.

»Das Erwachen – The Awakening« (Goldmann, München 1999) von **Kate Chopin** zeigt unverblümt die schwierige Emanzipation einer Frau im kreolischen Louisiana. In »Die Farbe Lila« (Rowohlt TB, Reinbek 2000) erzählt **Alice Walker** die Geschichte afro-amerikanischer Frauen, die sich im ländlichen Georgia durchsetzen müssen. »Eine Stimme finden« (Goldmann, München 2001) heißen die autobiographisch geprägten Impressionen über die Flußlandschaften am Mississippi und ihre Bewohner der großen Erzählerin **Eudora Welty**. »Ignatz oder die Verschwörung der Idioten« (DTV, München 1994; nur antiquarisch oder in englisch) von **John Kennedy Toole** ist eine turbulente Groteske aus New Orleans.

In »Der Baum mit den bitteren Feigen« (Diogenes, Zürich 1979; nur antiquarisch) sind Meistererzählungen aus den Südstaaten **von William Faulkner bis Truman Capote** zusammengefaßt. Die Bestseller-Romane von **John Grisham** wie »Die Firma« (Heyne, München 2000), der in Memphis spielt, oder »Die Jury« (Heyne, München 2000), dessen Handlung sich im ländlichen Mississippi entwickelt, schildern überwiegend spannende Kriminalfälle, die im Juristenmilieu angesiedelt sind.

Im Tatsachenroman von **John Berendt**, »Mitternacht im Garten von Gut und Böse« (Goldmann, München 1997), werden Geschichten und Mythen um Savannah bei der Aufklärung eines Mordfalls lebendig. Der Roman von **Thomas Pynchon**, »Mason & Dixon« (Rowohlt TB, Reinbek 2001), knüpft an die Geschichte der Grenzziehung zwischen Maryland und Pennsylvania eine phantastische Erzählung, die auch die Sklavenarbeit aufgreift.

»Picknick mit Bären« (Goldmann, München 1999) nennt sich die amüsante Schilderung von **Bill Bryson**, über den Versuch mit einem Freund den Appalachian Trail zu erwandern.

Edward Ball schildert in »Die Plantagen am Cooper River« (Fischer TB, Frank-

Informationen A–Z

furt/M. 2001) die Saga seiner Familie, einer Dynastie von Plantagenbesitzern und die Schicksale vieler Sklaven, von denen seine Vorfahren zeitweise mehr als 4000 besaßen.

»Im Dunkel des Deltas« (Goldmann, München 1995) spielt wie die meisten anderen atmosphärisch dichten Kriminalromane von **James Lee Burke** im Süden von Louisiana.

»Ein ganzer Kerl« (Rowohlt, Reinbek 1998) des New Yorker Autors **Tom Wolfe** schildert Aufstieg und Fall eines Immobilientycoons in Atlanta, der Boomtown des neuen Südens.

Maße, Temperaturen und Gewichte

Die Umrechnung für Temperaturen erfolgt nach der Formel: Fahrenheit minus 32 dividiert durch 1,8 gleich Celsius.

■ Flüssigkeiten

1 pint	0,47 l
1 quart	0,95 l
1 gallon	3,78 l

■ Gewichte

1 ounce (oz.)	28,35 g
1 pound (lb.)	453,59 g
1 hundredweight (hdw.)	50,80 kg

■ Längenmaße

1 inch	2,54 cm
1 foot (12 inches)	30,48 cm
1 yard (3 feet)	91,44 cm
1 mile	1,61 km

National- und Naturparks

In den Südstaaten liegen zwei als Nationalparks geschützte Landschaften: Shenandoah in Virginia und die Great Smoky Mountains auf der Grenze von North Carolina und Tennessee. Hinzu kommen Küstenstriche und Inseln, die als National Seashores unter Naturschutz stehen: Cape Hatteras und Cape Lookout in North Carolina, Cumberland in Georgia und die Gulf Islands vor der Küste von Florida, Alabama und Mississippi.

Mit dem Blue Ridge Parkway zwischen Shenandoah und Great Smoky Mountains National Park und dem Natchez Trace Parkway zwischen Natchez in Mississippi und Nashville in Tennessee werden zwei Panoramastraßen von der Nationalparkverwaltung betreut und von Werbung und kommerziellem Verkehr freigehalten. Mit dem Hot Springs National Park wird ein Ensemble von historischen Badehäusern mitten im Ort Hot Springs in Arkansas geschützt.

Hinzu kommen ehemalige Schlachtfelder der Kolonialzeit, vor allem aber des Bürgerkriegs, die als National Battlefields gepflegt werden, sowie zahlreiche historische Monumente. Zusätzlich unterhalten auch die einzelnen Bundesstaaten viele als State Parks geschützte Landschaften.

Ein National Park Pass, gültig für ein Jahr, kostet für alle Mitfahrer eines Pkw 50 $. Einige Parks verlangen 10–20 $ Eintritt. Für alle, die mehrere Nationalparks besichtigen wollen, lohnt sich daher die Anschaffung. Weitere Informationen unter www.nps.gov.

Notfall

Die Polizei erreicht man landesweit gebührenfrei unter Tel. 911.

Öffnungszeiten

Die meisten Banken, Büros und viele Geschäfte haben montags bis freitags zwischen 9 und 17 Uhr geöffnet. In Einkaufszentren *(malls)* sind die Läden meist bis 21 Uhr, sonntags bis 17 Uhr geöffnet. Einige Supermärkte schließen nie. Auch Museen kann man häufig bis 17 Uhr besuchen, viele haben an einem Tag, oft am Donnerstag, länger auf.

Post

Postämter sind überwiegend montags bis freitags zwischen 8 und 17 Uhr, oft mit einer Mittagspause von 13 bis 14 Uhr, sowie am Sonnabend von 10 bis 13 Uhr geöffnet. Briefkästen sind dunkelblau und tragen den Aufdruck US Postal Service. Eine Postkarte nach Europa kostet 70 Cent, ein Brief 80 Cent, beide sind zwischen sieben und zehn Tagen unterwegs. Briefmarken gibt es bei der Post oder mit Aufschlag in Automaten oder an einigen Kiosken.

Telegramme kann man bei Büros der Western Union aufgeben. Faxe verschikken Hotels oder Unternehmen wie Kinko's oder RCA gegen Gebühr. In Internet-Cafés kann man E-Mails abschicken oder empfangen. Für Expreßpakete bieten sich der Schnelldienst der Post oder Unternehmen wie UPS oder Federal Express an.

Preisniveau im Reiseland

Bei einem höherem Dollarkurs ist eine Reise in die Südstaaten ein schönes, wenn auch teures Vergnügen. Nun sind die Preise in New Orleans oder Atlanta sicher höher als im ländlichen Tennessee, Mississippi oder Alabama. Wer das ›real America‹ kennenlernen will, kann also sogar noch manche Dollars sparen. Auch die kluge Auswahl von Hotels und Restaurants wirkt sich belebend auf die Urlaubskasse aus.

Günstige Schnäppchen in diversen *Factory Outlet Malls,* in denen man Markenfabrikate häufig bis zu 50 % preiswerter als in anderen Geschäften erwerben kann und die sich besonders bei Baumwollbekleidung (Jeans, Sportkleidung, T-Shirts etc.), Schuhen, optischen Geräten, Tennis- oder Golfschlägern lohnen, sind auch bei ungünstigem Dollarkurs möglich.

Reisezeit und Kleidung

Die Golf- und südliche Atlantikküste weisen ein gemäßigtes bis subtropisches Klima auf, mit milden Wintern und heißen Sommern. Die Luftfeuchtigkeit kann im Sommer recht hoch werden, mit der Neigung zu einem nachmittäglichen Regenguß.

Von März bis Juni herrscht meist freundliches Sommerwetter, im Spätsommer und Herbst ist das Risiko, einen atlantischen Wirbelsturm zu erleben, am höchsten. Die Appalachen mit dem Hügelland zu beiden Seiten kennen Mitteleuropa vergleichbare vier Jahreszeiten. Die Sommer sind nicht zu heiß, im Herbst zieht die farbenprächtige Herbstlaubfärbung, *Fall Foliage* oder *Indian Summer,* viele Besucher an. Im Winter kann man in den höheren Lagen sogar Ski laufen. Die flachen, dem Mississippi zugewandten Gebiete sehen im Winter nur sehr selten Schnee, der milde Herbst ist hier neben dem Frühjahr die beliebteste Reisezeit.

Auch im Sommer ist es sinnvoll, eine Jacke oder andere wärmere Kleidung im Gepäck zu haben, da es vor allem in höheren Lagen der Appalachen abends kühl werden kann. Die allgegenwärtigen Klima-Anlagen lassen mit eisigen Temperaturen die Besucher mancher Restaurants und Geschäfte frösteln. Generell kleidet man sich in den Südstaaten leger, *casual.* In vielen Bade-Oorten weisen jedoch Schilder mit der Aufschrift ›No Shoes, no shirt – no service‹ darauf hin, daß allein Badehose oder Bikini in Restaurants nicht erwünscht sind. Wenige elegante Restaurants verlangen Krawatte und Jackett bei Herren und sehen Jeans bei Damen nicht gern.

Rundfunk und Fernsehen

Mehrere Hundert Radiostationen in den Südstaaten unterstreichen die Bedeutung des Hörfunks, deuten aber gleichzeitig auf dessen regionale, oft lokale Reichweite. Größere Städte wie Atlanta oder New Orleans bringen es auf mehr als 20 Sender, deren Informationsgehalt sich jedoch meist auf den Musikgeschmack einer engen Zielgruppe und eingestreute Werbebotschaften reduziert. Allein der öffentlich-rechtliche Sender PBS strahlt zusammenhängende Sendungen und ausführliche Nachrichten aus.

Über 200 Fernsehstationen täuschen eine Medienvielfalt vor, die es nicht gibt. Die großen nationalen Programme wie CBS, ABC, NBC und Turner Broadcasting Network mit dem Flaggschiff CNN dominieren die Fernsehschirme. Regionale Ableger übernehmen häufig deren Programme, um sie mit einigen lokalen Informationen zu ergänzen. In vielen Hotels werden zusätzlich Kabelprogramme kostenfrei angeboten wie der Spielfilmkanal HBO und der Sportsender ESPN. Zusätzlich kann man meist gegen Gebühr eine Auswahl aktueller Spielfilme auf seinem Fernsehapparat abrufen.

Sicherheit

Wie überall auf der Welt gilt es auch in den Südstaaten der USA, einfache Sicherheitsbestimmungen zu beachten: bei Dunkelheit abgelegene Gebiete meiden und sich auf bekannte und gut ausgeleuchtete Straßen konzentrieren, in Armutsgebieten nicht auf Sightseeing-Tour gehen, keine großen Bargeldbeträge mit sich führen.

Bei einem Überfall versuchen, ruhig zu bleiben, Angreifer nicht zu provozieren und das vorhandene Bargeld übergeben, um Schlimmeres zu verhüten. Wertsachen gehören in den Zimmersafe oder die *safety deposit box* des Hotels. Wertvollen Schmuck sollten Sie besser zu Hause lassen. Kameras, Brief- und Handtaschen gehören nicht auf den Rücksitz eines Autos, die Geldbörse ist überall besser aufgehoben als in der Gesäßtasche der Hose.

Souvenirs

In vielen Museums- oder Gift Shops von National- und State Parks kann man Plakate, spezielle Bücher und verschiedene Mitbringsel kaufen.

Gewürzmischungen, leckere Pralinen und Karnevalsmasken aus New Orleans, Musikinstrumente (auch gebraucht) aus Nashville, seltene Elvis-Aufnahmen aus Memphis, technischen Schnickschnack vom Space & Rocket Center in Huntsville oder dem SciTrek Museum von Atlanta, Coca-Cola-Memorabilia aus Atlanta oder Jack Daniel's-Mützen aus Lynchburg, Repliken indianischen Kunsthandwerks vom Fort Walton Mound oder dem Grand Village of the Natchez – die Liste möglicher origineller Souvenirs aus den Südstaaten ist lang.

Sprache

Die offizielle und landesweit gesprochene Sprache ist Englisch. In New Orleans und dem südlichen Louisiana sprechen die meisten der französischstämmigen Creolen und Cajun zudem französisch. Sowohl das Englische als auch die französische Sprache haben ihren eigenen Klang. In den übrigen USA werden Südstaatler sofort an ihrer Aussprache, die leicht singenden ›southern drawl‹ erkannt.

Steuern

Indirekte Bundessteuern (wie die Mehrwertsteuer) gibt es in den USA nicht, dafür erheben die einzelnen Bundesstaaten, manchmal zusätzlich auch Städte und Gemeinden, Abgaben zwischen 7 und 14 % auf verkaufte Waren und Dienstleistungen. Die Kosten müssen meist zu den ausgewiesenen Preisen hinzuaddiert werden. Eine Frage *(Tax included?)* schützt vor unliebsamen Überraschungen.

Telefonieren

Das Telefonnetz der USA wird von privaten Gesellschaften betrieben. Lokale Gespräche werden mit einer für die Region zuständigen Gesellschaft, in den Südstaaten ist es meist Southern Bell, abgewickelt, bei Ferngesprächen kann man eine Gesellschaft wählen.

Ortsgespräche kosten 35 Cent, Ferngespräche werden nach Distanz und Dauer berechnet. Für ein Ortsgespräch wählt man die siebenstellige Telefonnummer, bei Ferngesprächen kommt eine dreistellige Vorwahl hinzu.

Telefoniert man über die Grenzen eines Bundesstaates, kommt noch eine 1 vorweg. Ein durch einen *operator* (Tel. 0) vermitteltes Gespräch ist teurer als eine selbst gewählte Verbindung. Ferngespräche können mit Münzen, deren Menge ein *operator* bekannt gibt, mit einer auf einen bestimmten Betrag ausgewiesenen Telefonkarte, die man in vielen Supermärkten oder bei der Post erwerben kann, oder mit der Karte einer Telefongesellschaft, wie von AT & T oder der Deutschen Telekom bezahlt werden. Wer über eine dieser Karten verfügt, umgeht auch die nicht unerheblichen Zusatzgebühren, die viele Hotels der Telefonrechnung zuschlagen. Wer weder über Geld noch über eine Telefonkarte verfügt, kann immerhin 1-800-292-0049 wählen und ein R-Gespräch nach Deutschland anmelden, vorausgesetzt der Angerufene übernimmt die Kosten.

Ländervorwahlen: Deutschland Tel. 0 11 49, Österreich Tel. 0 11 43, Schweiz Tel. 0 11 41.

Service-Telefonnummern von Fluggesellschaften, Autoverleihern und anderen Unternehmen, die eine 800 oder 888 als Vorwahl führen, sind kostenfrei. Sie dürfen nicht mit der Vorwahl Tel. 900 verwechselt werden, bei der im Gegenteil häufig hohe Aufschläge, z. B. bei Talklines, addiert werden.

Die Mobiltelefonnetze D1 und D2 bieten über ›Roaming Partner‹ in den USA an, für die Dauer des Aufenthaltes ein Handy zu mieten (ca. 200 DM für drei Wochen) oder mit dem eigenen (Tri-band-)Gerät zu erhöhten Kosten in den Südstaaten zu telefonieren.

Trinkgeld

Das Trinkgeld ist in der Dienstleistungsbranche ein wichtiger Bestandteil des Lohns, da die Grundgehälter recht niedrig sind. Im Restaurant werden zwischen 10 und 15 % erwartet, vom Gepäckträger 1 $ pro Gepäckstück. Auch Taxifahrer, Hotelportiers, Pagen und Zimmerpersonal erwarten ein *tip*.

Unterkunft

■ Hotels und Motels
In den Städten sind große Hotelketten meist mit mehreren Häusern vertreten. Diese können bereits in Europa bei deren Zentralen oder über Reisebüros gebucht werden. Über Reisebüros kann man auch Strand- oder Stadthotels aller Kategorien reservieren. Die günstigsten Zimmer bieten Motels an den Interstate Highways an, deren wichtigste Zielgruppe Trucker sind.

■ Bed and Breakfast
Gemütliche Zimmer in kleinen Pensionen, die häufig in historischen Stadtvillen oder Landhäusern untergebracht sind, haben auch in den USA Verbreitung gefunden. Bed and Breakfast, z. B. in einem der Antebellum-Plantagensitze am Mississippi, gehört zu den besonderen, aber nicht gerade billigen Vergnügen einer Südstaatenreise.

■ Hostels / YMCA-Hotels
Jugendliche finden in den hier beschriebenen Südstaaten etwa 10 der 130 US-Jugendherbergen, die meisten nicht weit von der Atlantikküste entfernt.
American Youth Hostels, 733 15th St., NW, Suite 840, Washington DC 20005, Tel. 202-783-6161, Fax 202-783-6171, www.hiayh.org.

Von den zwei Dutzend einfachen YMCA-Hotels findet man nur drei in den Südstaaten, eine in Tuscaloosa, Albama, die zweite in Atlanta, Georgia und eine dritte in Hillsborough, North Carolina. Adressen bei den Orten oder unter www.ymca.net.

■ Camping
Campingurlaub, meist mit einem komfortabel ausgestatteten Campmobil, ist in den Südstaaten sowohl in den Appalachen als auch an den Stränden sehr beliebt. Hunderte staatlicher und privater *campgrounds* liegen in landschaftlich reizvollen Regionen. Die einzelnen Bundesstaaten bieten kostenlos Übersichten über Campingplätze an. Die den KOA (Kampgrounds of America) angeschlossenen Einrichtungen veröffentlichen einen

»Road Atlas & Camping Guide«, der in Fachreisebüros zumindest einzusehen ist. Einige Plätze in National Parks und an National Seashores kann man über eine zentrale Reservierungsnummer (1-800-365-2267) telefonisch zu buchen, viele verfahren nach dem Prinzip *first come, first served,* d. h. frühes Kommen sichert Plätze.

Verhalten als Tourist

Schlange stehen wird ernst genommen. Vordrängen ist nicht erwünscht. Das lernt der eilige Europäer gleich als erstes schon bei der Passkontrolle.

Ein kleines Gespräch über das woher und wohin ist nicht nur auf dem Campground schnell im Gange, nur sollte man die Einladung auf ein Gläschen ins benachbarte Wohnmobil nicht mit dem Beginn einer tiefen Freundschaft verwechseln. Die meist wissbegierigen US-Amerikaner fühlen sich bei entspanntem ›small talk‹ recht wohl.

Was dagegen meist nicht geschätzt wird, sind die lockeren Sitten einiger Europäer beim Sonnenbad an den Stränden. ›Oben ohne‹ widerstrebt den puritanisch geprägten US-Bürgern genauso, wie Kleinkinder nackt am Hotelpool. Dazu passt, das selbst das peinliche Wort »Toilette« ungern in den Mund genommen wird. So sollte man lieber nach dem ›Rest Room‹ bzw. dem ›Ladies‹ oder ›Mens Room‹ fragen.

Verkehrsmittel

■ Flugzeuge

Flugpreise sind in den USA nicht mehr immer billiger als in Europa. Wer mit einer US-Airline oder ihrer europäischen Partnerfluggesellschaft über den ›großen Teich‹ fliegt, kann meist für deren Streckennetz günstigere Coupontickets erwerben.

■ Züge

AMTRAK, das amerikanische Eisenbahnnetz für den Personenverkehr (www.amtrak.com), ist auch in den Südstaaten recht ausgedünnt. Eine Verbindung führt von Washington D.C. über Charleston, Savannah und Jacksonville nach Miami. Chicago ist mit New Orleans durch eine Strecke über St. Louis und Memphis verbunden. Von Jacksonville an der Atlantikküste zieht sich eine Transkontinentalverbindung über Pensacola und New Orleans bis nach Los Angeles. Von Washington D.C. kann man New Orleans über Atlanta erreichen.

In Europa erhältliche Regionalpässe (z. B. Eastpass für 15 Tage ab ca. 190 €) können die Fahrtkosten erheblich reduzieren.

■ Busse

Busse sind die preiswertesten Verkehrsmittel in den USA. Mit Greyhound (www.greyhound.com) und kleineren angeschlossenen Linien erreicht man viele Städte in den Südstaaten. Ameripässe (unbegrenztes Fahren ab vier Tage für 115 €), die vor allem auf den Fernstrecken gelten, senken die Kosten zusätzlich.

■ Mietwagen

Der überwiegend defensive Fahrstil und die niedrige Höchstgeschwindigkeit lassen das Autofahren in den Südstaaten selten zum Streß werden. Es ist üblich und auch keine Frage des Prestiges, rechts oder links zu überholen. Haltende Schulbusse, deutlich am Blinkzeichen zu erkennen, dürfen jedoch auf keinen Fall passiert werden.

Die im Vergleich zu Europa niedrigen Mietwagenkosten (ab 220 € pro Woche inklusive Vollkasko) und der niedrige Benzinpreis (0,45 € pro Liter) halten die Reisekosten im Zaum. Das Mindestalter für die Anmietung eines Autos beträgt 21 Jahre, wer unter 25 Jahre alt ist, muß meist eine (teure) Zusatzversicherung abschließen. Es ist günstiger, den Wagen bereits beim heimischen Reisebüro zu buchen.

Bei einigen Straßen *(turnpikes),* Brücken oder Tunneln wird eine Gebühr *(toll)* erhoben. Die Höchstgeschwindigkeit in Ortschaften beträgt zwischen 25 und 35 Meilen (40–55 km/Std.), auf Landstraßen und Autobahnen bis höchstens 75 Meilen (120 km/Std.). Bei Polizeikontrollen im Auto sitzenbleiben, das Fenster öffnen und die Wagenpapiere hinausreichen. Es gilt Alkoholverbot für Autofahrer.

Traditionen fortsetzen, die noch vor dem Bürgerkrieg mit der »Southern Review« oder dem »Southern Planter« begründet wurden.

Zeit

An der Ostküste gilt die *Eastern Time,* die sechs Stunden hinter der mitteleuropäischen Zeit zurückliegt. In der *Central Time Zone,* die westlich einer gedachten Linie zwischen Panama City und Chattanooga liegt, sind dies sieben Stunden. Um 18 Uhr in Frankfurt ist es in Atlanta oder Washington 12 Uhr mittags, in New Orleans oder Nashville 11 Uhr.

In den USA gilt vom ersten Sonntag im April bis zum letzten Sonntag im Oktober die *Daylight Saving Time,* während der die Uhr um eine Stunde vorgestellt wird.

Zeitungen und Zeitschriften

Erst seit 1983 die bundesweite Boulevardzeitung »USA Today« auf den Markt kam, gibt es in den USA eine allgemeine Tageszeitung ohne regionalen Schwerpunkt wie bei der »Washington Post« oder der »New York Times«. Ansonsten beherrschen mehrere Hundert Regionalblätter den Zeitungsmarkt der Südstaaten. Einige von ihnen wie die »Atlanta Constitution«, die »Times-Picayun« aus New Orleans, der »Montgomery Adviser« aus Alabama oder der »Virginia Pilot« aus Norfolk zeichnen sich durch seriöse Berichterstattung und engagierte Kommentare aus und wurden bereits mehrfach mit Pulitzer-Preisen geehrt.

Der Zeitschriftenmarkt wird durch kapitalstarke nationale Publikationen wie »Time«, »Newsweek« oder »US News & World Report« geprägt. Dennoch haben sich einige Magazine wie »Southern Living«, »Southern Magazine« oder »Travel South« etabliert, die allein Kultur, Lebensweise und Sehenswürdigkeiten der Südstaaten thematisieren und damit populäre

Abbildungsnachweis

Archiv für Kunst und Geschichte, Berlin: S.
33, 36, 42, 98, 168, 170, 258
Archiv Max Angermaier, Köln:
S. 210
Dennis Brack / Das Fotoarchiv, Essen:
S. 219, 226
Henning Christoph / Das Fotoarchiv,
Essen: S. 2 unten, 25
Franz Marc Frei, Müchen:
Rückseite, S. 3 oben, 4 unten,
5 unten, 6 oben, 11, 28, 40, 47, 56/57, 62,
122/23, 124/25, 128, 130, 151, 166,
186/87, 197, 198, 100/01, 208, 114/15,
229, 233, 243
Christian Heeb / Look, München:
Titelbild, hintere Innenklappe,
S. 15, 21, 23, 48, 64/65, 76, 108, 144/45,
178/79, 203
Stephanie Henseler, Köln:
S. 9, 185, 213
Ben van Hook / Das Fotoarchiv, Essen: S.
148
Philipp Hympendahl / Das Fotoarchiv,
Essen: S. 2 oben, 8
Karl Johaentges / Look, München:
S. 5 oben, 102/03, 188, 190
Rainer Kiedrowski, Ratingen: S. 83, 92,
107,116/17, 118, 142, 160
Bob Krist / Das Fotoarchiv, Essen:
S. 4 oben, 51, 59, 113,
136, 177
Bernd Lamm / Transglobe, Hamburg:
S. 133

Siegfried Layda / Transglobe, Hamburg: S.
256/57
Charles Ledford / Das Fotoarchiv, Essen: S.
224
David Lyons, Cumbria:
S. 7 oben und unten, 38, 45, 96, 121,
141, 182, 204, 234, 236/37, 238/39, 250,
252
Bernd Müller / Look, München:
S. 6 unten, 174
Lisa Quinones / Das Fotoarchiv, Essen: S.
68/69
Max Schmid / Das Fotoarchiv, Essen:
S. 216/17, 244/45
Ute Schwarz / Bildarchiv Kiedrowski,
Ratingen: S. 67, 71, 81
Jochen Tack / Das Fotoarchiv, Essen:
S. 3 unten, 12/13, 18, 30, 31, 52, 89, 154,
158, 159, 231, 238/39, 240, 260/61, 262
Heinz Tschanz-Hofmann / Transglobe,
Hamburg: S. 133
Ullstein Bilderdienst, Berlin:
S. 55, 194
Ron Watts / Das Fotoarchiv, Essen:
S. 17, 72/73, 79
Nik Wheeler / Das Fotoarchiv, Essen:
S. 37, 86, 90, 152/53

Karten und Pläne
Berndtson & Berndtson
Productions GmbH, Fürstenfeldbruck
© DUMONT Reiseverlag, Köln

Register

■ Ortsregister

Um die Zuordnung zu den einzelnen Bundesstaaten zu erleichtern, wurden die Nennungen mit folgenden Kürzeln versehen:

Alabama	(AL)
Arkansas	(AR)
Florida	(FL)
Georgia	(GA)
Louisisana	(LA)
Mississippi	(MS)
North Carolina	(NC)
South Carolina	(SC)
Tennessee	(TN)
Virginia	(VA)

Bitte schreiben Sie uns, wenn sich etwas geändert hat!
Alle in diesem Buch enthaltenen Angaben wurden vom Autor nach bestem Wissen erstellt und von ihm und dem Verlag mit größtmöglicher Sorgfalt überprüft. Gleichwohl sind – wie wir im Sinne des Produkthaftungsrechts betonen müssen – inhaltliche Fehler nicht vollständig auszuschließen. Daher erfolgen die Angaben ohne jegliche Verpflichtung oder Garantie des Verlages oder des Autors. Beide übernehmen keinerlei Verantwortung und Haftung für etwaige inhaltliche Unstimmigkeiten. Wir bitten daher um Verständnis und werden Korrekturhinweise gerne aufgreifen:
DUMONT Reiseverlag GmbH & Co. KG, Postfach 10 10 45 50450 Köln.
E-Mail: info@dumontreise.de

DUMONT

»Den äußerst attraktiven Mittelweg zwischen kunsthistorisch orientiertem Sightseeing und touristischem Freilauf geht die inzwischen sehr umfangreich gewordene, blendend bebilderte Reihe ›Richtig Reisen‹. Die Bücher haben fast schon Bildbandqualität, sind nicht nur zum Nachschlagen, sondern auch zum Durchlesen konzipiert. Meist vorbildlich der Versuch, auch jenseits der ›Drei-Sterne-Attraktionen‹ auf versteckte Sehenswürdigkeiten hinzuweisen, die zum eigenständigen Entdecken abseits der ausgetrampelten Touristenpfade anregen.«
Abendzeitung, München

»Die Richtig Reisen-Bände gehören zur Grundausstattung für alle Entdeckungsreisenden.«
Ruhr-Nachrichten

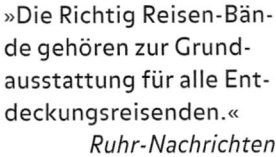

Weitere Informationen über die Titel der Reihe DUMONT Richtig Reisen erhalten Sie bei Ihrem Buchhändler oder beim
DUMONT Buchverlag • Postfach 10 10 45 • 50450 Köln • www.dumontverlag.de

Titelbild: Pat O'Brien's, in New Orleans eine Institution
Umschlaginnenklappe: Frühjahr im ländlichen Alabama
Umschlagrückseite: Gedenkstätte für Martin Luther King jr. in Atlanta

Über den Autor: Axel Pinck, geboren 1948 in Hamburg, Diplom-Volkswirt, arbeitet als Journalist und Autor mit Schwerpunkt Nordamerika und Karibik. Verschiedene Veröffentlichungen von Büchern und Beiträgen in Zeitschriften, Zeitungen sowie im Rundfunk. Im DuMont Buchverlag erschienen von ihm die Richtig Reisen-Bände »Florida« und »Große Antillen«, die Reise-Taschenbücher »Bahamas«, »Jamaika«, »Barbados, St. Lucia, St. Vincent, Grenada« und »Washington DC, Maryland und Virginia« sowie der Band »Florida« in der Reihe DuMont Extra.

© DUMONT Reiseverlag GmbH & Co. KG
2., aktualisierte Auflage 2001
Alle Rechte vorbehalten
Satz und Druck: Rasch, Bramsche
Buchbinderische Verarbeitung: Bramscher Buchbinder Betriebe

Printed in Germany 3-7701-4451-1